WERNER WALTER

UFOs – Die Wahrheit

W0071369

Buch

Haben Außerirdische eine Basis auf Gran Canaria? Waren die fliegenden Dreiecke 1989/90 über Belgien tatsächlich eine Invasion der Aliens? Was geschah 1990 in Greifswald? Für die meisten der professionellen UFO-Experten steht fest: Die Außerirdischen sind unter uns. Der Autor Werner Walter hat die einzelnen Fälle genau unter die Lupe genommen. In detektivischer Kleinarbeit hat er alle Fakten zusammengetragen und Zeugen befragt. Seine Recherchen beweisen: Der Besuch von Außerirdischen auf der Erde ist nichts weiter als die Erfindung geschäftstüchtiger Ufologen, die sich den Anschein neuer Heilsbringer geben.

Autor

Werner Walter, Jahrgang 1957, begann sich bereits als Jugendlicher für UFOs zu begeistern. Doch der Blick hinter die Kulissen der geschäftstüchtigen Szene führte zu Ernüchterung. 1976 gründete er das »Centrale Erforschungs-Netz außergewöhnlicher Himmelsphänomene« (Cenap). Der kritische UFO-Fachmann ist inzwischen sehr begehrt, wenn es um Fragen zu den Fliegenden Untertassen geht.

WERNER WALTER

UFOs
Die Wahrheit

Mit einem Vorwort
von Prof. Dr. Ing. Harry Ruppe
vom Lehrstuhl für Raumfahrttechnik
an der TU München

GOLDMANN

Umwelthinweis:
Alle bedruckten Materialien dieses Taschenbuches
sind chlorfrei und umweltschonend.
Das Papier enthält Recycling-Anteile.

Der Goldmann Verlag
ist ein Unternehmen der Verlagsgruppe Bertelsmann

Vollständige Taschenbuchausgabe Juni 1998
Wilhelm Goldmann Verlag, München
© 1996 der deutschsprachigen Ausgabe
HEEL AG, Schindellegi, Schweiz
Verantwortlich für den Inhalt: Werner Walter, Mannheim
Lektorat: Ulrich Faure, Frankfurt
Umschlaggestaltung: Design Team München
Druck: Pressedruck Augsburg
Verlagsnummer: 12772
KF · Herstellung/DTP: Martin Strohkendl
Made in Germany
ISBN 3-442-12772-6

1 3 5 7 9 10 8 6 4 2

Inhalt

Über die Wirklichkeit der UFOs

Kürzlich bat mich – etwas überraschend, muß ich zugeben – Herr
Walter um ein Vorwort für sein neues Buch »UFOs – Die Wahrheit«.
Natürlich kenne ich Herrn Walter seit Jahren, wußte aber nicht,
welch tiefgreifender Wandel durch langwährende und auch gründli-
che Beschäftigung mit dieser Materie in ihm vorgegangen ist.

Um meine Haltung ohne Zweifel festzuhalten, zitiere ich aus einem meiner Bücher (1) S. 12–14, geschrieben etwa 1978:

Abgeordnete Weigelt: Man hört so viel über UFOs, unbekannte
Flugobjekte. Das sollen Flugkörper von anderen Himmelskörpern
sein, die unsere Erde besuchen. Was wissen Sie darüber?

Ruppe: Das ist eine schwierige Frage, die eigentlich ein kleines
Buch erfordern würde. Ich will versuchen, mich kurz zu fassen. Basierend auf unserem heutigen Wissen besteht Grund zu der Annahme, daß von intelligentem Leben bewohnte Himmelskörper
weitverbreitet im Universum sein könnten. Es ist gleichfalls denkbar, daß fortgeschrittene technische Zivilisationen das Problem in-
terstellarer Flüge gemeistert haben. Dennoch glaube ich, daß inter-
stellare Flüge auch für fortschrittliche technische Zivilisationen sehr
schwierig bleiben, d. h., sie werden nur selten durchgeführt werden.
Deswegen meine ich, daß die Erde zwar von Extraterrestren grundsätzlich besucht werden könnte, daß solche Ereignisse aber vermut-
lich außerordentlich selten sind. Das Wort UFO ist ja an sich ziemlich farblos. Unbekanntes Flugobjekt – im wörtlichen Sinne bedeutet das doch: Ein Beobachter sieht einen Flugkörper, den er nicht
identifizieren kann. Das geschieht natürlich ziemlich häufig. In den
meisten Fällen, wo genug Informationen vorliegen, gelingt die Identifikation; nur der Beobachter besaß nicht genug Wissen, um die genaue Typenbeschreibung durchzuführen. In wieder anderen Fällen
handelt es sich um bewußte Täuschungen; der Beobachter möchte
vielleicht gern einmal in die Presse kommen und erfindet derartige
Angaben, oder er wurde von anderen hereingelegt.

Noch unbekannte oder weniger bekannte Naturerscheinungen

können auch die Ursache mancher UFO-Beobachtungen sein. So gibt es eventuell in der Atmosphäre scheibenförmige Ansammlungen von Staub und Wasser, die infolge komplizierter turbulenter Luftbewegungen entstehen können.

Dennoch ist es grundsätzlich denkbar, daß in der Fülle der vorliegenden falschen oder irrtümlichen Beobachtungen auch der eine oder andere echte Fall verborgen sein mag. Wie immer in der Wissenschaft wäre es Aufgabe der Vertreter der sogenannten UFO-Hypothese, diese echten Beobachtungen aus dem Unsinn herauszufiltern. Bisher habe ich aber vielmehr den Eindruck, daß die sogenannten Ufologen ziemlich kritiklos alles übernehmen, was in ihre Gedankenrichtung zu passen scheint. So meine ich, daß bisher eine überzeugende Beweisführung für die Existenz außerirdischer UFOs nicht vorliegt. Als Wissenschaftler muß ich an meiner negativ-skeptischen Grundhaltung festhalten, bis Beweise mich eines Besseren belehren. Als Beweis würde ich z. B. eine diesbezügliche offizielle Verlautbarung einer der anerkannten Akademien der Wissenschaft akzeptieren.

Im einzelnen wäre zu diesem Stoff noch sehr viel zu sagen. Lassen Sie mich nur eines anführen: Der viele Unsinn, der seitens der Ufologen hierzu veröffentlicht wird, führte leider dazu, daß seitens der ernsthaften Wissenschaftler das möglicherweise hier verborgene Körnchen Wahrheit gar nicht mehr gesucht wird, weil das ganze Thema nicht ernst genommen werden kann. Also mein Wunsch an die Ufologen: Übt Selbstkritik und scheidet sehr streng die Spreu vom Weizen, so es hier überhaupt Weizen gibt. A. C. Clarke schrieb in diesem Zusammenhang: »UFOs haben absolut nichts über Intelligenz im All ausgesagt; aber sie beweisen ihre Seltenheit auf der Erde.« Weitere Fragen?: Ja, Herr Abgeordneter.

Abgeordneter Rheinboldt: Häufig bekomme ich Fragen über die Thesen Herrn von Dänikens. Danach haben die außerirdischen Kulturen vor langer Zeit die Erde besucht und hier wesentlichen Einfluß auf die irdische Entwicklung genommen. Wissen Sie davon?

Ruppe: Ja, ich weiß davon. Herr von Däniken ist ein guter Freund. Ich darf auf meine Ausführungen zu UFOs verweisen und hinzufügen, daß natürlich ein paar Millionen Jahre hin oder her in der Entwicklung des Universums keine große Rolle spielen. Es ist also durchaus denkbar, daß die Erde vor einigen Millionen Jahren oder auch früher oder später von Vertretern einer extraterrestrischen Zivilisation besucht wurde und daß bei diesen Besuchen hier in die Entwicklung eingegriffen wurde. Es wird schwer sein, darüber heute Beweise im wissenschaftlich anerkannten Sinn zu finden. So sind meines Erachtens die bisher von Herrn von Däniken erarbeiteten und veröffentlichten Gegebenheiten nur Hinweise auf eine Möglichkeit, sind aber keine Beweise für eine Tatsache. Ich kann wieder nicht mehr sagen, als daß ich bereit bin, meine skeptische Meinung zu ändern, wenn die vorgelegten Tatsachen das rechtfertigen. (Zitat Ende)

Inzwischen ist auch die umfassende US-Luftwaffenstudie »Blue Book« weitgehend verfügbar. Die gibt ein gutes Bild der Entwicklung von (ca.) 1958 bis 1980. Natürlich habe ich auch einen umfangreichen Negativkatalog. Hier möchte ich mich jedoch zurückhalten, auch aus rechtlichen Gründen. Herr Walter hat ja ein ziemlich umfassendes Literaturverzeichnis zusammengestellt.

Zu Blue Book: Die amerikanische Luftwaffe war von den Meldungen über UFO-Sichtungen beunruhigt – es hätte sich schließlich um sowjetische Waffenentwicklungen handeln können! Etwa 1958 wurde deshalb seitens der US-Luftwaffe ein Geheimprogramm zur Klärung der Frage »Was steckt hinter den UFO-Meldungen«, unter dem Decknamen »Projekt Blue Book«, im Pentagon eingerichtet.

Ich hatte das Vergnügen, ungefähr ein Jahr lang als Beauftragter der US-Armee teilzunehmen. Um es kurz zu fassen: Kein irdisches oder außerirdisches technisches Produkt wurde zur Erklärung des Phänomens benötigt. Lüge, Täuschung oder Fehlinterpretation bekannter Objekte waren ausreichend zur Klärung aller Fälle, wo es überhaupt hinreichende Substanz gab. Leider waren einige Sichtungen auf amerikanische Geheimprojekte zurückzuführen, und das ganze »Blue Book« war auch klassifiziert. Diese Tatsachen haben ohne Zweifel die Gerüchteküche angeheizt und stark zu Verunsicherungen von Außenstehenden beigetragen, die hinter der Ge-

heimniskrämerei finstere Machenschaften »eingeweihter Kreise«
argwöhnten. Darüber läßt sich trefflich spekulieren; und ernstzu-
nehmende Kritiker sind leicht ausschaltbar durch den Hinweis, sie
seien eben Teil dieser staatlichen Mafia. Ein wenig klingt das bereits
an im vielleicht ältesten Buch zum Thema, nämlich Charles Forts
»Book of the Damned« (1919), wo freilich eher unbestimmt »das
wissenschaftliche Establishment« als Urheber der »Unterdrückung
der Wahrheit« herhalten muß. Bei ihm waren die UFOs zeitgemäß
meistens zigarrenförmig.

UFNIs: Bei der Lektüre der beiden genannten Skeptiker-Journale
oder auch von Werken mancher Autoren wie beispielsweise Fort bis
v. Buttlar (und unzählig viele andere!) kann jeder Leser auf Absurditäten stoßen, die der Einbildung spotten. Diese UFNIs (Unfug für
nützliche Idioten) bevölkern Vorstellungsräume, bizarr und irreal.
In diesen Scheinwelten zählen simple UFOs eher zu den realistische-
ren Phänomenen. Mich ängstigt diese geistige Wiedergeburt mit-
telalterlicher Vorstellungen (wenn auch zum Teil mit High-Tech-
Schlagworten oder modernster Pseudo-Wissenschaft verbrämt), die
einem geschickten Rattenfänger von morgen Schlüssel zu bedrohli-
cher und verwerflicher Macht liefern könnten. Auch deshalb muß
verantwortliche Wissenschaftsarbeit in allen öffentlichen Medien
überwacht und vertreten werden. Dazu sind alle aufgerufen. Wo immer sich UFNIs breitmachen, sind wir gefordert: Principiis obsta!

Medizinische Wundermittelchen und Wunderheiler, die »Forschungen« der Professoren Rhine und Bender, Astrologie, Wün-
schelruten, Hellsichtigkeit etc.: Wunschdenken und abschreckende
Mühseligkeit echter Arbeit, vielleicht aus Hybris geboren aus dem
Geiste grenzenloser Aufklärung und Selbstverwirklichung, haben
einen fruchtbaren Boden bereitet für mangelhafte Kritikfähigkeit
gegenüber »leichten Wegen zur Einsicht, die (häufiger Zusatz: nur)
der jeweilige Retter fähig ist zu weisen«. Ein harmloses Beispiel ist
die breite Akzeptanz von »Hitlers Tagebüchern«; weniger harmlos
schon der Glaube an Uri Gellers echte magische Fähigkeiten. Auch
in meinem ureigensten Arbeitsfeld »Raumfahrt« gewinnen mit
dem zunehmend sichtbaren Verfall echter Fähigkeiten halbrationale

Wunschbilder zunehmend an Boden. Im Fachgebiet Physik beob-
achte ich ähnliche Vorgänge. Ich will damit nur sagen, daß vermut-
lich kein Feld menschlichen Tuns gefeit ist gegen Trugbilder!

Gegenüber den verbreiteten Pseudowissenschaften gibt es selbst-
verständlich auch wissenschaftliche Irrtümer. Gelegentlich werden
diese sogar herangezogen, um Pseudo-Quatsch auf die gleiche
Ebene zu stellen! Das kann nur aufgrund unserer zu oft unzurei-
chenden naturwissenschaftlichen Bildung gelingen. Dort wird leider
häufig Wissenschaft als eine Sammlung von Fakten vorgestellt,
durchaus vergleichbar mit UFNI-Elaboraten. In unseren Lehran-
stalten wird eben oft nicht – oder nur ungenügend – die wissenschaftliche Methode an sich behandelt, die sich entwickelt in stän-
diger Wechselwirkung zwischen Beobachtung, die zum besseren –
unter Umständen drastisch veränderten – Modell hinführt und so
weiter, in unendlicher Folge. Deshalb definiert der große Philosoph
Popper ja auch »Wissenschaft« durch die Eigenschaft, in angebba-
rer Weise durch Nachprüfung vorgesagter Spezifika gegebenfalls
falsifizierbar (aber nie endgültig beweisbar) zu sein. Versuchen Sie,
das für UFOs anzuwenden: Dann folgt als wissenschaftliche Hypothese, daß diese Erscheinungen nicht die Erde besuchende Fluggeräte einer unirdischen Zivilisation sind – denn nur das ist gegebenfalls auf angebbare Weise falsifizierbar. Sie brauchen ja nur ein
»echtes Ufo« vorzuweisen!

Die Arbeitskraft meines ganzen Lebens habe ich der Raumfahrt
und damit zusammmenhängenden Fragen gewidmet. Eine davon
betrifft die Suche nach außerirdischem Leben, gar nach extraterrestrischer Intelligenz und Technik. Möglicherweise wird die Suche
nach Leben im All mit Raumfahrthilfe und modernster Technik innerhalb der nächsten 50 Jahre von Erfolg gekrönt. Der Hintergrund
dazu ist zu umfassend und zu komplex, um hier weiter ausgebreitet
zu werden. Nach meinem Wissen wäre es jedoch in jedem Augenblick denkbar, daß »die anderen« zu uns kommen (UFO) oder wir
eindeutige Spuren eines vergangenen Besuches auf unserer Erde
oder im uns zugänglichen Teil des Alls finden (v. Däniken). Wegen
der unbeschreiblich positiven Auswirkungen auf meinen Lebensin-

halt Raumfahrt wünsche ich nichts mehr, als daß sich solches ereignen möge! Nach allen mir zugänglichen Informationen ist das bedauerlicherweise bisher nicht eingetreten; und die Sache ist mir zu wichtig, als daß ich mir da etwas vorgaukeln lassen würde.

Zur Abrundung will ich vier aktuelle Themen kurz behandeln:

Die amerikanischen Entführungsfälle: Hauptsächlich aus den USA kommend, wird von zahlreichen Entführungsfällen berichtet, wo harmlose irdische Opfer und mehr oder weniger böse/neugierige Außerirdische Täter sind. Offensichtlich völliger Humbug/Täuschung/Selbsttäuschung. Ein wenig beunruhigend scheint die Häufigkeit des Auftretens – ist es aber nicht, wenn wir bedenken, daß es sich um nicht mal tausend bei Hunderten von Millionen möglicher Opfer handelt. Europas mittelalterliche Hexen und deren Beobachtungen, Überprüfung, ja Geständnisse angesichts der sicheren, grausamen Todesstrafe biete ich zum Vergleich.

UFOs und Geheimnisse: Ich stimme voll zu: UFO-Sichtungen können auf ein Geheimnis hindeuten. Freilich anders gelagert, als viele UFO-Gläubige vermuten. Ich will ein einfaches Beispiel anführen: Amerika hat geheime Flugzeugentwicklungen, wie wir von der U2, dem Blackbird und Stealth-Maschinen her wissen. Gerüchteweise gibt es eine Neuentwicklung »Aurora«, die sehr schnell (fünffache Schallgeschwindigkeit) und sehr hoch (30 km) ihre Bahn zieht. Ein zufälliger Beobachter könnte wohl einen UFO-Bericht liefern, der dann natürlich prompt »amtlich« dementiert würde. Die Aurora-Gerüchte wurden genährt dadurch, daß die bewährte und noch immer einmalige SR 71/Blackbird außer Dienst gestellt wurde, weil – so wird eben vermutet – besseres vorhanden ist. Inzwischen ist Blackbird wieder im Dienst – hat irgend etwas bei Aurora geklappt? Ich weiß es nicht.

Wer würde UFOs entdecken? Da habe ich keine Zweifel: einmal militärische Luftraumüberwachung, zum anderen Astronomen. Letztere finden Kometen, neue Sterne und dergleichen – ihnen würde auch ein UFO nicht entgehen. Beachtenswert ist nun, daß sowohl in der Astronomengilde wie in der Zunft der professionellen Luftraumüberwacher der Prozentsatz der UFO-Gläubigen extrem niedrig ist. Gewiß, da gibt es den einen oder anderen; zumeist in seiner Zunft wenig hoch angesehen. Ein zumindest bedenkenswerter Sachverhalt.

Warum schreiben Fachastronomen keine UFO-kritischen Bücher? Werden sie gar daran gehindert?

Hier liegt ein echtes Mißverständnis vor. Jeder Fachmann – den diese Frage überhaupt interessiert; sonst kümmert er sich eben gar nicht darum! – findet sehr schnell heraus, daß wahrscheinlich kein echtes Phänomen hinter den angeblichen UFOs steckt. Also weiß er sofort, daß der Schuh an den anderen Fuß paßt: Der »Gläubige« muß glaubhaft und nachprüfbar Beweise vorlegen; damit wird er sich dann gegebenenfalls beschäftigen. Der sogenannte Condon-Report paßt genau in dieses Bild. Der Wissenschaftler wird nicht in regelmäßigen Zeitabschnitten diese Übung wiederholen – sondern »abgehakt, geklärt, abgelegt« bis zum stets möglichen Beweis des Gegenteils. Dann ist's ein neues Spiel, und die Sache wird von neuer Warte aus wieder geprüft. So entwickelt sich eben Wissenschaft, und nicht im Schattenboxen mit allen möglichen Fragestellungen.

Herr Walter hat 1973 – im zarten Alter von 16 – Interesse an UFO-Fragen gewonnen. Klar, daß er damals den Märchen aufgesessen ist und diese Arbeit für sehr wichtig hielt. Heute – 23 Jahre später! – hat er tiefere Einsichten gewonnen. Er sieht die Unwahrscheinlichkeiten, teilweise Unwahrhaftigkeiten der UFOlogie. Er will die breitere Gesellschaft an seinen schwierig genug gewonnenen Erkenntnissen teilhaben lassen. Ich halte das alles für äußerst erfreulich und befriedigend. So unterstütze ich seine Bestrebung und wünsche ihm vollen Erfolg!

Prof. Dr-Ing. Harry O. Ruppe

1. Die grenzenlose Dimension – Raumfahrt, ECON-Verlag, 1980. Band 1: Chancen und Probleme, (Band 2: Werkzeuge und Welt, 1982)

CENAP-REPORT

UFOs: Ein Blick in die reale X-Akte

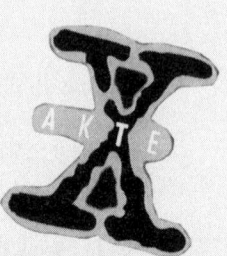

Nr. 233   5/96

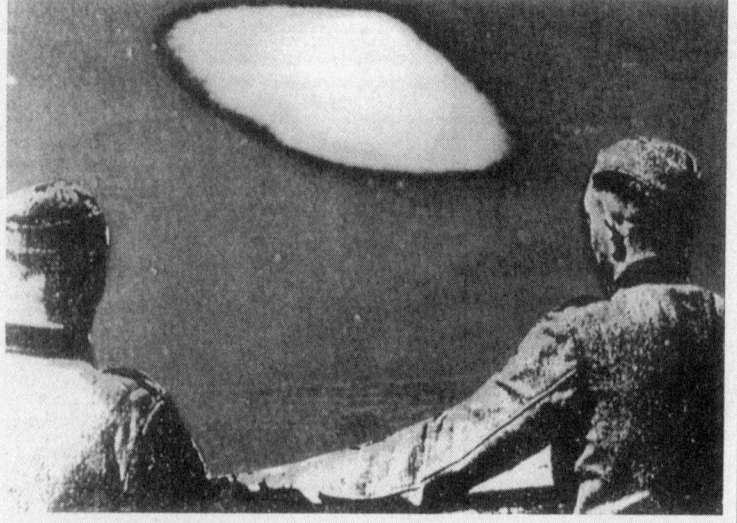

UFOS + Piloten

Bekenntnis und Vorwurf

»Marsmännchen in Frankreich?« So lautete die Schlagzeile der Münchener Abendzeitung vom 3. April 1993. Überschrift: »Ich habe ein UFO gesehen«. Die Telefonleitungen der Polizeiwache in Lyon liefen heiß, Dutzende Autofahrer riefen an. Die Beamten glaubten zunächst an einen Aprilscherz. Doch dann erlebten auch sie die unheimliche »Begegnung der Dritten Art«: In 300 Metern Höhe schwebte ein etwa 100 mal 50 Meter großer blauer Lichtstrahl.

»45 Sekunden dauerte das unheimliche Spektakel, dann war alles vorbei«, so Polizeichef Visere Thorel. Kein Radargerät der umliegenden Flughäfen hatte das Objekt registriert. Ein Trost: Augenzeugen gelang es, Fotos zu schießen.

Soweit eine typische UFO-Meldung, wie man sie fast monatlich irgendwo lesen kann. Und mehr als diese pure Erstmeldung gibt es kaum. Da erscheint ein rätselhaftes Objekt, niemand weiß, was es ist, obwohl es von verläßlichen Zeugen wahrgenommen wurde – und die wissenschaftliche Welt will uns einreden, daß es UFOs überhaupt nicht gibt? Ohne mich, ohne Sie – so geht das doch nicht!

Genau diese Diskrepanz hat einer Erscheinung den Weg geebnet, die ich den UFO-Aberglauben nennen möchte. Er sichert Redaktionen immer wieder vom grauen Alltag ablenkende Stories und so manchem hauptberuflichen UFO-Schriftsteller ein sattes Einkommen. Nebenbei gibt es in der Schattenzone zwischen »echter«, Pseudo- und Parawissenschaft die ufologische Bewegung, die sich um diese Anomalien am Himmel kümmert. Leider ist diese selbsternannte Ufologie im Laufe der Zeit in Verruf gekommen. Allzu viele Phantasten, Sektierer und Wundergläubige tummeln sich auf diesem Feld, um einem modernen Mythos zu huldigen, nicht selten (und sehr oft ganz bestimmt) in Erwartung einer pseudoreligiösen Offenbarung.

Ich bin Mitbegründer einer Bürgerinitiative namens Centrales Erforschungsnetz außergewöhnlicher Himmelsphänomene in Mannheim, kurz CENAP genannt. Vielleicht haben Sie noch nie etwas davon gehört, möglicherweise haben Sie auch völlig verdrehte Informationen über CENAP oder mich bekommen, deshalb an dieser Stelle eine kurze Anmerkung in eigener Sache: Ich bin Jahrgang 1957, seit 1973 (damals gab es im Herbst einen gewaltigen »Flap« an UFO-Meldungen) interessiere ich mich für die Phantome des Firmaments, die UFOs. Meine Faszination daran ist ungebrochen, wenn auch mit zahlreichen Frustrationen gewürzt. Seit über 20 Jahren bin ich bemüht, dieses phantastische Menschheitsrätsel mit aufklären zu helfen, wie viele andere (angeblich) auch. Ein Kritiker nannte mich einmal ein »wandelndes UFO-Lexikon«. Ich arbeite mit einer Anzahl Kollegen zusammen; sie sollen überall dort zu Wort kommen, wo sie ihre ureigenen Erkenntnisse aus dem Land UFORIA einzubringen haben. Um auch das vorweg zu sagen: Ich habe kein geschlossenes egozentrisches Weltbild und kann eine Portion Phantasie einbringen, schließlich bin ich als Kind des Weltraumfahrtzeitalters begeisterter Konsument von Science-fiction-Romanen und -Filmen.

Worum aber geht es in diesem Buch? Um das Phänomen der unidentifizierten fliegenden Objekte, kurz UFOs genannt, der eingangs zitierte Fall ist dafür symptomatisch. Der Begriff macht auch heute Sinn: Nach wie vor ist vieles unklar, und die UFO-Frage ist ungeklärt. Das »U« steht noch immer für »unidentifiziert«. Erstaunlich ist vielleicht für den wissenschaftlich denkenden Geist, daß die gesamte UFO-Thematik von einem Vorurteil belastet ist – UFOs müssen entweder außerirdische Raumschiffe, Besucher aus der Zukunft oder gar Hitlers Geheimwaffen sein. Dabei ist die »Affäre« UFO weitaus harmloser: UFOs sind schlichtweg Dinge und Erscheinungen am Himmel, die der Beobachter sich nicht erklären kann. Verunsicherungen und Hysterien hat es deshalb gegeben, Angst vor dem Unbekannten hat sich breitgemacht, nicht zuletzt durch die immer phantastischer werdenden Spekulationen zahlreicher Scharlatane, die mit ihren haarsträubenden Stories erkleckliche Summen einstreichen: Wunderglauben ließ schon immer die Kassen klingeln. Und Wundersames ereignet sich oft genug am Himmel ...

Aber halt, ist es wirklich so selten, daß man in unserem aufgeklärten Jahrhundert nicht weiß, was über unseren Köpfen vor sich geht? Mein Eingangsbeispiel soll nicht in Vergessenheit geraten. Seriöse Untersucher des UFO-Phänomens lassen solche Tatsachenbehauptungen nicht einfach so stehen, sondern recherchieren die Ursachen der einzelnen Meldungen.

Hätte ich, wie der normale Leser, die Lyoner UFO-Geschichte einfach so zur Kenntnis genommen, wäre sie ein Fall von vielen, der den Glauben an geheimnisvolle himmlische Invasoren untermauert. Aber: Durch Recherchen stellte ich fest, daß das berichtete UFO-Ereignis in den frühen Morgenstunden des 31. März 1993 nicht allein von Dutzenden, sondern Tausenden beobachtet worden war. Unter den Zeugen befanden sich Astronomen, Piloten und Flugsicherungspersonal – gibt es glaubwürdigere Beobachter? Meine Quelle ist der französische Astronom Peter B. de Selding, der im astronomischen Mitteilungsorgan *Space News* vom 12. April 1993 schrieb, daß das fälschlicherweise als schwebendes Objekt bezeichnete Ding ein feuriger Lichtball mit Schweif gewesen ist, der quer über den Himmel schoß. Auch der auslösende Stimulus fand sich bei einigen Nachforschungen, die hierzulande freilich niemandem bekannt wurden: In der Nacht zuvor war um 22 Uhr eine russische Rakete gestartet worden, um den ozeanografischen Überwachungssatelliten COSMOS 2238 in den Orbit zu tragen. Dessen dritte Raketenstufe war im Morgengrauen über Frankreich in die Erdatmosphäre eingetreten und als sogenannter »Weltraumschrott« spektakulär verglüht – einem astronomischen Feuerball-Boliden ähnlich. So groß das Wunder – so simpel ist oft die Erklärung.

Die UFO-Diskussion hat in den letzten Jahren derart abgehoben, daß sie die Kernfrage nach den Objekten am Himmel in Vergessenheit geraten läßt: UFO-Abstürze und Entführungen bzw. Mißhandlungen von Menschen durch koboldartige Aliens muß es demzufolge haufenweise geben! Man wird auf den folgenden Seiten erfahren, was wirklich daran ist. Aber, und das ist kein Widerspruch: Unidentifizierte Flug-Objekte existieren tatsächlich! Es gibt ein UFO-Phänomen!

Seitdem der Mensch seine Umwelt beobachtet und versucht, die Welt zu begreifen, sieht er rätselhafte Erscheinungen am Himmel. Und jeweils finden diese Lichterscheinungen eine Interpretation im Zeitgeist. Je nach Wissensstand und religiösem Hintergrund waren diese Interpretationen anregend oder hemmend für die menschliche Entwicklung. Der Stern von Bethlehem ist vielleicht ebenso Anlaß für geistige Entwicklungsprozesse der Menschheit gewesen wie das UFO, das Ex-US-Präsident Jimmy Carter 1969 meldete – für die jeweiligen Teilnehmer der spektakulären Himmelsschau waren beide Erscheinungen UFOs, so oder so. Die Frage ist nur, was die Menschen daraus gemacht haben. Im ersten Fall veränderte sich die Welt über 2000 Jahre hinweg im Sinne der christlichen Religion, im Fall Nummer zwei – wer weiß? Kosmische Offenbarungen schlagen uns allen entgegen: Offenbarungen der anderen, die merkwürdigerweise nie über unseren eigenen Horizont hinausgehen und ein Spiegelbild unserer eigenen weltlichen Probleme sind.

1947 – das war das Jahr, als die UFOs uns offiziell besuchten – oder doch nicht? Die moderne UFO-Phänomen-Forschung setzt bereits mit den Jahren 1896/1897 ein, als in Amerika die sogenannten Geister-Luftschiffe erschienen. 1946 waren es Geister-Raketen, die Skandinavien heimsuchten. Doch erst 1947 manifestierte sich in populären Vorstellungen das Bild vom UFO, und die Menschheit kommt nicht mehr los davon. Zweifelsfrei, das gebe ich zu, hat das UFO-Thema seinen emotionalen Reiz, da sich das kosmische Wunder hierin scheinbar zeigt. UFOs sind aber auch ein spezielles Thema der gesellschaftlichen Glaubenssysteme im Zeitalter des Space Age, der Zeit des Wirklichkeit gewordenen Raumfahrt-Traums der Menschheit. Die seit Urzeiten gesehenen Fremdkörper am Himmel finden jetzt natürlich ihre ureigene Interpretation. Und ihre Insassen? Auch sie finden ihre zeitgemäße Deutung – es sind eben Außerirdische. Dabei begleiten uns fremde Wesen seit Anfang an, und sie unterscheiden sich nicht von den Ufonauten ...

Wir werden hauptsächlich durch die Nachrichtenmedien informiert, beraten und aufgeklärt. Wirklich? Oder werden wir falsch informiert, mit Halbwahrheiten, Pseudoereignissen und Lügen berie-

Auch Polizisten sahen es durchs Fernglas:

Der Ufo-Spuk im Köllertal

Mitten hinein ins Sommerloch fallen Ufos. Das Püttlinger Ehepaar Karin und Franz-Josef Klein wollte seinen Augen nicht trauen, als es am Mittwochabend gegen 22.45 Uhr überm Kirchturm und in Höhe der Klinik drei unbekannte Flugobjekte sichtete. Weil man, wenn man fliegende Untertassen sieht, gemeinhin für verrückt gehalten wird, suchte das Paar zuverlässige Zeugen der Himmelserscheinung – und fand sie bei der Polizei. Zwei Beamte hatten sich statt mit ihrer Dienstpistole mit einem Fernglas bewaffnet und guckten in die Luft.

Was sie dort bemerkten, deckt sich haarscharf mit den Schilderungen der Kleins: Große runde Scheiben, die ihre Farbe von weiß über grün bis hin zu einer Blautönung gewechselt und in unregelmäßigen Abständen auch ihren Standort geändert hätten, heißt's im Polizeibericht. Nach etwa 15 Minuten sei der Spuk vorbeigewesen. Ganz

sicher sind sich alle Beobachter, noch niemals eine auch nur annähernd ähnliche Wahrnehmung gemacht zu haben. Das waren keine normalen Flugzeuge, auf jeden Fall nicht solche, „die sonst so rumfliegen" ist der einhellige Tenor. Und überhaupt, wie kämen denn ganz gewöhnliche Flieger dazu, sich mitten in der Nacht eine geschlagene Viertelstunde über Püttlingen herumzutreiben!

Der Rechercheur sucht zunächst auf der Erde nach des Rätsels Lösung und landet beim Riegelsberger Hobbyraketenbauer Peer Kreutzer, gleichzeitig Fachmann in Sachen Luft- und Raumfahrttechnik. „Wann sollen die aufgetaucht sein, zwischen 22 und 23 Uhr? Das ist wirklich ungewöhnlich, die kommen doch normalerweise immer später." Solche Antwort ist nun auch für jeden Fall sein, zwischen 22 und plausible „irdische" Erklärung nennen könnte. Aber Kreutzer zeigt sich interessiert

und hilfsbereit. In einer Broschüre über Hubschrauber findet er ein Modell – in den 60er Jahren für die amerikanische Luftwaffe entwickelt, – das in der Tat den Glauben an fliegende Untertassen nährt. Der Haken dabei: Die kreisrunde Maschine stieg niemals in den Himmel.

Mindestens so wahrscheinlich wie ein Gastspiel „Außerirdischer" ist der Gedanke, daß die US Air Force, die derzeit den noch streng geheimen Jäger F 19 testet, dies ausgerechnet über dem Köllertal tut. Rund oder zumindest abgerundet müssen diese Flugobjekte auf jeden Fall sein, weil sie Radarstrahlen schlucken sollen. Mit einem eckigen Gerät, so der Experte, sei dies nicht möglich. Ob die Untertassen nun von dieser Welt waren oder nicht, steht weiter in den Sternen. Allerdings – vorwitzige Marsmännchen wären irgendwie sympathischer als terrestrische Super-Maschinen.   il.

Auch in Deutschland melden zuverlässige Beobachter wie z. B. Polizisten ihnen rätselhafte UFOs   *Quelle: Cenap-Archiv*

selt? Das spekulationsträchtige UFO-Problem bietet sich dafür geradezu an. Vielleicht liegt es an der Art der Berichterstattung, daß das Phänomen der Lüfte niemals so recht verstanden und aufgeklärt werden konnte. Dieser Idee will ich mit dem vorliegenden Buch anhand einiger Beispiele folgen.

In der »Affäre UFO« haben viele versagt. Zunächst sind die UFOs eine Frage für nationale Sicherheiten, da haben Regierungen, Geheimdienste und Militärs ihre Finger im Spiel; sogar die UNO wurde mit UFO-Problemen behelligt. So mancher Staat alarmierte seine Verwaltungs- und Sicherheitsabteilungen, um sie auf UFO-Phänomene anzusetzen. Eine Bedrohung der nationalen Sicherheit stellen diese Erscheinungen jedoch genausowenig dar wie Geistererscheinungen, der Yeti oder das Ungeheuer von Loch Ness. Die mit geschwellter Brust auftretende Wissenschaft wischt alle UFO-Probleme einfach vom Tisch – es gibt kein wissenschaftliches UFO-Problem, weil es UFOs nicht zu geben hat, basta! UFOs werden allenfalls akzeptiert als Lichtbrechungen in Eiskristallwolken, als gebeugte Autoscheinwerferstrahlen in Inversionsschichten und Nebensonnen-Effekte. Außerdem sind die Entfernungen im Weltraum zu gewaltig, um fremde Intelligenzen in ihren Space-Ships nach Terra zu verfrachten – man kennt diese »Argumente«. Andererseits: Ist die Erde eine Art kosmischer Zoo? Allein die Logik und der sogenannte gesunde Menschenverstand lassen daran zweifeln, daß die Erde von einer multiplen und unüberschaubaren Vielzahl verschiedenartiger UFO-Raumer und Ufonauten besucht wird. Glaubt man den UFO-Berichten vorbehaltlos, dann wäre hier auf Erden in Sachen intergalaktischer Besuch mehr los als zur Rush-hour auf den U-Bahnhöfen von Tokio.

Dennoch, unsere Regulationsmechanismen der öffentlichen Meinung und Kontrolle der Staatsgewalt, eben die Medien, werden nicht müde, uns über UFO-Erscheinungen zu *ver*-informieren, sie werden zu UFO-Entertainern. Die UFO-Berichterstattung ist natürlich nicht zuletzt ein vor allem publizistisches Geschäft. Auflagen-Millionäre sind aber nicht etablierte Wissenschaftler, sondern Gaukler und Fürsprecher einer »anderen Realität«. Bei ihnen werden Konzepte, Vorstellungen und Wahnbilder der Science-fiction scheinbar Wirklichkeit. Diese Traumverkäufer haben erstaunlichen Erfolg, zählen zu den Spitzenverdienern des Medienmarktes und werden entsprechend hofiert. Auch Ihr UFO-Bild dürfte, da bin ich sicher, ein wenig von diesem kleinen Haufen moderner Hexenmeister geprägt sein. Hier ergibt sich eine unheimliche Begegnung der ungedachten Art: Diese Boten der Außerirdischen umgeben sich mit dem Rauchschirm der Wissenschaft (vielmehr ist es eine Pseudo-Wissenschaft), erfahren dadurch öffentliche Anerkennung und Beachtung, ihre Stories sind immer gut für auflagenstarke Blätter und sanierungsbedürftige Druckerzeugnis-Produzenten.

Man könnte den Eindruck gewinnen, daß die Erforschung der UFOs als »Ufologie« wissenschaftlich abgesichert ist. Unfug! Gleichsam wie die »Astrologie« ist die Ufologie keine etablierte Wissenschaft, sondern nur ein pseudowissenschaftliches Wunschgebilde. Wer sich auf dem Gebiet der Grenz-, Pseudo- und Parawissenschaften bewegt, wird bald feststellen, daß Worthülsen und Rattenfängertum grundsatzbestimmend sind. Eitle Gesellen, pseudowissenschaftliche Gaukler und Para-Selbstverliebte bedienen das Publikum ebenso wie knallharte Abzocker mit wundervollen Worten und unglaublichen UFO-»Wahrheiten«. Zu großen Teilen ist die ufologische Bewegung versackt in Esoterik und New Age – der Wille zum Glauben ist das selbstgestellte Diktat. Um Aberglauben, um alternative weltanschauliche Lebensweisen geht es. Jahrzehntelang war die »freie Akademie der Ufologie« von Naivität und Wunschdenken geprägt. Das formt und schreckt die wissenschaftliche Gemeinde ab. Bis heute sind viele Gaukler zugange, Auflagenzahlen sagen nichts über die Seriosität von Autoren/Reiseroman-Schriftstellern (siehe *Der Spiegel* 23/1994, »Scharlatane: Im Drüben fischen«, *Spiegel*-Autor Fritz Rumler über die Erfolge des Johannes von Buttlar). Selbst ruhmreiche, ob ihres gesellschaftlichen, prestigeträchtigen Glanzes augentrübende Titel besagen noch lange nicht, daß ihr Träger wirklich ernsthaft forscht. Schließlich gibt es keine akademische Ausbildung namens Ufologie – dafür aber gibt es so manchen Akademiker, der seinen geliebten Träumen zum Opfer gefallen ist. Und selbst »Ex-NASA-« und »Video-Spezialisten« fallen unangenehm auf, wenn sie Behauptungen in den Raum stellen und eingestehen: »Was ist schon schlimm dabei, wenn man ein paar Scheine machen will?« und sensationelle, aber zweischneidige UFO-Beweise dem Publikum in diversen Talkshows präsentieren. Erfahrungsgemäß finden informierte und sachlich kompetente UFO-Skeptiker dort kaum Zugang.

Dieses Buch ist ein Exkurs durch die offizielle und inoffizielle UFO-Forschung. Bekannte, klangvolle Namen werden von ihrer anderen, durchaus schattenhaften Seite dargestellt.

UFO-Erfahrungen haben viele gemacht. Lassen wir zwei Piloten der amerikanischen Luftwaffe (zitiert nach der wöchentlich erscheinenden Luftfahrt-Zeitschrift *Aeroplane* Nr. 47 und 120) zu Wort kommen. Nemop Niemotka von der New Jersey Air National Guard an Bord seiner Convair F-106 Delta Dart: »Als reine Abfangjäger wurden wir gewöhnlich auf alle möglichen nicht identifizierten Objekte angesetzt. Meistens waren es russische Maschinen des Typs ›Bear C‹ oder ›Bear D‹, die auf ihrem Weg nach Kuba die amerika-

nische Ostküste ausspähten. Sie versuchten es aber auch von Kuba
aus, vielleicht um unsere Schiffsbewegungen auszukundschaften.
Im Süden stellten sie regelmäßig unsere Luftverteidigung auf die
Probe, indem sie parallel zum 24. Breitengrad zwischen Kuba und
Florida patrouillierten. Bei unserem Standort im Süden gab es häufig Einsätze gegen Drogenschmuggler. Auch mit UFOs sollten wir
uns gelegentlich beschäftigen, ich persönlich allerdings nie. Ein paar
Jungs meiner Staffel wurden einmal auf ein unidentifiziertes Flug-
objekt über Fort Lauderdale angesetzt. Als sie dort ankamen, war
natürlich nichts mehr da. Die Meldung als solche klang glaubwürdig – Lichter mit ungewöhnlicher Route am Himmel – aber weder
auf dem Radar noch auf dem Infrarot-Sichtschirm zeigte sich irgend
etwas. Aber es gehörte nun mal zu unserem Job – raus, auf jede Meldung hin, in kürzester Zeit starten und die Höhe des jeweiligen Objekts erreichen.«

Ein weiterer Militärflieger dient uns als Zeitzeuge: Peter Karalus
auf seinem Abfangjäger Lockheed F-94 Starfire bei der 96th DIS,
die zwischen 1952 und 1957 am New Castle County Airport (Dela-
ware) stationiert war. »Diese Einheit war Teil des Air Defense Command (ADC), nach jedem Erstalarm mußten wir in spätestens fünf
Minuten in der Luft sein. Unser Auftrag war klar definiert: aufspüren, identifizieren, abfangen, zerstören. Mitte der 50er Jahre
sorgten zudem UFOs für große Aufregung. Eines Nachts war ich
auf der Jagd nach einem UFO. Die Bodenkontrolle hatte etwas auf
dem Radar entdeckt, und ich wurde hinausgeschickt, um es zu identifizieren. Ich kann mich noch gut daran erinnern. Der Ground
Controlled Intercept-Lotse sah etwas auf dem Schirm, das sich uns
mit großer Geschwindigkeit näherte. Schließlich konnte ich hinter
dem Ding einkurven. Ich machte so etwas wie einen Lichtschein vor
mir aus, und – ich kann es kaum anders beschreiben – es hatte die
Form einer Zigarre. Als ich auf Sichtweite heran war, versuchte ich,
es mit vollem Nachbrennerschub einzuholen. Aber je schneller ich
flog, desto schneller wurde auch das Ding. Ich hatte es vor mir und
auf dem Radarschirm. Ich sah ein Licht oder etwas Ähnliches. Leider kam ich nicht heran. Dann verschwand es vor mir in den Wol-

Selbst in der ARD-Tagesschau halten gelegentlich UFO-Meldungen Einzug
Quelle: CENAP

ken, und ich brach den Einsatz ab. Wir sprachen nicht viel über UFOs. Wir konnten sie nicht identifizieren, das war alles.«

Dumm also das Allgemein(vor)urteil, wonach nur Onkel Karl und Tante Minna UFOs sehen. Jeder Mensch kann unerwartet mit einem solchen Phänomen konfrontiert werden – unabhängig von seinem Geschlecht, Alter, von religiöser Zugehörigkeit oder sozialer Position. Ein Bauer kann ebenso seine UFO-Sichtung haben wie ein Staatspräsident (man denke an die ehemaligen US-Präsidenten Carter und Reagan). Der Müllkutscher berichtet genauso aufrichtig seine UFO-Erfahrung wie der Apollo-Astronaut oder der LTU-Pilot. Das ist nicht das Problem. Gelegentlich wird das Bild geschönt: UFO-Zeugen, die in der Silvesternacht befremdliche Erscheinungen sahen, haben »garantiert nichts getrunken«, wie sie aussagen. UFO-Wahrnehmungen werden selten im Suff oder unter Drogen gemacht, dieser Zahn sei gleich vorweg gezogen. Statisti-

sche Schönfärberei wie »alle UFOs sind Lug und Trug« sind ideologisch begründet und gleichsam falsch. Die UFO-Begegnung ist unerwartet, plötzlich und einmalig; niemand ist davor gefeit.

Auch wenn Sie unerwartet mit dem Lichtgebilde einer für Sie un-
erklärlichen Art konfrontiert werden, Angst und Panik sind fehl am
Platze – genießen Sie das Erlebnis. Sie begegnen dem Ungewöhnlichen, dem bisher Unfaßbaren und dem so noch nicht Gesehenen. Es
wird sich dennoch eine logische und nachvollziehbare Erklärung
finden, der erste Gedanke hinsichtlich einer Lösung ist übrigens oftmals der beste.

Natürlich gibt es laufend UFO-Observationen. Wenn bisher die
ehemaligen Staaten des Ostblocks sich eher zurückhaltend verhielten, hat die westliche Marktwirtschaft mit all ihren Spielregeln sich
auch dort breitgemacht und mit ihr eine neuerwachte UFO-Phanta-
sie, die wiederum in die westlichen Medien zurückschwappt. Märchen, Wunder und moderner Aberglaube? Wie auch immer, vielerlei
verrückte Stories geistern umher. So brachte die im Dezember 1990
erschienene Ausgabe der Moskauer Zeitschrift *International Literary Gazette* ein Interview von Oleg Moroz (Journalist) und General
Ivan Tretyak, Chefkommandant der Luftverteidigungsstreitkräfte
innerhalb der GUS. Lassen Sie sich verblüffen, erfahren Sie völlig
neue (?) Einblicke in die militärische Herausforderung durch UFOs
für russische Militärs und Verantwortliche der Luftsicherheit. Vielleicht werden mit folgendem Sachverhalt ein paar grundlegende
Probleme der UFO-Diskussion insgesamt erhellt und verständlich
gemacht.

Man wird sehen, daß die UFO-Forschung oft nichts weiter ist als
eine Art nachrichtendienstlicher Analyse von Daten, Informationen
und Fakten durch Spezialisten. Unsere Quellen sind genau die Quellen, die die Geheimdienste in aller Welt für ihre Lage-Analysen nutzen: Zeitungen, Radio, Fernsehen und die Meinung von Fachexper-
ten. Auch ich verfahre so und gewinne aus dieser Tätigkeit meinen
Reiz bei der Informationsverarbeitung – gegen die ufologische
Desinformation und Verdrehung. Es scheint so, als wenn kaum ein
Tag in der Ex-UdSSR vergeht, an dem nicht irgendwo erstaunliche

UFO-Erfahrungen und Kontakte mit außerirdischen Besuchern statt-
fänden.

Ist die Selbständigkeit der GUS von UFOs bedroht? General
Tretyak versteht das Interesse am UFO-Phänomen, »auch wenn
dessen wahre Natur immer noch nicht verstanden ist ..., zudem ist
es keineswegs bewiesen, daß diese UFOs künstliche Produkte einer
außerirdischen Zivilisation sind«. Hiernach seien zumeist alle UFO-
Beweise in der einen oder anderen Weise natürlich aufzuklären,
etwa als »optische Phänomene, die durch solare Aktivitäten entstehen«. Das klingt geheimnisvoll und weit hergeholt und muß so in
Frage gestellt werden.

Mitte der 70er gab es einen Boom an Berichten über UFOs, die
zumeist in den nördlichen Gebieten gesichtet wurden. Mehr als 90
Prozent dieser Darstellungen gingen auf Raketenstarts vom Ple-
setsk-Raketenzentrum zurück. Die damals uninformierte Öffentlichkeit mußte sich wundern, was hier geschah. General Tretyak:
»Unsere Leute sehen gelegentlich etwas Außergewöhnliches am
Himmel, und auch die Luftverteidigungseinrichtungen nehmen eine
Reihe von Signalen auf, die zunächst unverständlich sind. Aber neben Signalen von Flugzeugen, Hubschraubern, Raketen, Ballonen
empfangen wir auch Signale von anderen Objekten: Wolken, Vogel-
schwärmen, kleinen Ballonen und von außergewöhnlichen Radio-
signalen, ja selbst ungewöhnliche Sonnenaktivitäten schlagen als
Radarbilder durch.«

Das alles ruft UFO-Meldungen hervor. Im von 20 000 UFO-Fans
gelesenen New-Age-*Magazin 2000* vom Dezember 1991/Januar
1992 finden wir den Beitrag »2000 Dossiers über UFO-Kontakte in
der UdSSR: Warnungen vom Roten Stern«. Auf S. 48ff. wird erklärt, daß die UFOs über Moskau nun offiziell bestätigt seien. Es
geht um das Ereignis vom 21. März 1990, wonach ein »scheiben-
förmiges Objekt mit einem Durchmesser von 100 bis 200 Metern«
aufgetaucht sei, was eine »Sensation« darstelle; die Fliegenden Untertassen sind also unter uns.

Auch General Tretyak kennt diesen Vorfall. Zwischen 20 und
20:30 Uhr wurden »zwei Blitzlichter im Nordosten von Moskau

ausgemacht. Aber diese haben nichts mit einem Flugzeug zu tun, wir haben hierzu Zeugenaussagen und ein paar Fotos. Ein Abfangjäger wurde losgeschickt, geflogen von Lt. Col. Semenchenko, der sich bis auf 500 bis 600 Meter der Erscheinung näherte. Doch der Pilot sah nicht mehr als zwei blitzende Lichter gegen den Hintergrund von Pereslavl-Zalessky, aber das Objekt selbst war nicht auf den Aufzeichnungsgeräten festzustellen. Es gab kein damit verbundenes Radarsignal! Es war also keine reguläre Flugmaschine, sondern sehr wahrscheinlich irgendein Naturphänomen, das wir bisher nicht kennen. Leider konnte das Luftverteidigungs-Radar am Boden nichts davon feststellen, auch wenn man dort danach suchte.«

Warum versuchte der Pilot nicht, näher an das Phänomen heranzukommen? Flugsicherheitsbestimmungen verbieten die Annäherung an ein anderes Flugobjekt auf weniger als 500 Meter. Daran hielt sich der Pilot, obwohl das fragliche Phänomen 500 Meter unter ihm blieb und sich langsamer als der Kampfflieger bewegte. General Tretyak: »Warum sollten wir es abschießen? Unbekannte natürliche Phänomene sollten studiert und nicht vernichtet werden!«

Soweit also die »offizielle Bestätigung«, wonach UFOs existieren – eine Bestätigung übrigens, die im Kern von jedem Verteidigungsministerium der Welt abgegeben wird: Wer will schon leugnen, daß es da keine unidentifizierten Flug-Objekte dem Wortsinne nach gibt! Ganz anders sieht es aber aus, wenn *Magazin 2000*-Herausgeber Michael Hesemann seinen Lesern weismachen will, daß mit diesem Bericht Fliegende Untertassen und Besucher überlegener außerirdischer Zivilisationen bestätigt würden ...

Damit schließt sich der Kreis der Erklärungen, wie sie z. B. die amerikanische oder französische Luftwaffe zu unserem Diskussionsgegenstand bereits abgegeben hat. So gesehen sind die UFOs tatsächlich ein Problem, ein anerkanntes Problem der weltweiten Luftverteidigung – wenn auch unter gänzlich anderen Vorzeichen, als es die Ufologen und UFO-Promoter uns einreden wollen. General Tretyak sieht so auch »nichts Mystisches« in der ganzen Affäre,

Bei den Untersuchungen des UFO-Phänomens sprachen Vertreter des CENAP auch mit amerikanischen Apollo-Astronauten (l. Apollo-XV-Astronaut Cornel James D. Irwin, r. CENAP-Mitarbeiter Oskar Bös). Irwins Meinung: »UFOs sind Phantasieprodukte« (29. März 1985). Quelle: CENAP selbst wenn keine »reguläre Flugmaschine« aufgetaucht ist. Wahrscheinlich handelte es sich um irgendein Naturphänomen, aber »wir sind an solchen Sachen nicht wirklich interessiert, dies kann nicht unsere Aufgabe sein«. Journalist Oleg Moroz kommt im erwähnten Artikel nun auf einen Pressebericht zu sprechen, nach dem am 3. September 1990 viele Einwohner der Kola-Halbinsel ein UFO beobachteten, das später von einem Abfangjäger der Luftverteidigung abgeschossen wurde. Für Moroz ist dies der einzige Fall, bei dem ein solches Objekt vom Himmel geholt wurde – bei ähnlichen Versuchen seien die angreifenden Maschinen plötzlich elektronischen Störungen ausgesetzt gewesen oder deren abgefeuerte Raketen wurden vom Kurs abgelenkt!

Moroz fragt deshalb nach, warum man dieses Mal Erfolg gehabt hatte, doch Tretyak klärt ihn auf: »Es war ein aus Schweden kommender Ballon, den unsere Luftverteidigung bereits seit Tagen verfolgte. Doch dann geriet er außer Kontrolle und überflog in unberechenbaren Manövern und geringer Höhe unser Territorium, woraufhin wir den Abschußbefehl gaben.«

Am Beispiel der Rust-Affäre mußte sich Tretyak von Moroz sagen lassen, daß die GUS-Luftabwehr wohl doch einige Löcher aufweise, durch die vielleicht auch Außerirdische schlüpfen könnten. Doch Tretyak konterte entschieden und gab ein paar interessante Informationen preis, auch wenn er betonte, daß die GUS-Luftverteidigung keinerlei reale Bedrohung durch angebliche außerirdische Besucher sähe, da es dafür keinerlei Beweise gäbe.

Hinsichtlich der Rust-Affäre geht Tretyak davon aus, daß die Medien den Fall übertrieben und daß es seit Jahren Hunderte von Grenzverletzungen gegeben habe. Wahr sei, daß die Rust-Maschine von der Luftverteidigung ausgemacht worden sei und Abfangjäger deshalb gestartet waren. Aber was tun? Ihn ziehen lassen oder herunterholen? Auch wenn die Landung von Rust auf dem Roten Platz das GUS-Image ankratzte, was wäre geschehen, wenn man ihn unter Feuer genommen hätte? Man denke nur an die Affäre um die abgeschossene südkoreanische Zivilmaschine! Außerdem gab es keinen wirklichen Grund, ihn vom Himmel zu holen. Seine Maschine bedeutete keinerlei Bedrohung für Rußland, er flog eine Cessna und keinen Bomber.

Moroz läßt aber nicht locker und fragt nach, ob es spezielle UFO-ET-Abfangprogramme und dergleichen in den GUS-Streitkräften gebe. Tretyak verneint das entschieden. In der heutigen Politik seien sämtliche Maßnahmen der Luftverteidigung der Situation angemessen, es sei genau festgelegt, was im Falle einer Bedrohung durch fremde Objekte zu geschehen habe. Es gebe auch keine Abkommen, Projekte oder Planungen zwischen den Staaten des ehemaligen Warschauer Pakts (oder gar geheime Abstimmungen mit der NATO), wie man sich bei UFO-Registrierungen verhalten solle oder wie man UFOs bei Überflügen über verschiedene Hoheitsgebiete begegne. Kolumnist Moroz wird wagemutig und fragt den Luftverteidigungschef, ob die GUS Waffen gegen UFOs entwickelt habe, was General Tretyak vom militärtechnischen Standpunkt aus beantwortet: »Es ist abwegig, über spezielle UFO-Abwehrwaffen zu spekulieren, solange wissenschaftlich überhaupt nicht festgestellt ist, daß die UFOs als außerirdische Aktivitäten fremder Wesen zu werten sind und in irgendeiner Weise eine Bedrohung darstellen. Man kann doch keine Waffe entwickeln, ohne zu wissen, welche Eigenschaften und Fähigkeiten sie gegen ein fragliches Objekt haben soll! Wenn ich mir die internationale Lage anschaue, brauchen wir nicht gegen imaginäre Feinde hochzurüsten. Rüstung ist sowieso immer für die ökonomische Stabilität des Vaterlands schlußendlich gefährlich. Viel eher sehe ich Anlaß, mehr Forschung zu betreiben, um ein solches Fluggerät wie den Stealth-Bomber aufspüren zu können, gut wäre es natürlich, wenn man damit und nebenbei auch einige UFO-Rätsel klären könnte.«

Moroz interpretiert dies nun in seiner Weise und sieht außerirdische Raumschiffe als Träger einer Tarnkappen-Technologie an, was General Tretyak wieder zurechtrückt: »Ich meine damit nicht, daß wir uns nach UFOs speziell umschauen. Klipp und klar, dafür haben wir unsere Radars nicht eingesetzt, das ist nicht direkt unsere Aufgabenstellung. Gut, gelegentlich stellen wir UFOs im Wortsinne fest, aber ich betone es nochmals, es gibt keine spezielle Suche nach ihnen. Dazu sind auch unsere genutzten Frequenzbereiche auf dem Radarband wahrscheinlich gar nicht geeignet. Es wäre denkbar, neue Radaranlagen hierfür zu installieren, aber dies verschlänge wohl unberechtigt hohe Summen, die einfach nicht bereitstehen.«

Moroz verleiht nun seiner Phantasie Flügel und fragt nach, ob die GUS-Streitkräfte schon Laserwaffen gegen UFOs einsetzten, was der General verneint, da es derzeit zum einen keine wirkliche Laserwaffen-Technologie gebe und zum anderen auch kein Anlaß bestehe.

Die Behauptungen von UFO-Spezialist Vladimir Azhazha in der Zeitung *Vechernyaya Moskva,* wonach 1989 allein 5500 Russen von Aliens entführt worden seien, von denen etwa ein Drittel nie zurückkehrte, weist General Tretyak als Unsinn zurück: »Ich denke, wir sollten eher den Ausbruch von Kriminalität, sozialen und ethnischen Spannungen bekämpfen, als uns mit solchen Geschichten abzugeben. Es gibt wohl viele UFO-Berichte, aber ich sehe als Chef der russischen Luftverteidigung keine Veranlassung, sich darum zu kümmern, dazu besteht keine Notwendigkeit – besonders auch deshalb, weil viele phantastische UFO-Darstellungen schlichtweg nur Schwindel von Reportern sind. Die Zeitung *Rabochaya Tribuna* ist z. B. so ein Lügenorgan, berichtete sie kürzlich doch, daß da ein UFO nahe Kuybishev erschien und eine unserer Radarstationen vernichtete. Wir wunderten uns natürlich, diese Story zu lesen, obwohl wir als Betroffene in diesem Fall als erste darüber hätten informiert sein müssen, aber die ganze Geschichte ist blanker Unsinn. Wie sich später herausstellte, wurde dieser Unfug von einem Korrespondenten der Lokalzeitung *Za Rodinu* verzapft, um den Lesern eine Sensation unterzujubeln. Jener Zeitungsmann war gerade in General Makashovs Büro, als dieser davon unterrichtet wurde, daß die Radaranlage von einem ganz normalen Blitz getroffen und beschädigt worden war. Dies und kein UFO ist der wahre Hintergrund dieser hochgeschraubten Geschichte.

Leider gibt es heutzutage für solche Gerüchte und Verdrehungen fruchtbaren Boden. Jedermann wünscht sich die Verwirklichung eines Wunders, gibt es sie nicht, dann erfindet man sie. Wie auch immer, es gibt wohl einige Phänomene, die man als UFOs betrachten mag, aber sie sind nur Erscheinungen, deren Natur uns unbekannt ist. In meinen vier Jahren Dienstzeit auf diesem Posten gab es keine Situation, aufgrund derer ich zur Annahme hätte kommen müssen, daß da außerirdische Raumschiffe und Besucher von anderen Welten etc. zu uns gekommen wären. Mir sind auch keine seriösen Informationen für ein anderes Land auf diesem Planeten bekannt. Ich habe keinen Grund anzunehmen, daß früher einmal Raumschiffe über unser Land geflogen oder gar gelandet sind.«

Soweit also der Artikel aus der *International Literary Gazette* vom Dezember 1990. Damit wird deutlich, daß tatsächlich UFOs in der GUS auftauchen und tatsächlich auch UFOs im Wortsinne von russischen Fliegern und Militärs gesichtet und via Radar festgestellt wurden – wie in jedem anderen Land der Erde wohl auch. Doch wird man das kaum als Nachweis für Außerirdische ansehen. Aufregende Schlagzeilen wie »Sowjetische Militär-Offiziere und -Piloten bauen nun eine Dokumentation über UFO-Sichtungen auf« (*Sotsialisticheskaya Industriya* vom 30. Oktober 1989) oder »Sowjetische Presse bringt aufregende UFO-Beweise von militärischen Quellen« (in der New Yorker *Tribune* vom 21. Juni 1990) bekommen so eine gänzlich andere Aussage.

Kein Wunder auch, wenn zum Beispiel im Juni 1989 die offizielle *Soviet Military Review* in ihrem Artikel »UFOs und Sicherheit« zwar die UFO-Thematik behandelt, aber auch dort zur Feststellung gelangt, daß die UFOs wohl eine besondere Abart von Plasma seien. Wobei wir wieder bei dem Punkt angelangt sind, den General Tretyak bereits betonte: Für ihn sind UFOs besondere Naturerscheinungen.

Weiter ist bedeutsam, daß die russische Presse sich inzwischen um Legendenbildung und abenteuerliche Geschichten bemüht und dazu wahnwitzige Stories erfindet, weil das Publikum sie einfach liebt. Hier hat man rasch vom Westen gelernt! Unsere UFO-Schlagzeilen kamen gut in der Ex-UdSSR an, nun bastelt man sich dort selbst noch abenteuerlichere Geschichten zusammen, die begeistert aufgenommen werden und darüber hinaus im Westen für wunderlichen Aufruhr sorgen. So kann natürlich das UFO-Fieber auch aufrecht erhalten werden.

Das Ende des Kalten Kriegs bescherte der GUS eine wahre Invasion der Fliegenden Untertassen. General Tretyak nennt die Zeitung der Moskauer Kommunistischen Partei, *Rabochaya Tribuna,* ein »Lügenblatt«. Für uns natürlich interessant zu erfahren, hatte doch dort ein General Igor Maltsev (Chef des Luftverteidigungsstabs) erklärt: »Auch wenn ich kein UFO-Spezialist bin, kann ich nur meine Einstellung vertreten. UFOs existieren, und sie werden von Außerirdischen geflogen, vielleicht sind sie uns nicht freundlich gesonnen.«

Hier erweist sich einmal mehr, daß unterschiedliche Menschen natürlich unterschiedliche Urteile und Positionen zu UFOs haben. Es ist die hinlänglich bekannte Pro- und Kontra-Diskussion. Wir können nurmehr Sachargumente abwägen und unsere eigene Ansicht gewinnen darüber, was man akzeptieren soll und darf und was nicht. Gehorsam hatten wir lange Zeit auf solche tollen Quellen wie *Rabochaya Tribuna* gesetzt, wo übrigens auch die »Fliegende Untertassen«-Darstellung des Lt. Col. Semenchenko über Pereslavl-Zalessky erschienen war und die ufologische Gemeinde im Westen in heller Freude aufjubeln ließ. Die Londoner *Times* stellte es am 5. Juli 1990 für uns klar: Die Menschen in Rußland erfahren nun eine UFO-Faszination, wie es sie zuvor nur in amerikanischen Revolverblättern gab. Nachdem 1989 die UFO-Sichtung von Woronesch bekanntgeworden war, vergeht nun kaum eine Woche ohne weitere Berichte über außerirdische Wesen. Die UFO-Crews sprechen hierbei normalerweise perfekt Russisch, inzwischen werden sie aber recht aggressiv. So soll es im nördlichen Kaukasus Frauen geben, die mehr als zweimal von außerirdischen UFO-Piloten entführt worden sind.

Besondere Beachtung im Westen findet derzeit eine russische Neuauflage des berühmten amerikanischen »Roswell-Zwischenfalls«: Am 29. Januar 1986 soll um 19:55 Uhr über dem Bergwerksarbeiter-Städtchen Dalnegorsk an der Pazifikküste der GUS eine rötlichorange Kugel mit der relativen Größe eines halben Voll-

Autor Werner Walter (r.) stellt sich der öffentlichen Diskussion wie hier im ZDF mit dem deutschen UFO-Promoter Michael Hesemann (l.). Moderation: Günther Jauch   *Quelle: CENAP*

monddurchmessers in hoher Geschwindigkeit herabgekommen sein, um auf dem Dalnegorsk-Hügel 611 aufzuschlagen. Merkwürdig war seine parallel zur Erde gerichtete Bahnbewegung kurz vor dem Aufprall auf dem 611 Meter hohen Kamm, die zahlreichen Zeugen des Schauspiels vernahmen hierbei jedoch keinerlei Geräusch. Eine Zeugengruppe, bestehend aus Schülerinnen, will gesehen haben, wie die Reste des Objekts dort etwa eine Stunde lang vor sich hin brannten. Experten schlossen bei diesem Phänomen einen Meteoritenaufschlag völlig aus! Insgesamt soll dieser Körper sechsmal auf und nieder gegangen sein. Weiter muß Dalnegorsk eine wahre UFO-Invasion erfahren haben, augenscheinlich waren außerirdische Mächte auf der Suche nach ihrer verlorengegangenen Sonde ... Eine Expedition unter Valeri Dvuzhilny, Leiter der Far Eastern Commission on Anomalous Phenomena, fand einige Zeit später Spuren in Form kleiner Kügelchen aus Blei und Eisen, überzogen mit seltsamen Glasstrukturen. Drei Akademien und elf Forschungsinstitute sollen das Material analysiert haben, nach Aussage von Dvuzhilny war das Dalnegorsk-Objekt sehr wahrscheinlich eine außerirdische Sonde. Gehört hat man von der ganzen Angelegenheit übrigens kein Sterbenswörtchen mehr …

Auch dieses Buch verspricht spannende UFO-»Erfahrungen«, aber man wird sehen, welche Bären man uns dabei aufbinden will. Spektakuläre UFO-Fälle aus dem Ostblock, die sich nun plötzlich dort ereignen, als hätten die Außerirdischen die gesellschaftliche Öffnung brav abgewartet, werde ich in einem zweiten Band vorstellen, ebenso die nicht enden wollenden Geschichten von Entführungen durch Aliens.

Die Beschäftigung mit dem UFO-Rätsel ist kein Job für den einsamen Streiter und Sucher. Nur mittels Einbindung synergetischer Kräfte auf der Basis einer interdisziplinären Forschungsarbeit ist diesem Menschheitsrätsel beizukommen. Jeder beschränkte Blick aus der Schublade nur einer Wissenschaft heraus führt an der Wahrheit vorbei. Es gibt nicht nur ein UFO-Rätsel, es gibt ihrer viele. Jeder individuelle Fall muß aufgenommen und detailliert analysiert werden.

Die UFO-Phänomene mit ihren zumeist objektiven Auslösern (Stimuli) sind, jedes für sich genommen, vielfältig. Das UFO-Phänomen als kultureller Gesamtkomplex ist vielleicht gar nicht so einzigartig, hier nähert man sich alsbald Kernfragen der Religion und des menschlichen Grundbedürfnisses, glauben zu wollen. Vielleicht erfährt man durch das UFO-Phänomen weniger über die Mysterien des Kosmos, als über das Menschsein an sich.

Wie aber sieht in aller Regel die ufologische Anstrengung aus? Man liest fleißig populäre UFO-Bücher, kauft sich am Kiosk Esoterik- oder New-Age-Magazine mit UFO-Kolumnen und/oder besucht teure UFO-Seminare oder gar »Weltkongresse«. Hier bekommt man ein UFO-Weltbild unkritisch eingeimpft. Hebt sich der tieferfragende Interessent aus der Masse hervor, dann nimmt er seine »Forschungsarbeit« auf. Dies kann z. B. so aussehen: Alle grünen UFOs der Jahre 1968–1974 werden auf eine Weltkarte übertragen, und man sucht dann nach Mustern für die weltweite Aufklärungsmission der ETs. Oder man fahndet in den seitenlangen Texten der populistischen Ufologie nach allen dreieckförmigen UFOs, um auf diese Weise festzustellen, von welchem Planeten oder aus welcher Dimension diese Körper stammen. Diese »Forschung« ist trotz allem Einsatz unorganisiert, außerdem kommt immer wieder eine neue Generation von Ufologen hinzu, die die Ergebnisse früherer Arbeiten schlicht ignoriert und stets aufs neue das Rad erfinden will. Ein Problem ist dabei sicherlich, daß die wirklich fundierten und sachspezifischen Daten, Informationen und Fakten in der populistischen Literatur gar nicht aufzugreifen sind – obwohl sie mit Versprechungen wie: »Hier alles über die geheimen KGB-UFO-Akten« hausieren geht. So ging in der Vergangenheit viel verloren, und es wurde noch mehr Schindluder getrieben oder Verwirrung gestiftet.

Ein Grundproblem der freien (manchmal allzu freien) UFO-Forschung ist die mangelnde Definition für das zu erforschende Studienobjekt. Außerdem gibt es kaum Lehrbücher für die aktive Untersuchungsarbeit; eine naturwissenschaftliche Ausbildung und der angeheftete akademische Titel machen aus dem Ufologen noch lange keinen »wahren Experten« und Sachverständigen.

Ich habe in meiner Laufbahn als UFO-Phänomen-Untersucher zu viele würdige Herren gesehen, die im Berufsalltag sicherlich wunderbar funktionieren, aber als Ufologen total versagen, auch wenn sie in diesem dunstigen Para-Feld mit glühender Begeisterung hochgelobt werden. Wenn es um Pro und Kontra in der UFO-Streitfrage geht, sitzen sich meist die falschen Parteien gegenüber. Pro-gestimmt sind in der Regel irgendwelche Erfolgsmenschen, die dann als UFO-Experten geladen sind, Kontra-Positionen nehmen Vertreter der etablierten Wissenschaften ein, die kaum einen Deut von Ahnung haben, worüber sie sprechen – und dabei gefallen sie sich noch. Auflagenzahlen ergeben keinen Glaubwürdigkeitskredit, anerkannte wissenschaftliche Forschungsarbeit auf einem anderen Gebiet als der UFO-Forschung impliziert noch lange keine Kompetenz auf diesem speziellen und komplexen Sektor des Unglaublichen. Nicht umsonst sind UFO-Berichte als unglaubliche Darstellungen von glaubwürdigen Menschen zu verstehen. UFOs kann man nicht auf den Labortisch legen, auch wenn man dies gelegentlich behauptet – es mangelt an Beweisen.

Die Beweisfrage ist das Hauptproblem schlechthin: Es gibt wohl einige Erscheinungen des Himmels, die den zufälligen Beobachter verblüffen und narren können. Die darüber aufkommenden Berichte unterliegen zumeist subjektiven Filterverfahren. Der Journalist verdreht und verkürzt Angaben zu diesem für ihn kuriosen (oder gar lustigen) Phantom, außerdem weiß er nicht die rechten Fragen zu stellen. Die Polizei kann nur vor Ort fahren und selbst nachschauen, ob das angezeigte Objekt noch vorhanden ist. Bei der Flugsicherung schnell durchzukommen, ist eine besonders heikle Angelegenheit. Und Sternwarten, Planetarien und astronomische Einrichtungen? Die danken vielleicht für den Tip und vergessen die Affäre im allgemeinen recht schnell.

Die wenigsten UFO-Sichtungsberichte landen schließlich bei UFO-Phänomen-Forschern, ein Großteil davon wird von wenig erfahrenen oder ideologisch geprägten Weltverbesserern/Weltenrettern aufgesogen. Hier fängt dann wieder das Spielchen an, bei dem man nach grünen UFOs und Dreiecken ordnet, um eine Art »kosmisches Puzzle« zusammenzubringen; alles in allem ist es kaum mehr als die Suche nach Antworten im Kaffeesatz oder wie der Blick in die Kristallkugel.

Die Methode der seriösen UFO-Forschung dagegen ist leicht auszumachen. Da die Forschungen nur erfahrungswissenschaftlich vorangetrieben werden können, empfiehlt sich der Einsatz zweier Komponenten: 1. die Quellenrecherche und 2. der gesunde Menschenverstand.

Zum Scheitern verurteilt ist mit Sicherheit der, der die Angelegenheit euphorisch betreibt, um seine Vorurteile zu bestätigen. Wer nur forscht, um seine festgefahrenen Glaubensvorsätze über Besucher aus dem Weltraum oder aus anderen Dimensionen des Seins zu verfestigen, wird sich selbst ein Bein stellen. Wer forscht, muß mit Niederlagen rechnen, mit Reinfällen, Pleiten, Pech und Pannen. Vorgefaßte Bilder und Konzepte werden brechen, wenn der aufgeschlossene und forschungswillige UFO-Phänomen-Erkunder seine Scheuklappen ablegt, interaktiv einsteigt und multidisziplinär agiert. Viele ernsthaft bemühte Menschen in aller Welt haben mitten auf diesem beschwerlichen und steinigen Weg aufgegeben, da sie allzuleicht deprimiert und frustriert sind, wenn Träume platzten und sie ihre ufologischen Freunde verloren hatten. Der wirklich suchende und aktive Forscher ist nämlich die unrühmliche Ausnahme und ein Nestbeschmutzer im eigenen Forschungsfeld.

Von UFOs spricht heute die ganze Welt. Haben Sie schon einmal etwas von IFOs gehört? Nun, auch wenn es ungewöhnlich klingt, IFO steht für identifizierte fliegende Objekte. Was sich dahinter verbirgt? Jedes befremdliche Objekt am Himmel wird zunächst als UFO verstanden und weitergemeldet. Auch wenn ein Beobachter seine Wahrnehmung nicht erklären kann, muß das noch lange nicht heißen, daß das auch für andere Menschen gilt. Problematisch ist es auf jeden Fall, daß die meisten UFO-Meldungen deshalb zustande kommen, weil Leuchtgebilde in Zeiten der Dunkelheit gesehen werden. Die Nacht ist die Maske der UFOs. Man merkt es schon: UFOs sind selten bis gar nicht jene schönen Bilderbuch-Untertassen, wie man sie uns wieder und wieder vorsetzt. Ich will noch weiter gehen. Ist es nicht seltsam, daß spektakuläre Erscheinungen immer nur von einzelnen Menschen berichtet werden, wenn doch anzunehmen ist, daß diese auffälligen Schauspiele auch anderen Zeugen aufgefallen sein müßten?

Ein anderes Extrem: Da werden höchst absonderliche UFO-Demonstrationen über breite Landstriche hinweg kurzzeitig festgestellt und von Tausenden (!) bezeugt, aber im nachhinein hört man nichts mehr davon, außer vielleicht, daß Expertenaussschüsse sich damit befassen. Ende. Eben da, wo sich sonst Schweigen ausbreitet, beginnt die vorliegende Arbeit. Meine Kollegen und ich geben Antworten, wo wir können. Auch wenn Fragen zurückbleiben, so haben sie nicht mehr jene anfängliche Dimension.

Wer sich mit UFOs beschäftigt, muß sich dem journalistischen Ethos von Klarheit und Wahrheit unterwerfen. Für die ernsthafte UFO-Forschung ist es nicht nötig, kostspielige Reisen zu unternehmen – man braucht nicht unbedingt nach einer UFO-Meldung sofort in den nächsten Airliner zu steigen und nach Brasilien zu jetten. Ein gut organisiertes Büro und die Bereitschaft, sich selbst, Zeit und ein wenig Energie zu investieren, genügen. Aber es ist natürlich wie überall im Alltagsleben: Ohne Informationen und Beziehungen läuft sehr wenig.

Wie man das UFO-Phänomen untersuchen kann, will ich hier anhand meiner eigenen zwanzigjährigen Erfahrungen kurz aufzeigen. Wenig sinnvoll ist es, sich selbst nachts auf den Acker zu legen und von dort aus mit dem Feldstecher den Himmel nach UFOs abzusuchen. UFOs wird man dabei kaum zu Gesicht bekommen, dafür aber viele irdische Objekte, die man erstmals so wahrnimmt. Mit einer gewissen Erfahrung wird man bald erkennen, worum es sich dabei handelt – das meiste ist sofort klar und deutlich identifizierbar. Einige Erscheinungen aber werden verblüffen, haben andere schon verblüfft und schleunigst als UFO-Eilmeldung ihren Weg in die Nachrichtenorgane gefunden.

In aller Regel laufen die UFO-Forscher dem Phänomen-Beobachter nach. Beweise für die erstaunlichen Meldungen sind rar, und viele Beweise sind nur Bluff. Zurück bleibt meist die verbale Zeugenaussage über das UFO-Ereignis des Beobachters. Von unschätzbarem Wert ist es in jedem Falle, diesen Originalzeugen zu sprechen – nur er kann alle Informationen geben, die man braucht. Natürlich, seine Story hält und fällt mit seiner Glaubwürdigkeit. Ein Indikator, den ich für mich dabei festmachte, ist seine Bereitschaft zur Kooperation. Um die Glaubwürdigkeit zu testen, gibt es einfache Methoden, die ich aber nicht weiter ausführen möchte, um möglichen Tricksern keine Tips zu geben, wie man eine erfundene Story »wasserdicht« macht. Eine leider unbestreitbare Tatsache ist es jedoch, daß, je mehr Beweismaterial vorgelegt wird und je spektakulärer im Detail eine Geschichte ist, man es desto weniger mit einem objektiven Nachweis zu tun hat. Lug, Trug, Selbsttäuschung und Phantasie gehen hier Hand in Hand und machen unsere Anstrengungen oftmals zunichte.

Der seriöse Ermittler ist das mitverantwortliche Filtersystem für

DARA DEUTSCHE
AGENTUR FÜR RAUMFAHRT-
ANGELEGENHEITEN (DARA) GmbH

Stabsstelle Presse und Öffentlichkeitsarbeit

Bonn, den **28.07.1992**

DARA GMBH · Königswinterer Straße 522–524 · 5300 BONN 3

Telefon   (02 28) 4 47-0
Telefax   (02 28) 4 47-700 **-341**
Postfach 30 03 64

Herrn
Werner Walter
CENAP
Eisenacher Weg 16
6800 Mannheim 31

Sehr geehrter Herr Walter,

vielen Dank für Ihr Schreiben vom 22.07.1992 und für das Informationsmaterial, das Sie uns zugeschickt haben.

Wir werden in Zukunft, wie Sie freundlicherweise vorgeschlagen
haben, unsere UFO-Anfragen an Sie weiterleiten.

Über eine Kooperation zwischen CENAP und der DARA würden wir uns
sehr freuen. Während der Urlaubszeit muß sich die DARA jedoch
zunächst einmal auf die laufenden Projekte konzentrieren, so daß
eine Zusammenarbeit erst im Herbst möglich sein wird.

Mit freundlichen Grüßen

i.A.

(Dr. B.P. Spaunhorst)   (N. Swiebocki-Kisling)

Inzwischen werden von der Deutschen Agentur für Raumfahrt-Angelegenhei-
ten, Bonn, UFO-Anfragen an CENAP weitergeleitet   Quelle: CENAP

die UFO-Frage. Nur wenn dann ein ungelöstes Phänomen, gesichtet
von einem glaubwürdigen Beobachter, zurückbleibt (noch nicht einmal ein Fall unter zwanzig!), dann kann man diesen Fall in der
»Szene« weiter diskutieren und alle Informationen vorlegen. Einen
Volltreffer bedeutet das mit Garantie noch nicht, es kann ein mit-
forschender Kollege kommen und das diskutierte Phänomen in seiner wahren Natur kennen und daraus wieder ein nicht ganz so all-
tägliches IFO machen.

UFO-Forschung also ohne Gewähr. Wie ich eben schon feststellte: Bei zwanzig UFO-Meldungen wird nur (mit viel Glück) eine
Berichterstattung zurückbleiben, die zunächst weniger leicht erklärbar ist, wobei »leicht« natürlich relativ zu sehen ist, wie bei meinem
Eingangsbeispiel bereits deutlich wurde. Der Großteil deutscher
Ufologen hätte übrigens diesen Fall generös unter der Kategorie
»unidentifiziert« abgehakt.

Die weltweite UFO-Forschung steckt voller erstaunlicher und
manchmal einfach nur ärgerlicher Mißgriffe. Schon die besten
UFO-Beweise sind abgestürzt, darüber wird in den meisten Publi-
kationen jedoch gern geschwiegen. Wenn irgend jemand wirklich
etwas über das UFO-Phänomen verschweigt, dann ganz gewiß eine
Reihe populärer UFO-Schreiber.

Es überrascht mich immer wieder, wenn ich in ihren romanhaften
»Tatsachenberichten« UFO-Darstellungen finde, die kaum durch-
dacht sind und von fehlerhaftem Material strotzen, gelegentlich
garniert mit längst entlarvten Schwindelfällen. Da dies dem durch-
schnittlichen Leser und UFO-Interessenten nicht auffällt und er
vom guten Namen des Autors beeindruckt ist, versinkt er tiefer und
tiefer in seinen Wunschtraum.

Hier muß einiges zurechtgebogen werden. Bei der UFO-Forschung handelt es sich in der Tat um eine packende Detektivarbeit.
Ufologie, wie man sie allgemein kennt, ist ein Versteckspiel, ein Irr-
garten und gleichzeitig das Kloster für den Willen zum Glauben an
das bisher Undenkbare. In dieser Atmosphäre wird, und daran
werde ich im Verlaufe des Buches mehrmals erinnern, die Affäre
UFO zur wahr gewordenen Science-fiction. Die seriöse UFO-Er-

Selbst ins europäische Ausland führt die Forschungsarbeit des Autors. Hier z.
B. ins dänische Vojens am 7. Mai 1983. Dort fand ein ausführliches Gespräch
mit dem dänischen UFO-Top-Zeugen Evald Maarup statt, wobei seine Beob-
achtung vom 17. August 1970 als eine fehlgedeutete Beobachtung eines Flug-
zeuglandescheinwerfers identifiziert wurde.   *Quelle: Cenap*

mittlung – Erkundung und Phänomen-Untersuchung – hat es nicht
nur mit den UFOs und ihren Zeugen zu tun, sondern sie ist auch da,
um krumme Wege zu begradigen und Irrspiele dort zu entlarven, wo
die Gaukler unter uns sind. Ein Schuß unorthodoxe Professionalität
gehört dazu, ich nehme sie für mich und meine zitierten Kollegen in
Anspruch.

Werner Walter, im Sommer 1996

Wenn Sie über dieses Buch hinaus Fragen haben, wenden Sie sich (drei
Mark in Briefmarken für das Rückporto nicht vergessen!) bitte an:
Werner Walter c/o CENAP, Eisenacher Weg 16, 68309 Mannheim.

UFOs in Astronomie und Raumfahrt

UFOs, also unidentifizierte Flug-Objekte im schlichten Wortsinn, sind ein reales Phänomen, das man mit wissenschaftlichem Ernst erforschen kann wie jede andere zunächst unerklärliche Erscheinung auch. Doch darum geht es dem Großteil der ufologischen Gemeinde gar nicht, sie kümmert sich hauptsächlich um die populären Belange der Fliegenden Untertassen, d. h. um außerirdische Besucher in ihren futuristischen Kisten, die uns vornehmlich durch SF-Konzepte der Hollywood-Filmindustrie ins Haus kamen, sich als »Alltags-Erscheinung« verselbständigten und seit langem ein subkulturelles Eigenleben führen. Seither hält die Hatz auf Beweise für die Existenz dieser Raumfahrzeuge aus anderen Welten an.

Während uns die Außerirdischen, die Exoterrestrier und Aliens allesamt zunächst durch die Science-fiction als moderne Märchenfiguren bekannt wurden und uns nun im Raumfahrtzeitalter als angebliche Realität aufgetischt werden, sind die Beweise nach wie vor mehr als dünn. Doch die UFO-Bewegung hat damit keine Probleme. Sogenannte Kontaktler tauchten auf, um uns zu erklären, sie hätten außerirdische Freunde auf den Planeten Mars, Venus oder Jupiter gefunden und sie seien mit jenen »Raumbrüdern« in deren Fliegenden Untertassen bis zu den Grenzen unseres Sonnensystems (und darüber hinaus) vorgedrungen, um z. B. auf der Rückseite des Mondes in einer ET-Eisenbahn mit Plüschsofas herumzugondeln oder auf einem Jupitermond mit Jesus Christus zu Mittag zu speisen …

Andere UFO-Enthusiasten jagen lieber den militärischen UFO-Geheimnissen nach, weil Hitler und die Nazis Flugscheiben gebaut haben sollen oder weil die US-Regierung bereits seit den späten 40er Jahren außerirdische Fliegende Untertassen geborgen habe und derzeit daran arbeite, die dort aufgefundene wunderliche Technologie ihren eigenen Maschinen einzuverleiben. Eng verbunden damit ist auch die These von der übergeheimen Verschwörung rund um diese Bergungen. Ausnehmend abenteuerlich wird es, wenn amerikanische Ufologen sich auf die Fersen von außerirdischen Predatoren heften, die z. B. hier und da einmal mit Hubschraubern zuschlagen und aus unerfindlichen Gründen Rindviecher abschlachten. Sogenannte geistige Medien (Channels) kommunizieren (natürlich ohne jede Beweisnot) aus dem eigenen Innern heraus mit den kosmischen Führern ...

Auch wenn die einen wiederholen, daß das UFO-Phänomen eher dem Ausbruch archetypischer Phantasien im Menschen zuzuschreiben ist, und die anderen fortweg leugnen, daß es überhaupt ernsthafte UFO-Observationen gibt, suchen einige wenige den schmalen Grat des dornigen Wegs zwischen diesen beiden Extremen. Denn: Auch Wissenschaftler werden von »UFOs« verblüfft, und warum nicht: Gerade die nächtlichen Leuchterscheinungen (Night Lights) dürften vornehmlich von einem Wissenschaftszweig registriert werden – der Astronomie.

Mysteriöse UFO-Wolke – was geschah am 3. Mai 1994?

Europäische Astronomen verstanden an diesem Abend die Welt nicht mehr, rollte doch vor ihren Augen ein nie dagewesenes Himmelsschauspiel ab, das sämtliche Vorstellungen überstieg: Zwischen 21 und 24 Uhr sahen die Sterngucker in Deutschland, Frankreich, Österreich, Italien und Schweden nach Sonnenuntergang über dem nordwestlichen Horizont eine diffuse Lichtwolke, »heller als die Venus«. Vorab hatte mancher beobachten können, wie ein gleißend helles Objekt aus der Wolke nach oben entschwand. Im Laufe der Zeit wurde das Objekt dunkler, bis es gegen Mitternacht endgültig verblaßte. Übereinstimmend bezifferten die Beobachter seine Größe auf etwa zwei Vollmonddurchmesser. So mancher Zeuge dieses Spuks gab an, daß die Wolke plötzlich Keilform angenommen und in Richtung der untergegangenen Sonne gezeigt habe. Der detailreichste Bericht stammt aus dem tschechischen Brno, wo das Phänomen eine astronomische Star-Party sprengte:

»Das Objekt hatte eine typische Kometenerscheinung – einen
hellen Kopf, von dem ein Schweif in der Gestalt eines Fächers oder
eines weit geöffneten V ausging. Während der gesamten Beobachtungszeit stand das Gebilde im Perseus, nahe Algol. Karlsbad und
Hurbanovo beschreiben es ebenfalls in der Nähe Algols, so daß es
ziemlich weit entfernt gewesen sein muß. Relativ zur Erde stand
es im NNW, ca. 15 Grad über dem Horizont und war praktisch
stationär. Es nahm nicht an der Rotation des Himmels um den Pol
teil, obwohl es sich sehr langsam in dieselbe Richtung bewegte.
Während der Zeit der Beobachtung wurde der Schweif ständig
größer. Der ›Kern‹ löste sich vollständig vom Schweif, und sein
Aussehen änderte sich von einem kleinen diffusen zu einem stella-
ren Objekt, das sich von den Sternen nur durch seine langsame Bewegung unterschied. 75 Minuten nach der Entdeckung war das
Objekt noch im Teleskop, aber nicht mehr mit dem bloßen Auge zu
sehen.«

Peter Stättmayer, Leiter der Münchener Volkssternwarte: »Es
gibt immer Überraschungen am Himmel. Es wäre falsch zu behaupten, wir wüßten alles.« Tatsächlich, die astronomische Gemeinde
stand plötzlich unter UFO-Alarm und kam schlecht damit zurecht.
Es ist eine Sache, vom sicheren Bürostuhl aus merkwürdige Himmelserscheinungen, UFOs eben, als Kinospuk abzutun, eine andere,
wenn plötzlich die eigene Gilde unzweifelhaft mit dem Unbekannten konfrontiert wird.

In dieser Nacht liefen quer durch den europäischen Kontinent die
Telefon- und Faxleitungen heiß. Auch CENAP erfuhr gegen drei
Uhr von dem Ereignis, das uns jedoch recht bekannt vorkam. Zwei
Erklärungen kursierten in astronomischen Kreisen: Stuttgarter
Astronomen und der Deutsche Wetterdienst in Offenbach boten
einen Wetterballon an (»paßt optimal«); Richard West von der Europäischen Südsternwarte (ESO) dachte an eine sogenannte nacht-
leuchtende Wolke aus kleinen Eiskristallen, die Münchener Volkssternwarte an einen »kleinen Kometen, dicht an der Erde«. Erstaunlich, welche Erklärungen in aller Eile zur Hand sind, sobald
sich die UFO-Angst im Nacken festsetzt, die es eigentlich nicht

Kaum zu glauben: Selbst über Mitteleuropa erschienen rätselhafte Gebilde am Nachthimmel, die von Tausenden wahrgenommen wurden und selbst Astronomen in Erstaunen versetzten. Hier der sogenannte UFO-Engel vom 3. Mai 1994.   *Quelle: Gerhard Grau, Salzburger Volkssternwarte*

geben darf. In Anbetracht des beschriebenen Phänomens war es schwierig, die Informationen zu systematisieren.

Schließlich wurde bekannt, daß an jenem Tag vom amerikanischen Cape Canaveral eine Titan-IV-Centaur-Rakete, die TC-10, zu einer geheimen Mission (Aufklärungssatellit) für das Militär gestartet und auf einen anfänglichen Orbit auf 57 Grad Bahnneigung geschossen worden war. Irgendwo über dem Südatlantik setzte ein zweiter Schub zur Anhebung des Apogäums auf 40 000 Kilometer ein (um dort die nördliche Hemisphäre etwas länger ausspionieren zu können), später gab es einen dritten Schub zur Veränderung der Bahnneigung auf über 62 Grad. Nach diesem Schlußmanöver und der Abtrennung der militärischen Nutzlast (USA 103) wurde der restliche Treibstoff abgelassen – eine Vorsichtsmaßnahme, um Explosionen und noch mehr Weltraumschrott zu vermeiden. Diese auseinander diffundierende Treibstoffwolke wurde vom Restsonnenlicht in der Hochatmosphäre (ca. 10 000 Kilometer) ausgeleuch-

STERNWARTE
SOLINGEN

WALTER HORN GESELLSCHAFT E.V. · POSTFACH 190650 · 5650 SOLINGEN 19

Herrn

Werner Walter

Eisenacher Weg 16

6800 Mannheim 31

WALTER HORN GESELLSCHAFT e.V.

BANKVERBINDUNGEN:
STADTSPARKASSE SOLINGEN, 218545
POSTSCHECKAMT ESSEN, 156792-432

5650 SOLINGEN 19
STERNSTRASSE 5

IHR ZEICHEN	IHRE NACHRICHT VOM	UNSER ZEICHEN	DATUM
	tel. 25.7.1983	Lu/-	25.7.1983

Sehr geehrter Herr Walter,

ich bedanke mich für Ihren Telefonanruf von heute Mittag und übersende
Ihnen hiermit wie angekündigt die Unterlagen über unsere "UFO"-Sichtung.

Erwähnenswert ist zusätzlich dazu noch, daß die Windrichtung von etwa
500 m Höhe an vom Wetterdienst mit Westen angegeben wird, also fast genau in entgegengesetzte Richtung, wie sich das Objekt bewegte.
Insofern haben wir schon damals ein vom Wind getriebenes Objekt ausgeschlossen. Zumal - wie telefonisch schon gesagt - in Bodennähe Windstär-
ke O bis 1 angegeben wird. Praktisch also Windstille.

Eine Nachfrage unserererseits bei den Kollegen der Sternwarte Neander-
höhe in Hochdahl - nur wenige km. Luftlinie von uns entfernt - ergab
leider nichts. Man zeigte sich zwar sehr interessiert an der Beobachtung,
hatte aber in der fraglichen Zeit die Sternwarte nicht besetzt gehabt.
Hingegen gibt es fast dieselbe Beobachtung von der Sternwarte Remscheid.
Dort hat man am 16.4.1982 (?) genau dieselbe Beobachtung, auch was Flugrichtung, Farbe und Helligkeit angeht gemacht. Hierüber liegt ein kurzes
Beobachtungsprotokoll vor, daß ich nach meinem Urlaub noch besorgen werde.

Auf unseren Zeitungsartikel hin meldete sich weiterhin eine Solinger
Bürgerin, die am selben Abend zur gleichen Zeit - also am 3.6./4.6.1983 -
auch das "UFO" vom Balkon aus gesehen hat. Leider ist sehr schwierig, an
diese Beobachtungsmeldung noch einmal heranzukommen, es handelt sich
um eine sehr alte Dame, die in der fraglichen Nacht nicht schlafen konnte.

Alles Übrige können Sie der beiliegenden Fotokopie des Zeitungsartikels
und meinem Manuskript entnehmen.

Ich hoffe, Ihnen damit zunächst einmal gedient zu haben und würde mich
über eine entsprechende Antwort bzw. ggf. auch über das angesprochene
Bildmaterial sehr freuen. Abschließend würde mich auch die Beantwortung
einer Frage sehr interessieren: Wie ist die Meldung unserer UFO-Sichtung
bis nach Mannheim gedrungen ?

Mit freundlichem Gruß

Sternwarte Solingen e.V.

*Die Sternwarte Solingen überreichte einen UFO-Sichtungsbericht ihrer Mitar-
beiter an den Autor zur Bewertung*   *Quelle: CENAP*

tet und sorgte für die spektakuläre Himmelsschau der unerwarteten Art. Auf derartige UFO-Vorfälle werden wir im Zuge unserer Erkundung noch mehrfach stoßen ...

Tatsächlich, auch die Astronomen haben es mit ihren ureigenen UFOs zu tun. Jedoch, es sind nicht jene cartoonähnlichen Fliegenden Untertassen, sondern eben nur nächtliche Leuchtgebilde, die zu mancherlei Spekulation führen. Der NASA-Mission-Controller James E. Oberg schrieb in seinem 1982 publizierten Buch *UFOs & Outer Space Mysteries*, er widme es all »jenen, die schon einmal zu den Sternen aufschauten und sich wunderten«.

Himmel und Kosmos sind voller Wunder. Von einem absonderlichen Weltraum-Wunder soll nun die Rede sein, verwirrte es doch zeitweise die ganze astronomische Fachwelt.

Das Geheimnis der sogenannten ARIES-FLASHER ...

Die angesehene amerikanische Fachzeitschrift *SKY & TELESCOPE* meldete ab Juli 1984 für drei Jahre lang merkwürdige »Entdeckungen«: Ingesamt 13 Lichtblitze hatte man von Kanada im Nordwesten der Sternkonstellation Plejaden ausgemacht. Astronomen verschiedener Institute beobachteten dieses Phänomen zu verschiedenen Nachtzeiten und von bis zu 2000 Meilen auseinanderliegenden Orten. Es handelte sich zunächst um Sichtungen von nur kurzer Dauer. Da die Beobachter sieben anerkannte kanadische Astronomen waren, spielte man die Affäre nicht wie üblich herunter; bald erschallte der Ruf nach einer unabhängigen Studie und einer systematisierten Beobachtungsserie. *SKY & TELESCOPE* machte sich zum Sprachrohr dieser Aktion und bat seine 110 000 Leser um konzentrierte Beobachtung des betreffenden Himmelssektors. Hilfreich war, daß man die gemeldeten Erscheinungen auch mit dem bloßen Auge sehen konnte.

Helle, optisch wahrnehmbare Blitze im Weltraum sind an und für sich nicht außergewöhnlich. Bradley Schaefer vom Goddard Space Flight Center hatte bereits drei solcher Licht-Objekte auf alten Fotoplatten ausgemacht – dies jeweils an den Positionen sogenannter Gamma-Ray-Busters, also astronomischer Körper im Weltraum, die durch ihre Gammastrahlung auffallen. Die letzte Entdeckung eines solchen Busters fand in der Großen Magellanschen Wolke statt (eine der Milchstraße vorgelagerte Klein-Galaxis). Rätselhaft war jedoch, daß dieses neue Phänomen, das den Namen ARIES erhielt, sich nicht in der Position einer bekannten Gammastrahlungs-Quelle im Kosmos befand. Dennoch hielt man daran fest, daß eine bisher ignorierte astronomische Erscheinung hierfür verantwortlich sein mußte. Erfahrene Beobachter achten nicht sonderlich auf momentane Lichtblitze am Nachthimmel, da sie oft genug nichts mit den Vorgängen im Weltraum zu tun haben. Zumeist handelt es sich um Meteoriten oder Reflexionen von Satelliten oder um eine optische Täuschung. Profis reagieren kaum auf diese selten auftretenden Blitze, da sie kaum über Wochen oder gar Monate, scheinbar einem Rhythmus folgend, auftreten.

Im ARIES-Fall war alles ganz anders: In den frühen Morgenstunden des 1. September 1984 saßen drei Meteorbeobachter (Bill Katz, Bruce Waters und Kai Millyrad) von der North York Astronomical Association an einer abgelegenen Stelle des Ufers am Lake Huron. Es war 2:45 Uhr, als Katz und Waters die Plejaden betrachteten, doch plötzlich »erschien ein heller Blitz im Westen des Sternhaufens«. Sie nahmen an, es handle sich um einen kleinen Meteor. Aber sie erinnerten sich an eine ähnliche, nur zwei Wochen zurückliegende Observation genau in derselben Gegend. In ihren Notizen fanden sie einen Hinweis auf einen »stationären Blitz über den Plejaden«. Neugierig geworden, überprüften sie ihre Aufzeichnungen: Dieser helle Blitz ließ sich bis in den Juli in etwa derselben Position nachweisen – bisher war man von einem Meteor ausgegangen. Bis Mitte Dezember 1984 meldete Katz fünf weitere Blitze in der astronomischen Größe von 0 bis + 3 an gleicher Stelle. Nun erst recht neugierig geworden, verschickten die drei Astronomen Informationen an zahlreiche astronomische Organisationen und Zeitschriften, eine heftige Diskussion setzte ein. Richard McCrosky vom renommierten Harvard-Observatorium überprüfte seine Aufzeichnungen,

da eben jenes Himmelsgebiet sein spezieller Forschungsgegenstand
war. Obwohl er mindestens zwei übereinstimmende Beobachtungen
in jener Region registriert hatte, waren ihm diese auffälligen Lichtblitze bisher entgangen.

In *SKY & TELESCOPE* vom Juli 1985 spekulierte daraufhin die
wissenschaftliche Welt über das neue Himmelsphänomen – verbarg
sich dahinter vielleicht ein »neuer Typ von Wandelstern«? Oft genug hatte man solche sonderbaren Sterne nur dank des Vergleichs
mit alten Fotoaufnahmen identifiziert. Waren sie eine Erklärung
für die ARIESBLITZE? Die Redaktion der astronomischen Fachzeitschrift war erstaunt. Sie wurde von Zeugenberichten geradezu
überschwemmt, die behaupteten, diese Blitze ebenso beobachtet zu
haben.

Inzwischen war es dem Team um Bill Katz gelungen, das Phänomen zu fotografieren. Am Abend des 18. März 1985 befanden sich
die Astronomen im Schomberger-Observatorium 30 Meilen nördlich von Toronto. Sie fertigten mit einer schlichten 50-mm-Kamera
ohne Nachführung fünf Aufnahmen der ARIES-Region an. 21:42
Uhr sah Katz einen hellen Blitz, der wie ein kurz auftauchender
gelbweißer Stern erschien und die Größe des brillanten Sirius hatte.
Katz und seine Kollegen machten 30sekündige Langzeitbelichtun-
gen.

Recherchen, Untersuchungen und Prüfungen setzten nun auf
breiter Front ein – aber es existierte kein bekanntes astronomisches
Objekt an dieser Position. Die Entdecker nannten das rätselhafte
Objekt fortan OGRE, eine Abkürzung für Optical Gamma-Ray
Emitter. Insgesamt 31 Leser der Zeitschrift *SKY & TELESCOPE*
gaben an, OGRE ebenfalls gesehen zu haben. Verdächtigerweise
wechselte die Position des Phänomens bis zu 6 Grad von einem mitt-
leren Wert. Am 27. Januar 1985 um 19:22 Uhr beobachtete David
M. Lindemann aus Poughkespie, New York, die verdächtige Erscheinung am Himmel als einen hell-orangefarbenen »Stern«, der
jedoch sofort wieder verging. Die Position dieses Körpers lag 2
Grad südlich von der Position der Aufnahme der Katz-Gruppe. Am
20. Februar sah Katz selbst einen intensiven, orangefarbenen Licht-

blitz durch etwas Dunst 4 Grad östlich der Fotoposition von
OGRE. Die Stellung des Objekts hatte sich also deutlich verändert,
von einem Fixstern konnte beim besten Willen keine Rede mehr
sein. Doch die Astronomie unterscheidet sich hier von der Pseudo-
Wissenschaft der Ufologie. Man war sich nämlich einig: Merkwürdiges ging am Himmel vor – UFO-Signale?

Die Auflösung des Phänomens nach drei Jahren intensiver Suche:
Katz, als Entdecker dieses Schauspiels, hatte immer widersprochen,
wenn man ihm als Lösung »die Reflexion der Sonne an einem
Erdsatelliten« anbot. Doch genau das ist es gewesen. Paul Maley
von der Rockwell Shuttle Operations Company unterzog sich der
Mühe, die Bahnen von sämtlichen 5500 NORAD-verfolgten Objekten im erdnahen Raum zu checken. Dabei wurde er fündig: Zum
Zeitpunkt des legendären Fotos vom 19. März 1985 waren gleich
drei Satelliten an diesem Ort vorbeigezogen. COSMOS 1400, ein
damals drei Jahre alter und inaktiver sowjetischer Elektronik-Auf-
klärungssatellit, ist mit großer Wahrscheinlichkeit dabeigewesen.
Maley konnte noch drei weitere Satelliten ausfindig machen. Das
erschütterte die astronomische Fachwelt, und man fand sogar heraus, daß die NOVA LACERTAE 1985 fälschlicherweise als der Un-
tergang einer alten Sonne bezeichnet wurde, während die hinzuge-
zogene astronomische Fotoaufnahme nichts anderes als einen
künstlichen Erdsatelliten zeigte.

Krieg der Sterne?

Wer im September 1992 frühstückender Gast bei *SAT1* war, konnte
dreimal das Vergnügen eines vermeintlichen außerirdischen Wunders erleben. Am 15., 21. und 30. September strahlte man unter
Teilnahme der Herren Johannes von Buttlar, meiner Wenigkeit für
CENAP und Hansjürgen Köhler (ebenfalls von CENAP, aber in diesem Falle als Mitglied der 1989 gegründeten Gesellschaft zur wissenschaftlichen Untersuchung von Parabehauptungen, GWUP) einen Videoclip aus, der nichts weniger als den Krieg der Sterne be-

Findet hier der Krieg der Sterne statt? In einer Talk-Show mit J. v. Buttlar
Quelle: CENAP

weisen sollte. Ein Krieg der Sterne nicht auf der Kinoleinwand, sondern als aktuelle (verschwiegene) Begebenheit zwischen einer amerikanischen Astronauten-Crew an Bord eines Space Shuttles und
außerirdischen Flugobjekten! Die Printmedien trommelten mit. So
hatte die Berliner BZ vom 16. September einen großaufgemachten
Bericht mit der Schlagzeile »UFOs – Der Film-Beweis ist da!« parat,
die *Chemnitzer Morgenpost* vom selben Tag dröhnte »UFO-Forscher: US-Militärs treffen sich seit 43 Jahren mit außerirdischen
Wesen«. Ufologen standen kopf und ließen ihre Computer das kosmische Kriegsspiel berechnen: »Genau 2741 Kilometer hoch«
schwebte das fragliche UFO, »genau 2720 Kilometer« war das
Lichtlein vom Space Shuttle entfernt, hatte unglaubliche »86 400
km/h« drauf, und als Ausweichmanöver beschleunigte es in »weni-

ger als zwei Sekunden auf cirka 320000 km/h«. Kommentar des »Marsgesicht«-Spezialisten Dr. Mark Carlotto: »Nichts in der uns bekannten Physik ist so leistungsstark, so leistungsfähig wie das, was auf diesen Bildern zu sehen ist.«

Bleibt Ihnen nun die Luft weg? Dem Sender auf jeden Fall, darum strahlte er dieses Drama jeweils zur Frühstückszeit aus, auch wenn sonst niemand auf der Welt von diesem Ereignis etwas vernommen hatte – dabei wäre es überall ein Seite-1-Schlagzeilen-Thema gewesen und jeder Nachrichtensendung vorangestellt worden. Davon konnte keine Rede sein. Macht aber nichts, Johannes von Buttlar half es, sein damals aktuelles Buch *Gottes Würfel* zu promoten.

Schauen wir uns also die sogenannte »Weltsensation« näher an. Der kurzzeitig auftauchende Blitz, der SDI-Abwehrstrahl, wäre kein Licht, sondern ein Effekt in der Kamera, »die Folge eines elektromagnetischen Pulses« der Geheimwaffe Brilliant Pebbles (dumm nur, daß das angesprochene Brilliant-Pebbles-Projekt aus einem Kleinsatelliten-Netzwerk bestehen soll, das erst Ende dieses Jahrzehnts Wirklichkeit werden könnte, denn es steht im Gegensatz zum ABM-Vertrag!), hieß es. Nach Fachleuten wie Adalbert Bärwolf, siehe sein Buch *Die Geheimfabrik,* handelte es sich bei der Blitzerscheinung um Satelliten, die sich selbst in die Angriffsbahnen von feindlichen Raketen manövrierten und diese Ziele durch Kollision vernichteten, also mit rein kinetischer Energie arbeiteten.

Doch der Reihe nach: Aufgrund einer dpa-Meldung über mein »UFO-Beratungstelefon« meldete sich u. a. auch *SAT1* bei mir und lud mich zum Small talk nach Berlin. Zunächst sollten nur das Beratungstelefon und ein paar Eindrücke bzw. Erkenntnisse aus der UFO-Phänomenologie in sieben bis acht Minuten behandelt werden. In Berlin bekam ich jedoch eine Aufzeichnung vorgespielt, die sich auf die Sendung vom 15. September 1992 bezog. Baron von Buttlar wußte sein neues Buch *Gottes Würfel* längere Zeit in die Kamera zu halten. Er kommentierte eine kurze Video-Sequenz, auf der angeblich ein UFO zu sehen war, das von Laserwaffen der NASA unter Beschuß genommen wurde.

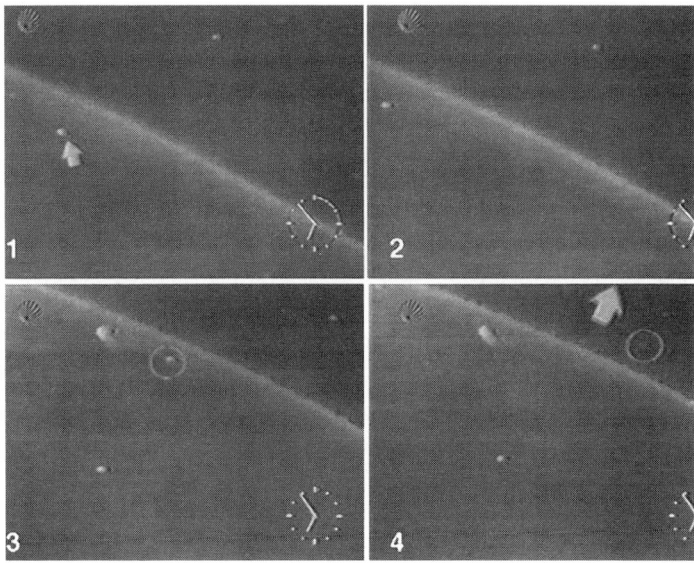

Das umstrittene Filmmaterial der Shuttle-Mission ATLANTIS sorgte für große Erwartungen und bereitete nichts als Enttäuschung   Quelle: CENAP

Am 21. September ging dann kurz nach acht Uhr folgendes über den Sender: Ich wurde vorgestellt, die UFO-Hotline eingeblendet, dann wurden vier Dias zur wahrnehmungspsychologischen Seite von UFO-Sichtungen gezeigt (Boliden, die zerbrechen, und die daraus von den unbefangenen Zeugen abgeleiteten UFO-Formationen mit mutterschiffartigen Trägerraumschiffen; ein Stratosphären-Ballon und wieder das, was aufrichtige Menschen darin zu sehen glaubten und als UFO meldeten). Schon wurde in der letzten verbleibenden Minute (inzwischen hatte sich die Sendezeit auf insgesamt nicht ganz fünf Minuten reduziert) *der* Film eingespielt, welcher selbst 42 Sekunden dauerte – und dann hieß es: »Herr Walter, bitte schön, wie erklären Sie dies?«

Vor der Kamera jedoch erklärte ich gar nichts, sondern beschränkte mich auf das Angebot, den Vorfall zu prüfen und zu un-

tersuchen. Die Erklärung lag zwar bereit und wurde auch nach der
Sendung mit den *SAT1*-Technikern diskutiert, aber für zehn bis
fünfzehn Sekunden »schnell-schnell« vor laufender Kamera war das
nichts. Der Moderator dieser Sendung erklärte den Zuschauern,
daß da nun wohl »Bilder zu sehen sind, die die letzten Space-
Shuttle-Astronauten nicht nur mitgebracht, sondern, weil sie so erstaunlich für sie waren, direkt zur Erde gefunkt haben«, es handele
sich »also um offizielles NASA-Material«. Und was war zu sehen?
Tatsächlich handelte es sich um schlechtes Schwarzweiß-Videoma-
terial, ohne Zweifel stammte dieser kurze Ausschnitt aus dem offiziellen NASA-Archiv. Das Erdenrund unter dem Shuttle ist deutlich
mit seinem dünnen Atmosphärenstreifen in der Dunkelheit des Erdschattens und des Kosmos auszumachen. Kameraposition: aus dem
Fenster zum hinten liegenden Laderaum hinaus; kein Original-
Sound, also kein Audiokanal anliegend. Plötzlich bewegt sich ein
rechteckig wirkender, weißer Lichtfleck ins Bild und zieht im rechten Winkel gemächlich weiter, dahinter folgt sofort ein diagonal
querversetzter »Lichtstrahl«. Es wirkt tatsächlich wie suggestiv an-
gedeutet: Als wenn ein Lichtstrahl dem Körper nachgeschickt
würde. Dieser Lichtstrahl jedoch fällt erst durch eine künstliche Kon-
trasthervorhebung in der Wiederholung auf.

Lauschen wir nun den wohlgesetzten Worten des Herrn von Buttlar vom 15. September:

»Es ist zweihundert Meilen über dem Space Shuttle. Nun fliegt
hier ein Objekt, beschleunigt und fliegt rechtwinklig ab, und nun
wird auf dieses Objekt geschossen. Man sieht deutlich diesen *Lichtstrahl*, der auf dieses Objekt zuschießt. Man kommt zu der Feststellung, daß es rechtzeitig abdreht, bevor es getroffen wurde. Das
ist die *letzte* Space-Shuttle-Mission gewesen. Die Astronauten haben diesen Ausschnitt sofort runtergestrahlt, weil sie selber so
schockiert und beeindruckt waren.«

Als Hansjürgen Köhler am 30. September in die öffentliche Arena
trat, moderierte man den Film so an: »Viel Aufregung um den Film,
der die Existenz von UFOs beweisen soll. Sachbuchautor J. v. Buttlar kommentierte diese Bilder so: ›Diese Dokumente sind deswegen

so interessant, weil man sie ernst zu nehmen hat. Das sind jetzt keine Geschichtchen mehr oder Manipulationen oder getürkte Fotos, sondern wir haben hier echte Aufnahmen, und man kann jetzt nicht mehr über das UFO-Phänomen lachen.‹« So ist es immer schon gewesen: Die jeweils neuesten Beweise sind die allerletzten Beweise, alles andere zuvor ist Nonsens gewesen, auch wenn damit die UFO-Bücher und -Magazine bis zum Platzen gefüllt wurden (als UFO-Beweise erster Güte, versteht sich!).

Die Gewichtigkeit und Aussagen des Senders und des Schriftstellers lassen sich messen, schließlich kommt man um die Frage der Glaubwürdigkeit nicht mehr herum. Man erinnere sich daran, daß Moderator und Ufologe einander mit denselben Sprüchen den UFO-Effekt suggerierten, und zum Schluß wußte wohl keiner mehr so recht, woher die »Feststellungen« kamen. Auf jeden Fall haben sie alle falsch getippt, als sie angaben, daß die Aufnahmen vom *letzten* Space-Shuttle-Flug stammten und damit voraussetzten, daß sie den aktuellen Flug betrafen, also jenen, der Mitte September 1992 begann und am 20. September endete – hier wurde ein aktueller Bezug hergestellt, der leider mit den Realitäten nichts zu tun hat, denn die Bilder, aufgenommen mit einer Arbeitskamera (deswegen Schwarzweiß) und zur allgemeinen Beobachtung gedacht, entstanden nicht während des letzten Shuttle-Einsatzes vom September 1992, sondern wurden zur Mission STS-44, ATLANTIS, im November 1991 aufgenommen. Woher wir das wissen? Kein Marsmännchen hat uns was geflüstert, ein Griff ins Regal genügte: Der vollständige Film von 30 Minuten Dauer befand sich bereits seit Januar 1992 im wohlgefüllten CENAP-Archiv, ordentlich bestellt unter der Nummer 2004, Titel: *UFO-Footage from Shuttle ATLANTIS* (Dezember 1991), beim kalifornischen UFO Clearing House, P.O. Box 342, Yucaipa, CA 92399, USA. Es handelte es sich um eine militärische Mission (Start am 25. November 1991, Ende am 2. Dezember 1991), weitere Details sind im Beitrag »Shuttle Facts« im *Raumfahrt Journal* vom Januar/Februar 1992 nachzulesen. Diese Mission war nicht einmal geheim, die Öffentlichkeit konnte sie ungestört über den NASA-Kabelkanal von Anfang bis Ende mitverfolgen. Nichts also mit top secret! Neben zahlreichen anderen Experimenten für das US-Verteidigungsministerium hatte die ATLANTIS den Raketenfrühwarnsatelliten DSP-16 ins All transportiert. Dies als Hintergrund – und den Start dieses Satelliten kann man auf den originalen Aufnahmen miterleben.

Ein Strahlengeschütz wurde natürlich nicht mitgeführt – soweit sind die Technologien zum Glück noch nicht. Also kann es auch keinen Strahlerschuß gegen ein wie auch immer geartetes Objekt gegeben haben – der Angriff aufs UFO ist allein damit blanker Unsinn. SDI befindet sich immer noch im Planungsstadium, und der Krieg der Sterne findet noch lange nicht statt. Weitaus spektakulärere Aufnahmen sind übrigens auf dem originalen Video zu sehen, hier wurden tatsächlich scheinbar Raketenstarts (so die optische Illusion) vom Boden aus gefilmt – und dies ist wirklich beeindruckend, nicht der Clip, den man herausgeschnippelt hatte und der daraufhin zu einem ufologischen »Beweisstück erster Ordnung« avancierte. Wie auch immer, »während der Mission wurde die Besatzung mit dem bedrohlichen Problem des Weltraummülls konfrontiert. Insgesamt drei Objekte wurden innerhalb der Flugbahn der ATLANTIS aufgefaßt. Obwohl sie keine direkte Gefahr darstellten, mußte die Cockpitcrew Sicherheitsmanöver durchführen, um ihnen auszuweichen.« Aber nicht einmal diese haben etwas mit dem ausgestrahlten Clip zu tun.

Bei CENAP gab es heftige Diskussionen über den Film. Basierend auf Erfahrungen mit anderen Fällen und mit Kenntnis der vollständigen Fassung kam nur eine Lösung in Frage, doch dazu muß etwas weiter ausgeholt werden: Bekanntlich werden die Shuttles mittels Flüssigtreibstoff in Gang gesetzt. Dieser Treibstoff wird ultragekühlt, deswegen hängt der Shuttle bis zuletzt an Versorgungsleitungen. Jeder, der jemals einen Shuttle-Start genauer am Bildschirm verfolgt hat, weiß, daß in der Phase »Ignition« (Zündung) ganze Eisschollen von der Shuttle-Oberfläche wegfliegen – aufgrund der gewaltigen Hitze der Triebwerke. Bis der Shuttle sich im erdnahen Raum befindet, vergehen nur Minuten – in dieser Zeit entstehen gewaltige Minusgrade. Natürlich, wo die Triebwerkshitze nicht wirkt, hält sich der »Mantel« aus Gefrierflüssigkeit besonders lange. So am »Heck«, also dem Teil, der den eigentlichen Shuttle ausmacht. Aus anderen Fällen ist durchaus bekannt, daß sich diese Eispartikel von der Oberfläche lösen können und schauererregende Erscheinungen hervorrufen (man erinnere sich der von Astronaut John Glenn »Feuerfliegen« genannten Eispartikel). Hierzu ist nur ein geringer mechanischer Impuls notwendig.

Zurück zum aktuellen Fall. Wie so oft, macht auch hier der herausgerissene Ausschnitt den besonderen Effekt. Im Zusammenhang ist das alles weitaus weniger beeindruckend. Zunächst treibt ATLANTIS über die nächtliche Erde dahin, unten sind gewaltige Gewitterentladungen in der irdischen Wolkendecke zu sehen – und sofort fallen dem Betrachter »Lichtflecken« auf, die optisch scheinbar jenseits der Erdbahn aufleuchten, aber immer die gleiche Position zum Shuttle halten. Es wird hier schon deutlich, daß das fixe Erscheinungen sind, die vor dem Auflösungsbereich der Kamera kleben. Man darf nicht vergessen (entscheidender Faktor!), daß die schlichte Schwarzweiß-Überwachungskamera (wie alle anderen Kameras auch) nur zwei Dimensionen einer dreidimensionalen Welt wahrnimmt. Die in unserem Falle sichtbaren Lichtflecken unterscheiden sich in nichts von dem später auftauchenden »UFO«. Über lange Minuten verändern die Lichtflecken ihre Formation zur Kamera nicht. Man muß weiter bedenken, daß die Kamera eine fixe Brennweite hat und die sichtbaren »Lichter« immer eine konstante Position zur Kamera beibehalten – niemand käme wohl auf den irrigen Gedanken, daß die »UFOs« sauber ausgerichtet an der Kameraebene posieren.

Dann plötzlich erscheint unser Kern-»UFO«. Aber auch nur für Sekunden, bevor aus dem linken oberen Bildrand massiv die Sonne einstrahlt. Sonne = Wärme. Natürlich wird dieser kausale Zusammenhang nicht sichtbar! Die sicherlich nicht aus dem hohlen Bauch herbeigezauberte CENAP-Lösung sieht nun so aus: Eiskristallpartikel am Fenster sorgten jenseits des Auflösungsvermögens der Kamera für beeindruckende Lichtkleckse in der Dunkelheit des Alls. Als dann die Sonnenwärme hereinbrach, löste sich einer jener Parti-

kel in seinem Schmelzwasser und bewegte sich unter Einfluß der
Schwerelosigkeit dahin, weshalb z. B. durch einen mechanischen Impuls der Triebwerke des ATLANTIS-Shuttle oder durch eine heftige
Bewegung irgendeines Astronauten (»Mission-Specialist«) die zwei-
dimensional-verquetschte Illusion entstand, daß das »Objekt« davonzieht. Das ganze Geschehen basiert also auf einem optischen
Trick. In der Schwerelosigkeit genügt der geringste kinetische Impuls, um Dingen eine eigene Dynamik zu verleihen – das ist das
schlichte (?) Geheimnis des ATLANTIS-Flugs. Die Hälfte der Wahrheit ist eben nicht die volle Wahrheit ... Und der »Lichtstrahl«? Nun,
wer den Clip sieht, wird schwerlich von einem »Laser-Schuß« sprechen können, da ein solcher zum einen wegen der nicht vorhandenen
Laserkanone gar nicht projiziert werden konnte, zum anderen, weil
jener »Strahl« auf dem Film verhältnismäßig gemächlich hinzieht
wenn auch nicht langsam, so doch eben nicht lichtstrahlenkonform.

Bedeutsam ist sicher, daß im Original jener »Schuß« kaum sichtbar ist und erst in der nachbearbeiteten Kontrastverstärkung richtig
zur Geltung kommt. Es mag durchaus eine sichtbare elektronische
Störung sein, die durch den Bearbeitungsprozeß zustande kam. Phantasiebegabte Menschen können sich in der Kombination »Lichtstrahl« und rechtwinklig abziehender »Lichtfleck« dann schon ein
abenteuerliches Geschehen zusammenreimen, wie in diesem Fall geschehen; Schriftsteller müssen bekanntlich gerade die Begabung
»Phantasie« mitbringen.

Ein anderer UFO-Schreiber, Jochen Kopp aus Rottenburg, setzt
der Affäre UFO/Star Wars noch ein Sahnehäubchen auf: »Seit diese
Bilder im September 1991 live zur Erde zurückgefunkt wurden,
wurden die nachfolgenden Übertragungen von den Außenkameras
des Shuttles und den neuesten Shuttleflügen verschlüsselt, so daß sie
nicht mehr sofort am Fernsehbildschirm miterlebt werden können.«
Will die NASA hier ihre außerirdischen Kriegshandlungen vor der
Öffentlichkeit verbergen, wenn sie nun ihre Funksignale »verschlüsselt«? Oder wird der ehemals offene NASA-Kanal in Zukunft
als Special-Interest-Kanal gegen Gebühren (Pay-per-view oder Pay
TV) angeboten?

UFO-Suche via Satellit?

Sensibilisiert durch den Einschlag der Kometentrümmer des Shoemaker-Levy neun im Juli 1994 auf dem Jupiter, ist es jetzt an der Zeit, sich der Gefahr durch reale Eindringlinge aus dem Kosmos zu widmen. Wie üblich verheißungsvoll liest sich ein Bericht im *Magazin 2000* Nr. 99 vom April/Mai 1994: »Spionagesatelliten orteten UFOs!« so die Schlagzeile. Zurück geht der Bericht auf *California UFO* Nr. 1/94, das die beiden UFO-Forscher Lee, Graham und Ron Regehr zitiert: Beide sind Mitarbeiter der Firma AeroJet General, ein Unternehmen der Luftverteidigungsindustrie Amerikas.

Es geht um Wahrnehmungen durch das DSP (Defense Support Program)-Satelliten-System des Pentagon, das mit einer supergeheimen Flotte militärischer Beobachtungs-Systeme um die 38 000 Kilometer hoch über der Erde kreist und hauptsächlich dazu dient, als Frühwarnsystem feindliche Raketenstarts (z. B. von russischen ICBMs) und Atomwaffen-Tests auszumachen. Sieben dieser Satelliten schweben derzeit noch im Raum und überwachen nebenher die Geschehnisse auf Erden oder über ihr: Vulkan-Aktivitäten, brennende Ölfelder, Sonnenlicht-Reflexionen auf den Ozeanen, jedenfalls alles, was Hitze verursacht.

Erst durch die Operation Desert Storm wurde ein wenig über dieses Satelliten-System bekannt, weil damit die irakischen »Scuds« geortet wurden. DSP (von einigen »Deep Space Platform« genannt) soll nun UFOs als Eindringlinge aus dem All festgestellt haben. Spektakulärer Höhepunkt: Mit dem DSP soll das 1976 über dem Iran aufgetauchte UFO geortet worden sein. Amerikanische Ufologen jagen nun diesem Fall via Freedom of Information Act (FOIA)-Erhebungen nach. Nun, UFOs (außerirdische Fliegende Untertassen) sind nicht das »Beiprodukt« der DSP-Observationen, sondern aus dem Weltraum kommende »Fastwalker«, zu denen Meteore und ähnliches zählen.

Mein Freund und Kollege Rudolf Henke vom UFO-Ausschuß der GWUP übermittelte einen wichtigen Beitrag aus der renommierten amerikanischen Monatszeitschrift *SKY & TELESCOPE* vom Februar 1994, in dem die Affäre ad absurdum geführt wird. Hiernach wurde im Oktober 1993 vom US-Verteidigungsministerium der astronomischen Wissenschaft ein Bündel Unterlagen über energiereiche Eintritte nicht-irdischer Körper in die Atmosphäre ausgehändigt, die man beim US Air Force (USAF) Space Command sammelte (das im übrigen auch Satelliten-Re-Entries registriert und überwacht). Mehr darüber wird man demnächst erfahren, wenn Edward Tagliaferri von ET Space Systems sein Buch *Hazards Due to Comets and Asteroids* an der Universität von Arizona vorlegt.

Diese atmosphärischen Impacts wurden seit 1975 von US-Aufklärungssatelliten systematisch ausgewertet, ingesamt wurden 136 Vorfälle weltweit gezählt und als »Airbursts« registriert und vom US-Verteidigungsministerium sorgfältig in eine Weltkarte eingezeichnet. Natürlich wären für uns alle Daten wichtig, um sie mit UFO-Observationen vergleichen zu können, doch es ist nur eine Frage der Zeit, bis diese Übersicht vorliegt. – Aus früheren Zeiten sind zusätzlich noch die Ortungen besonders auffälliger Feuerball-Meteoriten bekannt: z. B. der nächtliche Feuerball über Süd-Zentral British Columbia im März 1965 oder der Tageslicht-Bolide über den Rocky Mountains im August 1972. Planeten-Forscher Eugene M. Shoemaker wußte von diesen Ortungen schon länger, wartete aber mit dem Zugeständnis, bis das Verteidigungs-Ministerium offiziell dazu Stellung bezog und Material zur wissenschaftlichen Bearbeitung freigab. Die Registrierungen von solchen Atmospheric Impacts sind für die Wissenschaft unzweifelhaft auf Kometen-Reste, Asteroiden-Teile und Meteore zurückzuführen, die mindestens zehn Meter im Durchmesser haben, mindestens um die tausend Tonnen wiegen und als Schnellgänger mit 15 bis 20 Kilometern pro Sekunde in die Luftschichten der irdischen Atmosphäre eintreten, eine Ionisations- bzw. Plasma-Spur hinterlassend; dies ist übrigens auch der seltene Grund, weshalb Meteorite auch via Radar festgestellt werden können. Ihre kinetische Energie besitzt ein Äquivalent von etwa 20 000 Tonnen TNT, und eine solche 20-Kilotonnen-Explosion ist nicht leicht zu übersehen.

Die Freigabe der ehemals geheimen Daten haben wir Simon P. Worden zu verdanken, einem ehemaligen Astronomen, der bis fast zum Schluß Chef der von Präsident Clinton aufgelösten Ballistic Missile Defense Organization (die »Star-Wars«-Gruppe) war. Da die Beobachtungs-Systeme der DSP-Satelliten nur sekundenweise die Erdoberfläche, auch bei vollem Tageslicht, abtasten, ist ein kontinuierlicher Durchflug selbst nicht festzustellen, es wird nur das sensorische Abbild einer Spur generiert. Die meteorischen Lichtblitze sind nur ein bis zwei Sekunden sichtbar, die aufgeheizte Bahn dieser verdampfenden kosmischen Trümmer jedoch bis zum Abkühlen über lange Zeit hinweg. Einige besonders kräftige Ortungen (gleich durch zwei Satelliten) gab es am 15. April 1988 (über Indonesien, ein Tageslicht-Bolide), am 1. Oktober 1990 (über dem westlichen Pazifik) und am 4. Oktober 1991. Meteor-Forscher Douglas O. Revelle vom Los Alamos National Laboratory wies auf ein globales Netzwerk von Sensoren hin, das zwischen 1960 und 1974 arbeitete (einige waren auf den Dächern von US-Botschaften montiert) und niederfrequente Akustik-Wellen von besonders kräftigen Airbursts meteorischer Herkunft aufnahm, obwohl es ursprünglich die Bewegungen von Überschallflugzeugen überwachen sollte. Eine solche Ortung geschah am 3. August 1963 zwischen Südafrika und der Antarktis. *SKY & TELESCOPE* merkt jedoch an, daß trotz dieses kosmischen Bombardements nur die allerwenigsten Meteor-Eintritte dieser Größenordnung auch optisch vom Boden aus gemeldet wurden, was aber daran liegen mag, daß die systematische Suche danach erst in den letzten Jahren betrieben wurde, wie Peter Brown von der International Meteor Organization for North America zugesteht.

Schauen wir in das englische Kiosk-Blatt *UFO MAGAZINE* vom Januar/Februar 1994. Hier findet sich eine interessante Mitteilung, ergänzt von zwei Bildern. Das Material geht auf die Weihnachtsausgabe des wöchentlich erscheinenden Luftfahrt-Magazins *Flight International* zurück. Hiernach hatte am 15. April 1993 das Timestep National Oceanic and Atmospheric Administration HRPT-Satelliten-System zwei Bilder über der Nordsee aufgenommen, die jeweils 100 Minuten zueinander versetzt aus dem Orbit heraus glückten. Es handelt sich um Infrarotaufnahmen, also sichtbar gemachte Wärmespuren. Man sieht eine befremdliche Spirale von etwa 40 Meilen im Durchmesser in der Hochatmosphäre der Nordsee. David Watson von der Physik- und Astronomie-Abteilung der Universität Leicester, England, stellte diese Aufnahmen zur Verfügung, weil er davon ausgeht, daß sie die Kondensations-Spuren des hypermodernen Antriebs des neuen amerikanischen Geheimflugzeugs AURORA zeigen, die auch vom Boden in ähnlicher Form festgestellt wurden.

Im *MUFON UFO*-Journal Nr. 312, April 1994, steuerte Ronald S. Regehr ein paar interessante Gedanken bei. Danach soll die USAF mit ihrer Hoheit über die Satelliten den Begriff »bestätigte Infrarot (IR)-Quellen« für angebliche UFOs verwenden, und einige Verträge mit Hochschulen wurden unterzeichnet, um diese Phänomene weiterhin zu studieren. Da man im Golfkrieg via DSP-Satelliten auch die Scuds als niederintensive Ziele ausmachen konnte, obwohl die Satelliten auf weitaus energieträchtigere IR-Quellen wie ICBMs ausgelegt sind, verspricht sich nun mancher Ufologe Aufzeichnungen von DSP-georteten UFOs. Der Begriff »Fastwalker« ist auch hier bekannt, heißt es weiter, auch wenn man nicht exakt weiß, was genau sich dahinter verbirgt: Asteroiden? Weltraummüll? UFOs? Wiederholte Anstrengungen der Ufologen versagten bisher, den »Fastwalker« genau zu definieren, Raum für Spekulationen ist damit gegeben. Auf jeden Fall befinden sich auf den DSPs sogenannte Sandia Bhangmeter (optische Ausbruchs-Detektoren), die imstande sind, intensive Lichtblitze in der Erdatmosphäre aufzunehmen. Man geht davon aus, daß diese durch auf die Erdoberfläche zustürzende Meteore oder Asteroiden-Fragmente entstehen.

Am 1. Oktober 1990 hatten gleich zwei DSP-Satelliten einen solchen Lichtausbruch über dem westlichen Pazifik festgestellt. Nach einer Meldung der *Space News* vom Dezember 1992 unter dem Titel »Sandia Scientists Intrigued by Flashes in Atmosphere« sollen Analysen in den Sandia National Laboratories in Albuquerque, New Mexico, ergeben haben, daß hierbei ein Feuerball entstanden war, der eine Energie von 500 Tonnen Dynamit freisetzte. Solch eine Energie mag auf einen 20 000-Kubiktonnen-Meteor zurückzuführen sein, hieß es weiter. Die registrierte Intensität weist auf die Leistungsfähigkeit heutiger Satelliten-Technik hin, mehrere Ufologen bauen nun darauf, daß diese Spionage-Satelliten ebenso »UFOs« festgestellt haben müssen. Und man kann tatsächlich davon ausgehen. Der deutsche Nachrichten-Sender *n-tv* brachte am 19. Juli 1994 etwas zur Shoemaker-Levy-Katastrophe und verwendete für seinen Beitrag »Atmospheric Impacts« einen Space-Shuttle-Film mit einem aus dem Kosmos kommenden Meteor. Man wird zu diesem Thema also noch Weiteres hören.

Der Tod von den Sternen: Asteroiden-Einschläge!

Die angesehene amerikanische *ASTRONOMY* vom Dezember 1993 beschäftigte sich mit diesem Thema. Autor Christopher Chyba hat für uns einige interessante Informationen bereitgestellt: Einschläge, sogenannte Impacts, haben die Erde schon immer heimgesucht, und werden es auch in Zukunft tun. Nahe Tucson (Arizona, USA) haben die Astronomen des Spacewatch-Teleskops auf dem Kitt Peak begonnen, einen Katalog kleiner Asteroiden anzufertigen, worin alle jene Weltraumkörper aufgezeichnet werden, die einmal den Erdorbit um die Sonne kreuzen werden. Kleine Erdkreuzer – Objekte kleiner als 50 Meter im Durchmesser, die halbe Größe eines Fußballfelds immerhin – nähern sich der Erde also bis zu hundertmal öfter, als man bisher dachte. Und: Viele dieser kleinen Erdkreuzer haben einen ähnlichen Orbit um die Sonne wie die Erde selbst. Die Gefahren einer midspace-collision sind also durchaus gegeben.

Es ist früh am Abend des 31. März 1965: Tausende Menschen sahen in British Columbia und Alberta die Explosion eines gewaltigen Meteors in über 30 Kilometer Höhe, irgendwo über der Stadt Revelstoke, 280 Kilometer westlich von Calgary. Kanadier hörten bis zu 200 Kilometer entfernt Detonationen. Ein Pilot der Air Canada über dem 800 Kilometer fernen Saskatchewan war ein weiterer Zeuge des Ereignisses. Wissenschaftler in Boulder, Colorado, registrierten atmosphärische Druckwellen. Analysen ergaben, daß der Aufschlag in die Atmosphäre mit der Energie von 20 Kilotonnen TNT verlief – vergleichbar mit der Atombombe auf Nagasaki! Dennoch haben wir Glück gehabt – niemand wurde verletzt, nichts wurde beschädigt, es gab nicht einmal einen Krater. Auch ausgedehnte Suchaktionen via Helikopter und Flugzeug blieben ergebnislos. Erst zwei Wochen später entdeckten zwei Kanadier auf dem zugefrorenen MacPherson Lake in British Columbia ein Gebiet von geschwärztem Schnee auf der Eisdecke. Das Ende dieser Spur: millimetergroße Partikel, die sich in die Eisdecke eingebrannt hatten – sie wogen zusammen knapp ein Gramm. Heute ist man sicher, daß dies der armselige Rest des Revelstoke-Objektes ist. Eine 20-Kilotonnen-Explosion, bezeugt von Tausenden, kann also fast ohne Spuren bleiben.

Chyba kommt nun auf das Tunguska-Ereignis von 1908 zu sprechen. Damals, mitten in Sibirien, spielte sich alles weitaus näher an der Erdoberfläche ab und war weitaus kraftvoller als bei der Revelstoke-Explosion. Insgesamt wurde tausendmal mehr Energie freigesetzt. Glücklicherweise war das Gebiet so gut wie unbewohnt, so daß nur einige Rentierjäger zu Boden geworfen und einige Hütten durchgeschüttelt wurden; ein ähnliches Ereignis z. B. über Hamburg oder Prag hätte eine Jahrhundertkatastrophe heraufbeschworen. Auch 1908 gab es keinen Krater, und man fand keinerlei Meteoriten-Fragmente. Eine atmosphärische Schockwelle umkreiste zweimal die Erde und wurde noch im entfernten England registriert. Erst 1921 wurde Leonid A. Kulik, Forscher vom Mineralogischen Museum an der Russischen Akademie der Wissenschaften, ins Tunguska-Gebiet geschickt. Zuvor hatte er in verschiedenen sibirischen Zeitungen Meldungen gefunden, wo Augenzeugen den Niedergang eines großen Meteoriten nahe des Tunguska-Flusses beschrieben. Kuliks Vor-Ort-Recherchen lassen uns jedoch mit einem eher unvollständigen Bild des Geschehens zurück. Das sorgte übrigens Jahrzehnte später noch für einige Probleme bei all jenen, die sich der

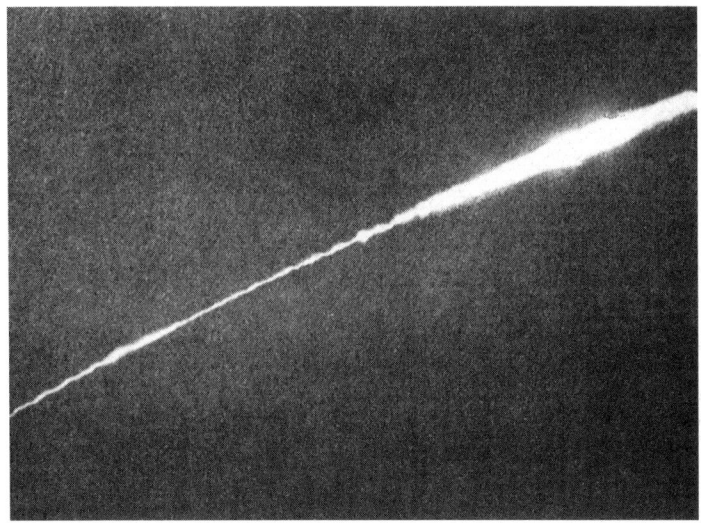

Immer wieder rufen astronomische Ereignisse wie Feuerball-Boliden über weite Gebiete hinweg gewaltige UFO-Schlagzeilen hervor   Quelle: CENAP

Sache annahmen. Sensationshungrige dagegen kennen diese Schwierigkeiten nicht und gehen mit Vortragsthemen wie »Schwarzes Loch, Antimaterie oder UFO?« auf Dummenfang.

Kein Wunder also, wenn über das Tunguska-Ereignis seit Jahrzehnten falsche Vorstellungen herumgeistern. Einige haben vermutet, daß damals ein »Mini-Black-Hole« mit der Erde kollidierte bzw. durch die Atmosphäre streifte und wieder verschwand – ohne einen Krater zu hinterlassen. Warum dieses Schwarze Loch sonst weiter keine Spuren machte, wird jedoch nicht erklärt. Dann die Antimaterie. Theoretisch bräuchte es nur einen winzig kleinen Meteoriten aus Antimaterie, um eine 20-Megatonnen-Explosion zu erzeugen – also zehntausendmal stärker als die tatsächliche Explosion. Da wäre von der Erde kaum etwas übriggeblieben. Wenn alle Erklärungsversuche nichts fruchten, dann müssen halt die Fliegenden Untertassen herhalten. Gut, ein hochentwickeltes Alien-Raumschiff könnte wohl all jene Charakteristika aufweisen. »Aber dies ist

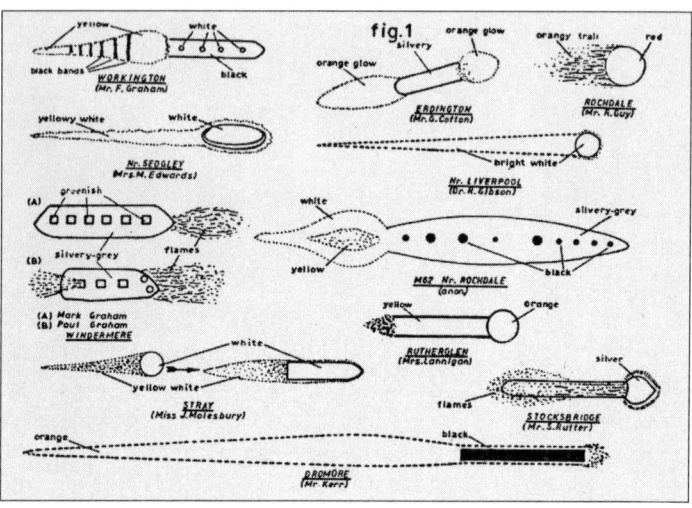

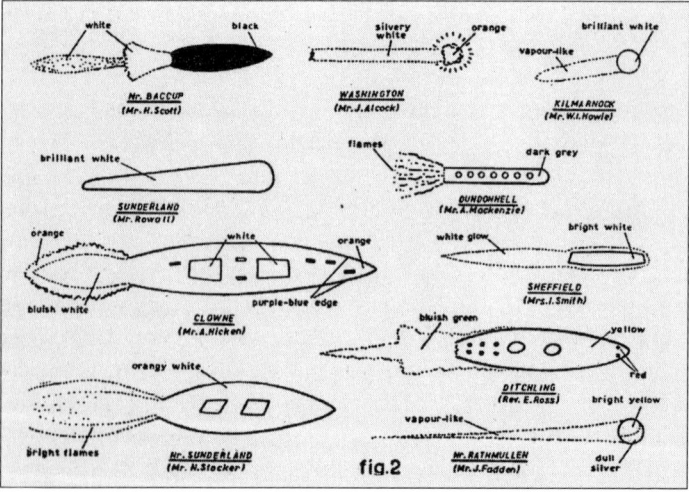

Können Sie sich vorstellen, daß der auf Seite 65 gezeigte Feuerball-Bolide zu Zeugendarstellungen führt, in denen Flugapparate wie hier dargestellt werden?

Quelle: CENAP

keine Erklärung im wissenschaftlichen Sinne«, meint Chyba. Kulik stellte als erster die These auf, daß für die Tunguska-Explosion ein Meteorit verantwortlich war. Vielleicht war es auch ein kleiner Komet oder Asteroid, auf jeden Fall aber explodierte ein kosmischer Körper.

Für den Wissenschaftler ist es nicht schwer zu errechnen, wie groß dieser Körper etwa gewesen sein muß, wenn man die freigesetzte Energie veranschlagt. Wir wissen zudem, wie schnell sich typische Erdkreuzer-Asteroiden oder -Kometen bewegen, mit etwa 40–60 km/sec. Das Tunguska-Objekt muß also um die 60 Meter groß gewesen sein. Die Frage ist: Wie wandelt sich kinetische Bewegungsenergie in Explosionsenergie, bevor das Objekt den Boden erreicht und einen Krater schlägt? Aber Tatsache ist: Es gab keinen Krater und Teile des Objekts wurden niemals gefunden. Hier wird die Parallele zu Revelstoke ganz deutlich. Revelstoke war tausendmal kleiner als Tunguska; und da bekamen die Wissenschaftler gerade ein Gramm Staub in die Hände. Wäre in Revelstoke ein weiterer Monat vergangen, hätte man wohl überhaupt nichts gefunden.

Ähnliche Probleme bei der Tunguska-Affäre. Wie viele Winter waren mittlerweile ins Land gegangen, wie oft waren Eis und Schnee geschmolzen? Auch wenn die Tunguska-Explosion gewaltig war, die Chancen für eine Untersuchung und Spurensicherung standen schlecht. Erst in den 80er Jahren wurden einige der mikrometergroßen Metallkügelchen analysiert, die Kulik damals aufsammelte. Sie bestanden aus typischen Meteoriten-Partikeln.

Seit zehn Jahren etwa erkennen mehr und mehr Wissenschaftler, daß derart gewaltige Raumobjekte aus Stein oder Eis, die mitten in unserer Atmosphäre explodieren, wenig ungewöhnlich sind. Ja, Revelstoke und Tunguska sind fast alltäglich! Viele derartige Ereignisse gab es inzwischen – ohne einen Krater wie in Arizona vor 50 000 Jahren zu hinterlassen, welch ein Glück! Seit Juni 1993 erbrachte die am Kitt Peak eingerichtete Spacewatch die Identifizierung von etwa einem Dutzend Erdkreuzer-Asteroiden mit weniger als 50 Metern Größe. Jedes Jahr kommt es in der Erdatmosphäre zu

Explosionen von Raumobjekten im 20 Kilotonnen-Bereich, je weiter oben sie in der Atmosphäre verpuffen, desto weniger Schaden
richten sie an. Hier schließt sich dann auch wieder der Kreis zu
unserem Ausgangsthema. Die gewaltigen (Hitze-)Energien dieser
Himmelserscheinungen sprechen natürlich die empfindlichen Sensoren der Weltraum-Überwachungsgeräte an: Was Wunder, daß die
Fastwalker aus dem Weltraum im Ufologen-Lager für Stimmung
sorgen, denn die Suche nach dem eindeutigen UFO-Beweis wird immer schwieriger. Nachdem Ende der 70er Jahre die ersten UFO-Dokumente unter der FOIA freigegeben und endlich Tausende von Re-
gierungspapieren eingesehen werden konnten, war immer noch
kein klarer, technischer, unzweifelhafter UFO-Beweis erbracht. Verzweifelt wittert man seither in jedem vielversprechenden Lufthauch
ein UFO, um dann regelmäßig beispielsweise über so etwas wie MJ-
12 zu stolpern: Nach dieser von Ufologen in die Welt gesetzten Verschwörungslegende sollen 12 hochrangige Vertreter der US-Regierung seit 1947 (!) eine geheime Operation unter diesem Titel leiten,
um der Menschheit die »UFO-Wahrheit« vorzuenthalten.

Auch wenn man einigen Wissenschaftlern beschränkten Zugang
zu Daten des Department of Defense (DOD)-Spionage-Satelliten-
Programms wie dem DSPs gewährte, um Material aus den Ortungen
des geosynchron ausgerichteten orbitalen Überwachungssystems zu
ziehen, hält sich das kontrollierende US Space Command Missile
Warning Center, Cheyenne Mountain, nahe Colorado Springs, für
die Zukunft bedeckt. Capt. John Kennedy, Public Affairs Officer
beim USAF Space Command Center auf der Luftwaffenbasis
Wright-Paterson AFB, erklärte gegenüber der Zeitschrift *OMNI*
(August 1994): »Es sollte niemanden überraschen, wenn wir strenge
Sicherheitsmaßnahmen über die Operations-Parameter der DSP-Satelliten legen. Wir haben es hier mit einem Frühwarn-ICBM-Start-
System zu tun, so daß wir natürlich unsere Technologie vor neugierigen Blicken zu schützen wissen, die Gründe sind doch klar. Wenn
irgend jemand die Fähigkeiten des Systems kennen würde, fiele es
ihm alsbald leicht, Schritte dagegen zu unternehmen.«

Edward Tagliaferri, Physiker und Berater der Aerospace Corpo-

CENAP-ARCHIV

LTU Fluggesellschaft, Flughafen, Halle 8, D 4 Düsseldorf 30

Herrn
Werner Walter
c/o CENAP

Eisenacher Weg 16

6800 Mannheim 31

Fluggesellschaft LTU Lufttransport-
Unternehmen
GmbH & Co KG
Telex
8585573 (Geschäftsleitung)
8584997 (Verkauf)
8584895 (Buchung)
8584520 (Flugbetrieb)
8584712 (Einkauf)
8586445 (Technik)
8584668 (Passage)
Tel. Sa.-Nr. 0211/41520
Buchung: 0211/50666

Ihre Zeichen	Ihr Schreiben vom	Unsere Zeichen	Tel.-Durchwahl	Datum
CWW	25.1.86	pw/he	229	27. Januar 1986

Sehr geehrter Herr Walter,

für Ihr oben aufgeführtes Schreiben danken wir und teilen Ihnen nachfolgend
die wenigen Informationen mit, die uns selbst vorliegen:

Am 22. Januar 1986 um 19.55 Uhr sichtete die Cockpit-Crew des Fluges LT 731,
Flug Male - München, 20 km westlich von Zagreb in Richtung Klagenfurt in
einer Höhe von 10300 m fliegend ca. 1000 m höher sechs in enger Formation
sehr schnell fliegende Flugobjekte. Diese kreuzten den Kurs der LTU-TriStar
ca. 1000 m höher in nord-östlicher Richtung.
Der verantwortliche Flugzeugführer meldete diese Beobachtung an den zustän-
digen Radarlotsen in Zagreb und fragte an, ob die Sichtung der beobachteten
Formation radarmäßig erfaßt wurde/wäre. Dies wurde von Zagreb verneint.

Wir hoffen, Ihnen mit diesen Informationen geholfen zu haben und verbleiben

mit freundlichen Grüßen

L T U Lufttransport-Unternehmen
GmbH & Co.KG

Peter Schmidt-Eisser
cc: WDF

*Die LTU meldete CENAP im Januar 1986 die Sichtung einer UFO-Forma-
tion, die sich ebenfalls als Feuerball-Bolide herausstellte   Quelle: CENAP*

ration in El Segundo, Kalifornien, erhielt im Herbst 1993 Zugang zur Datenbank des DSP-Systems des DOD. Zwischen 1975 und 1992 wurden hier bekanntlich 136 Explosionen in der oberen Atmosphäre aufgezeichnet. OMNI fragte nach, ob Tagliaferri mehr über die Bedeutung dieser sogenannten flash events bei seinen Forschungen herausfinden konnte: »Nein, man bezieht sich hierbei durchweg auf Meteoriten und kleine Asteroiden.« Gefragt, ob er denke, daß einige dieser Fälle von Satelliten-Sensor-Wahrnehmungen auf reale UFOs zurückgehen könnten, antwortete er kopfschüttelnd: »Persönlich gehe ich nicht davon aus. Aber wer weiß? Ich kann es Ihnen nicht sagen. Ich bin Wissenschaftler, Physiker, und meiner Meinung nach ist der Beweis für UFOs nicht überzeugend. Auf der anderen Seite kann ich natürlich falsch liegen.«

Auch Erz-Skeptiker Philip J. Klass, ehemals Mitverantwortlicher des hochangesehenen Aviation Week & Space Technology-Magazins (in Fliegerkreisen auch als Aviation Leak-Magazin bekannt, da es gelegentlich Informationen veröffentlicht, die keineswegs auf Presse-Konferenzen freigegeben wurden und durch die auch hochrangiges Pentagon-Personal mitunter erstmals mitkriegt, was in seinen Gängen so alles läuft) wurde von OMNI heimgesucht, um seine Meinung zu einem derzeit im ufologischen Untergrund herumgeisternden Gerücht zu hören. 1993 kam UFO-Forscher Joe Stefula (ehemals Special Agent des armee-eigenen Criminal Investigation Command) daher und erklärte, ein ihm anonym zugespieltes Diagramm von einem per Infrarottechnik wahrgenommenen DSP-Satelliten-Zwischenfall vom 5. Mai 1984 zu besitzen. Stefula schränkte ein, nicht imstande gewesen zu sein, die absolute Authentizität dieses Dokuments zu bestimmen. Doch, wie immer in solchen Fällen, stürzte sich die ufologische Gilde darauf und blies die Geschichte hoch. – Klass kommentiert eine Lösungsmöglichkeit, wonach dieser mysteriöse Fastwalker-Vorfall vom Mai 1984 wahrscheinlich auf nichts anderes als eine geheimgehaltene SR-71-Mission des Blackbird-Spionageflugzeugs (oder seines sowjetischen Gegenstücks) zurückgeht. Der Zwischenfall soll in 80000 Fuß Höhe stattgefunden haben, »die typische Region für Blackbird-

Operationen«, meint Klass. Von oben herab ist der Nachbrenner
der SR-71 leicht für das DSP-System zu orten. Er muß es wissen,
schließlich war eines seiner Spezialgebiete als Luftfahrtjournalist geheime Satelliten-Systeme, worüber er auch das Buch *Secret Sentries
in Space* schrieb.

UFOs: Regierungsgeheimnisse?

Unmittelbar mit dem vorangegangenen Themenkomplex verbun-
den ist das Kapitel der angeblich geheimen Bergungen von UFOs bis
hin zu dem spektakulären »UFO-Absturz« über der kleinen Stadt
Roswell in New Mexico 1947, der interessanterweise erst viel spä-
ter Schlagzeilen machte und seinerzeit keinen Hund hinter dem
Ofen hervorlockte. Nachdem sich die MJ-12-Verschwörung als
Schwindel entpuppt hatte, ist die ufologische Seite schwer unter
Druck geraten.

Verzweifelt sucht sie nun Zuflucht bei Moon Dust, dem Projekt
des amerikanischen Air Defense Command ADC, das feindliches
Personal, Ausrüstung und Gerät orten, bergen und abtransportieren
soll. Moon Dust wurde zur Zeit des Korea-Kriegs (also lange nach
Roswell) ins Leben gerufen und hat seine Basis in Fort Belvoir,
Virginia.

Beginnen wir mit der Herbst-1994-Ausgabe von *UFO Universe*,
wo Kevin D. Randle das Wort ergreift.

Randle muß Cliff Stone stundenlang ausgequetscht haben, um etwas über seine Spezialgebiete Project Moon Dust und Operation
Blue Fly zu erfahren. Randle: »Leider wurden die Nachrichten-
teams dieses Projekts bis 1957 nicht gefordert, so daß man sie
schließlich mit verschiedenen Friedenszeit-Aktivitäten betraute,
darunter die Untersuchung von glaubhaften UFO-Berichten in den
USA.« Im Klartext: Moon Dust hatte bis 1957 schlicht und ergreifend nichts zu tun. Um es noch deutlicher zu machen: Project Moon
Dust sollte die Bergung von Objekten gewährleisten, die als Rück-
kehrer von irdischen Unternehmungen im Weltraum den atmo-

sphärischen Durchgang überstanden. Randle: »Blue Fly assistierte dem Projekt bei der Bergung von Ausrüstungen des sowjetischen Blocks.« Sprich: Blue Fly diente der logistischen Unterstützung. Soweit ist eigentlich alles klar und logisch, doch hier setzen die ufologischen Hirnverdrehungen ein.

Randle geht in der Geschichte zurück. Am 3. Januar 1953 wurde die 4602d Air Intelligence Squadron (AISS) mit dem Befehl 24-4 des Air Defense Command ins Leben gerufen. Acht Monate später, am 26. August 1953, wurde die 4602d mit der offiziellen Untersuchung der UFOs unter Air Force Regulation 200-2 betraut. Randle: »Dieser Befehl sorgte dafür, daß alle UFO-Berichte aus den USA zunächst über die 4602d liefen, bevor sie ans Project Blue Book gingen.« Und das ist nun der ufologische Beweis, der gleichzeitig die ganze Verschwörungshypothese impliziert! Nach Randle ist also die 4602d Air Intelligence Squadron (AISS) die wahre UFO-Forschungseinrichtung der US-Regierung und Blue Book vorgeschaltet, also muß die im Fort Belvoir ansässige AISS die echte und wahre UFO-Station der US-Regierung sein! Über die 4602d würde nun entschieden, was an die Geheimdienstabteilung Air Technical Intelligence Center (ATIC) auf Wright-Field weiterging – Verschwörung! Randle, am Rande seiner Roswell-Argumentation: »Die primäre Verantwortlichkeit für UFOs hatte also Fort Belvoir.« Unsinn: Das personell völlig unterbesetzte Project Blue Book rief nach externer Hilfe für Fall-Ermittlungen, und die AISS wurde bestimmt, Blue Book zu unterstützen, weil sie ohnehin nichts zu tun hatte. Ufologen drehen den Spieß einfach um. Während die AISS angeblich mit Vorab-Untersuchungen Blue Book entlastete, wird der 4602d nun ein weitaus höherer Grad an Verantwortung zugeschoben. Dabei war die Arbeit der 4602d AISS nur die einer Zuträgertruppe.

Blue Book soll also eine vorgeschaltete PR-Einheit gewesen sein, um die wahrhaft interessanten UFO-Fälle an anderen Orten zu bearbeiten. Insider von Blue Book würden sich im Grabe umdrehen! Und: Die PR-Arbeit lief miserabel. Jetzt stürzt sich die ganze Ufologen-Herde auf eine Abschlußfeststellung von Brigadegeneral Bolender, der zum Niedergang von Blue Book anno 1969 ein Memo-

TOP SECRET
EYES ONLY
THE WHITE HOUSE
WASHINGTON

0 4 8

September 24, 1947.

MEMORANDUM FOR THE SECRETARY OF DEFENSE

Dear Secretary Forrestal:

As per our recent conversation on this matter,
you are hereby authorized to proceed with all due
speed and caution upon your undertaking. Hereafter
this matter shall be referred to only as Operation
Majestic Twelve.

It continues to be my feeling that any future
considerations relative to the ultimate disposition
of this matter should rest solely with the Office
of the President following appropriate discussions
with yourself, Dr. Bush and the Director of Central
Intelligence.

Harry Truman

TOP SECRET
EYES ONLY

Das erste der MJ-12-Papiere   *Quelle: HEEL-Verlagsarchiv* randum verfaßte und erklärte, daß weiterhin Berichte über UFOs, die die nationale Sicherheit betreffen, entsprechend der Befehle JANAP 146 oder Air Force Manual 55-11 behandelt werden. Auch hier hören die Verschwörungstaktiker außerirdisches Gras wachsen.

UFO steht nach wie vor für »unidentifiziertes Flug-Objekt«, die wahrhafte Domäne jeglicher Flugraum-Sicherung und -Verteidigung. Das muß aber nicht gleich etwas mit unserem Thema zu tun haben. Es wäre geradezu gefährlich und leichtsinnig, wenn die USAF mit dem Niedergang von Blue Book den eigentlichen UFOs keine Beachtung mehr geschenkt hätte – der Ost-West-Konflikt war damals in vollem Gange. Vielleicht muß man an dieser Stelle klarmachen, daß der UFO-Begriff für Militärs ein anderer ist als für Ufologen! Was die Militärs unter UFOs verstehen (unidentifizierte feindliche Flugzeuge) und was die Ufologen (Fliegende Untertassen als Besucher aus dem Kosmos) darunter versinnbildlichen, ist ein himmelweiter Unterschied. Genau daran krankt die ganze Diskussion.

Gut, irgendwo mag der Aufgabenbereich der 4602d AISS sich mit Moon Dust überschnitten haben, aber die Vorab-Auswägung von UFO-Berichten in den USA und der Blue-Fly/Moon-Dust-Einsatz im Ausland sind zwei verschiedene Dinge! Ein FOIA-freigegebenes Papier vom November 1961 sagt es überdeutlich: »Das Headquarter der USAF hat Project Moon Dust dazu berufen, ausländisches Raumfahrtmaterial auszumachen, zu bergen und zu sichern.« Die hierfür eingesetzten Teams bestehen, in aller Regel, aus drei Mann: einem Linguisten, einem Techniker und einem Geheimdienstler, »der dazu geeignet ist, Geheimdienstteams schnell ans Ziel zu führen, Verhöre von feindlichem Personal durchzuführen«. Das macht Randle tollkühn: Moon Dust sei ein USAF-Projekt, um UFO-Material von unidentifizierter »und außerirdischer Herkunft« zu sichern.

Argument: Die USAF habe nach dem vom CIA gesponserten Robertson-Forum vom Januar 1953 (in fast einwöchiger Klausur berieten Wissenschaftler des US-Luftwaffen-Beraterstabs und der

UNITED STATES SPACE COMMAND
PETERSON AIR FORCE BASE, COLORADO 80914-5003

Mr W. Walter   2 8 NOV 1990
Eisenacher Weg 16
6800 Mannheim 31
Germany

Dear Mr Walter

In response to your letter dated 11 Nov 90, the space re-entry on

5 Nov 90 involved a Soviet satellite which re-entered at 1807

Greenwich Mean Time at 49 degrees latitude and 7.3 degrees

longitude.

I hope this information is helpful to you. Please write again if

I can be of further assistance.

SCOTT W. JOHNSON, DAFC
Chief, Plans/Programs
Directorate of Public Affairs

Behördenkooperation bei gemeldeten UFO-Vorfällen Quelle: CENAP-Archiv

US-Regierung darüber, ob das UFO-Phänomen die nationale Sicherheit bedrohe. Ergebnis: Nicht die UFOs, sondern die um sie verbreitete Hysterie sei gefährlich für die öffentliche Ordnung) eine Reihe von Spezialeinheiten einberufen, um die Blue-Book-Aktivitäten zu umschiffen. »Blue Book war seither nicht mehr wirklich verantwortlich für die UFO-Untersuchung«, lesen wir da.

Der historische Kontext wird übersehen. Blue Fly war der logistische Teil, Moon Dust die operative Einheit. Die 4602d (dann die 1006th AISS und dann die 1127th USAF Activities Group) unterstützte zunächst die Arbeit des USAF-Stabs in Kriegszeiten, in »Friedenszeiten« wurde sie herangezogen, um bei verschiedenen USAF-Projekten mitzuwirken, dies in Form von »schnellen Eingreif-Einheiten« – heutzutage hat man dafür die beweglichen Einheiten der Fort-Bragg-Gruppe Delta Force oder die Navy Seals. Um in Friedenszeiten die 4602d zu beschäftigen, ließ man sie auf die UFO-Untersuchung los, sozusagen eine Arbeitsbeschaffungsmaßnahme, aber erst sechs Jahre nach Roswell.

In einem Dokument des US-Außenministeriums vom 26. Juli 1973 (herausgegeben an »alle amerikanischen diplomatischen und konsularischen Posten«) wurde erklärt, daß Moon Dust zum Einsatz zur Verfügung sei, wenn es um »Fälle von nicht-amerikanischen Raumobjekten oder Objekten von unbekannter Herkunft geht«. Damit waren Satelliten, Raketen, Booster-Stufen, Treibstofftanks und sonstige Raumfahrttechnologie-Teile gemeint – wie der *International UFO Reporter (IUR)* im Mai/Juni 1994 in einem Bericht von Christopher D. Allan verdeutlichte. Dokumente, die Cliff Stone erhielt, beweisen, daß Moon Dust einige Male etwas zu tun bekam: In der Nacht vom 25. auf den 26. März 1968 gingen im Gebiet von Nepal vier Objekte nieder. Die amerikanische Botschaft in Katmandu alarmierte am 23. Juli die 1127th USAF Field Activities Group in Fort Belvoir, obwohl der Botschaft bereits klar war, worum es sich handelte. Drei dieser Objekte wurden von den USA untersucht und später wieder an Nepal zurückgegeben.

Moon Dust wurde ebenso am 17. August 1967 eingesetzt, als man Material im Sudan barg: Teile eines röhrenförmigen Satelliten mit drei Tonnen(?) Gewicht. Die bisher bekannten Dokumente über Moon Dust, so geben die Autoren in bezug auf diese Affäre zu, »weisen darauf hin, daß die zunächst als von unbekannter Herkunft ausgegebenen und geborgenen Objekte schließlich doch auf irdische Maschinen zurückgingen«. Dennoch beharren die Ufologen darauf, die US-Regierung hätte spezialisierte Teams im Einsatz, »welche auch dazu dienen können, etwas zu bergen, was von einem anderen Planeten hier abstürzt«.

Kein Wunder, der angebliche Niedergang einer Fliegenden Untertasse, der sogenannte Kecksburg-Zwischenfall vom Dezember 1965, mußte eingebracht werden. Für Randle ist klar, daß das Moon-Dust-Team hier seine Finger im Spiel hatte, »auch wenn es dazu keine Informationen gibt«. Klar, irgend etwas war über Kanada und im östlichen Teil der USA erschienen, aber der Beweis, daß es tatsächlich ein UFO gewesen ist, steht auf sehr wackligen Füßen. General Arthur

Bundesnachrichtendienst   10. November 1980
IV - Az 29 - 50
TgbNr. 784   /80

An

CENAP
z.H. Herrn Werner Walter
Eisenacher Weg 16

6800 Mannheim 31

Betr.: Ihre Anfrage vom 13.04.80;

Sehr geehrter Herr Walter!

Durch ein Büroversehen ist Ihr Schreiben vom 13.04.80 leider bis
heute unbeantwortet geblieben; ich bitte dies entschuldigen zu
wollen.

Zu Ihrer Anfrage teile ich Ihnen mit, daß der Bundesnachrichtendienst zu dem von Ihnen genannten Themenbereich keine Informationen
gesammelt hat oder sammelt; diese Thematik gehört nicht in den
Aufgabenbereich des Bundesnachrichtendienstes. Mir ist auch keine andere Behörde des Bundes bekannt, die derartiges Material sammelt.

Mit freundlichen Grüßen

Im Auftrag

(Rieck)

*Im Gegensatz zu populären Vorstellungen genießt das UFO-Rätsel bei deut-
schen Geheimdiensten keinerlei Wertschätzung   Quelle: CENAP-Archiv*

Exon, der 1965 Basis-Chef der Wright-Patterson AFB war, erklärte Randle: »Gelegentlich erhielten wir einen Anruf aus Washington, D. C., um eine Maschine bereitzustellen. Mal ging es dann nach Montana, dann nach Wyoming und in die nordwestlichen Staaten; zwei- oder dreimal ging es nach Arizona.« Hierbei handelte es sich jedoch nicht um die dreiköpfigen Teams von Moon Dust, sondern um Einheiten von acht bis 15 Leuten. Nach Exons Interpretation waren es dennoch Moon-Dust-Einheiten, die zu Bergungen von Raumobjekten aufbrachen. Aber: Es gibt keinen Beweis dafür, daß damit automatisch Fliegende Untertassen als Raumschiffe von anderen Planeten gemeint sind. Colonel Mattingley, USAF, gestand zwar zu, daß die Einheiten Moon Dust und Blue Fly ehemals existierten, aber wegen mangelnder Einsatzmöglichkeiten aufgelöst wurden. Wörtlich: »Obgleich Raumobjekte und Trümmer gelegentlich von Bürgern der USA gemeldet und geborgen werden, um schließlich in die Hände von USAF-Personal zu gelangen, ist es nicht gerechtfertigt, hierfür ein spezielles Geheimdienst-Team einsatzbereit zu halten.«

FBI: Zweifel am Roswell-Crash

Im *International UFO Reporter* vom Mai/Juni 1994 ergriff der Engländer Christopher D. Allan das Wort im Roswell-Streit (und darüber hinaus). In der Roswell-Auseinandersetzung führen Protagonisten gerne das FBI-Memorandum vom 10. Juli 1947 (E. G. Fitch an D. M. Ladd) zum Thema Flying Disks (abgedruckt u. a. in der ersten CENAP-Dokumentararbeit »Project UFO«, 30. August 1982) ins Feld, das vom FBI-Chef Hoover mit einer handschriftlichen Note versehen wurde. Hoover empfahl die Mitarbeit seiner Büros im Falle der Untersuchung eines geborgenen Diskus, sobald man ihnen den »vollen Zugang« gewähre. Doch im Fall von »La.« war dem nicht so, und die Army Air Force wollte auch nicht, daß das FBI diesen Diskus untersuchte.

Dieser geheimnisvolle »La.«-Fall hat jedoch nichts mit Roswell zu tun. »La.« ist die amtsgebräuchliche Abkürzung für Louisiana.

Der Bundesminister der Verteidigung   Bonn, ⁄1 . Februar 1980
Fü H I 3   ☎ (0 22 21) 12- 41 68

Herrn
Werner Walter
Eisenacher Weg 16

6800 Mannheim 42

Sehr geehrter Herr Walter,

für Ihren Brief vom 18.01.1980 darf ich Ihnen danken.
Da es im Bundesministerium der Verteidigung noch keine Abteilung
gibt, die sich mit unbekannten Himmelsphänomenen beschäftigt, habe
ich als Referent für die Innere Führung und Öffentlichkeitsarbeit
des Heeres die Aufgabe, Ihr Schreiben zu beantworten. Schließlich
sind die UFO ja über Heeresterritorium, dem Truppenübungsplatz
Garlstedt, angeblich gesichtet worden.
Unbekannte Flugobjekte werden wiederholt gemeldet, wobei sich in den
meisten Fällen dafür eine logische Erklärung findet. Sience-Fiction-
Filme und Bücher tun das ihre, das Interesse der Menschen daran zu
steigern, den Rest besorgt die Phantasie. Trotzdem wurden in dem von
Ihnen angesprochenen Fall Untersuchungen angestellt - auch durch Auf-
klärungsflugzeuge - die aber nach Mitteilung der Luftwaffe zu keinem
Ergebnis führten.

Sie werden Verständnis dafür zeigen, daß Ihnen nähere Angaben über
Einsatz und Standort elektronischer Aufklärungsmittel und Einsatz
der Luftwaffe nicht gemacht werden können, da sie der Geheimhaltung
unterliegen.

Mit freundlichen Grüßen
Im Auftrag

Vogelogw

Postanschrift Postfach 13 28   Telefon   Telex   Paketanschrift Paketausgabe
               5300 Bonn 1   Vermittlung   0 886 575   5 300 Bonn 7
                                 (0 22 21) 12-1 0 886 576

Im Februar 1980 erklärte der Bundesverteidigungsminister, daß die Bundeswehr keine spezielle UFO-Abteilung unterhält. Dies, obwohl tatsächlich gelegentlich UFOs über Heeresterritorium festgestellt wurden. Quelle: CENAP

Dort war in Shreveport, am 6. oder 7. Juli 1947, eine 40 cm durch-
messende Aluminium-Platte öffentlich als Fliegende Untertasse de-
klariert worden. Die Ortspolizei erklärte die Sache als Werk von
Witzbolden und übergab das Objekt der Army Air Force auf der nahen Barksdale AFB. Um es deutlich zu machen: In diesen ersten Tagen des Untertassen-Fiebers (der Begriff UFO fiel hier noch nicht)
waren allerlei Spaßvögel unterwegs und sorgten für auffindbare flying saucer-objects. Während das Roswell-Team Randle & Schmitt
nicht müde wurde zu erklären, daß das FBI damals »stark in die Ab-
sturz-Untersuchungen involviert« war, läßt sich anhand des Beispiels präzisieren, daß dem nicht so war. Ganz im Gegenteil, bald
darauf hatte das FBI die Nase voll und klinkte sich aus dem UFO-
Geschäft aus; Hoover persönlich schrieb dazu am 27. September
1947 einen geharnischten Brief an Major General George C. Mc-
Donald, zweiter Chef des Luftwaffen-Geheimdienstes im Pentagon.
Hoover hatte genug davon, in der »Asche nach Toilettensitzen und
was sonst noch« zu suchen: »Ich konnte es nicht zulassen, Personal
und Zeit dieser Organisation für so etwas zu verschwenden. Ich un-
terrichtete die FBI-Feld-Einheiten, alle Untersuchungs-Aktivitäten
betreffs gemeldeter Sichtungen von Fliegenden Diskussen abzubre-
chen und befahl ihnen, alle Beschwerden den Luftwaffen-Vertretern
im jeweiligen Gebiet weiterzuleiten.«
    Bereits vor zehn Jahren hatten die Autoren Lawrence Fawcett
und Barry J. Greenwood in ihrem Klassiker Clear Intent genau darauf hingewiesen und geklagt, daß verschiedene »Forscher« Hoovers
Worte aus dem Kontext gerissen und als Beweis benutzt hatten, daß
Alien-Raumschiffe auf Erden abgestürzt seien.
    Eine natürliche Anlaufstelle für geheime UFO-Untersuchungen
wäre natürlich das in Colorado Springs beheimatete Air Defense
Command (ADC) gewesen. Doch Blue-Book-Chef Capt. Edward J.
Ruppelt macht in seinem Buch *The Report on Unidentified Flying
Objects* deutlich, daß er selbst Anfang 1953 die Hilfe des ADC an-
forderte, da sein Stab zu klein war. Deshalb suchte er das Luftver-
teidigungs-Kommando (sowie Project Bear) auf. Dort gab er dem
Führungspersonal des ADC eine Einweisung in das UFO-Project

Blue Book und seine Methoden. Es gab keine Hinweise darauf, daß das ADC jemals auch nur ansatzweise Blue Books Autorität anzweifelte oder gar die Blue-Book-Arbeit untergrub, man war bereit, ihm zu helfen, aber nicht, es zu ersetzen. In der 1954er USAF-Befehlsausgabe AFR 200-2,–4c wird deutlich erklärt, daß das ATIC (Wright-Patterson AFB, Ohio) alle »Informationen analysieren und bewerten wird, sobald das ADC bei seinen Bemühungen scheitere, UFOs zu identifizieren«. Paragraph 6 weist darauf hin, daß die 4602d AISS, eine Schwadron innerhalb des ADC mit der Aufgabe, in Kriegszeiten gefangene Gegner zu verhören, alle ADC-UFO-Eingänge durch Field-Investigations abzuklären habe. Paragraph 7 befiehlt, daß alle Berichte und Notizen ans ADC-Headquarter und an ATIC (Blue Book) zu gehen haben. Paragraph 8 bezieht sich auf Beweismaterial in jeder Form und weist es dem USAF Headquarter in Washington, D. C., zu. Abgestürzte Untertassen müßten also ins hochoffizielle Washington, D. C., geschleppt werden, was jedoch (mangels Anlaß) nicht der Fall war/ist. Selbst in einer 1959er Neufassung änderte sich an diesen konkreten Befehlen nichts, auch wenn es eine wichtige Ergänzung gab: Das ATIC bekam jetzt aufgetragen, schriftliche Berichte über seine Aktivitäten auch anderen Geheimdiensten der Vereinigten Staaten zugänglich zu machen, sobald sich das als notwendig erweisen sollte. Dies nimmt all jenen UFO-Manipulatoren den Wind aus den Segeln, die sich verzweifelt Gedanken darüber machen, welche geheime UFO-Forschungstruppe da noch neben dem Blue Book werkelte und seine Karten nicht auf den Tisch legt. Aber darüber muß man sich nicht sorgen. Die 4602d-ADC-Schwadron war nur eine kleine, eigentlich unbedeutende und unausgelastete Nachrichtendienst-Abteilung unteren Ranges, die dem ATIC-Blue Book zuzuarbeiten hatte und Fallmaterial aussiebte, nicht, um Blue Book etwas vorzuenthalten, sondern aus Kapazitätsgründen. 1959 wurde nochmals betont, daß Beweise von UFOs »zu sichern und dem ATIC zuzuführen« seien.

Im Februar 1960 gab es eine weitere wichtige Ergänzung: »Speziell das ATIC kann die 1127th Field Activity Group, Fort Belvoir, Virginia, anfordern, um Feld-Untersuchungen durchführen zu las-

sen, wenn ein Bericht die Notwendigkeit hierfür ergibt.« Ganz klar
wurde damit die jetzt als 1127th Field Activity Group benannte ehemalige 4602d dem ATIC-Blue-Book unterstellt. Das ATIC hatte Be-
fehlsgewalt über den vermeintlich geheimen und extern arbeitenden
UFO-Trupp von Fort Belvoir. Damit bricht das wacklige ufologische Kartenhaus einmal mehr zusammen. In der Luftwaffen-Order
AFR 80-17 (von 1966) wird in Paragraph 3 Blue Book namentlich
als alleinverantwortlich für die UFO-Untersuchung erwähnt, es gibt
keinen Anlaß, darüber zu spekulieren, daß auch Top-secret-Berichte
nicht an Blue Book gehen sollten. Mit Überzeugung kann man die
Annahme zurückweisen, daß das Blue Book nur eine vorgeschobene
PR-Abteilung war und es hinter der Bühne eine geheime UFO-Real-
Untersuchung an Fliegenden Untertassen gab. Blue Book war bis
zum Niedergang Ende 1969 das einzige dauerhafte und aktive Büro
zur offiziellen Untersuchung von UFO-Berichten.

Der Fall Mantell

Den Fall Mantell kennt jeder in der Szene, er ereignete sich am 7. Ja-
nuar 1948: Mit wahnhafter Verbissenheit war der Pilot Thomas
Mantell über Fort Knox einem als UFO verkannten SKYHOOK-
Ballon nachgejagt und dabei ums Leben gekommen. Nach neuesten
Informationen des an der Ballon-Aktion beteiligten Prof. Charles
Moore wurde der SKYHOOK von Camp Ripley, Minnesota, am 6.
Januar 1948 gestartet, dies unter Air Force Contract AF 19 (122)-
633. Der Ballon sollte in der Stratosphäre ein Experiment zur Mes-
sung von kosmischen Strahlen vornehmen. Mantell war mit seinem
Irrtum nicht allein gewesen: Die Radiostationen entlang der Flug-
bahn hatten ein UFO im Bereich Georgia/South Carolina gemeldet
… Blue Book registrierte allein vier UFO-Meldungen aufgrund dieses Ballons, die man jedoch auf den Planeten Venus zurückführte –
falsch, völlig falsch.

In der Juni-1994-Ausgabe von *JUST CAUSE* geht man der Affäre
auf den Grund. Obwohl Blue Book von einem Dr. Seyfert, Astro-

nom an der Vanderbilt-Universität in Nashville, Tennessee, den Bericht von einem perlenförmigen Ballon mit Instrumentenladung erhalten hatte, ging niemandem ein Licht auf, und das, obwohl ein weiterer Zeugenbericht aus Madisonville vorlag, wonach ein Beobachter im Teleskop einwandfrei einen SKYHOOK-Ballon identifiziert hatte. Man forschte nämlich nach, ob am 7. Januar 1948 ein Ballon gestartet worden war – das war nicht der Fall, also lag die Venus-Erklärung auf der Hand. Der verkannte SKYHOOK überwand zwischen dem 6. und 7. Januar 1948 bequem die 700 Meilen von Camp Ripley ins nordwestliche und zentrale Kentucky. Prof. Moore erinnert sich daran, mit Capt. Ruppelt über das SKYHOOK-Programm gesprochen zu haben, als sie in General Mills zusammentrafen. Jetzt ergibt sich eine gänzlich neue Sicht der Ereignisse.

Die US-Marine war verantwortlich für das geheime SKYHOOK-Programm. Sie wollte das Programm durch ein Eingeständnis im »Fall Mantell« nicht gefährden und verschwieg den Camp-Ripley-Start einfach. Prof. Moore erinnerte sich noch im Januar 1994 im Interview mit *JUST CAUSE* deutlich an spätere Gespräche mit Marine-Verantwortlichen zu dieser Affäre. Hintergrund war natürlich der geheimdienstliche Nutzen dieses Geheimwaffen-Programms zur Fernaufklärung. Erst 1952 gab die US-Navy den SKYHOOK-Einsatz zu und daß er zu UFO-Sichtungen geführt hatte, ohne dabei freilich zu erklären, welche Fälle konkret darauf zurückzuführen sind. Die Marine hielt sich auch zurück, weil sie die Familie von Thomas Mantell nicht schockieren wollte, außerdem hatte man in verantwortlichen Kreisen nicht den Mut, sich zu dem Unfall zu bekennen bzw. zu entschuldigen.

Tatsächlich, es gab Cover-Ups. Aber sie haben gänzlich andere Hintergründe, als uns Ufologen vormachen. Dies ist genau das PR-Mißverständnis, das bereits verschiedene UFO-Forscher der US-Regierung vorgeworfen haben.

Michael D. Swords betrachtete im amerikanischen *Journal of UFO Studies* von 1992 die parallele Fortentwicklung astronomischer Erkenntnis und den Aufzug extraterrestrischer Ideologien (Extraterristical Hypothesis, ETH) in seinem Artikel »Astronomers,

The extraterrestrial Hypothesis, and the United States Air Force at the Beginning of the Modern UFO Phenomenon«. Einige recht interessante Gedanken wollen wir hieraus entnehmen.

Leben auf dem Mars?

Zu Beginn des modernen UFO-Phänomens in den späten 40er und frühen 50er Jahren stand die Astronomie in einer neuen dynamischen, aufregenden Phase. Die Theorie des sich ausdehnenden Universums nahm die Gelehrten gefangen, das Alter von Sternen und Galaxien wurde schnell weiter zurückgeschraubt, Theorien über die Ausbildung des Planetensystems überholten sich fast täglich, und die Diskussion über Leben auf Mars und Venus war in vollem Gange. Zehn Jahre später bereits starteten sowjetische und amerikanische Raketen Sonden zur Venus, zum Mars und zu Planeten des äußeren Solar-Systems. Fast jegliche Spekulation war möglich geworden.

Jegliche Diskussion über potentielles außerirdisches Leben beginnt mit dem Planeten Mars, zurückgehend auf den amerikanischen Astronomen Percival Lowell und seine berühmten »Marskanäle«, die alsbald in der populären Kultur als faszinierendes Konzept Eingang fanden. Die damit verbundenen fundamentalen Ideen und Emotionen, das Leben auf dem Mars betreffend, waren noch nicht vergessen, als die UFOs zu fliegen begannen. Wie man in den astronomischen Büchern jener Epoche nachlesen kann, gaben sich auch die Astronomen der Hoffnung auf das Wunderbare hin.

Lange Zeit herrschte ein romantischer Enthusiasmus, und man spann sich zusammen, daß der Mars einmal so etwas wie die Erde gewesen sei. Die astronomischen Bücher der späten 50er und frühen 60er Jahre sprechen darüber Bände. Als dann die Ära der Fliegenden Untertassen begann, machte sich die Vision breit, wonach unser Nachbarplanet die Heimat einer alten, überlebten Rasse sei, die nach einem jüngeren und grüneren, ja lebensfreudigeren Planeten Ausschau gehalten und dabei Mutter Erde ins Auge gefaßt habe. Dieser Idee träumten sogar die Profis nach.

B.P. Sharpless richtete sein Interesse auf die marsianischen Mini-monde Phobos und Deimos. Er stellte Besonderheiten in ihren Or-bits um den Mars fest, die man nur schwer erklären konnte. Erst Jahre später kam der berühmte russische Astronom und ETH-Spe-kulant I. S. Shklovskii mit der Hypothese daher, daß die beiden Monde in Wirklichkeit hohle und künstliche Satelliten seien, die die Mars-Zivilisation gestartet habe. Kein Wunder also, wenn sich ge-gen Ende der 40er Jahre selbst Leute vom militärischen Geheim-dienst die Frage stellten: »Kommen die Fliegenden Diskusse vom Mars?« Diese Fragestellung hatte bis in die 50er Jahre hinein, also zu Zeiten der hohen UFO-Aktivitäten, Konjunktur. Selbst ab 1952 fand dieser Gedanken akademische Anhänger. In der UdSSR hatte der radikale Astronom G.A. Tikhoff die »astrobotanische Gruppe« an der Akademie von Khazakstan gegründet; in den USA formierte ein Biologe an der Universität von New Mexico das Studienfach »Astrobiologie« – der Mars hatte die Wissenschaft irgendwie dazu angestachelt, das Leben im Weltraum als normalen Teil unseres Universums anzusehen.

Venus, unsere Schwester im All

Daß die Venus zum Heimatsitz außerirdischen Lebens wurde, hat einen schlichten Grund: Dieser scheue Planet verdeckt sein Antlitz hinter einer dicken Wolkenschicht und gibt damit Raum für allerlei Spekulationen. Dennoch, sie hatte nie jene vitale Energie der ET-Hypothese eingehaucht bekommen wie z. B. der Mars, der noch heute dank seines Gesichts nichts von seiner Faszination eingebüßt hat. Bereits 1932 wurden Vermutungen laut, wonach die Venus »wahrscheinlich eine Schwester der Erde ist und eine vergleichbare Atmosphäre besitzt«. Die Frage lautete natürlich: Leben Menschen auf diesem Planeten? Die meisten Astronomen jedoch nahmen bald Abstand davon und gestanden dem Leben auf der Venus maximal das Niveau von Pflanzen zu, da die Atmosphäre zuviel Kohlendio-xid enthält. Irgendwie jedoch schliefen dann die Spekulationen um die Venus ein, und erst nach Beginn der UFO-Phänomenologie belebte sich die Diskussion im Jahre 1952 wieder. In jenem Jahr gab es eine publizistische Explosion über außerirdisches Leben, wobei die Venus noch gut wegkam; auch die Wissenschaft kümmerte sich intensiv um planetare Atmosphären. Donald Menzel, der sein Leben lang enthusiastisch für die Möglichkeit außerirdischen Lebens plädierte und die Venus als eine ET-»Mutter« ansah, überraschte 1952 die Welt mit seinem Anti-UFO-Buch *Flying Saucers.*

Auch Harlow Shapley und Edwin Hubble hatten noch Mitte der 40er Jahre das Universum als Pluralität der Welten aufgezeichnet. Und selbst 1957 hatte Donald Menzel die Pluralität von Planeten in unserem Universum vertreten. ETs als solche Ja, aber ET-fliegende Untertässler Nein, das war ihr Bekenntnis.

Das Rätselraten beginnt

Die Luftwaffe brauchte in dieser unübersichtlichen Situation wissenschaftlichen Ratschlag. Die Untertassen, die im 2. Weltkrieg und 1946 in Skandinavien ihr Debüt gaben, stießen 1947 nach Amerika vor. Dem militärischen Nachrichtendienst gelang es schnell, sich auf eine kurze Liste von Hypothesen zu konzentrieren. Von Anfang an, im Juni und Juli 1947 schon, gab es kaum Zweifel darüber, daß das Phänomen real sei, daß es sich nicht etwa um Scherze oder Halluzinationen handelte. Die Theorien waren klar: a) ungewöhnliches Naturphänomen (Feuerbälle, atmosphärische Lichteffekte etc.); b) US-Militärforschungen (Raketen, Ballone, neue Flugzeuge); oder c) sowjetisches Militärgerät. Letzteres war die größte aller Herausforderungen.

Diese drei Thesen fanden in einem der ersten FBI-Dokumente (E.G. Fitch an D.M. Ladd; Thema: Fliegende Diskusse; 10. Juli 1947) Erwähnung, und das Papier ist durch die FOIA freigegeben. Dieses und andere Dokumente weisen nach, wie ernsthaft das Problem zwischen dem USAF-Pentagon-Geheimdienst und der Bundespolizei FBI diskutiert wurde. Ein weiteres FBI-Papier (Fitch an

Ladd, 19. August 1947) zeigt auf, daß die beiden Behörden eine
Menge Energie darauf verwandten, festzustellen, ob eine kommunistische Gefahr drohte und/oder die Diskusse selbst im Anmarsch
wären. Aber mehr und mehr machte sich der Verdacht breit, daß geheime amerikanische Technologie der wahre Übeltäter war. Bevor
man Zeit darauf verschwendete, den eigenen Geheimprojekten
nachzuschnüffeln, wurde eine Anfrage an den Kommandierenden
General des Air Material Command (die wichtigste Hi-tech-USAF-
Forschungseinrichtung) gerichtet. General Nathan Twining reagierte und antwortete, daß er nichts von diesen Phänomenen wisse
und daß sie ganz gewiß nicht auf eine amerikanische Luftfahrt-
Technologie zurückzuführen seien. Damit war US-Technologie als
Verursacher der Untertassen-Sichtungen »out«. Außerirdische Technologien kamen zur Sprache. General George Schulgen als Nach-
richtendienst-Chef des Pentagon (!) bereitete eine »Denkschrift« für
seine Untergebenen vor, um sie zu informieren, wonach sie Ausschau halten sollten. Das Papier vom 28. Oktober 1947 enthält folgenden Paragraphen:

»Diese fremden Objekte oder Phänomene mögen sich aus besonderer Sicht als langstreckenfähige Flugzeuge mit besonderen Flug-
eigenschaften herausstellen, dazu zählen Charakteristika wie hohe
Beschleunigungen, schnelle Aufstiegsrate, höchste Manövrierbarkeit
und die Befähigung, in engen Formationen zu fliegen. Zum Zwecke
der Analyse und Bewertung dieser sogenannten ›Fliegenden Untertassen‹ gehen wir bei diesen gesichteten Objekten davon aus, daß
es sich um bemannte Maschinen unbekannter Herkunft handelt.
Während die Möglichkeit der russischen Herkunft nicht auszuschließen ist, basierend auf bei den Deutschen geborgenen Unterlagen und Materialien, die sie in die Hände bekamen, gibt es aber auch
die Ansicht von einigen Leuten, wonach diese Objekte in Wirklichkeit interplanetarische Maschinen irgendeiner Art seien.«

Maj. D.E. Keyhoe vom National Investigation Committee on Aerial Phenomena (NICAP) hatte es bereits 1950 als unglaublich bezeichnet, daß die Russen klammheimlich solch ein Gerät entwickelt
haben sollten, um es dann ausgerechnet den USAF-Offizieren vor-

zuführen; eine »Geheimwaffe«, die alle irgendwie doch kennen, ist schließlich keine Geheimwaffe mehr. In den frühen Tagen des vom ATIC geführten Projekts ZEICHEN stellte man fest, daß man dort weiterhin überzeugt sei, UFOs seien reale Objekte. Jene, die überzeugt waren, daß die UFOs sowjetischer Herkunft seien, begannen nun, ihr Augenmerk auf den Weltraum zu richten. Michael Swords zu seinen Lesern in seinem *Journal of UFO-Studies*-Artikel: »Nicht, weil sie irgendeinen Beweis dafür hatten, daß die UFOs aus dem Weltraum kommen, sondern nur, weil sie glaubten, daß UFOs existieren und eine unbekannte Rasse mit einer hochentwickelten Technologie die beschriebenen Geräte bauen könnte.«

Das Projekt-ZEICHEN-Personal (Capt. Robert Sneider, Major Raymond Llewellyn, A. L. Deyarmond, Alfred C. Loedding und Lawrence H. Truettner) kam zu der Ansicht, daß die ET-Hypothese die plausibelste von allen sei. Nach dem Geschehen rund um den sogenannten Chiles-Whitted-Vorfall vom 24. Juli 1948 und einer umfangreichen USAF-Erhebung dazu geriet das Projekt völlig aus dem Häuschen (obwohl die heutige Erkenntnis davon ausgeht, daß das auslösende Objekt ein grob mißverstandener Meteorit war). Dieser Fall diente als Schlüsselereignis, und das Projekt-Personal bereitete die »Einschätzung der Situation« vor, die ans Pentagon ging. Hier wurde suggeriert, daß UFOs außerirdische Flugzeuge seien. Doch der Bericht fand in den obersten Etagen keine Gnade. Die ganze Geschichte hierzu wird man wohl nie richtig in Erfahrung bringen, was dagegen bekannt ist, ist die Tatsache, daß bald darauf das ganze bisherige Kontingent vom Projekt ZEICHEN abgezogen und Neulingen anvertraut wurde. Weiterhin wurde eine außenstehende Gruppe von Beratern angestellt, um verschiedene Papiere über verschiedene Elemente des UFO-Phänomens anzufertigen. Diese Papiere wurden zu einem dickleibigen Dokument namens *Technical Report: Unidentified Flying Objects Project Grudge* (der neue Kodename für die weitere UFO-Untersuchungsbemühung) zusammengefaßt und im August 1949 freigegeben.

Für Studenten der UFO-Historie bedeutet dieser Bericht eine wahre Fundgrube, aber für unsere Zwecke mögen zwei Ausschnitte

genügen: 1.) Anhang D: Einige Überlegungen zur Interpretation von
Berichten über unidentifizierte Flug-Objekte von Dr. George E. Valley; 2.) Anhang E-2: Raumschiff-Überlegungen von Dr. J. E. Lipp.

George Valley war ein multidisziplinärer Physiker am Massachusetts Institute of Technology (MIT) und Mitglied des USAF Science
Advisory Committee. Als Nuklearphysiker, Massen-Spektroskopie-
Experte und Projektleiter bei einem Kriegsprojekt zur Entwicklung
des Radar-Systems (RADLAB) hatte er Interesse an Astronomie und
forschte am Colorado-Labor für kosmische Strahlung. Er selbst
hielt Vorträge über künftige Antriebe für den Weltraumflug und
hing einer »extraterrestrischen Hypothese« an.

James Lipp war Aeronautik-Ingenieur und Abteilungsleiter bei
der RAND Corporation, ein Projekt, das durch USAF-Mittel geför-
dert wurde, um Forschungen für neue Treibstoffe und Antriebssy-
steme, neue Radar- und Flugzeug-Designs sowie Nuklearenergie-
Systeme zu betreiben.

RAND initiierte 1946 eine multidisziplinäre Forschung und bildete einen »think-tank« für die Douglas Aircraft Company. Da
UFOs definitiv ein multidisziplinäres Problem darstellen, spannte
man RAND dafür ein, wofür sich sogar sein Direktor Franklin Coll-
bohm (ehemaliger Spezialberater des Kriegsministers) begeisterte.
Wie auch immer, schließlich fügte Lipp einen Bericht zur außerirdischen Hypothese an. Dort kam er zu dem Schluß, daß die Besucher
aus dem Weltraum als möglich anzusehen seien, wenn er auch die
Wahrscheinlichkeit für sehr gering hielt.

Nach Swords fand er keinerlei dokumentarischen Beweis dafür,
daß das Militär die Wissenschaftler irgendwie manipulierte oder
»stutzte«, wie er sich ausdrückte, obwohl dies leicht möglich gewesen wäre. Swords spricht sogar der USAF Fairneß zu, da sie den re-
gierungsunbelasteten Allen Hynek als astronomischen UFO-Berater
berief und nicht den UFO-Entlarver Menzel, der seinerzeit bereits
an einigen Regierungsprojekten mitgearbeitet hatte (und übrigens
im Mai 1949 selbst ein UFO gesehen hatte). Warum allerdings
Clyde Tombaugh nie als Berater in Frage kam, ist ungewiß. Tombaugh war ein exzellenter Observatoriums-Astronom und als Ent-

decker des Planeten Pluto weltberühmt. Er arbeitete an verschiedenen Geheimprojekten des Militärs, die hauptsächlich darauf abzielten, Beobachtungs- und Verfolgungs-Techniken für die bald aufkommenden Satelliten zu entwickeln. Er hatte nicht nur ein seltsames »aerial object« selbst gesehen, sondern sich gelegentlich auch sehr liberal über UFOs ausgesprochen. Ein weiterer Kandidat wäre der Neu-Mexikaner und USAF-Berater Dr. Lincoln LaPaz gewesen, der ebenso ungewöhnliche Objekte in der Luft gesehen hatte. Seine Meinungen variierten mit den Jahren, einmal war er liberal und offen, dann wieder gab er sich spöttisch. Besonders war er an den »Grünen Feuerbällen« von 1949/1950 interessiert, die damals rund um Los Alamos für Aufregung sorgten und interdisziplinär von einer kleinen Gruppe erforscht wurden, darunter war auch der USAF-Berater Edward Teller. LaPaz war überzeugt, daß die Grünen Feuerbälle künstliche Konstrukte waren, aber ob er sie für US-amerikanischer, sowjetischer oder ET-Herkunft hielt, läßt sich aus seinen Unterlagen nicht ablesen.

Auch der deutsche Raketenexperte Hermann Oberth wäre als Kandidat in Frage gekommen, der sich zudem als ausgesprochener Unterstützer der ET-Hypothese hinsichtlich der UFOs gab und dies in einem Artikel »Sie kommen aus dem Weltraum« (1955) weltweit kundtat, wobei er jedoch einschränkte, daß bisher kein einziger UFO-Absturz offiziell festzustellen sei.

Wie auch immer, Allen Hynek hielt einige Wochen nach dem CIA-Robertson-Forum Anfang Januar 1953 einen Vortrag, von dem eine Bandkopie im CUFOS-Archiv existiert, aus der Swords zitiert: »Nichts hat die öffentliche Phantasie so angeregt wie die Fliegenden Untertassen; aber ich habe ein bißchen damit zu tun. Wright Field ist recht nahe bei Columbus, und vor ein paar Jahren fragte man mich deswegen, ob ich einmal die Unterlagen durchsehen würde. Bisher fand ich dort keinen realen Beweis für irgend etwas, was man wirklich eine echte Fliegende Untertasse nennen könnte.« Sein ganzes Leben über war Hynek von den großen interstellaren Entfernungen beeindruckt und fand keine Lösung, um dieses Problem bewältigen zu können. Dennoch glaubte er an UFOs als irgend

etwas jenseits der amerikanischen oder sowjetischen Technologie.
1953 schrieb er sogar an seine USAF-Vorgesetzten, daß er das UFO-
Phänomen als Produkt irgendeiner Technologie ansehe, die nicht
einfach nur nonterrestrial sei und einige paranormale oder ultradi-
mensionale Komponenten enthalte. Man kann also davon ausgehen, daß die USAF nur praktisch dachte und Hynek aus der Nach-
barschaft herbeizitierte, um einen Berater zu haben. Das ist wohl
das ganze Geheimnis, warum gerade Hynek und nicht ein anderer
berufen wurde.

Das FBI-Dokument von V. P. Keay an A. H. Belmont vom 27. Oktober 1952 zeigt einmal mehr auf, wie schnell die Phantasie Kobolz
schießen kann. Colonel C. M. Young, Executive Officer von Major
General John A. Samford, Direktor des Luftwaffen-Nachrichten-
dienstes, gab an, daß am 23. Oktober eine glaubwürdige Sichtung
der Air Intelligence gemeldet worden war. Ein Marine-Fotograf war
mit dem Wagen auf dem Trip durch die USA, als er eine Reihe von
Objekten am Himmel ausmachte, die ihm wie Fliegende Untertassen vorkamen. Er hatte sie gefilmt (Newhouse-Film) und übermittelte das Material an die Air Intelligence, die die Aufnahmen dem
ATIC weitergab. Der Luftwaffengeheimdienst sah diesen Fall als
weiteren Hinweis auf Fliegende Untertassen an, obwohl er allgemein davon ausging, daß die Untertassen nichts weiter als eine optische Illusion oder atmosphärische Phänomene sind, gleichsam aber
hatten einige hohe Militärs sich ernsthaft darüber ausgelassen, daß
man auch die Möglichkeit interplanetarischer Schiffe in Betracht
ziehen sollte.

Für die Verschwörungs-Fans schüttete Swords mit seinem Artikel
noch ein bißchen Öl ins Feuer. Hynek selbst hatte das Gefühl, daß
er und das Blue-Book-Project nicht immer die besten Fälle zuge-
schanzt bekamen. In einem 1967 geführten Telefongespräch zwischen dem UFO-Forscher William Weitzel und Hynek äußerte sich
Weitzel, daß wohl die besten Fälle gleich nach Colorado und dort
zum Air Development Command gingen. Daraufhin antwortete
Hynek: »Das ist wahr. Gelegentlich las ich in der *Flying Saucer Review* bessere Fälle, als ich sie bekam.« Swords: »Ob nun das Penta-

gon ein mehr oder minder sensitives duales UFO-Uberwachungs-
programm besitzt oder besaß, ist öffentlich nicht bekannt.« Hynek
dagegen soll ernsthaft daran gedacht haben. In Erinnerung behalten
sollte man jedoch, daß in Colorado das Nervenzentrum der amerikanischen Luftraumverteidigung sitzt und wohl automatisch Priorität hat. Das sind insbesondere via Radarortung festgestellte und
schnellbewegliche Ziele, deren Herkunft unbekannt ist und die aus
ihrer Flugbahn heraus eine potentielle Bedrohung der nationalen
Sicherheit darstellen.

»Normale« UFO-Sichtungen sind das sicherlich nicht gewesen.
Außerdem übertrieb Hynek ein bißchen, da die Blue-Book-Unterla-
gen durchaus dramatische UFO-Fälle aufweisen. Die Kommando-
struktur und Befehlsausgabe war eindeutig: UFO-Sichtungen im besten Wortsinne waren alleinig und ausschließlich Blue Book vorzu-
tragen. Bis heute hat niemand einen dokumentarischen Nachweis
für einen anderen Befehl vorlegen können. Innerhalb der Infra-
struktur hätten zudem zwei Anlaufstellen für unnötige Verwirrung
gesorgt.

Sicher, die CIA war eine Zeitlang wegen der UFO-Affäre besorgt,
aber nur aus Gründen der nationalen Sicherheit. Das Robertson-Forum beschloß als Ergebnis seiner Betrachtungen zum UFO-Phänomen (hier wurden die bis dato besten Fälle vorgelegt und diskutiert)
eine Politik der aktiven Aufklärung über UFOs, um die Thematik
herunterzuspielen – man denke an die Ereignisse vom Sommer 1952
in der US-Hauptstadt, als der ganze militärische Apparat wegen
UFO-Meldungen zusammenbrach (und das alles wegen Tempera-
turinversionswetterlagen). Bei dieser Sitzung war kaum etwas von
dem Enthusiasmus der anwesenden Wissenschaftler und Astronomen über die Frage nach der ETH zu spüren, vielmehr hielt man
alles nur für Späße, mit denen man den Behörden das Leben sauer
machte.

Im *Journal of UFO Studies* für 1994 finden wir zu unserer Über-
raschung den Beitrag eines ufologischen »Geheimnisträgers« – Col.
(a. D.) Robert J. Friend von der USAF, Chef des Project Blue Book
in den Jahren 1958–1963; dies als Reaktion auf einen Beitrag, den

das amerikanische *JUFOS* abgedruckt hatte. Wie wir nun erstaunt
zur Kenntnis nehmen müssen: Führendes Personal der ehemaligen
UFO-Ermittlung liest die seriöse UFO-Literatur, um auf dem laufenden zu sein! Klar, wer einmal vom UFO-Virus infiziert ist, will es
wissen! Gleichzeitig bedeutet die Wortmeldung von Col. Friend,
daß ehemalige »Geheimnisträger« doch nicht jene Informationen
und Fakten besitzen, wie UFO-Paranoiker ihnen unterstellen ...
Col. Robert J. Friend wird jedoch mit einigen Aussagen und Feststellungen überraschen, die ein gänzlich »neues« Bild auf Project
Blue Book gestatten und es in unserer Achtung etwas aufwerten.
Wie es aussieht, ist noch lange nicht das letzte Urteil über den Wert
und die Absichten dieses Pentagon-UFO-Programms gefällt.

»Ich bin sicher, daß Sie sich der semantischen Schwierigkeiten bewußt sind, welche mit der Diskussion von unidentifizierten Phänomenen verbunden sind. Die meisten Menschen verstehen UFOs
als Fliegende Untertassen und meinen damit irgendeinen Typ von
Raumfahrzeug, direkt oder indirekt intelligent kontrolliert, aber auf
jeden Fall von außerirdischem Ursprung. Ein unidentifiziertes Flug-
objekt muß damit gleichwohl nicht gemeint sein – UFO steht einfach für ein in der Luft gesehenes Objekt, dessen Beobachter keine
Ahnung über dessen Herkunft oder Identität haben. ›Fliegende Untertasse‹ bringt als Phrase gleich eine gewisse Identifizierung mit,
auch wenn Herkunft und Zweck noch unbekannt sind. UFO bein-
haltet, daß rein gar nichts über die Natur des Phänomens bekannt
ist. Während meiner Dienstzeit als Direktor des USAF aerial phenomena program versuchte ich mit Allen Hyneks Unterstützung, diese
Begriffe wieder und wieder zurechtzurücken, außer- und innerhalb
der Luftwaffe jedoch war es derzeit schon vergebens.

Während der Jahre 1958–1962 waren wir bei Blue Book durchaus auf dem laufenden und sahen die ansteigende Bedeutung der
ETH mit besonderer Sicht auf Mars und Venus. Wir hatten kein ver-
engtes Sichtfeld und kümmerten uns intensiv um astronomische Erkenntnisse, wir konnten mithalten. Zu meiner Dienstzeit hatten wir
ein Spezialistenforum bereitstehen, um signifikante Fälle mit Astronomen und Physikern in unserem Stab zu diskutieren. Nebenbei ge-

sagt, Dr. Donald H. Menzel hat einige Wochen auf WPAFB verbracht, um alte und neue Fälle zu begutachten, wobei er auch einige
wertvolle Ratschläge gab. Dr. Hynek holte sogar Anregungen von
einigen seiner Kollegen ein. Sicher, all diese Möglichkeiten, Informationen und Ratschläge konditionierten unser Denken. Gleichzeitig war uns bewußt, wie gefährlich es werden konnte, wenn man unzureichend reflektiert und dabei die Objektivität verliert, was dann
unsere Untersuchungen und Analysen beeinflussen könnte. Wir arbeiteten ernsthaft und unverkrampft, doch Außenseiter warfen uns
vor, konkrete Beweise zu besitzen – ein Vorwurf ohne Grund.

Blue Book diskutierte die Möglichkeit von Leben irgendwo im
Universum, auch sprachen wir über den interstellaren Flug. Die meisten von uns hatten keine Probleme damit, davon auszugehen, daß es
da andere Zivilisationen jenseits unserer heutigen Wissenschaft und
Technologie im Kosmos geben kann, die die uns bekannten Probleme mit interstellaren Reisen gemeistert haben mögen. Während
wir die Wahrscheinlichkeit von extraterrestrischem Leben akzeptier-
ten und interstellaren Flug für denkbar hielten, hatten wir dennoch
durch die uns gemeldeten UFO-Sichtungen hierfür keinen Beweis.
Dies führte natürlich zur wissenschaftlichen Einstellung bei unseren
Experten, daß derzeit unser Planet weder von direkt oder indirekt gesteuerten Fahrzeugen fremder Intelligenzen angeflogen wird.

Niemals lehnte auch die USAF die Möglichkeit der Existenz
außerirdischen Lebens oder Besuchen durch fremde Raumschiffe
ab, aber sie betonte richtigstellend auch, hierfür keine Beweise vorliegen zu haben. Wie wir alle wissen, ist die primäre Anstrengung
der USAF gewesen, festzustellen, ob der Inhalt von UFO-Sichtungen
irgendeine Bedrohung der Sicherheit der Vereinigten Staaten darstellt. Gemeinhin wird nun angenommen, daß wir nur diesem Ziel
folgten und alles andere ausschlossen. Nichts kann weiter von der
Wahrheit entfernt sein als diese Annahme. Wir hatten auch wissenschaftliches Interesse und versuchten, aus den Sichtungen Signatur-
daten abzuleiten, ebenso waren einige Mühen aufgewendet worden,
um durch die Untersuchung echte und neue wissenschaftliche Informationen zu gewinnen. Natürlich lief dies mit geringer Priorität.

CENTRAL INTELLIGENCE AGENCY
WASHINGTON. D.C. 20505

Werner Walter
CENAP
Eisenacher Weg 16
6800 Mannheim 31
WEST GERMANY   BRD   1 0 MAR 1980

Dear Mr. Walter:

    This is to acknowledge receipt of your letter of
17 February 1980, which was received in my office on
23 February 1980, and your check number 025090 in the
amount of $87.90 for payment of the copying fees for the
UFO documents.

    Enclosed are the 879 pages of UFO documents which
this Agency has released. I regret that many pages are
nearly illegible. They were copied from very poor and
old copies and are the best reproductions available.

    Thank you for your check. The address for the Federal
Bureau of Investigation is as follows:

            Freedom of Information-Privacy Acts Branch
            J. Edgar Hoover Building, Room 6296
            10th and Pennsylvania Avenue, NW
            Washington, DC 20535

                    Sincerely,

                    Charles E. Savige
            Acting Information and Privacy Coordinator

Enclosure: 1 Box

Bereits im März 1980 konnte der Autor die UFO-Dokumente des CIA erhalten
Quelle: CENAP

Während des 2. Weltkriegs wurden quer durch die USA an strategischen Punkten Spezialistenteams, bestehend aus Geheimdienstleuten, Wissenschaftlern, Technikern, eingesetzt, deren primäre Aufgabenstellung es war, nach japanischen Ballonbomben zu suchen und sie zu neutralisieren. Bald nach der Arnold-Sichtung (mit dieser Sichtung wird der Beginn des UFO-Zeitalters überhaupt angesetzt) von 1947 wurden diese Abteilungen dazu berufen, ihre Arbeit auf die Untersuchung von Sichtungen unidentifizierter Phänomene auszudehnen, die unseren militärischen Quellen zu Ohren kamen. Diese unerwartete Hilfe verloren wir jedoch mit Beginn des Korea-Kriegs, da die entsprechenden Teams ins Kriegsgebiet verlegt wurden ...«

Eines Forschers gedacht

Im *International UFO Reporter* vom Januar/Februar 1993 erinnerte sich Walter Webb an seinen hier schon mehrfach angeführten Kollegen Allen Hynek, und wir lernen die Persönlichkeit des »archetypischen« UFO-Wissenschaftlers kennen. Die Begegnungen zwischen Webb und Hynek fanden während der 31jährigen Zusammenarbeit eher sporadisch statt, mit einer Ausnahme: 1957 arbeiteten sie zehn Monate fast täglich zusammen. Hynek, Astronom und lange Jahre das Aushängeschild für seriöse Forschung schlechthin, bis er mehr und mehr ins Ufologen-Lager abdriftete, war damals sein Chef, und sie standen im Dienst des Smithsonian Optical Satellite Tracking Program (STP) für das Internationale Geophysikalische Jahr IGY (International Geophysical Year): 1957–1958 hatten sich 67 Nationen zusammengeschlossen, um ein weltweites Netzwerk zur optischen Verfolgung von künstlichen Erdsatelliten zu bilden. SAO (Smithsonian Astrophysical Observatory)-Direktor Fred Whipple bat Allen Hynek darum, als Stellvertretender Direktor dem STP beizutreten. Hynek begab sich im Januar 1956 nach Cambridge. SAO baute 12 spezielle Verfolgungskameras rund um die Erde auf, in der »Operation Moonwatch« wurde ein weltweites

UNITED STATES DEPARTMENT OF JUSTICE

FEDERAL BUREAU OF INVESTIGATION

WASHINGTON, D.C. 20535

April 10, 1980

AIRMAIL

Mr. Werner Walter
Eisenacher Weg 16
6800 Mannheim 31
CB-Funk Station CENAP Zentrale
Postscheck Ludwigshafen Kto. 79082-673
Federal Republic of West Germany

Dear Mr. Walter:

This is in reference to your Freedom of Information-
Privacy Acts (FOIPA) request for material pertaining to
Unidentified Flying Objects (UFO).

Please be advised that we have 1,210 pages of material
concerning UFO's.

This material is available to you at a cost of ten cents
per page for duplication pursuant to Title 28, Code of Federal
Regulations, Sections 16.9 and 16.46.

Upon receipt of your check or money order in the amount
of $121.00 payable to the Federal Bureau of Investigation, the
material will be forwarded to you.

If you desire to review this material in our FOIPA
Reading Room at FBI Headquarters, you may make an appointment
48 hours in advance by calling (202) 324-5520.

Sincerely yours,

David G. Flanders /n

David G. Flanders, Chief
Freedom of Information-
Privacy Acts Branch
Records Management Division

Im April 1980 wurden 1210 Dokumente aus dem FBI-Archiv nach Mannheim überstellt
Quelle: CENAP

Netzwerk geschaffen, um die ersten visuellen Observationen vorzunehmen. Mit Hilfe der Baker-Nunn-Stationen (an Teleskope angehängte Kameras) wurden die künstlichen Monde festgemacht, und die daraus entstehenden Bilder ans STP-Headquarter zur Analyse geschickt, die Ergebnisse der Untersuchung wurden der Wissenschaft unterbreitet. Das Programm diente u. a. dazu, weitere Informationen über die Dichte der höheren Atmosphäre und ihrer Erhitzung zu gewinnen.

»Im Februar 1957 heuerte mich Allen auf Empfehlung eines Geologie-Professors als Assistent des STP-Stabs an. Damals war Hynek recht skeptisch betreffs der UFOs, was er auch bei unserem ersten Treffen deutlich machte, obwohl er nicht wissen konnte, wie sehr mich die UFO-Frage beschäftigte. Dies wurde deutlich, als wir am ersten Wochenende des Februar 1957 beim Abendessen in seinem Heim in Belmont zusammenkamen, in Begleitung zweier Astronomen von Harvard und vom Massachusetts Institute of Technology (MIT). Nach dem Essen gingen wir ins Wohnzimmer, auf dem Tisch lagen Bündel von Telegramm-Nachrichten über UFO-Sichtungen aus dem Headquarter des Project Blue Book. Als Berater dieses Projektes schaute sich Hynek die Kurzdarstellungen an und fand jeweils eine sehr konventionelle Erklärung. Wie ich sehen konnte, gab es für diese Sichtungen ohne weiteres tatsächlich eine alltägliche Erklärung, er lag damit richtig. Der Astronom bemerkte mein ernsthaftes Interesse und diskutierte mit mir, wobei er seine Bitterkeit über die Handhabung des UFO-Problems durch die USAF durchblicken ließ. Nun kam STP-Techniker Andrew Ledwith hinzu, der sich jedoch zurückhielt.«

Obwohl Hynek immer wieder einmal Project Blue Book während seiner vierjährigen Arbeit beim SAO besuchte, hielt er sich dort weitgehend zurück. Webbs Enthusiasmus dämpfte er die ganze Zeit über. Zu jener Zeit trat auch Major D.E. Keyhoe mit seinem NICAP auf, was Hynek sorgsam beobachtete. Webb wurde später NlCAP-Berater und persönlicher Freund des stellvertretenden Komitee-Direktors Richard Hall, der 1957 noch Philosophie-Student an der Tulane-Universität war und sich mit dem UFO-Newsletter *Satellite* versuchte. Hall bat Webb, einen Artikel für das Blatt zu schreiben. Hynek riet ihm zu Zurückhaltung, da er Probleme voraussah, wenn der Artikel einem Verantwortlichen unter die Augen käme, hauptsächlich fürchtete Hynek wohl die Frage, warum er einen Fliegen-den-Untertassen-Fan statt ausgebildeten Personals angestellt hatte. »Die Sache wird von den meisten Leuten nur schwarz oder weiß gesehen, und wenn Sie an Untertassen glauben, werden Sie als komischer Kauz betrachtet«, erklärte Hynek. Diese Befürchtung hatte ihren Hintergrund. In der ersten Ausgabe des *UFO-Investigator* hatte NICAP einen Report über Moonwatch veröffentlicht und war damit dem IGY-Informationsbüro negativ aufgefallen. Informations-Direktor Arnold Frutkin hatte angemerkt, daß das nicht die Art von Kooperation sei, die man sich wünschte. So schrieb Webb seinen Artikel »Wie fotografiert man ein UFO« anonym, um nicht seinen Job zu gefährden.

Hynek gewann Vertrauen zu Webb und Ledwith, und nach seinen Besuchen bei Blue Book begann er, die dort eingegangenen Fälle zu diskutieren. Einmal sogar berichtete er, wie er inmitten eines Flaps bei Blue Book hereinplatzte: zwei Pilotensichtungen am selben Tag! Beim ersten Vorfall flogen zwei Piloten eine DC-3 von Beaumont nach Houston (8. März 1957). Sie begegneten einem UFO, bestehend aus drei brillierenden Weißlichtern. Nachdem das UFO ihre Maschine überholt hatte, verlangsamte es. Die DC-3-Crew beschloß, dem Objekt zu folgen, worauf es beschleunigte und entschwand. Das ganze Schauspiel dauerte fast zehn Minuten. Der zweite Vorfall rief bei der USAF Bestürzung hervor, da in diesem Fall Passagiere verletzt wurden: Gegen 3:30 Uhr des 9. März befand sich PAA Flight 257 auf dem Weg von New York nach San Juan. Plötzlich mußte die Maschine einem auftauchenden feurigen Objekt ausweichen und »abtauchen« – während dieses Manövers kamen vier Passagiere zu Schaden. Weitere fünf Maschinen meldeten dieses befremdliche grünlich-weiße Objekt mit Feuerschweif. Einmütig berichteten Piloten von drei Fliegern das Zersplittern des Objektes, bevor es über dem Horizont verging. Nur einer der Piloten dachte in diesem Zusammenhang an einen Meteor.

Wie Hynek berichtete, drehte Capt. George Gregory, zu jener Zeit Blue-Book-Boß, daraufhin durch. Weil er an weitere Informationen nicht herankam, gab er die Order, bei USAF-Einrichtungen nahe dem Sichtungsgebiet nachzufragen, aber vergebens. Gregory stand unter Druck, da der Air Force Chief of Staff, General Nathan Twining, von ihm persönlich wissen wollte, was da eigentlich vor sich gegangen war.

Als Konsequenz aus den Laxheiten der Geheimdienste bei beiden Sichtungen erwartete Hynek nun neue »Top-Befehle, damit Geheimdienstler und Piloten verwertbare Berichte abfassen«. Die Pan-American-Sichtung beschrieb alle Charakteristika eines Feuerball-Meteors, und dies war später auch die offizielle Erklärung. Air-Force-PR-Offizier Lt. Col. Lawrence J. Tacker hat dies in sein Buch *Flying Saucers and the US Air Force* (1960) aufgenommen unter Berufung auf das SAO, das die Meinung der Luftwaffe teilte. Die »März-Krise« bei Blue Book führte im Februar 1958 zu einer Revision der Air Force Regulation Nr. 200-2, die zuerst im August 1953 ausgegeben worden war, um zu klären, wie UFO-Informationen von USAF-Basen zu handhaben seien und wie sie an die Öffentlichkeit weitergegeben werden sollten. Die Revision war genau das, was Hynek als »neue Befehle« erwähnte, und Webb hatte die vorläufige Fassung zusammen mit Ledwith einsehen können (dieses Vorabpapier war damals mit Anmerkungen von Capt. Gregory versehen). Die neue Version verpflichtete die Offiziere der AISS vom ADC, alle Felduntersuchungen bei Sichtungen vorzunehmen und diese dem ATIC zuzustellen; dort sollten dann alle abschließenden Analysen und Bewertungen erfolgen. Gregory wollte z. B. eine Reihe von Ergänzungen wie »prompte Berichterstattung« und »Beachtung dieses Befehls durch wirklich alle Kommandanten« einbringen. Er erhoffte sich damit eine neue Einstellung des betroffenen Personals. Blue Book litt nämlich seit Anfang an unter schlechten, unvollständigen und verkürzten Berichten, die zumeist noch unter Telegramm-Niveau lagen.

Gregory forderte nun, daß die UFO-Frage ernsthaft und achtsam behandelt werden solle. Doch er hatte damit nicht sofort Erfolg, erst

in der aufgearbeiteten 1959er Version fand diese Forderung Berücksichtigung. Gregory begründete seinen Wunsch damit, daß »die
USAF-Aktivitäten darauf ausgerichtet sein müssen, den Prozentsatz
der Unidentifizierten auf ein Minimum zu reduzieren«. Und tatsächlich gesteht auch Webb zu, daß die USAF aufgrund der oftmals
schlechten Berichte zu viele Fälle einfach mit dem Aufkleber »UFO«
versah. Dies wurde allein durch den Mangel an ausreichenden Daten begründet; die Hoffnung der USAF war es wohl, die Unidentifizierten schlichtweg zu eliminieren. Nebeneffekt der neuen AFR
200-2 war es, daß das ATIC-UFO-Projekt von Korrespondenzen
mit der Öffentlichkeit entlastet wurde und die Informationsfreiga-
ben geregelter stattfinden konnten. Ab sofort wurden alle PR-An-
gelegenheiten über das Office of Information Services im Pentagon
für die Öffentlichkeit und vom Office of Legislative Affairs für den
Kongreß abgewickelt.

Auch wenn von Capt. Gregory gelegentlich erklärt wird, er sei ein
Starrkopf gewesen, so hatte Hynek doch einigen Einfluß auf ihn
und damit auf den Werdegang von Blue Book. Hynek sagte im Mai
1957 gegenüber Webb: »Er hört auf mich.« Dies wirft ein neues
Licht auf die Verschwörungs-Theorien und -Theoretiker, die Hynek
gern als Spielball finsterer USAF-Mächte hinstellen, der ohnmächtig
gegen das Militär-Establishment gewesen sei und nur als Aufklärer
fungierte. Webb bekam von Hynek gar den Job, die neuen Richtlinien für Blue Book zu umreißen. Webb forderte einen wissenschaftlichen Kredit für das Projekt, mehr Personal, den Aufbau spezieller
Beobachtungseinrichtungen und die Freigabe aller Details und Fakten über UFOs. Doch daraus wurde nichts, Webb ging viel zu weit.
Zu jener Zeit gestand Hynek ihm gegenüber auch ein, daß ein Problem mit den UFOs darin bestehe, daß die Informationen aus den
Berichten oftmals unzureichend seien, man dies aber aus strategischen Gründen nicht zugeben könne.

Hynek vertrat die Ansicht, daß mit mehr Informationen die Auf-
klärungsrate durchaus zu verbessern sei. Er lehnte die UFO-Frage
nicht grundsätzlich ab, wie es die meisten Wissenschaftler taten und
heute noch tun. Er forderte nur eindeutigere und tiefergehendere

Beweise. »Sein ganzes Leben lang jagte er diesem Beweis in Form von wirklich guten UFO-Fotos nach«, schrieb Webb. Was kaum jemand weiß: In späteren Jahren hatte Hynek in seinem Koffer stets eine Miniatur-Stereokamera, ein kleines Spektroskop und einen Diffraktions-Messer bereitliegen. Zweimal ist es ihm auch gelungen, ein unidentifiziertes Objekt durch das Fenster eines Airliners zu fotografieren; die Bilder wurden in den US-Ausgaben seiner Bücher veröffentlicht.

Die Dämmerung des Raumfahrt-Zeitalters

Auch wenn die Russen bereits im Sommer 1957 den Start eines Satelliten ankündigten, lachten die meisten Amerikaner darüber und taten es als kommunistische Propaganda ab. Aber Fred Whipple vom Smithsonian Astrophysical Observatory (SAO) nahm die Ankündigung ernst und versetzte den STP-Stab ab 1. Juli in erhöhten Alarm. Im August war Webb auf der hawaiianischen Station auf Posten; es hieß abwarten. Dann kam der Freitagabend des 4. Oktober 1957 – außer Allen Hynek und seinem Verwaltungsmann waren alle in Wochenendurlaub gefahren. Plötzlich klingelte das Telefon, und ein Zeitungsmann aus Boston fragte Hynek, ob er irgendwelche Kommentare über den russischen Satelliten abgeben könne. Die Russen hatten SPUTNIK hochgeschossen! Hynek als wissenschaftlicher Berater des mächtigen Militärapparats der US-Luftwaffe und Direktor des SAO stand da wie ein dummer Junge, wußte von nichts, ja, mußte sich von einem Journalisten aufklären lassen! Sofort alarmierte er den Stab und die Moonwatch-Teams. Alsbald begann der Medienrun auf das SAO-Büro am Kittredge Hill; Scheinwerfer strahlten das Gebäude an, Kameras surrten, Mikrofone wurden vorgestreckt. Anwohner mutmaßten ein Feuer und alarmierten die Feuerwehr, die zum Einsatz mit zwei Fahrzeugen ausrückte ...

Webb selbst war während dieser Zeit auf einer Party und wurde erst am Samstagmorgen informiert. Sofort begab er sich ins Büro.

Erst jetzt wurden er und Ledwith nach Boston geschickt, um Anlagen und Antennen zum Empfang der SPUTNIK-Radiosignale zu installieren. Damit wurden alle 96 Minuten die SPUTNIK-Signale aufgefangen. Das STP-Headquarter wurde wochenlang von Journalisten belagert – es war das Informationszentrum Nr. 1 für die ganze westliche Welt. Hynek und Whipple mußten mindestens zwei Pressekonferenzen pro Tag durchstehen. Tagelang kam das STP-Personal nicht ins Bett. Telefone und Telegramm-Geräte glühten 24 Stunden am Tag. Kein Wunder, es war ein monumentales Ereignis – der erste Schritt des Menschen in den Kosmos! Die Welt schaute sich nach dem SPUTNIK um. Dabei gab es jedoch sehr viele Fehlidentifikationen von Flugzeugen, Meteoren und der Venus. Hynek und seine Leute berechneten für die Presse, wann der SPUTNIK wohl über Boston zu sehen sein werde – daraus sollte eine große Show werden. Als es soweit war, wartete die halbe Nation vor den Radios auf die Berichte aus Boston. Doch wie es der Zufall wollte, tauchten just zu diesem Zeitpunkt eine rote Aurora-Erscheinung sowie zwei Jets über Boston auf, was beinahe eine Panik verursachte. Daraufhin brach eine Welle von außergewöhnlichen Sichtungsberichten los, obwohl es sich nur um die zwei Jets handelte. Als »echter UFO-Bericht« kam am 9. Oktober die Meldung von zwei Operateuren der South Weymouth Naval Air Station südöstlich von Boston; Penny Kreidl notierte für Webb die Meldung. Dort hatte man anderthalb Minuten lang zwei konische, grünlich-blaue, phosphoreszierende Objekte um 19:24 Uhr von NO nach SSW ziehen sehen, die dann hinter einer Wolkenbank verschwanden. Aus Chamersburg, Pennsylvania, kam der Bericht, wonach ein geräuschloses, sichelförmiges, orangefarbenes bis gelbes Objekt von fünf Personen eine Minute lang gesehen wurde. Sämtliche Zeugen waren die Mitglieder einer astronomischen Vereinigung!

Der Flap vom Herbst 1957

Webb: »Während der ersten zwei Novemberwochen von 1957 erfuhren die USA eine der intensivsten UFO-Konzentrationen in der Geschichte dieses Phänomens. Aufgrund der SPUTNIK-Verbindung sorgte dies für dickste Schlagzeilen.« Dazu muß man wissen, daß die Sowjets inzwischen SPUTNIK Nr. 2 hochgeschossen hatten. Jacques Vallée notierte später dazu: »Die Emotionen hinsichtlich der zwei russischen Starts innerhalb eines Monats konzentrierten sich nun auf jegliches befremdliche Himmelsphänomen, das Interesse der amerikanischen Presse war deswegen ungeheuer.« Die USAF versuchte, die Wirrungen mit einer Presseerklärung zu besänftigen, in der sie Mitte November die besten fünf UFO-Fälle aufklärte.

In der Nacht vom 2. auf den 3. November hatten verschiedene Autofahrer auf den Straßen rund um Levelland, Texas, ein gewaltiges, glühendes, eiförmiges Objekt gemeldet, das sich zu verschiedenen Zeiten mitten auf die Straßen setzte und Motoren und Lichter der Fahrzeuge zum Verlöschen brachte. Webb nahm sich anhand der Zeitungsberichte des Falls an, und die meisten Informationen, die später Hynek in seinem Buch *The UFO Experience* verarbeitete, entstammen den Unterlagen von Webb. Die Nachmittags-Pressekonferenz am 5. November konzentrierte sich hauptsächlich auf die aktuelle UFO-Welle. Da sich dies im Vorfeld bereits abgezeichnet hatte, berief Whipple den Direktor des Harvard-Observatoriums, D. Menzel, als Experten für die Konferenz. Menzel erklärte die Texas-UFOs als »Fata Morgana« und die versagenden Motoren als Ergebnis eines »nervösen Fußes«. Inzwischen hatte Gregory von Blue Book seine eigene Erklärung des »Fliegenden Eis« gegeben. Aufgrund eines Regenfalls im betroffenen Gebiet hatte die USAF gefolgert, daß die Autofahrer ein »Wetterphänomen von elektrischer Natur« gesehen hatten, »bekannt als Kugelblitz oder Elmsfeuer« – tatsächlich handelt es sich hierbei um zwei verschiedene Phänomene. Feuchte elektrische Leitungen seien verantwortlich gewesen, daß die Motoren und Lichter an den Fahrzeugen verloschen.

Webb und Hynek waren damit nicht ganz zufrieden, hatten sie doch
festgestellt, daß es zwar leichten Regen in Levelland gegeben hatte,
aber keine elektrischen Stürme. Und nur einer von zehn Zeugen (in
sieben betroffenen Autos) meldete tatsächlich Regen.

Danach trennten sich für neun Jahre die Wege Hyneks und
Webbs. Zu einem neuerlichen Zusammentreffen kam es erst während der SPUTNIK-Party am 6. Oktober 1967 im Smithsonian Institute. Hierbei kam das Gespräch natürlich auf die unrühmliche
»Sumpfgas«-Affäre aus dem zurückliegenden Jahr: Im März 1966
war rund um Dexter und Hillsdale, Michigan, die UFO-Mania ausgebrochen, und die USAF hatte Hynek unter Druck gesetzt und hin-
geschickt, um die Sache schnell aufzuklären. Hynek argumentierte,
daß vielleicht einige der gesichteten Lichter Sumpfgas sein könnten.
Das hatte ihm einigen Spott eingetragen, Hynek hatte sich davon inzwischen jedoch erholt und konnte über die zahlreichen auf ihn
gemünzten Cartoons lachen, die er selbst sammelte.

Ernsthafter war der Wirbel, den James E. McDonald von der Universität Arizona veranstaltete, nachdem er Hynek bei Blue Book besucht hatte, um ihm vorzuwerfen, die wichtigsten Fälle der Wissenschaft vorzuenthalten. Webb hatte derweil eine ähnliche Ansicht
wie McDonald. Hynek reagierte außerordentlich gereizt. Er verfaßte zwei Artikel, die seine neue Position belegten: »UFOs Merit
Scientific Study« (21. Oktober 1967 in *SCIENCE*) und »Are Flying
Saucers Real?« (17. Dezember 1967 in der *Saturday Evening Post*).

Aber irgendwie fanden Hynek und McDonald doch wieder zusammen und sprachen vor dem »General Symposium on Unidentified Flying Objects« auf dem 134. Treffen der American Association for the Advancement of Science (AAAS) in Boston vom 26./27.
Dezember 1969. Leider wurde dieses Symposium nur von wenigen
Wissenschaftlern besucht, wie Webb beklagt. Einer der Gründe:
Dieses Symposium fand fernab vom eigentlichen AAAS-Veranstal-
tungsort statt. Webb war dort, um Hyneks Vortrag »21 Years of
UFO Reports« anzuhören – Hynek arbeitete zu dieser Zeit nicht
mehr als Berater für die USAF. Zum Schluß seines Vortrags konzentrierte er sich auf Fälle von nahen Begegnungen, physikalische Ef-

fekte und Humanoide-Wesen-Sichtungen. Er folgerte: Ein kleiner
Restsatz von Sichtungen ist nicht identifiziert, aber das seien keine
Ereignisse, die von glaubwürdigen Zeugen gemeldet worden waren.

1972 veröffentliche Hynek sein Buch *The UFO Experience,* das
nach Webb nur in geringer Auflage erschien und ohne größere Beachtung blieb. Daraufhin schrieb Webb eine Besprechung für den
Boston Globe in der Ausgabe vom 3. Dezember 1972. Der Absatz
nahm zumindest lokal zu.

Zwar wurde im Oktober 1973 das Center for UFO Studies (CU-
FOS) gegründet, aber erst im Oktober 1974 begegneten Hynek und
Webb einander wieder – bei einem Essen in Atlanta. Danach trat
eine weitere Pause von drei Jahren ein. Im November 1977 übertrug
ein Bostoner Fernsehkanal eine Talkshow aus dem dortigen Plane-
tarium, die Webb moderierte. Es war drei Wochen vor dem US-Start
des Films »Close Encounters of the Third Kind«. Hynek erklärte,
relativ wenig für seinen Beraterposten zu diesem Streifen erhalten zu
haben, auch wenn er damit zufrieden war. Nun stellte er sein Buch
The Hynek UFO Report vor. 1981 kamen Hynek und Webb gleich ˙
zweimal zusammen: einmal zur David-Brudnoy-Show vom Boston-
Sender *WRKO* und dann zur jährlich stattfindenden »Mutual UFO
Network (MUFON)«-Konferenz am 25.–26. Juli, wo Hyneks Ma-
nifest leider nicht angenommen wurde, in dem er die Säuberung der
Ufologie von schädlichen Elementen forderte.

Letzte Begegnung: Inzwischen war Hynek vom UFO-Skeptiker
zum UFO-Gläubigen konvertiert. Hynek nannte UFOs ein »bizarres und schwer faßbares Phänomen«, das aber nach wie vor mit wissenschaftlichen Methoden zu verfolgen sei, auch wenn Spezifikatio-
nen notwendig seien. Bisher gebe es leider keinen substantiellen
physikalischen Nachweis für das UFO-Phänomen, um die Wissenschaft überzeugen zu können. Hynek verschwendete viel Zeit auf
der Suche nach dem Beweis. Acht Monate vor seinem Tode begegnete Webb ihm nochmals. Am 15. August 1985 zum MUFON-Fo-
rum in Beverly war Hynek bereits sehr angeschlagen, als Webb ihn
vom Logan Airport abholte. Das Treffen verlief traurig, Hynek
wußte um seinen Zustand. Er teilte Webb so etwas wie seinen letz-

ten Willen mit: Er wünsche sich, daß die großen UFO-Gruppen zusammenarbeiten sollten und mehr Professionalität an den Tag legen müßten.

Hynek konnte seinen Vortrag bei MUFON nicht mehr selbst halten, nach seinem Zusammenbruch mußte David M. Jacobs für ihn einspringen. Doch noch einmal raffte Hynek alle Kräfte zusammen und erholte sich noch am selben Tag im Krankenhaus soweit, daß er am Abend an der Forumsdiskussion teilnehmen konnte. Die letzte ernsthafte Debatte in seinem Leben.

Noch einmal Walter Webb: »Ich hatte das Privileg, J. Allen Hynek kennenzulernen. Allen war eine charismatische Gestalt, seine Warmherzigkeit und seine Bodenständigkeit sorgten dafür, überall respektiert und anerkannt zu werden. Er prägte das wissenschaftliche Bild vom UFO-Phänomen mit, auch wenn er nicht die wissenschaftliche Anerkennung des Phänomens erzielen konnte.« Weniger ehrfurchtsvoll urteilt *California UFO* vom Mai/Juni 1993. Das Blatt druckte einen Leserbrief, dessen Autor Val Germann sich auf Hyneks UFO-Fotos bezieht, die in *The Edge of Reality* (Vallée & Hynek, August 1977) abgedruckt sind und stark an das Titelbild von Fullers *Incident at Exeter* erinnern; Vallée schrieb hierzu in *Forbidden Science,* daß diese Fotos von Hynek mit seiner Stereokamera aufgenommen wurden, »er aber nicht zuviel davon hielt«. Was? Nicht allein das, Hynek hatte sogar die Negative verloren, womit die Aufnahmen für die Analyse wertlos wurden. Leserbriefschreiber Germann hat jedoch noch weitere augenöffnende Informationen anzubieten, die das Andenken an Hynek untergraben: »1973 hatte ein Freund aus Galesburg, Illinois, ein Foto von einem UFO aufgenommen, das aus heutiger Sicht stark an die Mr.-Ed-Fotos aus Gulf Breeze erinnert. Vor kurzem zeigte er mir erst diese Aufnahme, und ich fragte ihn nach dem Negativ. Er antwortete: ›Oh, damals kam J. Allen Hynek zu uns, und ich gab ihm das Material.‹ Er gab es niemals wieder zurück. Daraufhin schrieb der Fotograf an CUFOS, doch die Bilder tauchten nie wieder auf.« Germann ist in seiner Kritik scharf: »Dr. Hynek machte seine Karriere, indem er Zeugen verspottete (erinnern wir uns an Mantell), Beweise verschlampte und andere Leute ausspionierte. 1952 hatte er insgeheim seine Kollegen über ihre UFO-Erfahrungen und Ansichten zum Phänomen befragt, das Ergebnis scheint er seinen namen- und gesichtslosen Bossen übermittelt zu haben.«

Alien in den Klauen der Insulaner

Szenenwechsel: Am späten Vormittag des 29. August 1993 erreichte mich der Anruf einer Frau aus dem norddeutschen Owschlag bei Rendsburg. Sie war fix und fertig, konnte kaum zusammenhängend sprechen. Worum ging es diesmal am CENAP-Kummertelefon? Um nichts Geringeres als ihr Empfinden, mit einem außerirdischen Raumfahrer in geistigem Kontakt zu stehen und das Elend jener Kreatur mental miterleiden zu müssen, wurde diese doch gerade von bösen Insulanern im Pazifik in Stücke gehackt! Als UFO-Forscher sollte ich nun sofort zu ihr kommen, damit sie mir alles erzählen könne, außerdem flehte mich die Frau an, die NASA zu alarmieren, um ihren ET mit einer Befreiungsaktion zu retten. Ehrlich gesagt ging mir dieses Telefonat auf die Nerven, schließlich sind wir nicht die Tröster der Nation, noch haben wir die Allmacht, NASA und USAF in Gang zu setzen, nur um wegen eines Anrufs irgendwo im Pazifik einen Alien den Klauen blutrünstiger Insulaner zu entreißen. Andererseits war die Frau tatsächlich erschüttert. Da die Sache »ufologisch« roch, beschloß ich, einen Kollegen zu konsultieren.

Die Affäre eilte zudem, da die Frau ankündigte, es könnte mit ihr Schreckliches passieren, weil sie »damit« nicht fertig werde – eine Selbstmordandrohung klang mit. Von meinem Hamburger Kollegen Gerhard Cerven erbat ich also »Amtshilfe« vor Ort …

Am Dienstag, dem 31. August 1993, brannte die Luft mitten im malerischen Schleswig-Holstein. Dringendst, brandeilig, sofort … waren noch die harmlosesten Vokabeln. Da mußte gewaltig was los sein bei Rendsburg. UFO-Absturz und ein sterbender Außerirdischer, da setzt man sich doch unverzüglich in Bewegung, darauf hat mancher UFO-Forscher sein Leben lang gewartet, also fuhr Gerhard Cerven, Leiter des RUFON, des neugegründeten Regionalen UFO-Forschungszentrums Nord in Hamburg, am späten Nachmittag los.

Am angegebenen Ort eine unscheinbare, scheu dreinblickende Hausfrau mit unstetem Blick und fahrigen Bewegungen. Aber dann kommt es nach erstem Beschnuppern zur Begegnung der extremsten Art: Seit etwa einem Jahr unterhalte sie Kontakt zu KIJIR, einem Außerirdischen, der großes Pech hatte seither, gibt sie an: Erst tötete ein Meteoriteneinschlag seine zwölfköpfige Crew, die im Dezember 1993 in Oklahoma endlich den so lange erwarteten »offenen Kontakt« einleiten wollte, dann schmierte seine Scheibe über dem Südpazifik am Sonntag, dem 29. August 1993, endgültig ab, und er fiel den Bewohnern einer Südseeinsel in die Hände, die ihn nach der Notlandung aber nicht als Gott anhimmelten, wie Erich von Däniken sich das immer vorstellt. Ganz im Gegenteil, er wurde mit irdischer Nahrung traktiert und verlor später einen beträchtlichen Teil seiner einst stolzen Körpergröße von 1,22 Metern. Dieses ET-Restlein schreit seither pausenlos gedanklich bei ihr um Hilfe. Und die wird sowohl von der amerikanischen Botschaft in Bonn wie auch der NASA verweigert, mit jenen Stellen habe sie sich bereits telefonisch deswegen kurzgeschlossen. Dafür sollen nun RUFON bzw. CENAP in die Bresche springen: Eben mal den halben Südpazifik abgrasen, um die Reste des ETs und seiner Flugscheibe zu suchen, vielleicht auch gleich die bösen Eingeborenen nach guter alter Kolonialmanier abstrafen, so stellt sich das die gute Frau in etwa vor. Und sie versteht es, unseren eindringlichen Fragen auszuweichen, wenn es um die Flugmaschine oder den Herkunftsort von KIJIR geht.

Immerhin erfahren wir, daß er aus dem uns nächsten System kommt und geschätzte dreieinhalb Monate Erdzeit unterwegs war. Ausgewählte Journalisten und Greenpeace sollten in den Genuß seiner Offenbarungen kommen. Schade, die gehen uns nun für immer flöten, kein Wunder, daß mit der Erde nichts mehr los ist! Ob denn keine Ersatzmission für KIJIR vorgesehen ist? Erst in zwei Jahren, erfahren wir, vielleicht, solange war KIJIRs Einsatz geplant, und

solange müssen wir uns wohl noch gedulden. Jaja, mit den Haus-
haltsmitteln scheint es auch in anderen Galaxien nicht rosig auszu-
sehen ...

Fazit: Fast 300 Kilometer gefahren, weil dies alles natürlich am
Telefon nicht mitzuteilen war. Fakten: drei Seiten banalen Inhalts
(und das nach einem Jahr Kontakt) und einige flüchtige hand-
schriftliche Notizen seit dem sonntäglichen Absturz, eine noch
flüchtigere Skizze der Scheibe (die Größe pendelt sich bei 20 Metern
Durchmesser und 7,5 bis zehn Metern Höhe ein). Leider war an jenem Tag der Ehemann nicht anzutreffen, er rief erst am nächsten
Tag an und konnte an eine Stelle verwiesen werden, die vielleicht in
der Lage ist, seiner Frau zu helfen. UFO-Forscher sind das aber gewiß nicht gewesen ...

(Nachsatz: Vielleicht ist bemerkenswert, daß in der Nacht von
Freitag auf Samstag davor auf *RTLplus* ein sechsstündiges »Twi-
light-Zone«-Spezial lief, in dem die Episode »Mein Freund, der
Außerirdische« gezeigt wurde. War das Auslöser für den geistigen
Zusammenbruch der »Zeugin«?)

Das »Greifswald-UFO«

Ein lange Zeit unidentifiziertes fliegendes Objekt beschäftigte die
europäische UFO-Phänomen-Untersuchung; besser, es war eine
ganze Formation von Lichtgebilden, die sich am Abend des 24. August 1990 über die Ostsee-Region die Ehre gab. Doch es handelte
sich nicht um eine typische Fliegende Untertasse, sondern um leuchtende Gebilde am Abendhimmel. Vier Jahre brauchte es, um den
»besten UFO-Fall Deutschlands« zu knacken.

Der *BILD*-Bericht vom 1. September 1990 löste die Verwirrung
aus: »Atomphysiker filmten UFOs«. Geschehen war folgendes: Sieben leuchtende Kugeln hatten sich am Himmel gezeigt und waren
lautlos zwischen Rostock und Usedom verschwunden. 50 Bewohner der Ostseeküste wollen das Phantom ausgemacht und der Polizei gemeldet haben. Das Ehepaar Iwanowa filmte in Greifswald das

100 sahen es:

UFOs
über Greifswald
Ein Augenzeuge:

Ich sah sieben silbrig leuchtende Flugkörper. Sie schwebten. Es war unheimlich. Ich filmte alles mit Video, hab' vorher nie an Ufos geglaubt

(Dr. Ludmilla Iwanowa mit ihrem Mann, Foto links)

Vier Jahre lang war Deutschlands größtes UFO-Geheimnis, die Lichterformation vom Abend des 24. August 1990 über der Ostsee, ein ungelöstes Mysterium ...   *Quelle: CENAP*

phantastische Ereignis, fortan firmierte das Geschehen als »Greifswald-UFO«. Die im *Magazin 2000* Nr. 1/92 verwendeten Informationen gehen eindeutig auf das Sensationsblatt *SUPER ILLU* Nr. 6
vom 31. Januar 1991 zurück, ergänzt durch ein paar Bildchen des
Hamburgers Detlef Menningmann, dem wir auch die Kopie des gesamten Greifswald-Videos verdanken. Zu sehen sind zwei Gruppen
von unbeweglichen, nebeneinanderstehenden Lichtern, die sich angeblich im Uhrzeigersinn um ihre eigenen Achsen drehen. Baron
von Buttlar dazu: »Außerirdische sind unter uns.«

MUFON-Oberster Illobrand von Ludwiger (MUFON ist mit
6000 eingetragenen Mitgliedern die derzeit größte private UFO-Organisation in den USA) hat in dem bei *Zweitausendeins* verlegten
Werk »Der Stand der UFO-Forschung« den Vorgang unter der Überschrift »In Deutschland beobachtete Lichtbälle« verewigt, wenn
auch etwas wirr. Aus übereilten Zeitungsberichten bastelte der Autor
seine eigene Story zusammen. 84 Sekunden hätte das Ehepaar video-
grafiert – fast zehn Minuten sind es tatsächlich. Im selben Haus
wohnt das Ehepaar Winogradow, das das phantastische Ereignis
ebenfalls auf Video bannte, behauptet von Ludwiger, doch der in der
Rostocker Zeitung *Der Demokrat* vom 25. Januar 1990 abge-
druckte Artikel sagt anderes: Der Dolmetscher Waleri Winogradow
hatte in Richtung Eldena in der Abenddämmerung sieben leuchtende
Kugeln gefilmt, die scheinbar regungslos in mittlerer Höhe am Himmel erschienen. Durch den Sucher gesehen, bewegten sie sich ganz
leicht: »Eine Seite hatte Licht, die Rückseite blieb dunkel.«

Die Lichter bildeten immer neue Formationen. Von Rostock aus
gesehen war das Phantom der Lüfte etwa zwei bis drei Kilometer
entfernt, aber: »Allmählich ließ das Schimmern der Kugeln nach,
und plötzlich verschwanden sie. Es sah so aus, als ob sie sich im
Himmel aufgelöst hätten.« Ein weiterer Mieter im Haus der Wino-
gradows soll ebenfalls Aufnahmen gemacht haben. Von Ludwiger
analysierte und kam auf eine Größe von 0,5 bis einem Meter im
Durchmesser pro Lichterscheinung. Zweifelsfrei wurden von den
Beobachtern sieben leuchtende Kugeln ausgemacht, die über Rostock und Usedom »vorbeischwebten und lautlos verschwanden«.

Schon am 31. August 1990 war der *BILD*-Bericht »UFOs über der Ostsee – Leuchtendweiße Teller im Formationsflug« erschienen, hier hieß es allerdings, daß die Lichter »wie eine Traube« angeordnet gewesen seien. Plötzlich tauchten sie am Abendhimmel auf, immer zwischen 20 und 23 Uhr, wurde behauptet, und seit Wochen geisterten UFOs über der Küste herum.

Hans-Jörg Vogel aus Berlin fragte bei der Polizei nach und erhielt am 24. September 1990 Antwort: Es gab keine UFO-Meldungen. *SUPER ILLU* aber berichtete, daß 100 Zeugen die UFOs über Greifswald sahen, die Videoaufnahme entstand am 24. August 1990. Gesehen wurde am Himmel ein Pulk silbrig leuchtender Flugkörper kurz nach 20:30 Uhr.

Das ehemals von A. Schneider herausgegebene Schweizer *JUPITER JOURNAL* Nr. 34, März 1991, hatte einen Beitrag des CENAP-Korrespondenten Uwe H. Bergmann aus Röbel anzubieten, der sich des Falls angenommen hatte und zu berichten wußte, daß die Sichtung um 20:41 Uhr nordöstlich über der Ostsee begonnen hatte. Die Zeugen gaben sinngemäß an: Die Objekte stellten zwei Gruppen von unbewegten, nebeneinanderstehenden Leuchten dar. Dabei drehten sich die Leuchten in beiden Gruppen im Uhrzeigersinn um die eigenen Achsen. Zuerst war die linke Gruppe klar sichtbar gewesen, dann war sie völlig verschwunden, und die rechte Gruppe wurde scharf und deutlich erkennbar. Einige Sekunden später war am Standort der linken Gruppe ein kurzer Lichtblitz zu sehen. Die Leuchtkraft der rechten Gruppe wurde immer schwächer, und man konnte sieben einzelne ballförmige Leuchten erkennen. Die Abmessungen der Leuchten schienen sehr groß zu sein. Dann gingen sie aus, eine nach der anderen.

Wissend, daß die Ostseeregion ein beliebtes Urlaubsziel ist, versprachen wir uns mit einem Aufruf bei den dortigen Medien Aufklärung. Am 27. Juli 1993 faxte ich zwei Dutzend Pressemitteilungen an die Küste. *BILD*-Rostock reagierte sofort und lancierte am 29. Juli eine Meldung in die *BlLD*-Ausgaben aller neuen Bundesländer. Ebenso brachten die *Norddeutschen Neuesten Nachrichten* am 28. Juli einen Aufruf, leicht dümmlich überschrieben mit »Jagd

auf kleine grüne Männchen«. Obwohl in den *NNN* die vollständige
Kontaktadresse in Mannheim abgedruckt wurde, reagierten die Leser überhaupt nicht.

Leider spielte uns das Telefonnetz in den neuen Bundesländern
böse Streiche – fast alle Anrufer aus Telefonzellen wurden mitten im
Gespräch aus der Leitung geworfen, meist ehe wir eine Adresse no-
tieren konnten. Auch auf dem schriftlichen Wege klappte es nicht
besser: Viele versprachen, Briefe zu schicken oder unsere Fragebogen auszufüllen, aber kaum jemand hielt sich daran.

Endlich doch Post ... Als Anrufer Nr. 13 am Abend des 2. August
hatte sich Gero S., Physiklehrer aus Stralsund, gemeldet: Er versprach uns einen Bericht. Und tatsächlich, er kam. Die Notizen
basieren auf Tagebucheintragungen vom 5. September 1990, »sub-
jektiv bedingte Verfälschungen sind also trotz der seitdem verstri-
chenen Jahre ausgeschlossen«:

»Ich befand mich mit meiner Frau am 24. August 1990 in Poseritz auf Rügen zu Besuch bei meinem Bruder. Beim Verlassen der
Wohnung gegen 21 Uhr bemerkten meine Frau und ich eine außergewöhnliche Leuchterscheinung etwa 30 Grad über dem Horizont,
die bei ausgestrecktem Arm etwa eine fingernagelgroße Fläche am
Himmel einnahm. Die Sonne ging gerade unter, der Himmel war
klar, Sterne waren noch nicht zu sehen. Das Gebilde ähnelte weißen
Leuchtraketen. Ich fuhr ein kleines Stück mit dem Auto, stoppte den
Wagen dann jedoch wieder, fasziniert von der Konstanz der Erscheinung.

Irgendwie hatte ich den Eindruck, daß sich das gesamte Gebilde
um seine vertikale Achse drehte, eindeutig konnte ich dies jedoch
nicht erkennen. Ca. drei bis fünf Minuten war dieses Schauspiel zu
beobachten. Als wenn sich das Gebilde entfernte oder ›verblaßte‹,
waren die drei äußeren ›Sterne‹ schließlich nicht mehr erkennbar,
der ›innere Sternenhaufen‹ schien immer kleiner zu werden, war
letztendlich nur noch als ein heller Lichtfleck auszumachen und ver-
losch dann ebenfalls.

Ich fuhr mit meinem Auto weiter Richtung Altefähr. Noch
während des Anfahrens erschien das Gebilde jedoch wieder in ur-

sprünglicher Form, scheinbar heller und größer (und näher) als zuvor. Das Auftauchen war vergleichbar mit Lampen, die kontinuierlich, aber schnell heller werden. Ein Größerwerden (im Sinne von Näherkommen) war dabei nicht zu beobachten – das Gebilde war absolut konstant. Irritiert hielt ich schließlich erneut kurz vor Gustow, Abzweigung Benz/Warksow. Dort konnten wir das Gebilde ca. zehn weitere Minuten beobachten, bis es schließlich – diesmal ohne Formveränderung – verblaßte und verschwand.

Am 4. September 1990 nahm ich mit dem Kompaß die etwaigen Sichtwinkel von drei unterschiedlichen Standpunkten auf (an zweien hatte ich mich selbst befunden, den dritten wiesen mir Augenzeugen aus Altefähr), um ihn auf eine Karte zu übertragen und so den vermutlichen Ort zu bestimmen, über dem die Leuchterscheinung senkrecht gestanden haben muß. Leider zeigte sich dabei, daß die Winkel von Poseritz (1) bzw. Abzweigung Warksow (2) nicht in Übereinstimmung zu bringen waren. Dies läßt sich a) als normaler Meßfehler erklären, oder b) das Gebilde hat sich bei der ersten Beobachtung (Poseritz) geringfügig in nordöstliche Richtung entfernt. Ich halte einen Aufenthaltsort östlich (leicht nördlich) von Poseritz für am wahrscheinlichsten. Eindeutig ließ sich aus diesen Messungen jedoch ableiten, daß sich die Leuchterscheinung nicht, wie in einem *BILD*-Zeitungsartikel angegeben, über Greifswald befand.

Dies deckt sich mit folgender Feststellung: Ich habe die Leuchterscheinung anders gesehen, als dies in der *BILD*-Zeitung aus Greifswalder Sicht abgebildet war. Ein äußerer, linker ›Stern‹, den ich deutlich erkennen konnte, ist auf der Photographie nicht abgebildet. Dies ließe sich durch einen unterschiedlichen Sichtwinkel von ca. 45 Grad erklären.

Markiert man wiederum die Orte auf einer Karte, auf die die oben angegebene Konstellation zutrifft, deckt sich dieser Kreisbogen ungefähr mit den Angaben der Sichtwinkel. So halte ich einen Aufenthaltsort über einem Gebiet, welches etwa durch Poseritz, Garz, Putbus, Halbinsel Mönchgut, nördlicher Greifswalder Bodden begrenzt wird, für am wahrscheinlichsten. In Übereinstimmung aller Angaben sollte hierbei die Suche auf der Halbinsel Mönchgut begonnen werden. Denkbar wäre in Übereinstimmung mit meinen Beobachtungen, daß tatsächlich sehr langsam gleitende Leuchtobjekte abgeschossen wurden, die sich erst nach Erreichen einer bestimmten Konstellation entzünden. Diese müßten sich dann (durch Wind?) in östliche (bzw. nordöstliche) Richtung entfernt haben und sind dabei verglüht. Ein zweiter Abschuß erfolgte unmittelbar danach (vielleicht nicht ganz so hoch), wodurch die Leuchterscheinungen relativ konstant bis zum Verglühen blieben.«

Jörg M. aus Leipzig schrieb mit Datum des 3. September und schilderte die Beobachtung der »außergewöhnlichen Lichtpunkte«, die er und seine Frau genau um 20:30 Uhr des 24. August 1990 auf der Insel Usedom sichteten, dies im Urlaubsort Ückeritz. Er legte eine Karte bei, aus der seine Sichtrichtung hervorgeht.

Am 17. Juni 1993 strahlte *SAT1* seine »Phantastischen Phänomene« aus, und es kam auch ein neuer Videoclip zu dem uns hier beschäftigenden Ereignis. Aufgenommen wurde das Dokument von Familie Irmgard und Ingo K. aus Ennepetal. Sie waren damals auf Rügen (Standort nicht mehr erinnerlich, Rügen ist groß!) und filmten kurz die zehn Minuten über der Ostsee gesehenen Phantome, die »plötzlich am Himmel verschwanden, wie nach hinten weggehende helle Punkte«. Weitere Informationen wollte man uns nicht geben, da seit sechs Monaten der Wissenschaftler von Ludwiger die Materialien untersuche und durchblicken ließ, daß die einzelnen Objekte 18 Meter im Durchmesser hatten, vom Sichtungspunkt 25 Kilometer entfernt waren und »ein eigenes Kraftfeld aufgebaut hatten«. Leider wurde der Vorgang des Verlöschens vom Band entfernt, weiteres wollte man uns nicht mitteilen, auch nicht eine Kopie des Videos ziehen. MUFON hatte den Daumen drauf. Ein Angebot des wissenschaftlichen Informationsaustauschs zwischen CENAP und MUFON wurde ausgeschlagen – merkwürdiges Verhalten unter Fachkollegen.

Inzwischen gingen fast zwei Dutzend Briefe an einzelne Polizeidienststellen, Flugsicherungseinrichtungen, Hafenämter, Notrufzentralen, Küstenschutzeinrichtungen, Wasserpolizei, Seenotrettungsstellen und Leuchttürme mit der Bitte, uns ihre Erkenntnisse und Feststellungen zu diesem auffälligen Phänomen mitzuteilen – bis heute keine Antwort.

Die Lichter aus dem Ostseeraum wuchsen sich zum größten UFO-Rätsel aus, kaum eine UFO-Talkshow, kaum ein neues Buch ohne diesbezügliche Aufmachung. Von Ludwiger ist sich im Oktober 1994 sicher, daß das Gebilde über der Ostsee auf »Plasma-Bälle«, ähnlich den bekannten Kugelblitzen, zurückgeht. Die *ARD* stellte am 24. Oktober 1994 zur besten Sendezeit um 20:15 Uhr in einer »Dokumentation« des *NDR* (Abteilung Unterhaltung) neben den belgischen Fliegern auch diesen Fall als wahrhaftes UFO-Mysterium vor. Man hätte besser recherchieren und wirkliche Sachkenner fragen sollen …

Über ein Jahr war vergangen, seitdem wir versuchten, dem Spuk auf die Spur zu kommen. Zwar hatten wir doch eine erstaunliche Zahl von Zeugen ausfindig machen können, was uns aber der Aufklärung nicht näherbrachte. Eine ungewohnte Situation. Bisher hatten wir die Erfahrung: je mehr Zeugen, desto schneller die Erklärung. In diesem Fall war es anders.

Also suchten wir einen neuen Ansatz. Wie es der Zufall will, meldete sich Anfang September 1994 die »Aktuell«-Redaktion von N3, die eine 45minütige Talkshow zum Thema UFOs und Außerirdische angesetzt hatte. Das war die Chance, den Greifswald-Fall nochmals in Erinnerung zu rufen. Da die Sendung erst eine Woche später, am 27. September 1994, ausgestrahlt werden sollte, konnte ich Fax-Mitteilungen an Agenturen, Zeitungsbüros und Redaktionen entlang der deutschen Ostsee streuen, um auf mein Anliegen aufmerksam zu machen.

Die Sendung selbst erbrachte keine neuen Hinweise. Bald jedoch kam mir etwas zu Ohren: zuerst von Katrin und Horst F. aus Karlsburg. Sie hatten die Lichter bereits im Oktober 1986 auf halber Strecke zwischen Anklam und Greifswald an der B109 gesehen. »Sie kamen unserer Annahme zufolge aus Nordwest, etwa Greifswald, und sie bewegten sich langsam nach Osten, Wolgast, davon.« Und: Nach etwa 14 Tagen oder drei Wochen habe sich das Geschehen wiederholt.

Weiter meldete sich Steffen P. aus Greifswald, der am besagten
Abend mit seinen Stiefeltern in einem Segelboot auf dem Greifswalder Bodden schipperte und das Phantom »direkt über der Spitze
von Peenemünde oder nördlich der Spitze von Usedom« sah und
zum Fotoapparat griff. Die Bilder wurden leider nichts. Für die
Familie war sofort klar, worum es sich handelte: »Leuchtziele von
Peenemünde aus, die dann beschossen wurden.« Jene Leuchtziele
kamen langsam herunter, »aber ich glaube nicht, daß sie aus Polen
kommen, das ist zu weit weg«, erfuhr ich erstaunt – und: »Wir haben es nie als UFO angesehen!«

Frau P. studiert heute in Berlin, sie wurde von ihrem Bruder aus
Greifswald wegen des Zeitungsaufrufs alarmiert, da auch sie damals ihrer in Greifswald lebenden Familie von der Sichtung dieser
»Leuchtraketen der Armee« über der Ostsee erzählt hatte, als sie die
Lichter bei einem Spaziergang gesehen hatte. Zweimal sogar seien
von außen sehr schnelle Geschosse in die Formation eingeflogen
und hätten sie ohne Wirkung wieder verlassen. Als sie später *SAT1*
gesehen hatte, konnte sie nur den Kopf schütteln, unternahm aber
nichts.

Schiffsführer Erwin K. aus Greifswald war an besagtem Abend
mit einer Fähre zwischen dem Festland und Rügen in nordwestlicher Richtung vom Greifswalder Bodden unterwegs. Dabei fiel ihm
eine Lichterformation »fast im Zenit« auf, »die vielleicht bis nach
Bornholm zu sehen gewesen sein müßte«. Für ihn waren es »am
Fallschirm hängende Leuchtbomben, vielleicht von schwedischen
oder polnischen Einheiten, so was hat man doch hier schon immer
gehabt«, daß »dies UFOs sein sollen, davon las ich eben erst in der
Zeitung, Quatsch!«

Aus Stralsund meldeten sich die Arbeitskollegen Friedrich S. und
Herr L., die an dem uns interessierenden Abend gerade aufbrachen,
um nach Hamburg zu fahren, als sie das Schauspiel vom Pkw aus
sahen. Hoch am Himmel stand eine Formation von für sie »großen,
flackernden, weiß-orangefarbenen Heißluftballons«, so sagten sie
sich damals. Auch wenn wir sonst mehrfach UFO-Sichtungen als
Miniatur-Heißluftballons erklären konnten, in diesem Fall sprach

CENAP centrales erforschungs-netz
        außergewöhnlicher Phänomene

UFO/UAP-Fragebogen

Fragebogen Nr.

Fragebogen schnellstmöglichst
zurücksenden an:
CENAP
c/o Werner Walter
Eisenacher Weg 16
68309 Mannheim

Beobachtungs-Datum: Beobachtungs-Ort:

Aufnahme-Datum:

(Obere Felder für CENAP-Untersucher vorbehalten)

Es ist wichtig, daß alle Fragen in diesem Bogen beantwortet werden.   siehe Bericht!

1.1 Name: Dr med. Lüder S   1.2 Beruf: Kinderarzt

1.3 Straße und Hausnummer: van-Gosen-Str. 6

Postleitzahl: Stadt:

1.4 Geb.-Datum: 1940   1.5 Tel.-Nr.:

Kenntniss in Meteorologie: B-Schein   Kenntniss in Astronomie: s. vorn

2.1 Beschreiben Sie Ihre Beobachtung so genau wie möglich:

An dem besagten 24.8.1990 waren meine Frau und ich mit unserem
Segelboot auf dem Greifswalder Bodden von Wieck unterwegs nach
Seedorf. Etwa in Höhe Ariadne Grund bemerkten wir in Richtung
ΦNO (unser Kurs war NNO) das Erscheinen mehrerer weißer Lichter
in ca. 20 Grad Höhe über dem Horizont. Diese Erscheinung ist dem
Nachtsegler in unserem Revier bekannt, handelt es sich doch um
Leuchtkörper,die wie eine Feuerwerksrakete in die Luft geschossen
und oben gezündet werden. An einem überdimensionalem Fallschirm
gleiten sie dann langsam zu Boden. Auf diese Leuchtkörper wurde
mit Boden-Luft-Raketen geschossen.
So war es auch an jenem Abend. Außergewöhnlich war jedoch diem
große Anzahl der Leuchtkörper. Kurz nachdem die Formation am
Firmament vollzählig war, erschienen dann auch die kleinen Blitze,
die den Explosionen der Boden-Luft-Raketen entsprachen. (im pahseon
Nach intensivem Suchen fanden wir dann auch das Rückstoßfeuer
der Raketen, das man ca 1/3 der Distanz zwischen Erscheinen am
Horizont und Lichtformation verfolgen konnte.Das ganze Schauspiel dauerte ca 20 Min.Die Leuchtraketen erloschen etwa in um-
gekehrter Reihenfolge ihres Erscheinens.
Ich hoffe,Ihnen mif diesen Angaben dienen zu können.
Für ein weiteres Ausfüllen des Fragebogens fehlt mir die Zeit,
zumal es m.E. unsinnig ist, diese Erscheinung zu mystifizieren.

Fragebogen übernommen von:
□ = SUFOI, Postfach 6
DK-2820 Gentofte

*Den entscheidenden Hinweis zum Greifswald-UFO gab ein Zeuge aus Ro-
stock, der in seiner aktiven NVA-Zeit als Offizier an Manövern beteiligt war,
die man im Jargon »Operation Tannenbaum« nannte, und der zum Zeitpunkt
des Ereignisses mit seinem Segelboot im Gebiet von Wieck unterwegs war,
aber in der Himmelserscheinung nichts Außergewöhnliches entdecken konnte.
Quelle: CENAP*

alles dagegen. (Und bemannte Heißluftballons, die z. B. für einen
Massenstart in Frage kämen, hat es nicht gegeben, recherchierte
mein Kollege Hansjürgen Köhler.)

Die letzte und alles entscheidende Reaktion kam von Dr. L. St.
aus Stralsund, der weit draußen mit seiner Jolle »vor dem Eiland
Greifswalder Oie« törnte. Er bezeugte, genau gesehen zu haben, wie
von Seeseite her diese Leuchtkugeln zunächst mit Hilfe von kleinen
Raketen an Bord eines Kriegsschiffs hochgeschossen wurden, dann
einzeln aufflammten und gemächlich an Fallschirmen hängend her-
abschwebten. »Für mich sind das keine UFOs gewesen, nie und
nimmer. Dazu habe ich das schon zu oft da draußen gesehen. Außerdem habe ich als ehemaliger NVA-Offizier selbst mehrfach daran
teilgenommen, wenn man diese im Insiderjargon ›Tannenbäume‹
genannten Ziele hochschoß. Sie müssen wissen, daß diese Leuchtkugeln sehr hoch gehen und dann als Übungsziele für Infrarot-Bo-
den-Luft-Raketen dienen, man kann ja schlecht am echten Flugzeug
üben. In diesem Fall kamen die eingesetzten Raketen eindeutig aus
polnischem Gebiet. Auf einem Film kann man ja sogar die Explosion, einen kurzen Lichtblitz einer solchen Rakete, erkennen.
Warum der Raketenfeuerschweif der herankommenden Geschosse
nicht zu sehen war? Das ist einfach zu erklären. Während des Ab-
schusses am Boden und während etwa der Hälfte der Flugzeit sind
diese Feuerschweife deutlich auszumachen, dann fliegt die Rakete
allein vom Schub getragen noch ein ganzes Stück weiter – und genau
diese Phase zeigt das Filmmaterial, gelegentlich flammen Resttreib-
stoffe nach, und dann sieht alles ganz verrückt aus. Ich hab' das
schon auf *SAT1* gesehen, dachte aber, daß die Offiziellen die Sache
schon klären würden, deswegen habe ich mich nicht gemeldet. Erst
Ihr Aufruf machte mir klar, daß das immer noch als UFO gilt.«

Also, viel heiße Luft hatte das größte deutsche UFO-Rätsel produziert und einen Bestseller-Autor vom Besuch der Außerirdischen
träumen lassen.

Die anderen werden es schon richten, so lautet das Fazit dieser
Ermittlung. Da geistert jahrelang ein UFO-Traum durch die Medien, und die ganze UFO-Szene »müht« sich um Aufklärung, wäh-

```
SCHWEDISCHE BOTSCHAFT              Bonn,den 8.11.1994    810:1829
Verteidigungsabteilung
Der Marine-und Luftwaffenattaché


An CENAP
c/o Werner Walther
Eisenacher Weg 16
68309 Mannheim


Sehr geehrter Herr Walther,

ich danke Ihnen für Ihren Brief.
Ich habe die Behörden in Schweden gefragt,ob Sie einige Informationen
über den Abend des 24.August 1990 haben.
Die schwedischen Streitkräfte können ausgeschlossen werden.
Es gibt jedoch Informationen über Übungen mit Flugstreitkräften,
wahrscheinlich russischen,östlich von Rügen.Es waren Übungen mit
Lenkflugkörpern und die Lichter könnten Infra-Rot Ziel- Fackeln
gewesen sein.Die Richtung dieser Observationen stimmt ziemlich gut mit
den Ihrigen überein.
Die Forschungsanstalt der Streitkräfte hat keine Informationen
in ihrem UFO-Archiv.Der Verein "UFO-Schweden" hat auch keine Informa-
tionen von diesem Tag.
Die Forschungsanstalt der Stretkräfte schlägt,als eine plausible
Erklärung,folgendes vor.Die Lichter können von einer Raketenstufe
kommen,die in die Atmosphäre eingetreten ist:eine Kette von
Lichterkugeln die,der Reihe nach, sich allmählich erlöschen.Ein
solches Ereignis ist in Polen im August 1979 beobachtet worden.

Mit freundlichen Grüssen


Lars Norrsell
```

Die Aussagen des Zeugen führten zu CENAP-Recherchen im europäischen Militärapparat. Über die schwedische Botschaft erhielt der Autor zum Greifswald-Ereignis die Bestätigung, daß es sich hierbei um Übungen mit Lenkflugkörpern und Infrarot-Zielfackeln handelte.   Quelle: CENAP

rend gleichsam mancher Wissende zu Hause sitzt und sich nicht rührt. Wie oft mag das schon vorgekommen sein? Wie viele ungelöste Geheimnisse würden bei besserer Kommunikation enträtselt?

Mein Kollege Köhler kontaktierte die Zeitschrift *Luftwaffen-Forum* und suchte Verbindung zu ehemaligen Führungsoffizieren der NVA-Luftstreitkräfte. Tatsächlich gelang alsbald die Kontaktaufnahme mit Franz-Lorenz Lill, ehemaliger Pressesprecher der ostdeutschen Luftwaffe. Lill wußte zahlreiche Details zu berichten. Das Sichtungsgebiet über der Ostsee östlich von Rügen und nördlich von Usedom war die ehemalige Luftschießzone II, die von den

BUNDESAMT FÜR WEHRTECHNIK UND BESCHAFFUNG

Bundesamt für Wehrtechnik und Beschaffung, Postfach 73 60, 56057 Koblenz

Centrales Erforschungsnetz
Außergewöhnlicher Himmels-
Phänomene (CENAP)
z.H. Herrn Walter
Eisenacher Weg 16

. 68309 Mannheim

Geschäftszeichen (Bitte bei Antwort angeben)	Bearbeiter	Durchwahl-Nr 400-	Koblenz
Präsidialbüro u. Pressestelle	Hr. Müller	28 55	14.11.94

Ihre Anfrage vom 30.09.94

Sehr geehrter Herr Walter,

mit Ihrem "Amtshilfe-Ersuchen" vom 30.09.94 berichten Sie von
Leuchterscheinungen über der Ostsee im Raume Greifswald/Rügen
am 24.08.90.

Wie unsere Recherchen ergaben, wurden an diesem Tage entsprechende Versuche durchgeführt.
Ihre Beobachtungen und die dazugehörigen Erklärungen kann ich
daher bestätigen.
Darüberhinausgehende Informationen liegen uns nicht vor.

Mit freundlichen Grüßen
Im Auftrag

Müller

*Das Bundesamt für Wehrtechnik und Beschaffung, Koblenz, bestätigte ent-
sprechende militärische Manöver*   *Quelle: CENAP*

DDR-Streitkräften wie vom gesamten Warschauer Pakt genutzt wurde, um militärische Übungen besonderer Art durchzuführen. Entweder wurden durch Jagdflugzeuge sogenannte FLG-Raketen mit Gefechtsfeldbeleuchtungen zum Himmel geschossen, die dann durch Fallschirme gebremst herabsegelten, oder Kriegsschiffe beförderten diese Leuchtbomben-Ziele als Targets für infrarotsuchende Raketen in die Lüfte. Das Leucht- und Brennmaterial lieferte die Firma Silbermühle, die inzwischen von der Treuhand »abgewickelt« und dichtgemacht wurde. Vor allem die heute nicht mehr existierende Nordgruppe der Sowjetstreitkräfte, die auf polnischem Boden bei Scheuna (50 Kilometer hinter der Ostseeküste) stationiert war, war ausgiebig mit diesem Übungsmaterial zugange.

Kollege Henke konnte im Bonner Verteidigungsministerium die dortigen Verantwortlichen überzeugen, die ARD-UFO-Reportage vom 24. Oktober 1994 mit dem dort gezeigten Ostsee-»UFO« unter die Lupe zu nehmen. Oberstleutnant Booth von der Pressestelle der Luftwaffe bestätigte tags darauf die bisherigen CENAP-Informationen und erklärte, daß die gezeigten Signalbomben (Fachbegriff »Feuertöpfe«) bis zu 20 Minuten leuchtend am Fallschirm hängen. Die einfliegenden Einzelobjekte seien nichts weiter als Raketen am Ende ihrer parabolischen Flugbahn.

Der obige Fall gehört zu den letzten großen UFO-Mysterien. Daß das UFO-Phantom in Deutschland genauso zu Hause ist wie in anderen Teilen der Welt, soll die hier gezeigte lose Archiv-Sammlung mit Berichten aus der letzten Zeit nachweisen …

Tanzende Lichter verwirren Deutschland

UFO-Alarm in ganz Deutschland: Ob Zirkus, Restaurants oder Discos – seit Jahren treiben einige von ihnen Polizei und Flugsicherung zur Verzweiflung. Sie haben nämlich ein neues Werbemittel entdeckt. Mit riesigen Scheinwerfern, die den Himmel anleuchten, wollen sie Kunden wie vormals Batman anlocken. Aber sie wecken auch das UFO-Fieber der Bürger, die dann Flugsicherung, Polizei

und UFO-Forschern auf den Wecker fallen. »Wenn es diesig oder
wolkig ist, rufen ständig Leute an«, klagt Wolfgang Schulte von der
Münchener Flugsicherung das Leid seiner Kollegen im ganzen
Land. »Denn bei diesem Wetter kann man die flackernden Lichter
gut erkennen.«

Im September 1993 standen zwei dieser »Sky-Trecker« genannten Scheinwerfer auf dem alten Flugplatz vor Peter Wodarz' Thea-
ter-Restaurant in Riem. Sie leuchteten etwa zehn Kilometer weit. In
diesen Wochen gab es UFO-Sturm in Bayerns Hauptstadt: »Da jagen sich zwei UFOs am Himmel. Die fliegen um den Mond herum,
dann nach München und wieder zurück«, so einer der Beobachter
in der *Abendzeitung* vom 22. September 1993.

Diese Scheinwerfer müssen inzwischen genehmigt werden, um
den Flugverkehr nicht zu irritieren. Daß mit diesen Spots auch so
manche Behörde in Aufruhr versetzt wird, ist für den Gesetzgeber
kein Kriterium. Dabei sind die Anrufer außerordentlich hartnäckig.
Ein Polizist, der mit dieser Art von unheimlicher Begegnung konfrontiert wurde: »Wer will sich schon damit zufriedengeben, daß
sein UFO bloß ein Lichtfleck sein soll.« Damit ist ein bedeutsamer
Satz gelassen ausgesprochen. UFO-Beobachter sind von ihrer Himmelsschau emotional befangen – natürlich denken sie, Zeuge eines
übernatürlichen Ereignisses geworden zu sein, nicht selten verstehen sie sich dann auch als »Auserwählte«, die das Wunder sehen
durften.

Beeindruckend sind frei schwebende Lichter durchaus, wieder einmal ist die Dunkelheit die beste Maske für das UFO-Phänomen. So
hatte der *Nordkurier* am 2. April 1993 die an einen Aprilscherz er-
innernde Schlagzeile »Jatznicker orten Außerirdische« im Blatt, Un-
tertitel: »Alf war's nicht, die Katzen sind noch da«. Doch es war trotz
einer montierten Illustration vom Typ Fliegende Untertasse keine
solche gewesen, die die Menschen unweit von Pasewalk (Vorpom-
mern) in Verwirrung stürzte. Man müsse sich das Phänomen wie einen »silbernen Brummkreisel, den man immer aufzieht«, vorstellen:
ein rotierendes Gebilde mit einmal dunkel, einmal hell leuchtenden,
»fensterartigen« Flächen. So schilderte es Karin B., die gerade mit ei-

ner Gruppe aus Hannover zurückkehrte und das Phantom fasziniert beobachtet hatte. Und es war wie immer: In dem kleinen Ort wurde das Nachtlicht-Geschehen zum Tagesgespräch, es fanden sich immer mehr Zeugen. Also wieder einmal UFOs im Anflug zur Begegnung der »dritten Art«? Auch die »offizielle Wissenschaft« wußte nicht weiter: Dr. Klaus-Hinrich Ohle von der Deutschen Forschungsanstalt für Luft- und Raumfahrt in Neustrelitz: »In der Natur kommen eben oft solche seltsamen Erscheinungen vor.«

Zum betreffenden Zeitpunkt war der Himmel fast wolkenlos und sternenklar gewesen. Tags darauf brachte der *Nordkurier* noch einen kleinen Nachschlag: »Phänomen von Jatznick immer noch nicht endgültig geklärt«. Einige Leser meldeten inzwischen dem Blatt, daß die Lasershow einer naheliegenden Discothek für die Lichterscheinungen verantwortlich sein könnte. Das wollte der Redaktion nicht einleuchten, da die Zeugen durchweg betont hatten, »daß die Lichter nicht vom Boden her aufstiegen, sondern frei am Himmel schwebten«. Basta. Und schon haben wir einen UFO-Fall mehr ...

Weitere »UFOs« dieser Art geisterten 1993 durch Deutschland. Am 25. Juni berichtete *Die Glocke* in Oelde: »Am Nachthimmel schwebten UFOs!« Besorgte Bürger riefen nächtens in Gütersloh nach der Polizei, da über der Innenstadt Lichterscheinungen auftauchten, »die Ähnlichkeit mit UFOs hatten«. Diese Beobachtungen fanden sogar amtlicherseits Bestätigung: Da die erste Anruferin die Erscheinung sehr glaubhaft schilderte, nahmen die Polizeibeamten der Wache den Himmel vom Hinterhof her in Augenschein: »Dort hatte es tatsächlich den Anschein außerirdischer Flugmanöver. In der ersten Wolkenschicht rund 500 Meter über der Erde waren vier größere Lichtpunkte zu entdecken, die plötzlich in alle vier Himmelsrichtungen lautlos davonschwebten und sich Sekunden später wieder am Ausgangspunkt trafen.« Auf dem Marktplatz fanden sie schnell des Rätsels Lösung: Scheinwerfer des Zirkus Krone.

Auch die Polizei in Sindelfingen rückte zum »galaktischen Einsatz« aus, wie die *Sindelfinger Zeitung* am 6. Juli 1993 zu berichten wußte. Gäste einer Gaststätte verließen um 1:45 Uhr das Gelände, als sie am bewölkten Himmel merkwürdige Lichtkreise entdeckten und die Polizei anrücken ließen, die bereits mehrere Hinweise auf UFOs erhalten hatte. Die Polizei tat ihren Job und machte die UFOs am Boden dingfest: Die Scheinwerferanlage einer anderen Gaststätte warb am Himmel.

Im selben Monat gab es UFO-Alarm in Pfungstadt, wie *BILD* am 20. Juli 1993 in die Lande posaunte. »Kreisförmige Gebilde am Nachthimmel versetzten mindestens dreißig Bürger in Panik«, so das *Darmstädter Echo* vom selben Tag. Mehrere Streifenwagen rückten aus – zur Fahndung nach den Außerirdischen, verängstigte Einwohner verkrochen sich in ihren Häusern. Dabei gab es im benachbarten Seeheim bloß eine Technoparty ...

UFO-Aufklärung ist nicht zuletzt eine Frage der Zivilcourage. Mitte Juni 1993 sahen Hunderte im Raum Aachen ein UFO. Unter den Beobachtern auch Eva N. und ihr Freund Achim F., die gerade von Brand in Richtung Schleckheim unterwegs waren: »Plötzlich sahen wir ein weißes Oval, rund 25 Meter über einem Haus, in sich selber drehend, das sich von rechts nach links und zurück bewegte.« Die beiden rafften ihren Mut zusammen und verfolgten das merkwürdige Licht erst in Richtung Schleckheim, dann nach Oberforstbach, wo »aus dem drehenden Oval eine Art Kreis mit Strahlen drunter« wurde. Auf einer ESSO-Tankstelle fanden sie schließlich einen Scheinwerfer auf dem Dach ... Auslöser für diesen UFO-Spaß war der Lichttechnik-Fachmann Matthias Kohl aus Oberforstbach, Inhaber der Firma »Lighttec«. Er bietet einen speziellen Scheinwerfer mit besonderer Lampe und Spiegeln an, den sogenannten Stabbrenner mit 2500 Watt Leistung und einer Reichweite bis zu sechs Kilometern. Es gibt mehrere Geräte dieser Art, sie sind transportabel und können verschiedene Muster an den Himmel zaubern. Laut Ordnungsamt Aachen bedürfen zumindest kleinere Anlagen keinerlei Genehmigung; wenn der Eindruck entstehe, der Flugverkehr könnte dadurch beeinflußt werden, informiere man die Luftaufsicht.

Andrea C. hatte zusammen mit einem Bekannten in der Nacht vom 29. auf den 30. August 1992 ein Himmelsphänomen ausgemacht. Es war gegen 1:15 Uhr, die beiden fuhren auf der Strecke von

Babenhausen nach Heusenstamm. »Ich entdeckte Lichter am Himmel und hielt es erst für Wetterleuchten. Auf der ganzen Strecke konnten wir es durch die Windschutzscheibe beobachten, mußten uns also nicht umdrehen oder zur Seite schauen. Dazu muß gesagt werden, daß die Fahrt bis in meine Straße sehr kurvenreich ist, doch sahen wir diese vielen Lichtteller (richtig rund waren sie nicht) immer vor uns. Das bedeutet doch wohl, daß zwischen uns und der Erscheinung eine beachtliche Entfernung gelegen haben muß. Aus wie vielen Lichttellern ein Kreis bestand, kann ich nicht genau sagen, aber weniger als vier oder mehr als sechs waren es nicht. Beide Kreise waren nicht weit voneinander entfernt. Die Lichtteller kreisten im gleichen Abstand zur Mitte gegen den Uhrzeigersinn. Sie näherten sich immer in gleichem Abstand zur Mitte, prallten aufeinander, so daß man für eine ganz kurze Zeit (eine Sekunde) nur noch einen Lichtteller sah, dann stießen sie wieder auseinander. Das Spiel begann von vorn. Eine Zeitlang kreisend, sich wieder aufeinander zu bewegend (immer kreisend), zu einem verschmelzend und sofort wieder auseinanderprallend«, schilderte uns die Zeugin das Geschehen in einem ausführlichen Brief.

Das Phantom wurde vielleicht 20 Minuten lang observiert. Der Himmel war bewölkt, und die Lichter konnten nicht mit genauen Konturen gesehen werden, sondern sie wirkten »wie durch einen Schleier«. Es soll nicht unerwähnt bleiben, daß an jenem Abend in Frankfurt ein Michael-Jackson-Konzert lief und am Mainufer ein großes Volksfest stattfand.

Die Abfolge des hier dargestellten Licht-Phänomens ist eine spektakuläre Himmelsschau, ohne jeden Zweifel. Aus dem Frankfurter Großraum erreichten uns zu jener Zeit weitere Meldungen. Im Kern waren alle diese Beschreibungen identisch mit denen von Frau C. Auch vor und nach dieser Nacht wurden die Lichter gesehen, so daß nicht unbedingt ein Zusammenhang mit dem Konzert bestehen muß, aber in diesem einen Fall wohl durchaus denkbar ist.

Nicht die Lichtteller strahlten gelegentlich zwischen den Wolken hervor, sondern Lichtteller erzeugende Projektoren am Boden sorgten für diese unheimliche Schau.

Die von der Zeugin dargestellte Illusion ist bedeutsam für unsere Forschungsarbeit. Hier wird nämlich der subjektive Eindruck hervorgehoben, der solchen Observationen grundsätzlich anhaftet. Und es wird verständlich, woher der tiefergehende Eindruck kommt. Man sieht eine Erscheinung, die objektiv gegeben ist, münzt sie aber individuell um. Oft genug läßt der visuelle Eindruck den ungeübten Beobachtern nur bestimmte Schlüsse zu. Aber auch unsere Zeugin stellte eine Reihe von Fragen an CENAP, die sich im Kern darauf konzentrierten, ob schließlich nicht doch Scheinwerfer für das Geschehen verantwortlich sein könnten. Wir haben bereits mehrfach Fälle aufgeführt, in denen Zeugen in ihren Überlegungen im Kern genau den Stimulus gefunden hatten, bewußt oder unbewußt. Doch widerlegen die eigenen Beobachtungen den an sich richtigen Eindruck. Hier hätte die Psychologie sicher ein reiches Betätigungsfeld.

Unsere italienischen Freunde vom *UFO – Rivista Di Informazione Ufologica*, Nr. 10/1991, haben es in jüngster Zeit ebenso verstärkt mit dem Phänomen der kreisenden Lichtflecke zu tun und berichteten von sonderbaren Lichterformationen im Juli 1990 und ihrer Aufklärung als Bodenscheinwerfer-Paare, die man gewöhnlich als »Space Cannon« kennt. Dem italienischen Beispiel lag eine Montage von vier vollbeweglichen und schwenkbaren Hochleistungsscheinwerfern zugrunde, die den UFO-Alarm auslöste.

Das Phänomen ist nicht neu. Bereits einer der ersten als UFO gehandelten Filme vom 23.10.1949 aus Norwood, Ohio/USA, zeigt im Grunde nichts weiter als einen Scheinwerferfleck an den Wolken. Hier jedoch wird die Sache etwas verrückt: Es wird wohl zugestanden, daß da ein Scheinwerfer hochstrahlte, der aber sei nicht das UFO, sondern er strahle ein UFO an. Soviel zur ufologischen Unlogik.

Am Nachmittag des Montag, 14. Juni 1993, erfuhr ich von einer weiteren »UFO-Sichtung«: Dieter und Margot B. wohnen in der Waldstraße auf einer Anhöhe mit Blick über den Pfälzer Wald. Es war gegen 22:30 Uhr, als Dieter B. einen »unbeschreiblichen Körper« am Horizont wahrnahm, während er sich auf der Terrasse mit Blick auf Kaiserslautern aufhielt. »Ein kreisförmiger Körper (mit einer Art Schweif) kreiste herum, einmal weiter weg und dann wieder näher kommend, über der Wolkendecke«, wurde uns bestätigt. Alsbald rief Herr B. nach seiner Frau und den beiden Gästen H. und S. B., die die Himmelsschau ebenfalls betrachteten. Da passierte Gespenstisches: »Plötzlich fiel eine riesige Yucca-Palme am Wohnzimmerfenster um!« UFO-Einwirkung?

Hansjürgen Köhler telefonierte noch am Abend des 14. Juni mit Frau B., die zugestand, »erst an Scheinwerfer der US-Armee gedacht zu haben«, da sich einige Stützpunkte in Sichtrichtung befanden und sie »vor Wochen bereits ähnliches von meiner Arbeitsstelle (einem Kinderheim) aus gesehen habe, was sich dann als Disco-Scheinwerfer in Landstuhl entpuppte«. Doch in diesem Fall habe sie keinerlei Erklärung.

Nun setzten die Recherchen ein, da mir schon schwante, daß das dargestellte Licht nur ein hochgerichteter und beweglich montierter Scheinwerfer sein konnte. Zunächst suchte ich mir diverse Telefonnummern von in Frage kommenden Discotheken heraus, die ich dann am Dienstagabend kontaktieren wollte. Als nächsten Schritt sprach ich mit den Ortsbüros der Zeitung *Die Rheinpfalz* in Eisenberg, Landstuhl und Kaiserslautern, die jedoch bis auf eine Ausnahme keine Ahnung von seltsamen Objekten oder Lichtern hatten, lediglich die Redaktion in Landstuhl hatte einen Anruf bekommen, sich aber nicht weiter darum gekümmert. Am Dienstagmorgen nahm ich um 9 Uhr mit dem Polizeipräsidium Kaiserslautern Verbindung auf und erreichte Polizeipräsident Braun, der sofort wußte, worum es ging, hatte er doch selbst in der Nacht von Freitag auf Samstag zuvor verschiedene Anrufe erhalten, in denen man seltsame Lichter meldete. Der Polizeipräsident hatte sich höchstpersönlich auf die Spur der Himmelslichter gesetzt und sie am Ort der Verursachung gestellt. Sie entpuppten sich als drei bis vier Scheinwerferlichter des Zirkus Krone, der an diesem Wochenende in Kaiserslautern gastierte und als besondere Attraktion die beweglichen Scheinwerfer zum Himmel schwenkte, was der Polizei bis zum Sonntag abend hinein UFO-Meldungen bescherte. Braun sprach

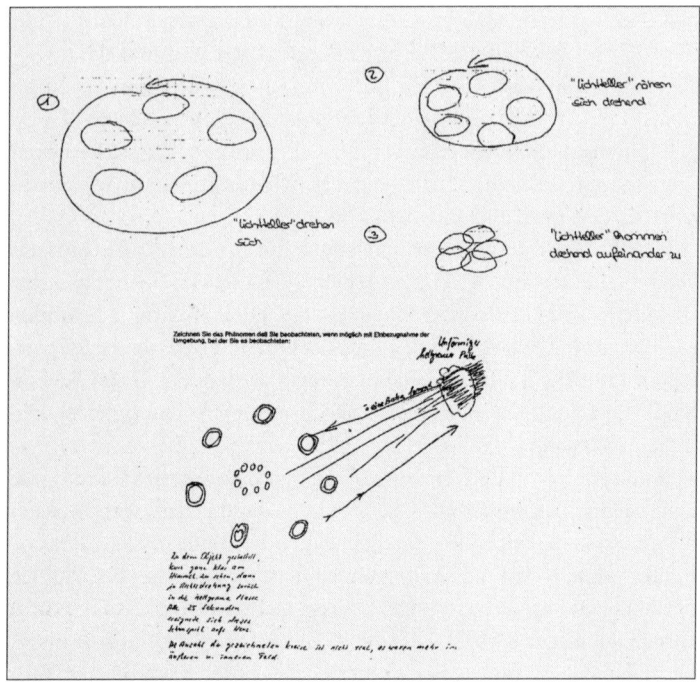

Mittlerweile das deutsche UFO-Phänomen Nr. eins: Merkwürdige Lichtringe ziehen im Kreis oder in Formation am nächtlichen Himmel bei leichter Bewölkung umher. Teilweise sind sie stundenlang zu sehen.   Quelle: CENAP

von »etwa 100 Anrufern«. Die Presse habe deswegen keine Anfragen gestellt, und die Polizei habe auch keine Presseerklärung abgegeben, womit sich erklärt, daß diese Sichtung kein Medienereignis wurde.

Meldungen solcher Herkunft haben den einst so beliebten UFO-Stimulus »Party-Gag-Heißluftballon« in Ruhestand versetzt; so hat jede Zeit ihre speziellen UFOs ...

8. Januar 1994 – UFO-Hatz bei Halle

Es ist 22 Uhr, als ein Herr K. bei mir anruft: »Hören Sie zu. Wir sehen gerade etwas Unglaubliches. Da zieht eine Fliegende Untertasse am Horizont seit einer halben Stunde hin und her, so groß wie der Vollmond.« Ort des Geschehens: ein kleiner Ort 70 Kilometer nordwestlich von Halle. Somit bin ich in eine aktuelle UFO-Observation verwickelt, selten genug. Das UFO zieht just in diesen Minuten seine Bahn am Himmel. Im Hintergrund ist die Stimme der Ehefrau zu hören, die gerade am Wohnzimmerfenster steht: »Da ist es wieder, aber es landet nicht.« Die Aufregung im Wohnzimmer der Familie K. steckt an. »Wie sieht das UFO aus?« »Milchig irgendwie, es schwankt hin und her und führt alle zehn Sekunden einen Durchgang aus. So was haben wir noch nie gesehen. Es zieht nun schon eine halbe Stunde auf seiner Bahn hin und her, wissen Sie, was das ist?«

Über den Hügeln in der Nähe soll es schweben, gelegentlich strahlt so etwas wie ein »Suchscheinwerfer« zu Boden, »der immer denselben Punkt ›abtastet‹«. Was nun? Ich frage nach, ob man das Phänomen der Polizei oder der Zeitung melden würde. »Gern, aber das gibt es hier nicht, wissen Sie, ich habe ein tragbares Telefon im D2-Netz. Wir sind hier quasi am Ende der Welt«, erklärt Herr K. Ich bitte den Beobachter, die Sichtung schriftlich zu fixieren und mit Skizzen zu versehen, aber dem Zeugen und seiner Frau ist das nicht genug. Ich soll am besten sofort aufbrechen und hinkommen. Das ist natürlich nicht möglich. Also muß vor Ort eine Aktion eingeleitet werden. Ich schlage vor, die Nachbarn zu alarmieren.

Was nun folgt, ist ein aufregendes Schauspiel auf dem Niveau eines Radiohörspiels der Sonderklasse. Herr K. und seine Frau machen sich mit zugeschaltetem Funktelefon zu den Nachbarn auf und lotsen sie ins heimische Wohnzimmer, um ihnen das UFO zu zeigen. Eine unheimliche Spannung macht sich breit, das UFO-Fieber steigt. Alle sind wie aus dem Häuschen. Ich bitte den zusammengewürfelten Haufen nun zu einer Verfolgung des UFOs, da die Chan-

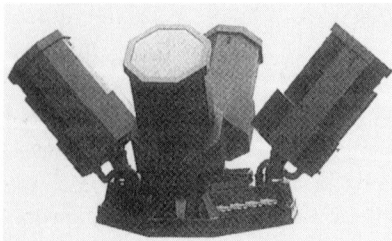

Verantwortlich für diese Art von UFO-Aufregung sind in aller Regel außerhalb von Discotheken, Zirkussen u. a. Massenveranstaltungsorten eingesetzte Lichteffektgeräte. Der UFO-Effekt entsteht freilich nur dann, wenn witterungsbedingt die Lichtkanäle nicht sichtbar werden.   Quelle: CENAP

Nahbegegnung mit einer Fliegenden Untertasse bei Nacht?
Quelle: Werner Walter, Klaus Webner

cen gut stehen, es weiterhin im Blick zu behalten. Über das Funktelefon hebt die Jagd an. Familie K. und die Nachbarn (ein Mann, eine Frau und zwei Mädchen) hetzen zum VW-Bus des Herrn K. Ein großes Durcheinander ist bis nach Mannheim zu hören. Inzwischen ist es bereits 22:15 Uhr.

Im Fahrzeug steigt die Spannung, in dem Chaos ist kaum noch etwas zu verstehen, Begeisterung kommt auf. Die Fahrt geht durch hügeliges Gebiet, zeitweise verschwindet das UFO, was zu Hektik im Fahrzeug führt. Doch taucht es immer wieder auf. Seine Gestalt verändert sich nicht, irgendwie ist es diffus, es zieht hin und her, gleichmäßig.

Fast eine weitere halbe Stunde vergeht, bis das Team knapp vor Halle ist und ein Mädchen plötzlich ruft: »Das ist doch die Disco, die haben da einen Strahler aufgebaut.« Im Wageninnern macht sich Enttäuschung breit. Herr K. ist deutlich frustriert: »Ja, das ist doch nur ein Scheinwerfer. Sch...! Gibt's doch nicht.« Und kneift ab.

Das war es auch schon, UFO-Zeugen lüfteten ihren Fall selbst –
bei den heutigen Telefongebühren ein sicher nicht ganz preiswerter
Spaß.

Wenn *BILD* schwört

Es ist der 3. Februar 1994 gegen 9 Uhr. Ich werde aus dem Schlaf ge-
klingelt. Kollege Hansjürgen Köhler vermeldet eine *BILD*-Schlag-
zeile vom Tage, wonach »grüne UFOs über Sachsen« geflogen seien
und auch ein Astronom Zeuge der Erscheinung gewesen sei! Diese
Sache duldet keinen Aufschub, eine halbe Stunde später liegt der Bericht auf dem Schreibtisch. Zeit für Ermittlungen. 20 Bürger in und
um Bautzen hätten als Zeugen fungiert, verhältnismäßig lange sei
die Erscheinung aufgetaucht. Doch andere (Ost-)Zeitungen hatten
die *BILD*-UFOs nicht gemeldet, was schon einmal kurios ist. Die
Polizei wußte von nichts, auch wenn der Beamtin am Telefon die
BILD-Meldung vorlag. An der Schulsternwarte wußte der Pförtner
Bescheid, verwies aber auf einen Kollegen, der derzeit nicht greifbar
war. Vorsorglich wurde inzwischen ein Aufruf für die Zeitungen
formuliert, CENAP bat die Öffentlichkeit um Auskunft. Diese Pres-
semitteilung ging gegen 12 Uhr an verschiedene Medien zwischen
Dresden und Bautzen. Um 12:45 Uhr dann ein erneuter Anruf in der
Sternwarte: »Was die Zeitung da schreibt, kann man zu 90 Prozent
vergessen. In den letzten Monaten haben hier vielleicht fünf bis
sechs Bürger insgesamt angerufen, um elliptische und ringförmige
Lichter zu beschreiben, die milchig-weiß waren. Von Grün ist keine
Rede gewesen, das hat *BILD* erfunden. Außerdem waren es Schein-
werferlichter von einer Disco, wir konnten das später klar feststel-
len und haben sie selbst gesehen. In der Nacht vom 14. auf den 15.
Januar war das Maximum gewesen. Das habe ich den zwei *BILD*-
Leuten auch gesagt, die wissen das doch. Was die da geschrieben ha-
ben, geht mir auf den Keks.«
   Wie kam *BILD* aber dazu, die Schulsternwarte zu besuchen?
»Die wollten einen Artikel über die Sternwarte schreiben, nicht über
UFOs. Aber als ich in meinen Unterlagen blätterte, fanden sie die

Eintragungen über ›UFOs‹ und den Artikel aus der SZ. Daraus wurde dann die UFO-Meldung heute. Weiter war nichts.«

Die erwähnte SZ ist nicht die *Süddeutsche,* sondern die *Sächsische Zeitung,* die in Bautzen eine Lokalredaktion unterhält. Ein kurzes Fax an deren Leiterin Katja Schäfer führte am frühen Nachmittag zu einer Rückmeldung. Wir erhielten die Zeitungsmeldung vom 28. Januar 1994: »Wollten Außerirdische im Kreis Bautzen landen?« Damit klärte sich die Lage. Aufgrund der Meldung in der SZ, die man bei *BILD* auch gelesen hatte (!), wäre es überhaupt nicht nötig gewesen, den eingangs erwähnten *BILD*-Bericht ins Blatt zu bringen. Aus einer Mücke wurde hier wissentlich ein Kunst-Elefant gemacht, um die Bürger mit dieser »Schreckensmeldung« über grüne Objekte namens »UFO« in Aufregung zu versetzen, wegen nichts und wieder nichts! Unsere Nachricht scheint *BILD* jedoch nicht erreicht zu haben, denn tags darauf rief mich ein Radiosender aus Dresden an und bezog sich darauf, daß nach einer regional verbreiteten *BILD*-Meldung »450 UFO-Wissenschaftler« in Bautzen die UFO-Sichtungen untersuchen würden. Wir staunten nicht schlecht, da niemals 450 UFO-Wissenschaftler in Bautzen waren, *BILD* spielte augenscheinlich mit falschen Karten: In unserer Presseerklärung wurde auf die GWUP verwiesen, die 450 Mitglieder hat und in die CENAP integriert ist ...

UFO-Kreisel gesehen

Frau Berta T. aus Lochau bei Halle nahm aufgrund der UFO-Reportage in der Fernsehzeitung *PRISMA* mit der Mannheimer UFO-Hotline Verbindung auf und schilderte im Januar 1994 ihre Observation. Frau T. ist 1923 geboren und war »Datenerfasserin« des alten DDR-Regimes. Hier ihr Bericht zu einem UFO-Zwischenfall:

»Als ich am 22. November 1993 nach Hause kam, sah ich im Hof zum Garten Licht, es war 20:30 Uhr, und ich dachte, es hat jemand das Hoflicht brennen lassen. Das war aber nicht der Fall, und ich

wollte schon ins Haus gehen, bin aber nochmals zurück und sah das
Objekt in meinem Garten etwa fünf Meter hoch lautlos schweben.
Meine Gedanken: Was ist das? Es warf einen etwa 30 Meter großen
Lichtkreis auf die Erde. Ich hätte mit einer Stange dran klopfen können. Da war ich dann sehr vorsichtig. Ich kann mir kein Urteil er-
lauben, was es war, ich ging ins Haus und wollte später nochmals
danach schauen, hatte es dann vergessen. Erst als ich etwas in der
Presse gelesen habe, sah ich nach, aber da war nichts mehr. Ich hielt
dann immer Ausschau und sah es noch einmal. Es war ein bißchen
verwunderlich. Hatte nach unten ungleichmäßige Teile und
schwebte sehr schnell dahin. Es wurde auch von Familie Sch. gesehen, die in der Presse darüber berichtete, ich habe sie besucht und
meine Zeichnung mitgenommen, sie sagten mir, daß sie das gleiche
gesehen haben. Ich lege einen Zeitungsausschnitt bei und werde
Schs. anrufen und Ihre Adresse angeben. Vor kurzem hat hier in
Lochau wieder jemand zwei Stück davon gesehen, leider habe ich
noch keinen Kontakt zu dem Herrn, will es aber versuchen und Ihre
Adresse weitergeben. Es würde mich sehr interessieren, ob es etwas
Außerirdisches war.«

Der Bericht der alten Dame ist etwas verzerrt, gestückelt. So ging
natürlich ein Fragebogen hinaus, den sie auch am 2. Februar 1994
zurückschickte. Etwas genauer wurde das Innere des Kreisels beschrieben: Hier bewegten sich kleine Teilchen, hell und dunkel in
Rot. Diese nahe Begegnung hinterließ im Garten keine Spuren. Die
Lichterscheinung selbst war größer als der Mond und pulsierte regelmäßig. Die Sichtung dauerte über 30 Minuten. Es war bewölkt,
aber trocken. Die Entfernung zum Objektkreisel soll zehn Meter betragen haben. *Die Mitteldeutsche Zeitung* berichtete am 28. November 1993 unter der Schlagzeile »Außerirdisches« erstmals von
den Ereignissen, am 12. Dezember gab es den Nachschlag: »Licht
oder UFO?« Tatsächlich, für diese Sichtung der Familie Sch. steht es
außer Frage, daß das UFO auf einen Scheinwerfer plus begleitende
Laserlichter zurückgeht. Die Darstellung der alten Dame aus
Lochau jedoch läßt zunächst nicht daran denken. Doch Familie Sch.
bestätigte die Observation der Frau T. als ihr UFO.

Die UFO-Legende lebt von Darstellungen, Berichten über ungewöhnliche Erfahrungen und Observationen von Dingen, die am Himmel herumgeistern und den Beobachter zu Recht verwirren. Diese Sichtungen außergewöhnlicher Himmelszeichen sind so alt wie der Mensch selbst, ihre Interpretation folgt dem Zeitgeist. Was früher noch die Zeichen von Göttern und Dämonen aus jenseitigen Sphären waren, sind heute die Produkte des Space Age – oder doch nicht? Lassen wir weitere Zeugen zu Wort kommen:

Einmal rief mich aus Bonn-Friesdorf der Inhaber einer Optik-Firma an, der von einigen persönlichen UFO-Sichtungen erzählte, wenn auch wenig genau und etwas durcheinander. Allerlei befremdliche Dinge will er gesehen haben, und »alle Sichtungen fanden ungefähr im gleichen Raum statt; größenmäßig würde ich ein Gebiet von drei mal drei Kilometern angeben. Bei der nächsten Sichtung bin ich sicher von dem UFO bemerkt worden. Ich war gerade bei einem nächtlichen Waldlauf. Ich hatte das Gefühl, als ich das UFO bemerkte, daß es sich ›verdrücken‹ wollte.« Wir baten um detaillierte Berichte zu den einzelnen Sichtungen:

1. Sichtung, August 1982, 19 Uhr. Von Bonn (in einem Waldstück) in Richtung Ölberg, Siebengebirge, sah der Zeuge ein UFO, das zehn bis 15 Minuten verharrte und dann in den Himmel nach oben »schoß«. Die Skizze zeigt ein diskusförmiges Objekt, eine »Fliegende Untertasse«.

2. Sichtung, September 1983, nach 22 Uhr. Beobachtungsstandort ungefähr wie bei 1. Das UFO wurde bemerkt, als es in der Luft stand, daraufhin setzte es sich ganz langsam in Bewegung und flog in einer Höhe von maximal 150 Metern über den Zeugen weg. Kein Geräusch von einem Triebwerk ... Dieses UFO wird als »Fliegendes Dreieck« von 70 Metern Breite und 50 Metern Höhe skizziert, das aufgrund seiner drei Ecklichter (»rot-gelbes verwaschenes Licht«) auffiel; die Sichtung fand beim nächtlichen Waldlauf statt. »Das UFO ist völlig transparent zu erkennen; es bestand nur aus den drei Lampen. Sein Umriß war schemenhaft.«

3. Sichtung, Juli 1985, ca. 19 Uhr. Zwei Lichtkugeln, die die »beeindruckendste Sichtung« ausmachten, erschienen lange regungslos

über Poppelsdorf, um dann »mit einer für menschliches Ermessen
unvorstellbaren Geschwindigkeit sich im Zickzack-Flug in den
Himmel« zu entfernen. Die Körper waren weißlich-gelb gehalten,
1500–2000 Meter entfernt, dabei fünf bis zehn Meter voneinander
getrennt und 150 Meter hoch über dem Boden. Der Zeuge ist sich
sicher, daß die Lichtkugeln »zu einem UFO gehörten«, womit seine
Ecken begrenzt wurden. Zudem: »Ein klarer Fall von Demateriali-
sation.« Klarer Fall?

   4. Sichtung, Januar 1993, 18:30 Uhr. Position etwa wie bei Sichtung drei vom Juli 1985: »Rötlich-gelbe Lichter, etwa 2000 Meter
hoch am Himmel bei sternklarem Himmel. Keine Silhouette zu erkennen. Die beiden Lichter waren wohl 150 Meter auseinander und
begrenzten ein gewaltiges UFO.« Nach Rücksprache mit dem Flughafen Köln/Bonn, ca. 35 Kilometer entfernt, befand sich kein Flugzeug oder ähnliches im Luftraum Köln/Bonn bzw. auf dem Radarschirm.

   »Bei den Größenangaben bin ich mir 100 Prozent sicher, bedingt
durch meinen Beruf, der eine extrem genaue Beobachtung und Konzentration erfordert. Bei allen Sichtungen kann ich garantieren, daß
es sich nicht um Laserspielereien, Flugzeuge oder optische Täuschungen handelt. Etwas beunruhigt, hatte ich im letzten Jahr einen
sehr realistischen Traum von einem UFO. Aber dazu kann ich keine
konkreten Angaben machen, außer Aussehen und Größe des UFOs.«
Wenigstens hatte das Traum-UFO mehr »Informationen« beizu-
steuern, als es sich nahe Eschweiler/Aachen lebhaft-träumerisch
materialisierte. Der Traum fand am 15. August 1992 statt, und der
Träumer vermittelt eindrucksvoll, wie nahe der Realität die Affäre
abzulaufen drohte: »Nach dem Erwachen hatte ich das Gefühl, unmittelbar bei dem UFO gewesen zu sein.« War der Zeuge etwa
auch noch entführt worden? Die Skizzen sind leider unzulänglich.
Hatte das Traum-UFO wirklich etwas mit den aktuellen Sichtungen
zu tun oder entstammt der Trauminhalt den populären Vorstellungen vom UFO-Besuch? Spiegelt sich in dem lebhaften Traum-
erlebnis die Wunschwelt des Träumers wieder? Wer will es schon
genau wissen …

Einen ungewöhnlichen UFO-Zeugen können wir nun vorstellen:
Bischof i. R. Hermann St. von der Evangelisch-Methodistischen
Kirche, Nürtingen-Raidwangen. Der 1927 geborene Geistliche rief
am 2. Oktober 1992 beim astronomischen Institut der Universität
Tübingen an, um die Beobachtung eines hellen »Sterns« vom Freitag, dem 25. September 1992, ab 19:30 Uhr, in Roxheim bei Bad
Kreuznach zu melden. Besonders interessant erschien ihm die Wahrnehmung, da an jenem Tag die Sonde MARS OBSERVER startete
und er dachte, daß dieser Raketenstart (wenn auch in den USA) für
seine Wahrnehmung (mitten in Deutschland) mitverantwortlich
sein könnte: Mag diese Erscheinung von den Raketentriebwerken
der Marssonde und deren Lösung von der Sonde hergerührt haben?
Der Bischof bat um eine Beurteilung seiner Beobachtung. Die Universität verwies den Zeugen zum Fachbereich »UFO« der GWUP,
wenn auch erst am 22. Februar 1993. UFOs sind also kein sonderlich dringliches Thema für Astronomen. Wir reagierten sofort und
baten um einen ausführlichen Bericht, der uns alsbald zuging:
    »Um 19:30 Uhr war ziemlich genau, bei noch hellem Himmel, im
Zenit ein heller ›Stern‹ zu sehen. Klar war mir, daß um diese Zeit
und an dieser Stelle noch kein Stern oder Planet sichtbar sein
konnte. Der Lichtpunkt erschien bei minutenlanger Betrachtung als
stationär. Ich unterbrach die Beobachtung eine halbe Stunde. Als ich
um 20 Uhr nach der Erscheinung suchte, war der ›Stern‹ ca. acht
Grad nach Osten, also mit der Erdumdrehung gewandert. Dies läßt
natürlich darauf schließen, daß die Erscheinung, erdgebunden war.
Kurz nach diesem Zeitpunkt teilte sich der ›Stern‹ in drei Teile: Der
obere, ursprüngliche, punktförmige Teil blieb noch hell, allerdings
geringer als vorher; darunter erschien ein kleinerer, weniger heller
Punkt; darunter zeigte sich dann ein dritter Teil, heller als der
zweite, ungefähr gleich hell wie der oberste. Wenige Sekunden nach
der ›Teilung‹ erloschen alle drei Teile plötzlich und gleichzeitig«, erklärte der Geistliche. Zweifelsfrei hat dieses Gebilde rein gar nichts
mit dem Mars-Observer-Raketenstart zu tun. Der Bischof beschreibt im weiteren das sterngroße Phänomen mit weißgelblicher
Farbe, das Sonnenlicht reflektierend, geräuschlos sich von West

nach Ost bewegend; als Zeuge wird seine Frau genannt. Der Himmel war klar, es war trocken und windstill.

Das hier dargestellte Phantom der Lüfte ist für uns kaum rätselhaft. Es handelt sich mit höchster Wahrscheinlichkeit um einen schlichten Wetterballon – endlich einmal ein UFO-Stimulus, der sich auch an die populären Identifikationsstatistiken hält! Wie der Deutsche Wetterdienst, Zentralamt, in Offenbach erklärte (Aktenzeichen: A3-06.07.40), »werden mehrmals täglich zu festgelegten Zeiten freifliegende Ballone mit aerologischen Meßeinrichtungen aufgelassen zur Messung von Höhenwind, Luftdruck, Temperatur und relativer Luftfeuchtigkeit in der oberen Atmosphäre. Diese Meßeinrichtung besteht aus einem Ballon von 800–1200 Gramm Gewicht, einem daran hängenden Radarreflektor sowie der eigentlichen Radiosonde mit Antenne und einem kleinen Fallschirm. Der Ballon trägt die angehängten Geräte zum Teil bis in Höhen von mehr als 30 Kilometern. Nach Erreichen seiner Gipfelhöhe platzt der Ballon, und die anhängenden Geräte fallen am Fallschirm zu Boden. Zu bestimmten Zeiten werden jedoch auch Ballone aufgelassen, die nur den Radarreflektor tragen.« Zugrichtung und Geschwindigkeit dieser Ballone sind vom Wettergeschehen abhängig. Und es fand sich sogar der Geophysikalische Meßzug der Bundeswehr als vermutlicher Startpunkt des hier beschriebenen »Sterns«.

Neonlicht in Weißblau

Nun zu einem geradezu klassischen Fliegende-Untertassen-Vorfall: Am 31. März 1993 erreichte mich ein Schreiben des Planetariums Mannheim unter Leitung von Dr. Wolfgang Wacker. Angefügt war ein Brief mit Datum des 10. März 1993 aus Braunschweig-Querum. Es ging um den Bericht von Erwin L. über »zwei phänomenale Erscheinungen in der Vollmondnacht vom 7. März 1993 zum 8. März 1993 und am 9. März 1993, 18 und 19 Uhr«.

»I. In der Nacht am 8. März 1993, 0:30 Uhr: Meine Ehefrau und ich hatten uns am 7. März um 23:20 Uhr zu Bett begeben und sind

sofort eingeschlafen. Einige Minuten vor 0:30 Uhr wurde ich durch
einen stechenden Schmerz an der Wirbelsäule hellwach. Ich holte
mir sofort eine Schmerztablette und begab mich wieder zu Bett.
Meine Ehefrau ist zum selben Zeitpunkt wach geworden, als wir
plötzlich ein hellsummendes Geräusch vom Himmel kommend hörten. Nach ca. drei bis vier Sekunden verstärkte sich das metallische,
wie von einer Zentrifugalkraft betriebene helle Getöse, und das unbekannte Flugobjekt blieb in ca. zehn Metern Höhe in östlicher
Richtung – in einem Winkel von 60 Grad – über unseren Schlafzim-
mer-Rundumfenstern stehen!

Trotz der Vollmondhelligkeit waren unser Schlafzimmer und die
vorgebauten Terrassen mit einer Art ›Neonlicht in Weißblau‹ noch
heller erleuchtet. Ich sagte zu meiner Frau: ›Schau bitte auf die Uhr,
die wollen hier aussteigen!‹ Als ehemaliger Jagdflieger wollte ich sofort die Lage erkunden. Ich konnte mich aber überhaupt nicht bewegen. Meiner Frau erging es ebenso. Wir waren beide wie gelähmt.
Auch unsere beiden Kätzchen, die am Fußende der Betten schliefen,
saßen aufrecht und wirkten wie versteinert. Während ich noch
überlegte, wurden die Schlafzimmerfenster mit einem hellgelben
Lichtstrahl von oben herkommend an- und ausgeleuchtet; auch die
große Terrasse westlich mit der darauf befindlichen Plexiglaskup-
pel. Der unheimliche Spuk dauerte ca. zehn Sekunden. Plötzlich war
alle Helligkeit weg, und nach weiteren drei bis vier Sekunden war
das UFO mit verstärkten metallischen Geräuschen in Richtung Westen nach oben verschwunden.

Meine Ehefrau konnte vor Aufregung nicht mehr einschlafen,
und mir ging es ähnlich. Etwa 30 Minuten später (1:00 Uhr), haben
wir aus westlicher Richtung die gleichen Geräuschsymptome wahrgenommen und zum ersten Mal das unbekannte Flugobjekt in ca.
500 Metern Höhe auf uns zufliegen sehen. Wir konnten das UFO
ca. sechs Sekunden ganz deutlich ausmachen und wie aufgezeichnet
erkennen! Als die ca. zehn Meter große Scheibe schräg über uns war,
hatte sie sich ganz plötzlich in ›Luft‹ aufgelöst!

II. Am 9. März 1993, um 18 Uhr, bemerkten meine Frau, unsere
38jährige Tochter und ich unabhängig voneinander in verschiede-

nen Räumen vor den eingeschalteten Fernsehgeräten ein mehrmals fotoblitzartiges Aufleuchten. Am selben Tag um 19 Uhr wiederholten sich die phänomenalen Entladungen an den Geräten im Erdgeschoß. Auch stellten wir fest, daß der Computer ausgefallen war. Die Fehlerquelle konnte noch nicht gefunden werden.«

Sofort wurde der Berichterstatter angerufen, wobei er sich als ein Polizeibeamter im Ruhestand zu erkennen gab. Befremdlicherweise sprach der 70jährige Herr laufend von einem »fliegenden U-Boot«, woraufhin er korrigiert und gefragt wurde, er meine natürlich ein »fliegendes UFO«. Trotzdem blieb Herr L. weiter beim »U-Boot«, wenn er auch recht langwierig und umständlich erzählte – so doch mit Begeisterung und Anteilnahme, ein sehr lebendiger Zeitzeuge. Als Ex-Polizeibeamter ist er natürlich als Beobachter hervorragend geschult und gewohnt, Berichte abzufassen (der Erstbericht liest sich fast wie ein »Polizeibericht«). Dennoch nimmt die Darstellung seltsame Züge an (genaue Uhrzeit, wann man zu Bett geht, Blick auf die Uhr, obwohl man noch gar nicht weiß, was überhaupt vor sich geht, Katzen am Fußende des Bettes), außerdem fällt die kurze Beobachtungszeit auf – dies in Anbetracht der vielen Details.

Das Phänomen der »eingedellten Fliegenden Untertasse« und die einen Tag später registrierten »elektromagnetischen Phänomene« wie fotoblitzartiges Aufleuchten auf den Fernsehbildschirmen sowie der »Ausfall« des Computers müssen nicht unbedingt in Zusammenhang stehen und können völlig andere Ursachen wie Schwankungen im Stromnetz oder Leitungsstörungen in der Verkabelung haben.

Wir schalteten die örtlichen Medien ein, um weitere Zeugen zu finden. Sie reagierten jedoch kaum auf den Vorfall, nur die Ortszeitung brachte am 14. April 1993 einen kleinen Aufruf. Nichts geschah.

Der Zeuge L. wurde nochmals telefonisch befragt, woraufhin er erklärte, es hätten sich bisher zwei weitere Zeugen bei ihm telefonisch gemeldet: eine anonyme Frau und ein Herr B. aus Braunschweig. Sie alle hätten sich in Flugrichtung des UFOs zum Zeitpunkt des Geschehens befunden und es ebenso gesehen. Sie wollten sich aber wegen einer möglichen »Sinnestäuschung« nicht lächerlich machen. Ähnliches gab unser Zeuge auch gegenüber den Kollegen von der GEP an, die sich sofort mit ihm in Verbindung setzten, um ihrerseits einen Besuchstermin auszumachen. Zunächst sagte der Beobachter zu, als aber kurz darauf der Termin bestätigt werden sollte, begann sich der Zeuge zu winden: Die Familie wohne in einem architektonischen Wunderwerk, und da ein Professor derzeit eine Arbeit über diese einzigartige Behausung schreibe, habe es der Vermieter untersagt, daß Besucher das Grundstück betreten. Doch ein Bonbon hatte Herr L. noch anzubieten: Inzwischen hätten sich fast 20 Zeugen seiner Untertasse bei ihm gemeldet, aber leider habe er deren Telefonnummern, Namen und Adressen nicht, da sie alle anonym zu bleiben wünschten. Zurück bleibt für uns ein fragwürdiger Fall.

Inzwischen erhielt das Lüdenscheider Team Nachricht von der Polizei in Braunschweig: Dort waren in der fraglichen Nacht und auch sonst keine UFOs oder gar Fliegende Untertassen gemeldet worden. Fast möchten wir glauben, daß sich Herr L. einen Spaß mit uns erlaubt hat.

Der ET von Braunschweig

Es war Montagabend, der 7. Juni 1993; es meldete sich höchst aufgeregt der 26jährige zur Zeit arbeitslose Braunschweiger Altenpfleger Carsten B. bei meinem Kollegen Rudolf Henke. Der Zeuge gab an, daß ihm seine Lebensgefährtin »abhanden« gekommen sei, sogar das Stichwort UFO-Entführung fiel (was der Zeuge jedoch inzwischen nachdrücklich bestreitet). Henke verwies Herrn B. an die Polizei. Der gab noch an, daß er sich an *BILD* gewandt habe – viel mehr war an diesem Abend nicht herauszubekommen. Also wartete Henke auf die nächsten Ausgaben von *BILD*. Zwei Tage später, am Mittwoch, dem 9. Juni, war es dann soweit: Auf der Titelseite prangte eine der unglaublichsten UFO-Geschichten. Erstmals sah man ein in Deutschland aufgenommenes Foto eines ET, das nicht als

Aprilscherz daherkam (wie das Retuschen-Foto von »Mr X« im *Wiesbadener Tagblatt* vom 1. April 1950), auf einer Zeitungsseite! Wie lange mögen enthusiastische Ufologen auf diesen Augenblick gewartet haben, zumal auch weltweit bis heute nur ganz wenige vermeintliche ET-Fotos vorliegen! Also endlich der ersehnte Durchbruch in der »UFO-Forschung« und das auch gleich noch vor der eigenen Haustür? Zwar hatte *BILD* der Überschrift einen scherzhaften Beiklang gegeben (»Der neue Sommer-Spaß«), doch Zitate des *BILD*-UFO-Experten Johannes von Buttlar und seines Konkurrenten Erich von Däniken versahen die Geschichte gegen Ende zumindest für UFO-Interessierte doch noch mit einem seriösen Touch.

V. Buttlar wurde wie folgt zitiert: »Die Beschreibung paßt genau zu anderen UFO-Beobachtungen.« Tat sie das wirklich? Keine Frage: Dieser Geschichte mußte man auf den Grund gehen.

Geben wir nun Rudolf Henke das Wort: »Zeuge B. zeigte sich beim Telefoninterview höchst nervös: Seine Stimme wirkte erschöpft, und ständig wiederholte er in offensichtlicher Aufregung Silben, kam nahezu ins Stottern. Mein Eindruck: Dieser Mann hat etwas Traumatisches erlebt und/oder ist geistig verwirrt. Auch GEP-Kollege Hans-Werner Peiniger, der bereits zuvor mit ihm gesprochen hatte, bestätigte meinen Eindruck. Was mich jedoch stutzig machte, war der Umstand, daß die Nervosität des Zeugen in keinem Verhältnis zum zeitlichen Abstand seiner vorgeblichen außerirdischen Nahbegegnung stand, die bereits drei Monate zurücklag.

Auch zeigte sich eine eigenartige Diskrepanz zwischen Tonlage und Nervosität: Die Tonlage war ruhig und gleichmäßig, ohne emotionale Höhepunkte, die Stimme dagegen zittrig und nervös. Die Geschichte seines Erlebnisses, wie er es mir schilderte, ist rasch erzählt: Am 8. März 1993 wollte der passionierte Hobby-Tierfotograf in einem Waldstück des südwärts gelegenen Braunschweiger Vorortes Melverode gegen 15:00 Uhr ein Fasanenpaar knipsen. ›Bewaffnet‹ war er bei seiner Fotopirsch zunächst seltsamerweise nur mit einer Karena SRH 1001 mit 55-Millimeter-Objektiv – für solche Aufnahmen nicht eben die geeignete Brennweite. Plötzlich sah er auf einer Lichtung eine ›Luftspiegelung‹ am Himmel. Das Phänomen

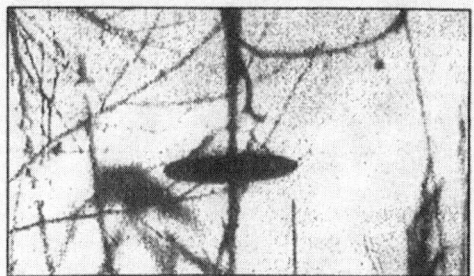

Ufos filmen
Der neue Sommer-Spaß

▲ Die UFO-Landung auf Herrn Bretschneiders Film: Das Objekt schwebt über Birken, blinkt wie ein Spiegel in der Sonne. „Ein Motorengeräusch war nicht zu hören."

Kommen die Außerirdi-schen in Fliegenden Un-tertassen mit einer gläser-nen Puddingschüssel oben-drauf?

Sind die grünen Männchen in Wirklichkeit blau?

Egal. Auf jeden Fall heißt der neue Sommerspaß: **UFOs fil-men.**

BILD zeigt heute, was Herr Carsten Bretschneider (26), Al-tenpfleger aus Braunschweig, aufgenommen hat. Er drückte nachmittags um drei auf den Auslöser – im Wald bei Melvero-de. Bretschneider: „Am grauen Himmel ein Lichtreflex. Dann eine komische, blaue Gestalt im silbernen Anzug. Ich versteckte mich zwischen Birken."

Was sagen UFO-Experten zu den Bildern von Melverode? Bestseller-Autor **Johannes von Butlar** (53, „Leben im Univer-sum"): „Das war die Begegnung mit der 3. Art. Die Beschreibung paßt genau zu anderen UFO-Beobachtungen." **Erich von Dä-niken:** „Solche Figuren wurden schon häufiger gesehen." Und wohl nicht das letzte Mal.

▲ Blauer Kopf, Atemmaske, silberner Anzug. Herr Bretschneider schwört, der Außerirdi-sche (90 cm groß) habe mit seinen Krallenhänden auch noch der Kamera zugewinken.

BILD vom 9. Juni 1993   *Quelle: CENAP*

wirkte wie eine Uhr, die man in die Sonne hält. Der Zeuge bemerkte, daß er, als er im Begriff war, das Objekt zu fotografieren, bei sich gedacht hatte: ›könnte geil sein‹.«

Nachdem Herr B. einige Aufnahmen gemacht hatte (von denen später »auf zweien etwas zu sehen gewesen« sei), wurde er plötzlich auf ein »Dingwesen« im Gebüsch aufmerksam. Dieses war angeblich etwa 90–100 Zentimeter lang und hat die überlangen, dünnen, »knicklosen« elefantenrüsselartigen Arme mit dreifingrigen Klauen beim Gehen mitbenutzt (»ähnlich wie bei Affen«). So der Zeuge.

Bis zu diesen Angaben erinnert das Wesen an die bekannten Kelly-Hopkinsville-Kreaturen vom August 1955. Doch der aktuelle »ET« wies noch einige zusätzliche Besonderheiten auf: 1. eine blaue Hautfarbe, 2. ein »Gerät im Gesicht«, von dem so etwas wie ein Schlauch hinter den Rücken zu führen schien, 3. etwas Ähnliches wie eine Antenne, die sich hinter dem Rücken auf und ab bewegte (hier wiederum denkt man an das italienische Monguzzi-Wesen vom Juli 1952).

Erst die »mandelförmige« Augenform läßt schließlich an die aktuellen »Grauen« denken. Als Augenfarbe gab der Zeuge übrigens »schwarz« an. Nachdem er mit seiner Kamera und dem rasch aufgeschraubten Teleobjektiv freihändig zwei Aufnahmen dieses »ufologischen Mischwesens« geschossen hatte, hörte er hinter sich ein Geräusch und drehte sich um. Als er wieder in Richtung ET schaute, war dieser plötzlich verschwunden.

Henke gegenüber gab der Zeuge an, daß das Wesen mindestens 400 Meter weit weg war, während er dem *BILD*-Journalisten kurz zuvor die Angabe »200–300 Meter« gemacht hatte. Am nächsten Tag habe er sich kurz nach 15:00 Uhr erneut auf der Lichtung eingefunden. Diesmal sei für Sekunden ein festes Objekt über den Baumwipfeln erschienen, von dem er rasch mehrere Fotos schoß. Am darauffolgenden Wochenende fand er auf der Lichtung eine kreisförmige, etwa drei Meter große Spur im niedergedrückten Gras.

Erste Zweifel bei Henke: Was willst du mehr, Ufologen-Herz, könnte man bis dahin frohlocken: abgelichtete UFOs, Bilder einer seltsamen Kreatur und obendrein auch noch eine UFO-Landespur – und das alles von einem einzigen Zeugen! Wirklich ein Grund zum Triumphieren, aber war das nicht des Guten ein bißchen zuviel? Uns ist aus dem Stegreif nur ein Nichtkontaktler-Fall bekannt, in dem eine einzige Person UFO-Fotos und UFO-Landespur gleichzeitig präsentiert hatte: Es handelt sich um einen von uns 1977 fingierten Fall, der seinerzeit der Wiesbadener UFO-Sekte DUIST zugespielt worden war, um die Recherchierfähigkeiten dieser Gruppe zu testen. (Wer die Geschichte nicht kennt: DUIST veröffentlichte die Story ohne Rücksprache und Recherchen prompt auf Seite 1 der von ihr herausgegebenen *UFO-Nachrichten.*)

Die Zweifel verstärkten sich. Zunächst fragte Henke den Zeugen nach den Fotos. Wie fast erwartet, erklärte er sich außerstande, uns das Material zur Verfügung zu stellen, da er sämtliche Abzüge und Negative aus der Hand gegeben habe. Ob er wenigstens bereit sei, einen Fragebogen auszufüllen? Auch das nicht. Er gab zu verstehen, daß er sich unseren Recherchen nur dann zur Verfügung stellen würde, wenn ein anderer Fotograf mit ähnlichen Aufnahmen hinzukäme. Seltsam, hatte der Zeuge doch nicht gezögert, sich mit seiner Geschichte *BILD* zu offenbaren – er war dazu extra nach Hannover zur *BILD*-Redaktion gefahren! In diesem Zusammenhang erwähnte er, daß er sich im April mit dem Zeugen Erwin L. aus dem vorigen Fall in Verbindung gesetzt hatte. Der habe ihn nicht nur vor uns gewarnt, sondern ihm gegenüber auch geäußert, daß er »abspringe«, es sei denn, man böte ihm eine fünfstellige Summe …

Auf Henkes Frage, wie denn seine Bekannten und seine Familie auf die Geschichte reagiert hätten, gab B. zu, daß ihm niemand glauben wolle – selbst seine Lebensgefährtin nicht. Wegen seiner UFO-Geschichte sei es zu Streitigkeiten gekommen, sie habe am Montag die Koffer gepackt und sei ausgezogen. Inzwischen habe er sich mit ihr jedoch wieder versöhnt.

Auf die Frage, wie lange er sich schon mit der UFO-Thematik beschäftige, gab B. zunächst zu, daß er nur einige wenige UFO-Bücher besitze. Dann erwähnte er, daß er von Hopkins' Buch *Von UFOs entführt* »fasziniert« sei. Erst nach seinen eigenen Beobachtungen habe er »alles zusammengekauft«, was an UFO-Literatur auf dem Markt ist. Warum er sich mit seinen Fotos erst jetzt an die Öffentlichkeit wende? Er habe den Film lange Zeit zu Hause gehabt. Als er ihn in einem Schnellabor entwickeln ließ, habe man ihn dort nach dem Ursprung der Aufnahmen und sogar nach seiner Arbeitsstelle gefragt. Aus purer Angst habe er behauptet, daß die Bilder gestellt seien.

Lange Zeit habe er nicht gewußt, an wen er sich mit seinen Aufnahmen wenden solle, abgeschreckt auch von der Haltung der *Braunschweiger Zeitung,* die ihm seine Geschichte nicht abgekauft hatte. Diese Angaben waren eher ein Ausweichmanöver als eine Antwort. Nachdem Henke rund eine dreiviertel Stunde mit dem Zeugen gesprochen hatte, gab er wiederholt zu verstehen, daß er sich bestimmt wieder mit ihm in Verbindung setzen wolle. Henke gewann den Eindruck, daß er froh war, nicht weiter mit Fragen belästigt zu werden.

Doch mein Kollege wollte die Geschichte nicht auf sich beruhen lassen. Also erkundigte er sich beim Wetteramt Braunschweig nach den Witterungsbedingungen zum Zeitpunkt der angeblichen Sichtung. Doch stimmten die mit den Zeugenangaben (bewölkt) überein.

Dennoch wies die Geschichte zu viele Widersprüche und Ungereimtheiten auf, um glaubhaft zu erscheinen: 1. Da wendet sich jemand an die Boulevardpresse, hat jedoch Angst, sich Untersuchungen von Fachleuten zu stellen. 2. Die Geschichte war zu umfassend, um glaubhaft zu sein. 3. Der vom Zeugen beschriebene »ET« schien aus der gängigen UFO-Literatur zusammengestückelt. 4. Die Entfernungsschätzungs-Angaben differieren nicht nur stark, sondern stehen auch zu den beobachteten Einzelheiten in keinem Verhältnis: Wie kann jemand aus mehreren hundert Metern Entfernung Einzelheiten wie Augenfarbe oder Schlitzäugigkeit erkennen? Gewiß, der Zeuge benutzte ein 500-Millimeter-Teleobjektiv, doch er fotografierte freihändig. 5. Auch erscheint es nicht einleuchtend, warum dem Zeugen trotz der Fülle an vorgelegtem »Beweismaterial« niemand – nicht einmal seine Lebensgefährtin – Glauben schenkt. 6.

Warum reagierte der Zeuge noch drei Monate nach der Begegnung derart nervös? 7. Auch die Geschichte mit dem Schnellabor klang nicht sehr glaubwürdig. 8. Ebenfalls unglaubwürdig ist die Antwort, daß er nicht wußte, an wen er sich mit den Fotos wenden solle.

Folglich rief Henke den Zeugen abermals an. Zunächst fragte er ihn, wie er sich erklären könne, daß es laut Wetteramt an den betreffenden Tagen geregnet habe. Daraufhin gab es erst einmal eine längere Pause am anderen Ende. Ob es möglich sei, daß er auf den Regen vielleicht nicht geachtet habe, faßte Henke nach. Tja, das sei schon möglich, kam die Antwort. Daraufhin konfrontierte er ihn mit seiner Einschätzung der Geschichte und erklärte, daß es zu viele Widersprüche gebe. Vor allem sei nicht zu begreifen, warum er einerseits schnurstracks zu *BILD* gelaufen war, jedoch keine Kooperation mit uns zeige. Henke betonte wiederholt, daß er – falls er sich nur einen Jux erlaubt haben sollte – nicht das Geringste zu befürchten hätte.

Bemerkenswerterweise erfolgte auf diesen ausgesprochenen Verdacht keinerlei Reaktion der Empörung. Dabei hatte der UFO-Fotograf kurz zuvor noch recht heftig reagiert, als man ihn nach der angeblichen Entführung seiner Partnerin befragt hatte (er habe Derartiges nie geäußert). Auf Henkes Bitte hin, über seine Worte in Ruhe nachzudenken, erklärte Herr B. erneut, er werde sich auf jeden Fall wieder melden.

Lassen wir noch einmal Rudolf Henke zu Wort kommen: »Eine halbe Stunde später klingelte das Telefon. Am Apparat – Herr B. Er begrüßte mich mit den Worten ›Wer einmal lügt, dem glaubt man nicht …‹ und legte dann ein vollständiges Geständnis ab: Ich hätte vollkommen recht mit meinen Zweifeln, seine Geschichte sei frei erfunden. Mit einem Mal hatte es den Anschein, als spräche ich mit einer völlig verwandelten Person: keine Erregung, keine Angst mehr in der Stimme des Berichterstatters – B. wirkte hörbar erleichtert, ja befreit, als sei eine schwere Last von seinen Schultern genommen. Je länger er sprach, desto frischer und unbekümmerter wirkte er; ich berichtete ihm auch von dem CENAP-Jux mit der DUIST.«

Volle acht Jahre hatte sich der Hobbyfotograf auf seinen Unfug vorbereitet. Die »UFO«-Aufnahmen waren nicht auf einmal, sondern nacheinander innerhalb von zwei Jahren entstanden. Bei dem UFO selbst handelte es sich um ein ca. 90 Zentimeter großes Modell; der ET entpuppte sich als mit Füllwatte ausgestopfte und mit Sprühfarbe aufgemotzte Stoffpuppe. Die Augen waren nichts anderes als bemalte Kunststoff-Ostereier. Die Maske war eine Atemmaske aus dem Altersheim, in dem der Zeuge zuletzt beschäftigt war, der Schlauch ein Katheterschlauch. Auch bei der Erzeugung der »Landespur« hatte sich Herr B. viel Mühe gegeben: Zunächst hatte er flächig das Gras mit Händen ausgerissen, dann die Ränder niedergedrückt.

Eines allerdings war merkwürdig: Einerseits betonte der Zeuge, daß er tatsächlich am 8. März im Wäldchen Aufnahmen gemacht hatte, andererseits sagte er nun, daß es an diesem Tag tatsächlich geregnet habe und daher Farbe von seinem Modell abzutropfen begann. Man kann nur vermuten, daß der Zeuge generell zum Fabulieren neigt. Diese Überlegung wurde auch durch den Umstand bestärkt, daß seine Freundin bis fast zum Schluß nichts von dem Jux wußte (obwohl sie, wie ihre Reaktion zeigt, etwas geahnt haben mag!). Sie wisse aber inzwischen Bescheid, sagte B. noch, und habe herzlich gelacht.

B. betonte, daß er sich diesen Spaß nicht etwa ausgedacht habe, um sich in Szene zu setzen oder Geld damit zu machen. Er habe für die *BILD*-Fotos kein Honorar verlangt oder erhalten. Ihm sei es nur darauf angekommen, zu »sehen, wie damit umgegangen wird«. Lachen mußte er über die Wortwahl des *BILD*-Schreibers »könnte geil sein!«, die er dann in seine Story eingebaut hatte. Er gestand nun, richtig froh und erleichtert über seine Beichte zu sein: »Ich hätte nie gedacht, daß das dermaßen nerven würde«. Herr B. war aufgeregt, weil er stündlich fürchtete, daß sein Jux herauskommen könne und er deshalb mit schwerwiegenden Konsequenzen zu rechnen habe (»Ich sah mich schon im Gefängnis ...«). Er betonte wiederholt, so etwas nie wieder tun zu wollen. Übrigens beschäftigt sich Herr B. bereits seit seinem 12. Lebensjahr intensiv mit der UFO-Thematik und ließ sich bis vor kurzem von einschlägigen Büchern bekannter »Fachautoren« faszinieren. Doch nachdem er nun erfahren hat, wie rasch die Medien frei erfundene Geschichten publizieren und vermarkten, ist er sehr nachdenklich geworden.

Überrascht hat ihn die enorme Reaktion auf seine Geschichte. Selbst RTL habe sich inzwischen bei ihm gemeldet. Und *BILD*-Leser, die bei ihm bzw. in den *BILD*-Redaktionen anriefen, hätten vorgegeben, selbst gleichartige Beobachtungen gemacht zu haben. Herrn B. ist – so hoffen wir wenigstens – noch rechtzeitig der »Absprung« gelungen. Ein mit weniger Skrupeln behafteter Scherzbold hätte das Bad in der Öffentlichkeit vielleicht genossen – und weitergemacht.

Es kommt wahrhaftig nicht häufig vor, daß derart intensiv vorbereitete Coups eingestanden werden – und das bereits kurz nach der Ausführung. Übrigens: Wenn es eine Chance gibt, eine solche Geschichte aufzudecken, muß schnell gehandelt werden, ist doch die Gefahr groß, daß der Spaßvogel nach kurzer Zeit von Medien und UFO-Fanatikern vereinnahmt wird und – je nach Charakter – nicht mehr zurück kann oder will. Auch wird er seine Geschichte ständig »glätten«, so daß Widersprüche schon bald nicht mehr erkennbar sind.

Nachspiel: 14. Juni 1993. Fünf Tage nach Erscheinen des *BILD*-Artikels rief Henke Herrn B. erneut an, um den letzten Stand zu erfahren. Zunächst interessierte ihn, ob er die Aktion gemeinsam mit Herrn L. inszeniert hatte. Diese Vermutung lag nahe, da beide »Zeugen« aus Braunschweig stammen, beide Geschichten auf den 8. März datiert wurden, und B. Herrn L. kontaktiert hatte. Doch er versicherte Henke glaubhaft, daß die beiden Aktionen nichts miteinander zu tun haben. Der »ET«-Fotograf erwähnte, daß er inzwischen *BILD* Hannover über die Sache aufgeklärt habe. *BILD*-Journalist Kempf behauptete, gleich eine Ente gewittert zu haben (!), er habe B. dann gefragt, ob er vielleicht bereit sei, mit der ET-Puppe im Arm für eine neue *BILD*-Story zu posieren, doch das wollte B. nicht.

Vom Fernsehen hatten sich inzwischen die Redaktionen von *RTL-plus* »Klartext« und »Phantastische Phänomene« bei B. gemeldet.

Er redete sich jeweils damit heraus, daß die Rechte bereits anderweitig vergeben seien. Einer der Fernsehleute habe enttäuscht reagiert: Immer kämen einem andere Sendeanstalten zuvor! Die Zeitschrift *Spezial* wollte gegen gutes Honorar eine ausführliche Geschichte veröffentlichen. B. war noch am Schwanken. Er habe gegenüber der *Spezial*-Redaktion seine Geschichte zur Kontaktler-Story ausgeweitet. Henke riet ihm ab, weiterzumachen.

Erfreut berichtete unser Falschspieler noch, daß er aufgrund seiner Story eine Reihe von Brieffreunden gewonnen habe. Der Spaßmacher versprach, uns entsprechendes Fotomaterial nebst der ET-Puppe, die er inzwischen wieder aus dem Müll gezogen habe, zukommen zu lassen. Henke war sich nicht sicher, ob man von Herrn B. in den nächsten Monaten oder Jahren nicht vielleicht doch noch weitere phantastische Geschichten hören würde.

15. Juni 1993. Henkes Empfindung hat nicht getrogen: B. trat im *RTLplus*-Mittagsmagazin auf – und von einem Gag war keine Rede mehr! Bezeichnenderweise kam die Redaktion erst nachträglich auf den Gedanken, die CENAP zu befragen.

16. Juni 1993. Henke sprach nochmals mit dem *BILD*-Journalisten Kempf. Der bestätigte, daß B. auch ihm seinen Jux eingestanden hatte. Allerdings habe er von *BILD* doch ein Honorar für die Fotos erhalten. Kempf erklärte, daß *BILD* inzwischen einen »ernsten« Brief von B. erhalten habe, in dem er die Rückgabe des Materials fordere. Der Vorgang würde gerade von der Rechtsabteilung geprüft. Kempf habe unmittelbar nach B's. »Geständnis« bei *BILD* Hamburg um die Erlaubnis zu einem Entlarvungsartikel gebeten, doch ohne Erfolg. Man wolle erst einmal abwarten, wie sich die Geschichte weiterentwickle. Doch wenn man die Arbeitsweise von *BILD* kennt, darf man bezweifeln, daß jemals ein entsprechender Artikel erscheinen wird. Warum sollte *BILD* eine Geschichte, die man womöglich wiederholt ausschlachten kann, ein für allemal sterben lassen?

Ein neuer Freund am Firmament?

Wer jetzt eine Fliegende Untertasse am Himmel sieht, braucht sich nicht die Augen zu reiben – wir werden ihm glauben in Anbetracht dessen, was uns nun erwartet. Es geht um eine Erscheinung, die auf Videofilm festgehalten wurde und uns als 90sekündiges Beweismaterial vorliegt. Beeindruckend, furchteinflößend und sensationell! Unser Zeuge ist Kai M., der sich Anfang Juni 1993 bei uns meldete und versprach, eine Videokopie nebst Kartenmaterial und Bericht zum Geschehen nachzureichen: »Ich ging am 29. Mai 1993 um 22 Uhr auf unseren Balkon in der Florentiner Straße, als ich plötzlich über dem in Riedenberg gelegenen Naturschutzgebiet Eichenhain ein UFO erblickte. Aufgeregt sagte ich zu meiner Mutter, sie solle schnell rauskommen. Als sie ebenfalls die Erscheinung sah, sagte ich zu ihr, daß es sich bestimmt um ein UFO handle. Schnell holte ich meine Videokamera und filmte die Erscheinung. Als sie hinter einem Haus des Dattelweges verschwunden war, lief ich raus und rannte die Florentiner Straße Richtung Ilse-Beate-Jäckel-Weg runter. Kurz vor diesem Weg sah ich erneut das UFO, das immer noch über dem Eichenhain flog. Wieder filmte ich es, bis es außer Sichtweite war. Leider sah ich es dann nicht mehr. Um 22:43 Uhr blickte ich aus dem Fenster im Wohnzimmer und sah in Richtung (ungefähr) Basler-Luganer-Berner Straße und Bieler Weg, dort konnte ich erneut das UFO sehen, wieder filmte ich es. Als es aber hinter Bäumen verschwand, tauchte es nicht mehr auf.«

Als am Abend des 12. Juli Bericht und Videomaterial (ursprünglich mit einer Sony-Video-8-Kamera aufgenommen und dann auf VHS-Band überspielt) vorlagen, waren Köhler und ich recht gespannt. Die folgenden 90 Sekunden ließen uns die Augen übergehen: Am Dämmerungs- und Abendhimmel zieht gemächlich ein gewaltiges Gebilde, geräuschlos und hellgelborange wirkend (mit einem Kuppellicht oben) zunächst über Nachbarhäuser hinweg, verschwindet dann als Fliegende Untertasse hinter Bäumen und sendet noch durch die Äste und Zweige hindurch sein blitzendes

Licht – Steven Spielberg hätte es kaum besser machen können! Sofort wurde der Videograph kontaktiert, er versprach, einen Fragebogen auszufüllen (darauf warten wir noch heute). Gefragt, was er
heute (12. Juli) nun über sein Erlebnis vom 29. Mai denke und ob er
vielleicht eine Erklärung habe, sagte uns Herr M.: »Ich habe das Video vielen Leuten gezeigt, einige meinten, es würde sich um irgendeinen Zeppelin handeln. Jaja, es sieht schon wie eine Fliegende Untertasse aus, aber ein Zeppelin ... Die Form kann ich mir nicht vorstellen.«

Man kann diese Aufnahmen den besten UFO-Film aller Zeiten nennen. Eine Fälschung ist ausgeschlossen, und die FX-Techniken eines
Steven Spielberg standen dem Video-8-Filmer nicht zur Verfügung.

Dennoch ist das Ereignis aufzuklären. Es handelt sich um einen
von innen heraus beleuchteten Blimp, um ein sogenanntes Leicht-
luftschiff, einen Zeppelin. Dieses besondere Objekt treibt neuerdings sein UFO-intensives Unwesen über Deutschland. »Außerirdische über Franken?« fragte am 19. Juni 1993 die *Nürnberger
Zeitung*. Unzählige Bürger hatten Flughafen und Polizei alarmiert:
UFO unterwegs! Eine Zeugin: »Es war eineinhalb Mal größer als
der Vollmond, eine helle, in gleißendes Licht getauchte Scheibe, die
in der Mitte überhöht war. Es ist vom Süden hergekommen, flog am
Schornstein der MAN vorbei, war schneller als ein Düsenjäger und
verschwand, nachdem es den Fernmeldeturm passiert hatte.« Für
die Zeugin steht fest: Besuch der Außerirdischen. Auch die *WAZ*
vom 5. Juli 1993 wußte zu berichten: »UFO sorgt für Wirbel –
Bottrop rätselt über Frisbee-Scheibe!« 15 Zeugen auf der B224 können sich nicht irren: Ein viel zu greller Flugkörper habe da geleuchtet, und außerdem sei er viel zu schnell am Himmel dahingezogen,
um irgend etwas »Normales« gewesen zu sein. Eine Mitarbeiterin
des Bochumer Instituts für Zukunftsforschung erklärte das Objekt
als einen von innen heraus beleuchteten Zeppelin, »was alle Zeugen
für einen Witz halten«. Dennoch, es war keine Fliegende Untertasse,
sondern genau das: ein von innen beleuchteter Zeppelin. Wie er zu
UFO-Zaubern führen kann, möchten wir anhand eines englischen
Beispiels erklären:

Steve Gamble, Forschungs-Direktor des englischen UFO-For-schungszentrums BUFORA, hat uns Interessantes vom späten Januar und Februar 1992 zu vermelden: Im Hemel-Hempstead-Gebiet befand sich um 18:30 Uhr des Mittwoch, 22. Januar 1992, ein Zeuge südlich der M1-Autobahn auf der Fahrt nach London. Hierbei sah er eine besondere Maschine die Autobahn fünf oder sechs Meilen vor London überfliegen. Er nahm an, sich zu jener Zeit im Watford-Gebiet befunden zu haben. Der Himmel war extrem klar, und man hatte eine recht gute Sicht auf die Sterne des Abends. Nun bemerkte unser Zeuge ein befremdlich aufleuchtendes Objekt etwa 70 Meter hoch die Autobahn kreuzen, das zwei Lichter etwa 12 Meter voneinander entfernt trug, die sich an je einem Ende des Gefährts befanden – eins war rot und das andere weiß, und alle paar Sekunden schien es so, als würden diese Lichter etwas heller aufleuchten, um dann wieder normal zu erscheinen. Wie der Zeuge betonte, seien die Lichter an diesem Objekt völlig anders gewesen als jene, die er von Hubschraubern oder Flugzeugen her kenne. Diese Maschine flog angeblich langsam über die Straße in östliche Richtung dahin. Hinter den zwei Lichtern konnte der Zeuge nichts weiter erkennen. Dennoch: Für ihn war es nichts weiter als ein Flugzeug, wenn auch mit einer befremdlichen Beleuchtung.

Einige Tage später kam Gamble mit seinem BUFORA-Kollegen Arnold West ins Gespräch, wobei sich herausstellte, daß der von einigen Berichten ähnlicher Natur aus den vergangenen Tagen in jenem Gebiet wußte. Ein Herr aus Ost-London hatte ein zigarrenförmiges Objekt über der City von London ausgemacht, und West vermutete ein Luftschiff. Doch der Zeuge erklärte, sich mit Flugzeugen auszukennen und lehnte ein Luftschiff als Erklärung ab. Ein weiterer Bericht kam von einer Dame aus Brentford, sie hatte am selben Abend ein großes Objekt nach Norden in Richtung Wembley ziehen sehen. Auch hier klang für West die Darstellung nach einem Luftschiff. Als Regionaluntersucher wurde Ken Phillips eingeschaltet, der ebenso zum Luftschiff tendierte.

Wie es der Zufall wollte, sah Gamble dann um 18:45 Uhr desselben Abends zwei helle Lichter nahe beisammen in der Ferne. Es

schien nicht so, als wären es Lichter eines sich entfernenden, nahen-
den oder vorbeiziehenden Flugzeugs. Die Erscheinung tauchte genau dort auf, wohin zuvor das Luftschiff gezogen war, und so war
er sicher, daß diese Erscheinung genau darauf zurückzuführen sei.
Aufgrund dieser Sichtung konnte sich unser Kollege leicht die Ima-
gination der Zeugen vorstellen. Gamble beschloß, der Erscheinung
mit dem Zug zu folgen. Aus dem Fenster sah er das Objekt gut und
kam ihm immer näher. Als er Wembley erreichte, etwa zweieinhalb
Meilen weiter von der ersten Beobachtungszone entfernt, nahm die
Erscheinung Zigarrenform an, die »Fenster« hatte. Als der Zug weiterfuhr und die Station Willesden Green erreichte, befand Gamble
sich direkt unter dem Objekt, das nördlich zog. Nun war die weiße
Hülle klar und hell ausgeleuchtet zu erkennen, wobei sich ein
MITA-Schriftzug dunkel dagegen abhob. Der Zeppelin trug je ein
kleines Rotlicht an jedem Ende, aber diese Lichter verschmolzen mit
der Helligkeit des eigentlichen Flugkörpers. Die aus der Ferne wahrgenommenen »Fenster« entpuppten sich schließlich als der MITA-
Schriftzug.

Gamble kehrte zurück und rief sofort Ken Phillips an; inzwischen
hatte sich der Herr aus Ost-London wieder gemeldet und erneut das
Auftauchen seines »UFOs« verkündet, es aber ebenso als Luftschiff
erkannt.

Im bundesweiten *RTL*-Programm wurde im Mittagsmagazin des
16. Juni 1993 ein »UFO«-Film aus dem Ruhrgebiet vorgestellt,
ebenso wurden Augenzeugen gezeigt, die ein Zeppelin-UFO beschrieben. Die Redaktion jedoch hatte das »Objekt der Begierde«
festgenagelt und in seiner Heimat Straubing tagsüber besucht.

UFO-Alarm am Neujahrstag

Am Neujahrstag 1993 gingen gleich drei UFO-Meldungen ein. Herr
L. aus Ansbach meldete folgendes: »In der Silvesternacht, es war
kurz nach ein Uhr morgens, wollten meine Frau und ich ins Bett gehen. Ich muß dazu sagen, daß wir beide nur mäßig Alkohol getrun-

ken hatten und nicht betrunken waren. Wir hatten den ganzen Abend zu Hause verbracht. Bevor ich mich hinlegte, warf ich noch einen Blick aus dem Fenster. Da sah ich es. Ein glühendes, rötlich flackerndes Licht am Himmel. Es war sehr intensiv. Ich machte sofort meine Frau darauf aufmerksam. Wir konnten uns nicht erklären, was es war. Die Sichtungszeit war bis 1:15 Uhr. Die Lichtausstrahlung blieb bis auf das gelegentliche Flackern ziemlich konstant. Eine Oberfläche war nicht erkennbar.« Der Zeuge beschreibt das Objekt als rotglühende Lichtkugel, die sich nur ganz leicht am Himmel hin und her bewegt hatte. Es seien weder Geräusche noch sonstige Besonderheiten von dem Objekt ausgegangen. Die Größe wurde auf die des Vollmondes geschätzt. Die Entfernung schätzte der Zeuge auf ca. 2000 Meter. Das Objekt habe sich in nordwestlicher Richtung befunden; der Himmel war klar. Der Zeuge ist Brillenträger, als er das Objekt gesichtet habe, hatte er seine Brille gerade nicht getragen. Erstaunlicherweise erhielt ich von einer jungen Frau, die zusammen mit ihrem Freund auf dem Nachhauseweg von einer Silvester-Party war, ähnliche Angaben.

Beide Darstellungen sprechen eindeutig für einen Party-Gag-Heißluftballon. Herr L. wohnt in derselben Straße, in der auch das junge Paar die Beobachtung machte. Man kann also davon ausgehen, daß die beiden unabhängigen Zeugen ein und denselben Ballon gesehen haben. Die Entfernungseinschätzung in beiden Fällen ist jedoch völlig übertrieben, da das Objekt Vollmondgröße hatte und somit in einer Sichtungsentfernung von nur ein paar Dutzend Metern gewesen sein kann. Der Party-Gag-Ballon hat gerade mal 1,50 Meter Durchmesser und ist 1,80 Meter hoch.

Obige Schilderung erinnert mich an Raymond Fowlers Bericht in *Die Beobachter:* In der Abenddämmerung des 17. März 1967 tanzte und hüpfte ein zylindrisches Objekt mit feurigem Auspuff über die Straßen von South Lawrence, Massachusetts, bis es im benachbarten Andover die Route 495 – eine vielbefahrene Autobahn – überquerte und über der Raytheon-Fabrik vor sich hin leuchtete. Das merkwürdige Schauspiel brachte den Stoßzeitverkehr am Boden zum Erliegen. *Fowlers Zeitungsausschnittdienst* sichtete die Lo-

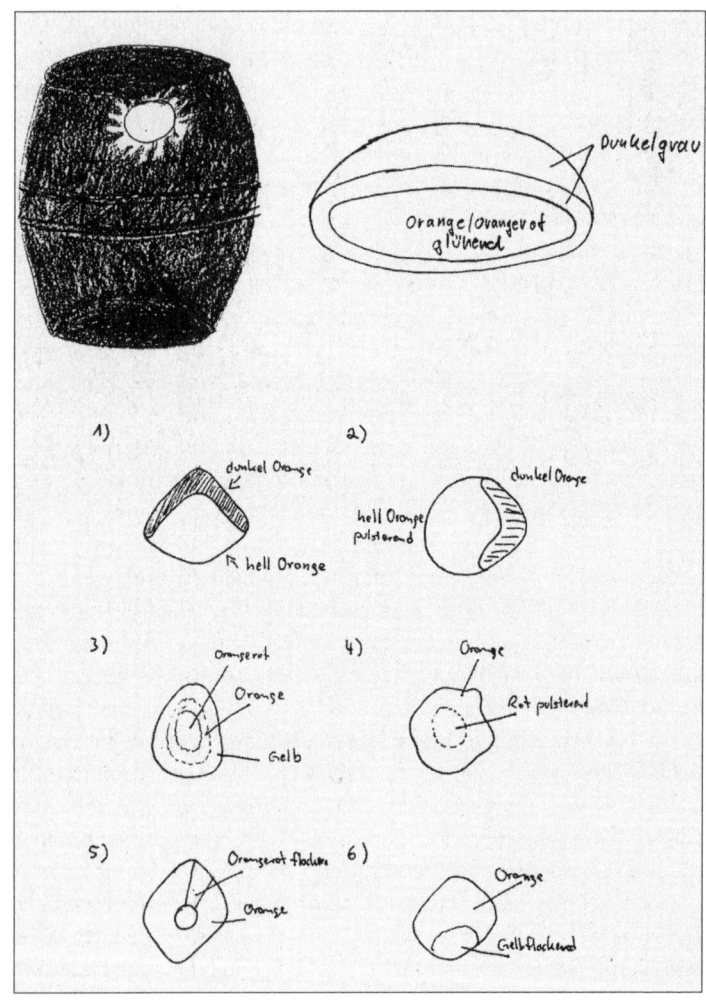

Ein Anheizer für phantastische UFO-Illusionen ist nichts als ein beliebter Party-Spaß ... Die Zeugen beschreiben immer wieder »fliegende orangerot-glühende Lichtquallen«, die in lauen Sommernächten oder speziell um den Silvesterabend gespenstisch über den Himmel geistern.   Quelle: CENAP

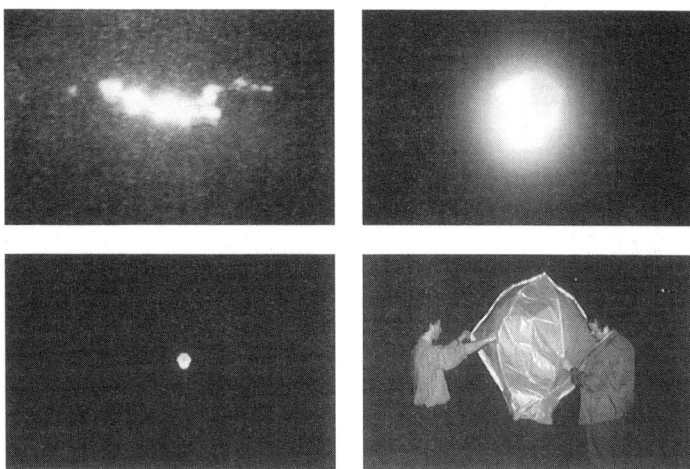

*Von diesen als reale UFOs verstandenen Phänomenen lieferten verschiedene
Beobachter eindrucksvolle Fotobelege   Quelle: GEP Lüdenscheid*

kalzeitungen, und schon bald darauf begann er, Personen zu befragen, die das seltsame Objekt beobachtet hatten. Eine Hausfrau beschrieb es als fliegendes, an der Unterseite brennendes Brett. Einige junge Männer erzählten Fowler, daß es wie eine umgedrehte Zahnpastatube ausgesehen und heftige Flugmanöver ausgeführt habe. Ein Trucker berichtete aufgeregt, wie er am Straßenrand angehalten habe, um ein flammendes fischförmiges Objekt, so groß wie ein Verkehrsflugzeug, über den Himmel schießen zu sehen. Zeitungen, Illustrierten und Fernsehsendungen beschrieben alle Einzelheiten.

Doch in Wirklichkeit hatten Collegekinder Heißluftballons gebaut und aufsteigen lassen. Dazu brauchten sie nur eine gewöhnliche Kleiderhülle aus Plastik (aus der Reinigung), einen Kleiderbügel, ein Stück Metallfolie, Bindfaden und Feuerzeugbenzin. Als erstes hatten sie einen Kleiderbügel zu einem Rechteck gebogen und das Metall mit Trinkhalmen bedeckt, um die Öffnung des Beutels mit Klebeband am strohhalmbedeckten Rahmen zu befestigen. Als nächstes formten sie die Metallfolie zu einem Becher, den sie am

Rahmen festmachten. Nachdem das Feuerzeugbenzin in den Becher gegossen und angezündet worden war, füllte die Heißluft mit einem Knall den Beutel. Der kissenförmige Ballon stieg schnell auf, soweit es die Leine gestattete. Doch dann brannte das Feuer den Bindfaden durch, und der Ballon flog, dem Wind ausgeliefert, schnell davon.

Fowler: »In diesem Fall handelte es sich um einen ungewollten Ballonstart, doch werden die meisten solcher Ballone absichtlich gestartet, um falsche UFO-Berichte zu provozieren. Die am häufigsten verwendete Wärmequelle ist dabei ein Bündel von Geburtstagskerzen, das auf einem leichten Balsaholzrahmen befestigt wird, der wiederum auf den Bügel kommt. Die Mehrzahl der Starts findet nachts statt, meist während der Schulferien. Die häufigste Beschreibung spricht von einer sich langsam dahinbewegenden, orangeglühenden Kugel. Manchmal fängt der Plastikbeutel auch Feuer, was den Eindruck eines abstürzenden, brennenden Objekts erweckt und Rettungsleitstellen in Trab setzt, weil Flugzeugabstürze als Katastrophenmeldungen eingehen. Zeugen dieser Erscheinung finden die logische Erklärung komisch und können sie kaum glauben. Werden diese Apparaturen bei Tage gesichtet, beschreiben Augenzeugen sie häufig als fliegende Röhre, Fische, Zylinder und Kissen. In einem weiteren Fall ließen einige Jungs ein paar davon in der Nähe des Startbahnendes eines Privatflughafens steigen. Da ihnen Vergleichspunkte zur Orientierung fehlten, berichteten die Piloten, daß diese Objekte die Größe eines Linienflugzeugs gehabt hätten! Eine Abart davon sind Ballone und Drachen, an denen man Fackeln befestigt. Fowler: »Solche UFO-Streiche sind zwar selten gefährlich, aber sie verursachen oft unnötige Verschwendung von Zeit und Geld des Forschers.« Macht nichts, selbst die größten Sachbuchautoren und vielgelobten UFO-Fernsehstars fallen darauf herein.

UFO-Formationen unterwegs

Die zeitweise für CENAP tätige UFO-Fall-Ermittlerin Andrea Gibitz aus Heilsbronn-Bonnhof kam mit Dr. Josef M. in Kontakt, der am Abend des 5. November 1990 nahe Halle eine ungewöhnliche Himmelserscheinung ausmachte. Seine Darstellung wurde am 25. Oktober 1992 aufgezeichnet. Unser Zeuge befand sich auf der Autobahn Berlin–München zwischen der Ausfahrt Halle und der nächsten Raststätte. Plötzlich machte er die im nachhinein so dargestellte Phantom-Wahrnehmung (die wir dem Fragebogen direkt entnehmen):

Knapp »zehn seltsame, gelbrot-selbstleuchtende Objekte zogen in konstanter Lichtausstrahlung« als »Schwarm von Lichtern mit Schweifen« knapp über den Horizont hinweg, scheinbar von SSW nach SO fliegend. Es muß gegen 19:20 Uhr gewesen sein, aber da ist sich der Betrachter unsicher und räumt plus/minus 30 Minuten Verschätzzeit ein. Die Observation habe etwa drei Minuten gedauert. Es sei an jenem Abend leicht bewölkt und diesig gewesen. Dann war der Spuk vorbei.

Jedes »Einzelelement« des Lichtpunktschwarms war so groß wie ein Stern erster Ordnung. Die Gesamterscheinung soll bei ausgestrecktem Arm eine Handbreit gemessen haben, als sie scheinbar gemächlich über den Himmel gehuscht sei.

Auch ich kannte den Vorfall aus meinen Recherchen als »Rätselraten nach Re-Entry über Deutschland«. Es handelte sich um den Wiedereintritt eines sowjetischen Satelliten, der gegen 19:07 Uhr auf dem 49. Breitengrad und dem 73. Längengrad eintrat – so das United Space Command gegenüber CENAP am 28. November 1990. Im *MUFON UFO JOURNAL* Nr. 293 vom September 1992 meldete sich James Oberg aus dem texanischen Dickinson zu Wort und nahm Bezug zu dem Ereignis, das auch in Frankreich zu ufologischer Verwirrung geführt hatte und von Jean Sider als »größter UFO-Flap in Frankreich seit Herbst 1954« bezeichnet worden war. Die französische Raumfahrtagentur CNES erklärte die Sichtungen

als die Rückkehr einer sowjetischen Trägerrakete, die den Satelliten
GORIZONT-23 ein paar Tage vorher (3. November 1990) in einen
sogenannten »low parking orbit« gebracht hatte. Die dritte Raketenstufe tauchte in die Erdatmosphäre ein und sorgte bei ihrer Ver-
brennung für eine spektakuläre Schau.

Außerirdisches Flugobjekt 1975 über England?

Mit dieser Frage mußte sich unsere Ermittlerin auseinandersetzen,
nachdem sie darüber informiert worden war, wie Debora M. zusammen mit ihrem Vater im Herbst 1975 (genaues Datum wegen
der zurückliegenden Zeit nicht mehr feststellbar) ein Objekt ausmachte, das wie eine »mittelblaue Schallplatte« erschien. Der Flugkörper bewegte sich laut Zeugenaussage in konstanter Höhe von
Osten lautlos nach Westen über der sogenannten »irischen See« an
der Nordwestküste Englands. Die Observation sei gegen 17 Uhr gewesen und habe ca. 30–40 Sekunden angehalten. »Das Objekt war
von einer intensiv leuchtenden, hellblauen Korona umgeben, die
Lichtausstrahlung blieb konstant.« Die Größe wurde auf etwa die
des Vollmondes geschätzt, die Entfernung auf ca. 1000 Meter.
Während der Sichtungszeit habe das Autoradio der beiden Zeugen
gesummt.

Die runde, »scheibenartige« Form des Objekts, das bläuliche
Leuchten, die Intensität der Leuchtkraft (insbesondere der hellblauen Korona) und die kurze Sichtungsdauer (die zudem wahrscheinlich in Anbetracht der plötzlichen Erscheinung eines solchen
Gegenstandes weit überschätzt sein mag) erinnert an einen Meteor-
Boliden (großer Bruder der Sternschnuppe) bei Tageslicht, wobei
ein etwas schwächerer Schweif nicht aufgefallen ist.

Eine überaus merkwürdige Begebenheit: Ende 1993 wurden wir
dank einer Notiz in der Fernseh-Beilage PRISMA von Bernd L. aus
Hannover kontaktiert. Dringend sollten wir einen Vorgang vom 21.
April 1990 untersuchen und wurden gebeten, ihm unsere Erkenntnisse und den weiteren Verlauf der Erhebungen kundzutun. Veröf-

fentlichen sollten wir hingegen nichts. Ein Papier wurde von unserem Berichterstatter mit roter Farbe und einem Stempel »Vertraulich« markiert. Zeitweise schalteten wir unseren CENAP-Mitarbeiter Lutz Schridde aus Hannover ein, der zweimal mit dem Beobachter telefonierte, aber nicht so recht mit ihm »warm« wurde. Was uns zu Ohren kam, war ein recht ungewöhnlicher UFO-Bericht, ja, es ging um nichts Geringeres als um ein außerirdisches Raumschiff. Eine kühne Behauptung, für die unser Zeuge »keinesfalls« eine Beweisführung einbringen wollte: »Mir geht es darum, daß Sie meinen Bericht Ihrem Raster zufügen und dann abwarten. Meine Glaubwürdigkeit, die Sie sicher anzweifeln, spielt keine Rolle. Es ist nicht wichtig, wer was glaubt, sondern es ist wichtig, daß die Informationen festgehalten werden! Vielleicht gelingt es erst einer nachfolgenden Generation, diesen Sekundenvorgang der unerwarteten Art zu enträtseln!«

Was stand auf unserem Fragebogen? »22:19 Uhr, 21. April 1990. Zeugen: zwei Männer, eine Frau. Beobachtung: Dicht über einem Gebäude, ca. drei bis fünf Meter ü. d. Gebäude, war ein sehr großes ca. 30–40 Meter breites u. ca. 10–15 Meter hohes, kastenförmiges Objekt sichtbar. Es schob sich ganz langsam von rechts nach links schwebend über das Gebäude, wobei rechts von der Seite des Objekts plötzlich ein schneeweißes, grelles Flimmern herauskam. Dieses weiße Feuer schien das Objekt langsam zu schieben. Das Objekt hatte die Farbe Braun/Schwarz, wobei der obere Teil schwarz war. Es sah aus, als würde ein großes Haus langsam schweben. Das Objekt verharrte über dem Haus. Die Beobachtung dauerte etwa 15–20 Sekunden. Die Beobachtung fand statt aus einem langsam (ca. 20–30 km/h) fahrenden Auto; sie endete plötzlich, weil sechs große weiße Lichtballe über dem Gebäude in sich zerfielen. Das riesige kastenförmige, braunschwarze Objekt war in dem Moment verschwunden und wurde praktisch abgelöst von diesen großen Lichtbällen, die zerfielen (nicht zerplatzten). Sie fielen in sich zusammen. Dies alles fand statt ohne jegliche Geräusche. Die Situation war sehr unangenehm. Die Beobachtung fand aus ca. 200 Metern Entfernung statt, es wirkte, als würde ein großes Haus über einem anderen Haus angeschwebt kommen, es war unheimlich. Es wurde auf die Uhr gesehen und die Zeit genau festgehalten. Das Objekt wurde sichtbar, als der Wagen in eine andere Straße einbog. Hätte das Objekt eine helle Oberfläche, wäre es besser zu erkennen gewesen. Die dunkle Farbe machte es schwer erkennbar, so daß nur die Kastenform richtig zu sehen war.« Die daraus folgende Vermutung: »Irgend etwas wurde vom Objekt aus beobachtet oder ohne Blitzlicht fotografiert bzw. geröntgt oder vielleicht auch abgelassen (war sehr dicht über dem Dach und verharrte kurz).«

Unglaublich! Unser Zeuge befand sich gerade 200 Meter vom Ort des Geschehens. Wenn man uns da mal keinen Bären aufgebunden hatte! Neben dem Fragebogen gab es eine umfangreiche Korrespondenz. Inzwischen wuchs die Objektdimension auf 50–70 Meter an. Trotz aller Dunkelheit und des dunklen Objekts war eine »unebene, zackige« Oberfläche zu erkennen, die aus lauter kleinen dreieckigen Spitzen bestand. Aber in einem früheren Brief war es dem Mann unmöglich gewesen, präzise Angaben über die Oberflächenbeschaffenheit zu machen. Das Objekt selbst war dunkel, geradezu unheimlich dunkel, »da wirkte schon der Abendhimmel heller dagegen«. Und ein neues Detail: Für zwei Sekunden trat mitten aus dem Dunkelkasten ein großer, breiter Lichtstrahl (schneeweiß-flimmernd, ein »Energiestrahl«) zum Flachdach des darunter liegenden Gebäudes (eine Klinik), dann verschwand alles, um den Lichtbällen Platz zu machen. Jetzt wird es ganz genau: »Auffallend waren zwei stangenförmige Gebilde, die Stegen oder Stützen ähnelten und im linken Bereich vom Oberteil kommend senkrecht, schräg nach unten in dem Objekt verschwanden. Es schien fast so, als würden diese stangenförmigen Gebilde das Oberteil stützen, jedenfalls war es mit diesem verbunden, wie aus einem Stück.« Jetzt klebte der Zeuge wohl mit der Nase an der Fensterscheibe des Pkw: »Ich starrte auf das von rechts kommende Objekt. Ich war ganz still und machte auch nicht den Fahrer oder dessen Frau auf das Objekt aufmerksam, weil ich 1. zu fixiert war auf das Objekt und 2. mich genierte, das Wort ›UFO‹ auszusprechen, denn ich wollte mich nicht blamieren. In diesem Augenblick schrie ich ganz laut im Auto: ›Mensch, ein UFO!‹ Und starrte dabei weiter auf das Objekt und kümmerte mich nicht um das Ehepaar, das vor mir saß. Ich kam gar nicht dazu, zum Fahrer zu schauen und dahin zu zeigen. In diesem Moment waren die sechs großen, weißen Lichtbälle da und sackten im Halbkreis zueinander herunter, zerfielen in sich. Es dauerte keine zwei Sekunden.« Der Kasten hatte sich in sechs Lichtbälle verwandelt.

Soweit also die befremdlichen Basis-»Fakten«, die uns vorlagen. Besonders glaubwürdig erschien uns die Story nicht. Hier muß ihm die Phantasie durchgegangen sein, dachten wir uns. Auch wenn der Hannoveraner eine Veröffentlichung für »nicht gut, evtl. sogar gefährlich« hielt, wollen wir diese bizarre Darstellung nicht unerwähnt lassen. Herr L. weiter: »Daß natürlich der ganze Bericht mit den angefertigten Skizzen irgendwie auch psychopathisch wirkt, bleibt bei der Schilderung einer solchen Beobachtung natürlich nicht aus.« In diesem Zusammenhang stellte sich uns die Frage: Was für eine Klinik war das, an der die Beobachter so langsam vorbeifuhren? Kamen sie gerade aus der Klinik und holten sie ihren Fahrgast vielleicht dort ab?

Unser Zeuge telefonierte mit dem Fahrer und seiner Frau erst wieder Mitte 1993 über das Geschehen, aber sie taten so, als könnten sie sich an nichts mehr erinnern. Abschließend erklärte Herr L., und auch das macht seine Geschichte nicht durchsichtiger: »Ich habe das Gefühl, daß es sich nicht um einen einmaligen Zufall handelte, sondern daß da weitere Aktivitäten stattfinden. Ich nehme doch richtig an, daß Sie sich irgendwie an die Lokalredaktionen wenden und einen Aufruf starten, um an weitere Zeugen heranzukommen. Eventuell fragen Sie in dem Gebäude (der Klinik?) nach, um Zeugen zu ermitteln. Solch eine Vorgehensweise könnte ein Fehler sein, das ist nicht auszuschließen.« Was soll man davon halten? Einerseits wendet er sich an uns, um eine Untersuchung einzuleiten, im gleichen Atemzuge aber will er das mit allen Mitteln verhindern. Für uns war es die Geschichte eines Märchenerzählers, wir nahmen die Sache wenig ernst, was aber nicht heißt, daß wir uns nicht dafür interessierten: Hier haben wir eine völlig aus dem Rahmen fallende Story gehört, aber keine Beweise für die sonderbare Behauptung.

Auffallend ist in diesem Fall die umfangreiche Korrespondenz und der bis auf den letzten Quadratzentimeter genutzte Platz auf dem Fragebogen. So etwas ist geradezu ungewöhnlich. Bei den meisten Phänomenen sind die Basisdaten kurz und knapp, die Berichte wenig umfangreich, eine richtiggehende Korrespondenz kommt zumeist nicht zustande. Nur bei solchen »Stories« vom wundersamen UFO springen Umfang, Ausgefallenheit und die vom Zeugen in den Weg geworfenen Stolpersteine und Widersprüchlichkeiten geradezu ins Auge. Nach all unseren empirischen Erfahrungen aus den letzten 20 Jahren sollte dies als Maßstab und Eichgerät dienen. Ausnahmen bestätigen die Regel.

Hin und wieder erreichen uns auch Anfragen von Patienten psychiatrischer Einrichtungen. Sie stehen zwar nicht auf der Tagesordnung, aber sie beweisen doch, in welchem besonderen Umfeld sich UFO- und ET-Stories bewegen. Man kann es kaum übersehen, daß die Verschwörungs-Paranoia eher den Geist psychischer Verwirrung in sich trägt, als daß sie Anlaß gäbe, reale Hintergründe zu erfassen.

Die Erfahrung des Anglers

Hermann K. aus Dörpen meldete sich im Dezember 1993 bei CENAP. Er hatte vor sechs oder acht Jahren (es war Spätsommer, morgens zwischen 5 und 6 Uhr) an der Ems geangelt. »Es gab etwas weiter entfernt ein Gewitter, das sich langsam in meine Richtung bewegte. Mein Angelplatz war umgeben von Bäumen und Büschen. Als ich eine Weile dort gesessen hatte, hörte ich auf einmal ein Zischen. Daraufhin schaute ich nach einem Busch, der ca. fünf Meter links von mir stand. Mitten in diesem Busch bewegte sich ein Lichtstrahl hin und her. Ich hatte den Eindruck, als wenn er den Busch nicht verlassen konnte. Das Ganze dauerte ca. 30–45 Sekunden.« Unser Beobachter bekam daraufhin einen Fragebogen, den er im April 1994 zurückschickte. Der Inhalt des Berichts ist an und für sich untypisch, der Zeuge jedoch konnte kaum mehr mitteilen, als oben schon erwähnt: »Ich bin aber sicher, daß es kein UFO war, sondern ein seltener Blitz oder ähnliches.«

Wenn die Sache kein Spaß war, dann ist hier tatsächlich an ein außergewöhnliches Entladungsphänomen aufgrund des Gewitters zu denken, basierend wohl auf dem Ladungspotential der Luft (Gewitterfront), dem Erdreich und dem wassertragenden Busch, der wie eine Art Antenne wirkt. Die Anhänger der forteanischen Grenzwissenschaft haben hier einen neuen Fall zugespielt bekommen.

Halbmonde auf Fotos

Nachfolgender Bericht stammt aus dem Archiv meines Kollegen Henke von der GWUP: Robert Sch. aus Bad König-Fürstengrund gab am 15. Mai 1993 an, am 11. November des vergangenen Jahres gegen Abend seltsame halbmondförmige Gebilde fotografiert zu haben. Zunächst hatte der Berichterstatter die Aufnahmen an Johannes von Buttlar geschickt, doch der hatte nicht reagiert, auch an MUFON hatte er sich gewandt. Über die *Odenwald-Zeitung* war er schließlich auf die GWUP-Geschäftsführung in Roßdorf gestoßen.

Bevor Herr Sch. auf seine Fotos zu sprechen kam, breitete er erst einmal sein ufologisches Weltbild aus: Es sei bekannt, daß die Regierungen die Bevölkerung seit langem hinters Licht führten, um eine Panik zu verhindern. Auch entsprächen Science-fiction-Filme zu 80 Prozent der Wahrheit. Selbst an Untertassen-Bergungen in den USA und Südafrika zweifelte Herr Sch. nicht im geringsten. Er beschäftige sich schon seit etwa 30 Jahren mit der UFO-Thematik und habe seither viele Bücher gelesen. Besonders beeindruckt zeigte er sich von einem »Geisterschiff«-Foto aus einem Buch von C. Berlitz sowie von *Tatsachenberichten aus uralten Zeiten*.

Auch gab Herr Sch. an, zusammen mit seiner Frau schon einmal einen ganzen UFO-Schwarm beobachtet zu haben: Im Sommer 1992 oder 1993 sah das Ehepaar während eines schweren Gewitters sieben ovale Gebilde im Formationsflug am Horizont vorbeiziehen: »Wenn man bedenkt, daß Objekte am Horizont kaum mehr zu se-

hen sind, müssen diese Ovale sehr groß gewesen sein. Geschwindigkeit zwischen 20 000 und 30 000 km/h. Farbe weißlich.«

Wenige Tage nach dem Telefonat schickte Herr Sch. schließlich
13 X 18-cm-Abzüge einer ganzen Serie vom 11. November 1992
einschließlich eines langen Begleitschreibens. Anhand dessen läßt
sich die Entstehung der Fotos wie folgt rekonstruieren:

Nach einem Unwetter hatte der Berichterstatter an jenem No-
vembertag um 17:50 Uhr kurz vor Sonnenuntergang von seinem
Wohnzimmer aus durch die geschlossene Fensterscheibe mit einem
Vivitar-17mm-Weitwinkelobjektiv (1:3,5) Richtung SSW den Himmel fotografiert (Kamera: Minolta XE-1; Film: Fujicolor Super-HG
100 ASA; geschätzte Belichtungszeit: $^1/_2$–1 sec). Die Aufnahmen er-
folgten mit aufgestützter Kamera in einem geschätzten Winkel von
etwa 30 Grad zur Fensterscheibe, jedoch ohne Stativ. Im Zimmer
sei es zur Zeit der Aufnahme dunkel gewesen (wohl abgesehen von
einer indirekten Neonbeleuchtung hinter einer Holzblende an der
Decke rechts vom Standpunkt des Fotografen. Das geht jedenfalls
aus einer Skizze des Wohnzimmers hervor). Herr Sch. betonte, daß
er sehr viel fotografiere (vor allem Makroaufnahmen) und daß es
sich bei den Fotos nicht um Tricks, Doppelbelichtungen oder Filter-
aufnahmen handelte. Wie bei so vielen anderen »UFO«-Fotos, entdeckte auch dieser Fotograf die »UFOs« erst auf den Abzügen.
Zwar gab Sch. an, zur Zeit der Aufnahmen nicht an UFOs gedacht
zu haben, doch daran sind Zweifel geboten, hatte Herr Sch. doch
am Telefon bemerkt, daß UFOs öfter bei Gewitter auftauchten und
er dann häufig fotografiert (»wer weiß, vielleicht ist ja wieder was
dabei«).

Bestärkt, etwas Ungewöhnliches fotografiert zu haben, wurde
Herr Sch. von diversen UFO-Büchern, in denen er nicht nur ähnliche Foto wiederfand (C. Berlitz: *Spurlos*, P. Flammonde: *UFOs –
es gibt sie wirklich*), sondern die ihm zudem exotische physikalische
Deutungen anboten: »Interessant ist auch das grünliche Licht. Es
entsteht meist in ionisierten Kraftfeldern. Diese Dinger waren wohl
eben dabei, sich zu materialisieren oder umgekehrt.«

Vier Fotos liegen uns als Abzüge vor. Auf den ersten beiden ist nichts Ungewöhnliches zu entdecken: eine Straße mit einem parkenden Pkw, links ein niedriges Gebäude, auf der gegenüberliegenden Seite zwei brennende Straßenlampen. Auffällig ist, daß der Fotograf von Aufnahme zu Aufnahme seine Kamera immer weiter nach rechts bewegt hat, so daß die vordere Straßenlampe nach links rückt und die Kamera mehr und mehr in Richtung der untergehenden Sonne schwenkt.

Auf dem dritten Bild sind einige kreisförmige, verschwommen wirkende Elemente zu erkennen, die Herr Sch. jedoch selbst als Regentropfen identifiziert. Immerhin schränkt er ein: sein Blickfeld sei frei von Tropfen gewesen. Dabei vergißt er jedoch, daß er mit einem extremen Weitwinkelobjektiv gearbeitet hat, das das (menschliche) Blickfeld enorm erweitert. Diese Aufnahme erklärt sich also von selbst.

Erst auf dem letzten Foto sind einige vermeintlich ungewöhnliche Phänomene zu sehen: Drei grünliche Halbmonde mit Doppelkonturen »materialisieren« sich auf der Aufnahme. Einer davon scheint sogar von Wolken verdeckt – für Herrn Sch. der (fotospezifische) Hauptgrund für die UFO-Deutung. Eine Erklärung für diese Objekte wird unmittelbar nahegelegt, wenn man das Bild näher betrachtet: Finden sich auf den ersten drei Aufnahmen keine Reflexe von Gegenständen im Wohnzimmer, so ist auf dem letzten Bild der rechts vom Fotografen stehende Wohnzimmerschrank deutlich widergespiegelt (wie auch Herr Sch. selbst erkannte). Ebenfalls auffällig ist, daß auf diesem Bild die vordere Straßenlampe nicht nur wesentlich heller strahlt (was bedeutet, daß es länger belichtet wurde) und sich die grünen Halbmonde um dieses Licht gruppieren, sondern vor allem: Das Licht der Lampe besitzt genau die gleiche Farbe wie die Halbmonde.

Herr Sch. fotografierte zuletzt mitten in eine Lampe sowie in Richtung der untergehenden Sonne, die beide aufgrund der Langzeitbelichtung sowie der doppelten Spiegelung zur Reflexionslichtquelle wurden. Auch die Form der Phänomene (Halbmond mit Doppelkontur), die Farbübereinstimmung zwischen dem Lampenlicht (grün) und den Halbmondgebilden (grün) und die »Durchsichtigkeit« der Gebilde spricht eindeutig für eine Reflexion. Herr Sch. hatte diese Erklärung bereits von einem Fotoexperten erhalten, doch davon ließ er sich nicht überzeugen.

Wären nicht das ausführliche »Zeugen«-Gespräch und sein Schreiben gewesen, hätte man aufgrund der Fotos den Schluß ziehen müssen, von einem Witzbold auf den Arm genommen zu werden. Doch das festumrissene ufologische Weltbild des Herrn Sch., das er mit anderen UFO-Enthusiasten teilt, ist nur ein weiteres Beispiel dafür, wie sehr Ideologien (und die ihnen zugrundeliegenden Emotionen) das Wahrnehmungsvermögen einengen können: Wer in der Ufologie nach »Bestätigungen« für seine Auffassungen sucht, wird immer irgendwo fündig werden. Am Ende beglaubigt ein »UFO«-Reflex den anderen; und irgendeine obskure Theorie ist schnell zur Hand, um den wissenschaftlich zumeist nicht sonderlich gebildeten Zeitgenossen die sicherste »Bestätigung« für den Glauben an Übernatürliches zu liefern.

Ein weiteres Beispiel aus dem Archiv des Kollegen Henke: Am 20. Mai 1993 rief die 41jährige Hausfrau Renate T. aus dem Nachbarort Walldorf an. Sie war nicht die einzige Zeugin, die in der Nacht des 17. Mai ein »UFO« sah, sondern war in Begleitung ihres 13jährigen Sohnes Jan und ihrer 14jährigen Nichte Tanja, die im Haus nebenan wohnt und mit Jan zusammen in eine Schulklasse geht. Da Tanja die einzige der drei Zeugen ist, die den CENAP-UFO-Fragebogen vollständig ausfüllte, lassen wir sie die nächtliche Beobachtung beschreiben:

»Jan, Tante Renate und ich fuhren mit dem Rad ungefähr um 22:30 Uhr von einer Grillparty nach Hause. Ich hatte schon als wir losfuhren ein rotes Licht am Himmel entdeckt. Es blinkte, ich dachte, es ist ein Flugzeug. Als wir dann in der ***straße ankamen, war alles sehr grell am Himmel beleuchtet. Wir schauten hoch, und dort war ein rundes Ding mit fünf Lichtern: eins rot, gelb, weiß, hellblau, dunkelblau. Sie gingen immer an und aus. Ich bekam etwas Angst, denn so was hatte ich noch nie gesehen. Es blieb auf einem Fleck über unserem Haus ... Erst als wir direkt darunter standen, machte es eine Kurve und flog sehr schnell weg. Danach sahen

wir es nicht mehr. Wir sagten noch, bevor wir darunter waren, daß
es kein Flugzeug ist, weil das nicht auf einem Fleck stehen kann. Ein
Hubschrauber war es auch nicht, denn der schwankt und ist sehr
laut. Übrigens machte es erst ein Geräusch wie ein Flugzeug, als es
wegflog.«

Angeregt durch einen Bericht in der *Rhein-Neckar-Zeitung* über
eine Party-Ballon-Sichtung zu Silvester und durch Zureden ihrer
Schwester, wandte sich Renate T. am nächsten Tag an die Redaktion
des Blattes: Dort habe man auf ihre Aussage jedoch nur mit Geläch-
ter reagiert.

Am 20. Mai besuchte Henke die Familie T. und ließ an Ort und
Stelle von jedem der drei Zeugen einen Fragebogen ausfüllen. Dabei
stellte sich heraus, daß sich die Angaben der beiden Kinder in einer
Weise deckten, wie man das nur selten bei UFO-Zeugen erlebt:
Nicht nur die Objektgestalt, sondern auch die Farben und sogar de-
ren Anordnung stimmten exakt überein – zu exakt … Am Telefon
hatte Jans Mutter zuvor erzählt, daß ihr Sohn Science-fiction liebe.
Als Jan und Tanja danach befragt wurden, gab der Junge zu, daß er
Raumschiff Enterprise nicht möge. Doch beide Kinder berichteten,
daß einer ihrer Klassenkameraden sie mit diverser phantastischer
Time-Life-Lektüre versorgte und sie ihre »UFO«-Beobachtung mit
den Büchern verglichen hatten.

Während die Kinder das Objekt als rund bezeichneten, hatte es
Frau T. – wenigstens zuletzt – eher als länglich-zugespitzt wahrgenommen. Auch sprach sie nicht von einem »sehr grellen« (Tanja)
bzw. »blendendem« Licht (Jan), sondern verglich die Lichter mit
einem »Klumpen wie drei bis vier Polarsterne«. Aber auch bei Jan
findet sich in seinen Bemerkungen über die Helligkeit des Lichtes
ein Widerspruch, bezeichnete er doch im Fragebogen das Licht einmal als »blendend«, dann wieder als »Flugzeuglicht«. Auch bei den
Schätzungen über die scheinbare Größe schienen die Kinder zu
übertreiben: Jan hielt es für vollmondgroß, Tanja sogar für noch
größer, während die Mutter es als »deutlich kleiner« bezeichnete.

Einig waren sich alle Zeugen darin, daß das Objekt zunächst still-
stand, sich dann in Bewegung setzte und hinter Bäumen in südlicher

Richtung verschwand. Auch herrschte Übereinstimmung über das zuletzt gehörte Geräusch, das alle Zeugen mit dem Brummen eines Motorflugzeuges verglichen.

Übrigens war weder bei der *Rhein-Neckar-Zeitung* noch bei der Polizei auch nur eine einzige UFO-Meldung eingegangen. Dabei herrschte für die Jahreszeit ungewöhnlich warmes, trockenes Wetter, so daß trotz der relativ späten Stunde noch weitere Zeugen das »UFO« gesehen haben müßten ...

Obwohl sich das Objekt im wesentlichen wie ein Flugzeug verhielt (mehrere verschiedenfarbige, blinkende Lichter, das typische Geräusch, keine ungewöhnlichen Flugbewegungen), war sich zumindest Jan sicher, daß es nie im Leben eins gewesen war. Jan war es auch, der noch während der Beobachtung eine detaillierte Beschreibung des Phänomens gab und seine Mutter und Tanja entsprechend beeinflußte.

Über die Gründe, warum es kein Flugzeug oder Hubschrauber gewesen sein konnten, machten die Zeugen folgende Angaben: 1. Dunkelblaue Lichter kommen bei Flugzeugen nicht vor (Mutter). 2. Flugzeuge können nicht stillstehen (alle drei). 3. Ein Hubschrauber wäre zu laut (Tanja, Jan). 4. Ein Hubschrauber würde Wind machen (Jan). 5. Ein Hubschrauber würde schwanken (Tanja). 6. Beim Objekt waren keine Flügel zu sehen (Jan). 7. Die Lichter hätten bei einem Flugzeug weiter auseinanderstehen müssen (Jan). 8. Bei einem Flugzeug hätte man sofort ein Geräusch hören müssen (alle drei). Summe: Frau T. drei, Tanja vier, Jan sechs »strangeness«-Punkte.

Nachdem alle Zeugen den Fragebogen ausgefüllt hatten und Henke mit jedem getrennt über das Erlebnis gesprochen hatte, setzten sie sich alle zusammen und diskutierten über die oben aufgeführten Punkte, die natürlich alle an den Haaren herbeigezogen sind:

Da sich die drei mit dem Rad selbst bewegten und das Objekt (scheinbar) noch mehr in Bewegung geriet, als sie anhielten und abstiegen, läßt sich kaum feststellen, ob das Objekt während ihrer Fahrt nicht vielleicht stillgestanden habe. Ein Flugzeug, das direkt auf uns zu- oder von uns wegfliegt, erweckt allerdings auch den Eindruck des (zeitweiligen) Stillstandes. Da die Nacht, in der die Radler vom Grillfest nach Hause fuhren, stockfinster war, wird natürlich auch die Gestalt von nicht selbstleuchtenden Objekten wie Flugzeugen weitestgehend unsichtbar. Und daß man beim Vorbeifliegen eines Flugzeugs nicht sofort Geräusche wahrnimmt, hat wohl jeder schon einmal erfahren. Im vorliegenden Fall könnten die Dynamogeräusche der Fahrräder und der Fahrtwind mögliche Flugzeuggeräusche übertönt haben.

Noch während einige der vermeintlichen »strangeness«-Punkte sich im Gespräch relativierten, wurde Frau T. immer stiller und sagte schließlich gar nichts mehr, während ihr Sohn nicht zu überzeugen war und immer wieder einzelne Punkte zur Diskussion stellte.

Beachtenswert ist, daß keines der Kinder den wichtigsten Punkt erwähnte – nämlich die nur gezeichnete Saturn-Untertassengestalt. Beide sprachen immer nur von einem runden Objekt; keiner erwähnte, ein »Loch« bzw. eine »Kuppel« an dem Objekt gesehen zu haben. Da die Beobachtung recht aktuell war und sich der Zeitpunkt der nur etwa zwei Minuten dauernden Beobachtung auf etwa 22:40 Uhr berechnen läßt, war es grundsätzlich möglich, die Flugzeugdeutung zu verifizieren. Ein Mitglied des Walldorfer AERO-Clubs auf dem dortigen Privatflugplatz schloß aufgrund der Eintragungen ins Flugregisterbuch Starts bzw. Landungen für die Nacht des 17. Mai aus. Allerdings gab der Mann vom Fliegerclub zu bedenken, daß um diese Zeit praktisch täglich ein Flugzeug über Walldorf verkehre.

Am selben Abend wurde Henke auf ein Flugzeuggeräusch aufmerksam. Er sah sogleich auf die Uhr: Es war genau 22:40 Uhr. Sein rascher Blick aus dem Fenster fiel gleich auf zwei Flugzeuge. Eins – ein entfernt fliegendes, kleineres – drehte nach Westen ab, während das größere, nähere als runder Klumpen voller Lichter in südliche Richtung verschwand. Nur ein Zufall?

Eine Anfrage bei der Flugsicherung des Frankfurter Flughafens brachte schließlich am 26. Mai Gewißheit: Am 17. Mai um 22:42

Uhr wurde Walldorf in nur 3000 Meter Höhe von einer zweimotorigen BEACH 99 überflogen: Die Maschine war in Frankfurt gestartet und flog, wie die Zeugen es gesehen hatten, in südliche Richtung. Auch das Motorengeräusch deckte sich mit den Angaben der Zeugen. Laut Flugsicherung transportiert diese Maschine vor allem Post, ist aber nicht täglich unterwegs. Bei der zweiten Maschine handelte es sich um ein hochfliegendes Verkehrsflugzeug, das kaum auffiel.

Nachdem die Erklärung vorlag, wurde die Familie T. informiert. Frau T. zeigte sich dankbar über die Auflösung, war doch inzwischen bei den Kids das UFO-Fieber ausgebrochen, und immer mehr Nachbarkinder tauchten auf, um am abendlichen Himmel Ausschau zu halten ... Durch eine Fangfrage erfuhr Henke von Tanja nun auch, daß sie und Jan bereits vor der gemeinsamen Befragung eine Objektskizze entworfen hatten. Nicht nur dieser Fall zeigt, daß Kinder eher geneigt sind, ihre Phantasie schweifen zu lassen als Erwachsene: Während Frau T. nur eine vage, längliche Gestalt wahrnahm, zeichneten die Kinder Figuren, die an die angeblich so typischen Untertassen erinnern.

Diese aktuelle Übersicht zu UFO-Sichtungserfahrungen in Deutschland ist typisch für das Phänomen. Man darf daraus schlußfolgern, welcher Art und Qualität die Fälle sind, die die UFO-Forschung immer wieder »belebt« und was sie daraus macht.

Dantes Inferno in Technicolor

Der 16. August 1968 ist ein bedeutungsvoller Tag für die Weltgeschichte: In der Zeit der ballistischen Revolution, vier Monate vor dem ersten bemannten Flug um den Mond, wurde die Erstschlags-Waffe getestet. Von Bord eines tief im Atlantik getauchten Atom-U-Boots der amerikanischen Marine zischte auf einem glühenden Feuerstrahl, gefolgt von einer Rauchsäule, eine der furchtbarsten neuen Waffen des Pentagon in das Morgenlicht des neuen Tages: die POSEIDON. Das Meer schien beim Start einer Rakete mit dem

Namen des griechischen Meeresgottes und einem Dummy-Mehr-
fachsprengkopf zu brennen. Über Cape Canaveral entfaltete sich in
25 000 Metern Höhe eine gigantische Farbblase aus Türkis, Laven-
del und unwahrscheinlichen Blautönen – das war selbst für die
Fachwelt neu. Ein ungewöhnliches Schauspiel bot sich allen Zuschauern. Ein Zeitzeuge: »Es war Dantes Inferno in Technicolor.«
Eine immer gewaltiger werdende Blase blähte sich im subtropischen
Himmel. Die ionisierten Gase glichen einer gigantischen Träne. Die
USA hatten mit einem ungewollt spektakulären Farb-Effekt, hervorgerufen durch metallische Zusätze im Raketentreibstoff, die erste Fernrakete der Welt mit Mehrfachsprengkopf gestartet.

Am 2. Juli 1970 eilten Agenturmeldungen um die Erde. Der nor-
wegische Forscher Thor Heyerdahl hatte an Bord seines legendären
Papyrus-Schiffs RA-2 in den frühen Morgenstunden des 30. Juni
über den Westindischen Inseln inmitten des Atlantiks ein UFO gesichtet. Ähnliche Beobachtungen wurden zeitgleich von den Bewohnern der Inseln St. Thomas und St. Croix in der Karibischen See
bekannt. Zehn Minuten lang hatte eine Fliegende Untertasse die
Menschen verwirrt. RA-2-Funker Norman Baker gab in einem
dringlichen Funkspruch an eine Kontrollstation in Florida durch,
daß dies nun schon die dritte UFO-Beobachtung in den letzten drei
Wochen sei. Ein flaches, kreisförmiges, leuchtendes Objekt sei es jeweils gewesen, »so hell wie der Mond, aber viermal größer als der
Erdtrabant«! Dieses silbrige Phänomen sei am Horizont erschienen,
der Mond schien aber nicht am Himmel, die Nacht war sternenklar.
Baker: »Während wir zusahen, wurde es immer größer, nahm eine
halbkreisartige Form an, an den Rändern verwischt, dann wurde
der Bogen blasser, wuchs aber weiter an. Größe und Form erinnerten uns an Bilder von Atomexplosionen, jedoch ohne die Säule des
Atompilzes.«

Zunächst einmal hört sich das Geschehen wie eines der wenigen
verbürgten UFO-Ereignisse an. Doch das Sammeln von UFO-Re-
porten allein ist nicht Aufgabe der wissenschaftlich orientierten
Untersuchung des UFO-Phänomens, sondern die Grundlagen- und
Hintergrund-Recherche zu jedem Einzelfall. CENAP ist das deut-

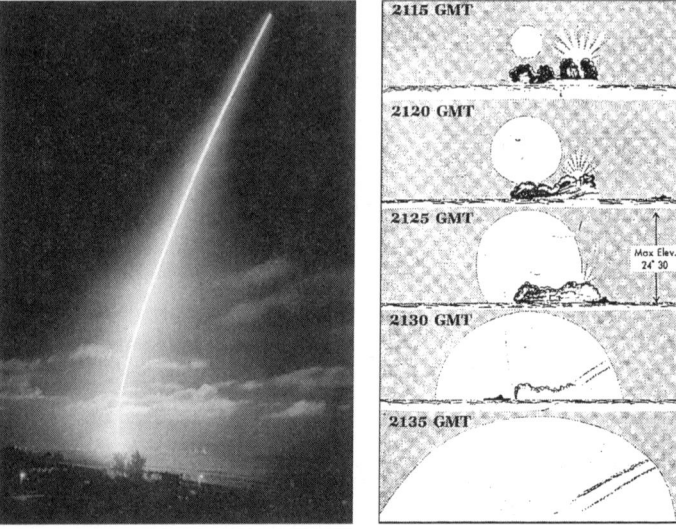

Unheimliche Begegnungen finden nicht nur über Land, sondern auch über Ozeanen statt. Die Crews von Flugzeugen und Schiffen begegnen hier Lichtgebilden wie aus einer anderen Welt. Entsprechend fallen die Meldungen aus. Quelle: CENAP

sche Teilstück eines weltweiten Informations-Austausch-Netzwerkes. Was großen Teilen der Weltöffentlichkeit verschlossen blieb, entging unseren Argusaugen nicht. Die Kollegen vom amerikanischen National Investigations Committee on Aerial Phenomena (NICAP) hatten Kontakt mit dem RA-2-Funker aufgenommen, der die Zeitungsmeldungen soweit bestätigte und noch ein paar Details hinzufügte: Hiernach wirkte die Lichtschau so, als würde man einen Luftballon aufpumpen; als sie expandierte, habe sie eine hemisphärische Gestalt angenommen und gleichsam an Intensität verloren. Sie habe quer über dem Wasser geleuchtet, ähnlich dem Mondlicht – einmal seien zwei kleine Wolken zwischen ihm und dem Boot vorübergezogen. Inzwischen war auch die Meldung des Schiffs »MV Themis« von der Royal Netherlands Steamship Company aus New York bekannt, das, gerade von Jamaika kommend, auf die

Küste von Florida zusteuerte. Fast die gesamte Crew hatte einen hell-weißen Kreis gesehen, der sich ausdehnte und den Himmel um sich erleuchtete, um Minuten später zu verglimmen.

Dann erhielt NICAP Informationen, die alle Spekulationen zusammenbrechen ließen: Die US-Marine hatte eine nicht angekündigte POSEIDON-Rakete auf Cape Kennedy in der Nacht des 29. Juni (der 30. Juni für Heyerdahl in einer anderen Zeitzone!) gestartet. Als die Rakete in einer unterorbitalen Flugbahn zur Sonne hin aufstieg, während die Erde noch in Dunkelheit schlummerte, teilte sich der Raketenschweif in breite Kreise auf, wodurch sich eine erstaunlich geometrische »Wolke« bildete. Der Raketenstart erfolgte um 21:30 Uhr Ortszeit (1:31 Uhr Greenwich-Zeit), gleich darauf hatten Heyerdahl und andere ihre UFO-Observation am äußeren Rand der sogenannten Eastern Test Range (vom Cape bis zum Nordatlantik) gemacht. Die Blähung der Phänomen-Gestalt erklärt sich durch die Rotations-Neigung der Rakete, als die zweite Stufe ausbrannte. Der Schweif der sich spiralförmig drehenden Rakete kreierte einen »Windmühlen«-Effekt, der durch die Strahlen der Sonne in den oberen Atmosphärenschichten wie verzaubert wirkte. Die amerikanischen Kollegen kannten bereits ähnliche UFO-Meldungen aus der Karibik und den USA vom August 1969. Fazit: So manches sonderliche UFO-Phänomen geht auf irdische Raketentests zurück, egal, ob in Ost oder West, in China oder im atlantischen Gebiet, irgendwo über Südamerika oder über Europa.

Immer wieder sind es UFO-Meldungen von besonders glaubwürdigen und hochkarätigen Zeugen und Phänomene, die von unzähligen Betrachtern zufällig und unerwartet beglaubigt werden. Man schreibt diesen eigentlich harmlosen Auslösern gern wundersame Eigenschaften zu, die objektiv damit gar nichts zu tun haben. Dennoch, sie lassen die Akten der UFO-Forscher überquellen, die sie dann wieder und wieder als unerklärliche Phantome der Lüfte anbieten.

UFO-Hit in Spanien 1976. Titelbild einer spanischen Zeitung

Quelle: CENAP

Schock im deutschen Urlauberparadies

BILD am Sonntag startete am 21. März 1976 eine Reihe von Wolfgang Will, der neue, große *BamS*-Report: »Sie kommen – die Besucher von fremden Sternen!« Die Fragestellung: »Wie verhalten wir
uns, wenn plötzlich die Außerirdischen vor uns stehen?« Fast hat es
den Anschein, diese vorwitzige Serie habe die Außerirdischen angelockt. *BILD* am 27. Juni auf der Titelseite: »Hunderte deutscher
Urlauber sahen es! Riesiges UFO auf Gran Canaria gelandet!« Die
Menschen sahen ein UFO über den »Himmel rasen«. Zurück blieb
eine »Brandstelle, kreisrund – wie sie beim Start einer Rakete entstehen würde«. Nun also war geschehen, was die Kontaktler immer
vorausgesagt hatten! Horst Gohlke, der an der Deutschen Schule
von Gran Canaria lehrt, wird vom Baseler *BLICK* als Zeuge zu Rate
gezogen: »Am völlig bedeckten Himmel schwebte etwas Riesen-
großes, Kreisrundes, Leuchtendes. Das kann unmöglich eine Wolke
gewesen sein« (5. Juli 1976). »Es steht außer Zweifel: Am Dienstag,
dem 22. Juni 1976, gegen 22 Uhr, landete auf Gran Canaria ein
außerirdisches Flugobjekt. Vielleicht wird man eines Tages sagen,
der 22. Juni 1976 stelle ein historisches Datum in der Entwicklung
der UFO-Forschung dar. Denn an diesem Tag um 22 Uhr Ortszeit
erlebte auf der spanischen Urlaubsinsel Gran Canaria zum ersten
Mal in jüngerer Zeit eine größere Gruppe von Personen unabhängig
voneinander die Begegnung mit einem Luftfahrzeug, von dem nach
allem bleibt, daß es nicht von dieser Erde stammte.« So die Zeitschrift *ESOTERA* in ihrer Nummer vom September 1976 zu einem
Ereignis, das sich in der Weltpresse (wenn auch hauptsächlich auf
dem Boulevard-Niveau) niederschlug. *BILD* (Schlagzeile am 28. Juni:
»Das UFO landete. Zwei Riesen mit Flügelhänden steuerten es«)
und *BamS* konnten sich gar nicht mehr beruhigen.

Señor Belayo vom astronomischen Observatorium in Izana sah
das Phänomen zuerst »wie ein Komet von der Insel Gomera her«
anfliegen, andere Zeugen schilderten es als »riesigen leuchtenden
Flugkörper« über dem Meer in nur 20–100 Metern Höhe. Von Bord

der Fähre »Stadt Agaete« auf ihrem Weg von Gran Canaria nach
Teneriffa bestätigte man die Erscheinung. Rafael Rodriguez sah das
UFO ruhig über dem Wasser schweben, bis es dann ungeheuer beschleunigte. Auf Gran Canaria brach das UFO-Fieber aus, *BamS*
vom 4. Juli 1976 faßte es so zusammen: »Tausende von Touristen
zieht es zu jenem Zwiebelfeld. Der Bauer, dem das Feld gehört, ist
sauer: Denn nun werden ihm auch noch die restlichen, nicht ver-
brannten Zwiebeln von den Touristen zertreten. Fröhlich ist nur
einer – sein Knecht José. Er hat sich jetzt zum Touristenführer ge-
mausert. Mit einem Lächeln berichtet er von jener großen dramatischen Nacht, zeigt verbrannte Zwiebeln vor und hält anschließend
die Hand auf: ›Zehn Peseten? Gracias!‹«

Einer jedoch sah nicht nur das UFO dahinfliegen, sondern auch
in der nordwestlichen Region auf dem Zwiebelfeld landen: der Arzt
Dr. Francisco Julio Padron Leon. Es gelang ihm, das Objekt in Ru-
hestellung für eine Viertelstunde aus nur 30 Metern (an anderer
Stelle sind es 60 Meter) Entfernung zu »besichtigen«. Das UFO war
seiner Darstellung nach von grauer oder eisblauer Farbe und durch-
sichtig (»wie eine gigantische Seifenblase«), und es war so groß wie
ein dreistöckiges Haus. Darin befanden sich zwei Gestalten, hoch-
gewachsen und mit etwas glänzend Rotem bekleidet; auf dem Kopf
trugen sie etwas Helmähnliches. Dann sah er ein durchsichtiges
Rohr aus dem UFO herauskommen, dem blaues Gas entströmte.
Dr. Leon rutschte das Herz in die Hose, er machte sich aus dem
Staube, um zu einem Haus zu eilen, dessen Bewohner berichteten,
alle Fernsehempfänger seien ausgefallen. Bei diesen Leuten raffte
der Mann nochmals allen Mut zusammen und schaute mit ihnen
aus dem Fenster: Die UFO-Kugel wurde immer größer, dehnte sich
mit einem Gasmantel von 30 Metern Durchmesser aus, nahm
schließlich Spindelform an und zog mit großer Geschwindigkeit in
Richtung Las Nieves und Teneriffa davon; hierbei verwandelte sich
die Kugel in einen fliegenden Teller. Ein anderer Zeuge will José Luis
Díaz Mendoza gewesen sein, der angeblich zwei Farbgestalten im
Innern wahrgenommen hatte und es »langsam in die Höhe« steigen
sah. Für *ESOTERA* war es ein klassischer UFO-Fall. Abwarten …

CENAP-Mitarbeiter Karlheinz Räther, Köln, fand in seinem Bekanntenkreis eine Zeugin: Monika G. lag gegen 22 Uhr auf der Terrasse ihres Ferienbungalows in Playa del Ingles, als sie plötzlich ein
untertassenförmiges Objekt erblickte, von dem ein intensives orangefarbenes Leuchten ausging. Dieses Gebilde schwebte über dem
Meer und schien Wasser aufzusaugen. Unter dem UFO bildete sich
eine unerklärliche Wasserfontäne. Die Frau hatte nicht bemerkt,
daß es gekommen war, aber sie sah es weiterfliegen und hinter einem Berg verschwinden. Der Durchgang der Lichtwolke war für sie
etwa fünf Minuten sichtbar gewesen.

In den Tagen darauf war dieses Objekt das Gesprächsthema
Nummer eins auf der Insel. Gerüchte machten die Runde, wonach
die NASA die Landestelle abgesperrt habe, um die Spuren zu untersuchen. Hunderte, Tausende hatten es also gesehen; das war die Ursache für die UFO-Hysterie auf Gran Canaria (so jedenfalls die
österreichische *Kronen-Zeitung* am 29. Juni 1976). Die angebliche
UFO-Landung war hier in den Mittelpunkt gerückt worden, dabei
stellte sie nur einen Randaspekt des Gesamtphänomens dar. Eigentlich ist das Geschehen im Kern auf das zurückzuführen, was ein Redakteur der *Badischen Neuesten Nachrichten* zu berichten weiß.
Wolfgang Eberlein war in seinem Urlaub selbst Zeuge, er ist damit
einer der wenigen UFO-Schreiber, die wissen, wovon sie reden:
»Eine Scheibe erhob sich vom Meer, und Wassersäulen stiegen auf.
Etwa zehn Minuten schwebte die leuchtende Scheibe über dem
Wasser, rotierte um die eigene Achse und stieg plötzlich steil hoch,
dann brach der Meeresstrudel in sich zusammen.«

Der Frankfurter Rolf T. geriet alsbald auf das nicht mehr abge-
sperrte Zwiebelfeld. Den ufologischen Behauptungen nach war es
im Durchmesser von 30 Metern spiralförmig niedergedrückt und
teilweise verbrannt, für lange Zeit »unfruchtbar«. T. legte mir eine
Reihe von Fotos vor, die er direkt an der Landestelle tags darauf geschossen hatte. Um es vorweg zu sagen: Etwas Besonderes ist in dem
steinigen Landstreifen nicht zu sehen. Ob die UFO-Ausstrahlung alles so ausgetrocknet hat wie es ausschaut, sei dahingestellt: Es war
ein abseits gelegener Ort in den heißesten Tagen des Jahres. Auf den

Pflanzen jedoch ist ein weißliches Pulver zurückgeblieben, Verbrennungen sind aber nicht zu erkennen, auch keine aufgewühlte Erde oder all das, was unsere Phantasie uns als UFO-Landestelle beschreibt. Die Bilddokumente zeigen nichts Aufregendes.

Dennoch, das UFO-Ereignis rief die spanische Luftwaffe auf den Plan. In der Akte »Archiv Nr. 01/76« sind die Geschehnisse in der Nacht des 22. Juni 1976 in Form von Zeugenaussagen festgehalten. Das UFO zog demnach von Ost nach West über die Kanarischen Inseln. Die Berichte kamen aus drei Basissektoren: a) dem Gebiet um Fuerteventura, b) aus dem nördlichen Teil Gran Canarias und c) von den weiter westlich liegenden Inseln Teneriffa, Las Palmas, Gomera und Hierro. 21:27 Uhr lag die Korvette »Arrevida« der spanischen Marine 180 Grad vor Punta Lantailla an der südöstlichen Küste der Insel Fuerteventura, als das folgende Phänomen beobachtet wurde, das bis 22:12 Uhr dauerte. Ein Licht von intensiver gelblich-bläulicher Färbung stieg aus dem Meer auf, kam näher, erreichte eine Höhe von etwa 20 Grad und blieb stationär. Das ursprüngliche Lichtgebilde ging aus, und ein leuchtender Strahl begann zu rotieren. Es dauerte etwa zwei Minuten, danach teilte sich der Lichtstrahl in zwei Felder mit dem kleineren Teil unten, während dazwischen und in der Mitte des Strahlenkranzes eine blaue Wolke erschien. Schließlich begann der obere Teil spiralförmig aufzusteigen, schnell und unregelmäßig, bis er verschwand. Zurück blieb ein vitaler, großer Halo von gelblichem und bläulichem Licht, der in dieser Position etwa 40 Minuten ausharrte, als sich das ursprüngliche Phänomen längst verabschiedet hatte.

Ein Zivilist in der Gegend zwischen Maspalomas und Playa del Inglés (südlicher Teil von Gran Canaria) nahm die UFO-Kugel 36mal auf, als sie für einige Minuten am Himmel klebte, »sehr nahe am Ufer und sehr niedrig«. In Izana, fast direkt im Süden von Puerto de la Cruz, machte die Mannschaft einer Regierungs-Wetterstation das UFO im Westen aus. Meteorologe Ernesto Ferrer Galan: »Zuerst wurde der Ozean rot. Das Ding tauchte zwischen den Inseln Las Palmas und El Teide auf. Plötzlich stieg irgend etwas vom roten Ozean auf, was wie eine Spirale aussah, ebenso rot – wie schmelzendes Metall. Es stieg langsam auf, und es brauchte fünf Minuten, bevor wir deutlich seine ganze Gestalt sehen konnten. Während dies geschah, sahen wir zwei jadefarbene Diskusse die Spirale verlassen. Es erschien nun eine gewaltige, weiße Lichtsäule, die uns an eine Schweißbrennerflamme erinnerte, an der sich die Spirale befand. Es schaute aus wie eine Blase von enormen Proportionen, sie war transparent, und wir konnten die Sterne hindurchsehen, als sie zum Himmel hochstieg. Nach etwa 15 Minuten verzog sich die Blase in Art eines Nebels am Himmel, etwa in 3100 Metern Höhe.« Diese Darstellung ist dem Bericht von Doc Leon zum Verwechseln ähnlich, allerdings beweist sie, daß er sich bezüglich der Entfernung zum Objekt derb verschätzt hat. Diese grobe Fehlschätzung von Dimensionen ist als wahrnehmungspsychologisches Problem dieser lange Zeit nicht enträtselten UFO-Affäre festzuhalten.

Das UFO kehrte zurück, drei Jahre später: Mußte man nun eine UFO-Basis im Seegebiet westlich der Kanaren vermuten? Vielleicht, weil die Kanaren ein Überbleibsel des sagenhaften Kontinents Atlantis sein sollen? Dr. Leon entwickelte aufgrund seiner Beobachtung eine obskure Hypothese: »Vielleicht gibt es hier Faktoren, die den Einflug der UFOs begünstigen – ich denke da an Anomalien im irdischen Magnetfeld, ähnlich wie im Bermuda-Dreieck.« In der Ausgabe vom September/Oktober 1983 des *Magazin 2000* sprach sich der UFO-New-Age-Promoter Hesemann dafür aus, daß obiger Fall einen »erstklassigen Beweis für die Existenz von UFOs darstelle« und »sein Studium uns auch Aufschluß über die reale Natur dieses Phänomens geben könnte«. Vielleicht hat er da recht, wenn auch ganz anders, als er vermutet.

Der ehemalige Divisionskommandeur für den Luftraum über den Kanarischen Inseln, General Castro, preschte in einem Interview mit der Zeitung *La Gaceta del Norte* für spanische Verhältnisse erstaunlich weit vor, indem er erklärte, daß UFOs auf höchster Ebene sehr ernstgenommen würden: »Als General vertrete ich die gleiche Meinung wie das Luftfahrtministerium, aber in meiner ganz persönlichen Eigenschaft als Carlos Castro Cavero bin ich seit einiger Zeit der Ansicht, daß UFOs außerirdische Raumfahrzeuge sind.«

BILD am 7. März 1979: »UFO kreiste zehn Minuten über Tene-riffa – Der Nachthimmel über den Ferieninseln Gran Canaria und Teneriffa wurde plötzlich hell. Zehn Minuten lang beobachteten viele Menschen – und die militärische Luftüberwachung – ein rosa-farbenes UFO.«

Kurz und knapp fiel die Meldung aus. Anscheinend war dieses Mal das Interesse im Axel-Springer-Verlag nicht allzu groß. Was sich hier zunächst wie eine kleine Nachricht über ein unbedeutendes Ereignis anhört, verbirgt einen dramatischen Fall – mit unbestechli-chen fotografischen Beweisen. Während das Bildmaterial um die Welt ging und in jeden besseren UFO-Foto-Dokumentarband Ein-zug hielt, spielte aus unerfindlichen Gründen die deutsche Presse nicht mit. Die Ereignisse vom 5. März 1979 lassen uns noch heute nicht ruhen, da man immer wieder auf Menschen trifft, die damals als Urlauber Zeugen und Fotografen des Schauspiels waren und sich von der knisternden Atmosphäre in der Region fesseln und an-stecken ließen.

Ende März 1979 erhielten *wir* die spanische Zeitschrift *Diez Mi-nutos* vom 24. März, die einen reich illustrierten Beitrag zu dem schrecklichen UFO brachte. Es war zwischen 19:45 Uhr und 20:15 Uhr passiert, knapp nach Sonnenuntergang. Antonio Gonzales L. stand an der Landstraße nahe der Steilküste namens Barranco de Amadores am Meeresufer des Hotels Riviera bei Puerto Rico im Sü-den von Gran Canaria. Da brach es mit großer Wucht und Ge-schwindigkeit aus dem Wasser, L. hatte seine Kamera dabei und hielt drauf. Eine große Lichtkugel, die nach oben hin pyramidenförmig zu-lief und nach hinten einen gewaltigen »Scheinwerferstrahl« absetzte, erschien. Zweimal sah es so aus, als wollte das Gebilde kurz stehen-bleiben, es korrigierte hierbei seinen Aufwärtskurs. Vom Start aus dem Meer bis hoch in den Himmel waren gut drei Minuten vergan-gen. Der Fotograf: »Es war ein schönes Phänomen, ein ganz seltsamer Sonnenuntergang. War das ein Nordlicht?« Während L. sein »Nord-licht« betrachtete, blähte sich die merkwürdige Kugel explosionsartig auf und entfaltete sich zu einem konzentrischen Kreis in allen Regen-bogenfarben. Die darüber befindliche kleine Pyramide schweifte in den Himmel hinauf und zog eine kleine Leuchtspur hinter sich her. Der Lichtkreis jedoch verlor in den nächsten zehn Minuten an Farbintensität und Lichtstärke, dehnte sich aber beträchtlich aus.

Alle Menschen im Sektor waren alarmiert worden, und das Wunder am Himmel sprach sich wie ein Lauffeuer herum.

Dr. Don José Ojeda, Arzt aus Puerto Rico: »Für mich ist das ein UFO gewesen, das seine Basis unter dem Meer vor den Kanarischen Inseln hat.«

Wieder waren es Tausende, die Augenzeugen dieses UFOs wurden – praktisch alle Bewohner der Kanarischen Inseln konnten diesen beindruckenden UFO-Unterwasser-Start gar nicht übersehen. Die Bewohner von La Palma, Teneriffa, Gomera, Gran Canaria und von Hierro bildeten das gemischte Publikum des Spektakels. Auf Guia de Isora sollen ein paar ältere Damen in Ohnmacht gefallen sein, aus Angst, »daß das Ende der Welt gekommen sei«; einige Frauen wurden angeblich hysterisch.

Unter den Beobachtern war auch Lourdes H., er beschrieb das Lichtspektakel als »eine Art Apparat, wie ein flacher Topf oder eine Untertasse in der Größe von einem dreistöckigen Haus«, umgeben von einem orangefarbenen Licht. Auf Teneriffa aber schworen alle Zeugen, daß es sich um »eine bunte Kugel handelte, die aus dem Meer aufstieg, sich mit rasender Geschwindigkeit dem Himmel näherte und wie ein vielfarbiger Stern eine halbe Stunde am Firmament blieb, während sich unten eine gewaltige Lichtwolke ausdehnte«.

UFO-Einwirkungen? Die Insassen eines Autobusses auf Las Palmas sahen das auftauchende Phänomen ebenfalls, und der Fahrer erklärte, daß die Scheinwerfer des Fahrzeugs für einige Sekunden erloschen. Ein Pkw, der den Bus überholte, hielt an, und die Insassen stiegen aus, offenbar wußten sie gar nicht, warum ihr Fahrzeug gestoppt hatte.

Zwei Piloten der kanarischen Charter-Fluggesellschaft NAYSA, Eurfronio García Monforte und Miguel Molledo, sahen das UFO, als sie von Las Palmas nach Mauretanien flogen. »Es stieg mit einer Geschwindigkeit von 21 000 km/h auf«, erklärten sie. Zuerst hätten sie ein grelles, orangefarbenes Licht gesehen, das aber eher zu Rot tendiert habe. Es sei eine Art Kegel gewesen, der um sich selbst gekreist sei, hinten habe sich eine gewaltige Blase von 400 Metern Durchmesser gedehnt, in Bläulich und Grün gehalten. Ungefähr 20 Minuten später habe sich das ganze Schauspiel in der Unendlichkeit verloren.

Sofort erinnerte man sich an frühere Vorfälle genau dieser Art. All jene, die bis dahin am UFO-Unterwasser-Stützpunkt gezweifelt hatten, wurden spätestens jetzt bekehrt. Eugenio Jaudenes ist Pilot der Iberia, auch er befand sich in dieser Zone. Er beschrieb einen »Farbenpilz«, der aus dem Meer mit einem weißen Blitz abhob und an seiner Maschine vorbeizog, um senkrecht nach oben zu zielen. Die Berichte ließen sich beliebig fortsetzen.

Der Luftwaffenstab leitete nun eine Untersuchung ein. Tage nach dem Schauspiel schaltete sich die zweite Sektion des Luftwaffenstabs ein und begann mit der Befragung bekannter Zeugen auf den Inseln Gran Canaria, Teneriffa und Gomera. Ein Sprecher: »Wir gehen davon aus, es wird wohl 15 oder 20 Tage dauern, bis wir alle notwendigen Informationen zusammen haben, um ein Gutachten über die Identität der seltsamen Erscheinungen erstellen zu können. Unsere militärischen Radarschirme haben es jedenfalls nicht registriert, aber es liegen Radarmeldungen von Flugzeugen vor.« Das Pressebüro des Madrider Verteidigungsministeriums erklärte: »Untersuchungen laufen in diesem Gebiet. Wenn wir etwas in Erfahrung bringen, werden wir es der Öffentlichkeit bekanntgeben – es sei denn, daß das Ergebnis geheim bleiben muß und nicht veröffentlicht werden kann.« Die Zeitung *Eco de Canarias* erfuhr von den beiden NAYSA-Piloten, daß sie es waren, die das UFO mit 21 000 km/h auf dem Bordradar festgestellt hatten. Die Marine-Kommandantur von Las Palmas und der Generalkommandeur für den Bereich der Kanarischen Inseln ließen erklären, daß das seltsame Phänomen nichts mit Militärübungen zu tun habe.

Das Fotomaterial des Señor L. wurde vom Leiter des nationalen meteorologischen Instituts, Don Mariano Medina, analysiert. Das ganze Phänomen gehe nicht auf meteorologische Erscheinungen

»UFO-Landung« in Gran Canaria. Dieses UFO soll ein Zwiebelfeld verwüstet haben.   *Quelle: CENAP*

zurück, erklärte er. Die Lichtspindel, die zum Himmel schieße und die danach sich ausbreitende Farbwolke seien zwei verschiedene Dinge, wenn auch ausgelöst durch dasselbe Phänomen. Das UFO sei keine Ballonsonde und kein Nordlicht, da der Himmel fast wolkenlos war. Der Experte ist ratlos: »Ich weiß nicht, was das ist, ich bin nur meteorologischer Spezialist. Als solcher schließe ich aber eine derartige Erklärung aus. Dies ist genau das, was ich wissenschaftlich sagen kann, alles andere sind Vermutungen. Es kann ein Geschoß sein, eine Rakete, ein Weltraumschiff. Natürlich, irgend etwas war da, es strahlte eigenes Licht aus und stieg aus eigener Kraft empor. Es ist im wahrsten Sinne des Wortes ein UFO.«

Später wurde bekannt, daß die spanische Luftwaffe weitere Meldungen besaß: die Berichte eines Militärflugzeugs, einer Spantax-Maschine und der Fregatte »Juan Sebastian Elcano«. Ein spanischer Luftwaffenoffizier soll erklärt haben: »Unter Berücksichtigung, daß es keine logische Erklärung gibt, kann man nur zu einer Schlußfolgerung gelangen: Ein Raumschiff unbekannter Herkunft und mit unbekanntem Antrieb hat den Himmel über den Kanarischen Inseln überflogen.«

Viele Touristen kamen mit einem außergewöhnlichen Ferienerlebnis zurück, ein Phänomen, das nicht einmal von den Urlaubsveranstaltern angekündigt worden war. Auch die dänische Touristin Gertraut D. aus Randers gehört zu unseren Zeugen. Sie hatte das Phänomen von ihrem Hotel aus auf Gran Canaria gesehen, 25 Minuten lang. Hier ihr Bericht: »Es war um 19:45 Uhr, wir saßen beim Essen im Speisesaal des Hotels beisammen, es war schon dunkler Abend. Aber plötzlich stand ein merkwürdiges Licht über der Nachbarinsel Gomera. Es war erst klein, breitete sich dann aber aus, bis es die Himmelsfläche über der Insel bedeckte. Am Rand war dieser Lichtkreis irgendwie ›wellig‹ und schien in Bewegung zu sein. Dieses Gebilde wechselte die Farben, Grün war jedoch beherrschend. Dann sah es aus, als zöge sich die Erscheinung zusammen und erschien mir wie von elliptischer Form. Diese Ellipse stieg dann hoch und zog das mehrfarbige Licht mit sich, plötzlich war es wieder dunkle Nacht.

An allen Tischen fingen nun die Diskussionen an, und Gerüchte breiteten sich aus, wonach auf Gomera etwas Phantastisches gelandet sei – ob dies Phantasie oder Wahrheit ist, kann ich nicht einschätzen.«

Spaniens UFO-Forschung gespalten

Die bisherigen Falldarstellungen zeigen das UFO-Kernproblem auf. Während noch heute manch selbsternannter UFO-Forscher mit den dargestellten Phänomenen nichts Rechtes anzufangen weiß und sie deshalb »klassische UFO-Beweise« nennt, sind diese Fälle für den UFO-Pragmatiker keineswegs absonderliche Rätsel. Selbst in Spanien wissen heute noch die wenigsten Menschen und Zeugen obiger Vorfälle, worum es sich in Wirklichkeit gehandelt hat. Dabei könnte man mit etwas gutem Willen aus Beispielen der Vergangenheit lernen ...

Am 23. Februar 1971, kurz nach 18 Uhr, wurde ein leuchtender Schweif im Süden und Zentrum Frankreichs, im nördlichen Italien und nördlichen und östlichen Spanien ausgemacht. Mannschaften an Bord von drei verschiedenen Iberia-Maschinen sichteten ein helles Objekt, das einen konisch geformten Schweif quer über den Himmel zog. 25 Kilometer vor der Küste San Sebastians, nördliches Spanien, fiel, ein paar hundert Meter von einem Fischerboot entfernt, ein feuriges, silbernes Objekt in den Atlantik. Was man zunächst ein »UFO« genannt hatte, stellte sich schließlich als eine Tybere-Rakete heraus, die am Centre d'Essais des Landes im französischen Biscarosse gestartet worden war: Die Zündung der dritten Raketenstufe sorgte für das luftige Spektakel. Der Raketeneinsatz lief unter dem Codenamen ELECTRE und diente zum Studium von Kommunikationsstörungen, die während der Aussetzung einer Raketenkapsel und ihrem Niedergang zur Erde beim Durchflug der Atmosphäre entstehen.

Am 12. Juni 1974 sichteten gegen 22 Uhr viele Menschen im Süden Frankreichs und im nördlichen wie östlichen Spanien ein Phänomen, das sich äußerst farbenfroh am Himmel zur Schau stellte. Und das für fast eine Stunde lang! Ein leuchtender, weißer Lichtball zog linear durch den Himmel und ließ einen intensiven gelben Schweif hinter sich. Plötzlich aber ging die Erscheinung zu einer spiralförmigen Fahrt über: Der vorwegziehende Lichtball explodierte, wodurch die merkwürdige Spiralnudel am Himmel noch größer wurde und einen recht bedrohlichen Anblick bot. Es brauchte fast eine Stunde, bis sich das Wunder aufgelöst hatte. Doch es war kein Signal aus der anderen Welt, wie man das bis heute noch im Fernen Osten bei ähnlichen Erscheinungen mutmaßt, sondern der Abschuß einer ballistischen Rakete vom Typ MSBS, die während des Tests im wahrsten Sinne des Wortes durchdrehte und deshalb ferngesprengt werden mußte. Aus den Treibstoffresten entstand die wunderliche UFO-Erscheinung.

Am 12. Juli 1983 um 22:15 Uhr erschien ein gewaltiges Leuchtphänomen im Zentrum und Osten Spaniens. Es handelte sich zunächst um eine weiße Lichtquelle, die dann einen enormen weißgelben Schweif formte, um einen gigantischen Kometen darzustellen. Dieses Gebilde kreuzte quer über den Himmel in einer Spiralbahn, völlig geräuschlos. Das alles dauerte etwas mehr als zehn Minuten und wurde von mehreren Airliner-Crews bestätigt. Unter den Augenzeugen dieser Lichterschau war der Kongreßabgeordnete Gabriel Elorriaga, der am 19. Juli eine Anfrage an die Regierung stellte: »Betreffs des Eindringens eines unidentifizierten Objekts in den nationalen Luftraum über Benicassim (Castellon)«. Der Abgeordnete legte die Darstellung von Beobachtungen an Bord einer militärischen Transportmaschine bei. Verbunden war die Intervention mit vier spezifischen Fragen an das Verteidigungsministerium: Sind offizielle Informationen verfügbar? Wie reagierte das Verteidigungssystem darauf? Wie arbeitete in diesem Fall das Luftraum-Kontroll-System? Welche Vorsichtsmaßnahmen existieren in Anbetracht einer Aggression von Seeseite aus auf das Zentrum des spanischen Territoriums?

Das spanische Außenministerium antwortete erst am 29. September 1983. Die Sichtung wurde inzwischen weiterhin durch »eine

Formation von Phantom-Jets, dem Torrejon-de-Ardoz-Kontroll-
turm, zwei Iberia-Maschinen und ein USAF-Flugzeug bestätigt«.
Die vorliegenden Details stimmen überein, auch wenn es keinerlei
Radarkontakte mit dem Objekt gab. Zwei alternative Erklärungen
wurden über die Natur des Phänomens abgegeben: 1. ein Meteorit
oder 2. der Wiedereintritt eines Raumobjekts. Man betonte die
Häufung von Meteorsichtungen im Juli und August. Hilflosigkeit
und Ohnmacht spielten eine nicht unmaßgebliche Rolle: Inzwischen
hatten nämlich französische Vertreter des Verteidigungsministeriums zugestanden, daß das observierte Phänomen einmal mehr auf
den Testschuß mit einer ballistischen Rakete vom Typ M-4 zurückging, die von der französischen Marine von Bord des U-Boots
»Gymnote« nahe der bretonischen Küste im Atlantik abgefeuert
worden war. Die unzureichende Behandlung einer Abgeordneten-
anfrage zeigt, daß selbst die Militärs gelegentlich überfordert sind.
Die spezifische Unkenntnis betreffs UFOs ist sicherlich auch Grund
für manche Regierung, sich mit UFO-Dokumenten zu zieren, immerhin könnte die Staatsautorität untergraben werden – immer
wieder muß die »nationale Sicherheit« bei derlei Geheimniskräme-
rei herhalten.

Die Kanarischen Inseln sind die Heimat einer Reihe von spektakulären Himmelszeichen, die von einigen religiösen Menschen als
Wunder und Zeichen Gottes verstanden werden. Solche Zeichen
wurden seit jeher als Botschaften interpretiert, die das Ende der
Welt oder globale Veränderungen ankündigen. Doch in unseren Fällen waren keine Engel, Dämonen oder gar Gottes Hand im Spiel. Es
waren Zeichen der Moderne, Zeichen der Technologie, Zeichen des
Kalten Krieges. 1000 Kilometer vom kanarischen Archipel entfernt
befindet sich eine international bekannte Raketentestzone, die von
den Marinen der GUS und der USA genutzt wird, um aus von hier
getauchten U-Booten ballistische Raketen abzufeuern. Die Kanarischen Inseln gerieten am 22. Juni 1976, 19. November 1976 und 5.
März 1979 ins Raketenkreuzfeuer. Sowjetische U-Boote bescherten
uns den kanarischen UFO-Boom, Computeranalysen des Bildmate-
rials setzen durch Konturverstärkung und Reliefumsetzung die Ra-

keten deutlich in Szene. Erst 1989 bequemte sich die spanische Luftwaffe zu einer dementsprechenden Erklärung.

Mein spanischer Forschungskollege Vincente-Juan Ballester Olmos vermerkte: »Einige der besten UFO-Berichte in den bisher ge-
heimgehaltenen Unterlagen der spanischen Luftwaffe beschäftigen
sich mit der Untersuchung dieser Sichtungen. Leider muß man hier
einen erheblichen Mangel an Kenntnissen beim Militär über die
Hintergründe jener Phänomene feststellen. Das spanische Militär
hatte in bekannten Fällen durchaus die Möglichkeit eingeräumt,
daß der Anlaß für solche Erscheinungen außerirdische Raumschiffe
seien!« An ihr eigenes Geschäft hatten sie nicht gedacht, Raketen
und Raketenstarts fallen ja in ihr Ressort. An diesem Beispiel wird
frappierend deutlich, warum so manche Luftwaffe der Welt nicht
bereit ist, ihre geheimen UFO-Akten freizugeben: aus Angst vor einer Blamage. Diese Angst ist wohlbegründet, aber Ufologen haben
keinen Grund, sich vor Lachen auf die Schenkel zu klopfen – sie
selbst nennen die besterklärten Flug-Objekte immer noch »klassische UFO-Beweise«.

Nachspiel: Am 28. Mai 1994 brachte der Baseler *BLICK* folgende Meldung über Ferien der »ausgefallenen Art«: »Auf Teneriffa
mit UFOs und Außerirdischen. Sämtliche Touristen-Grills abge-
klappert, in Nepal getreckt, durch den Urwald des Amazonas ge-
streift und bei allen Ruinen des Altertums gewesen? Jetzt kommt
das Neueste für erlebnishungrige Ferienleute: das UFO-Seminar auf
Teneriffa, Kontakt mit Aliens inklusive.« »Steht der Kontakt mit
Außerirdischen bevor?« Mit dieser Frage will der Wädenswiler
Markus Eschbach Feriengäste nach Teneriffa locken. Für das »Erste
UFO-Seminar auf Teneriffa« in der Villa seiner ausgewanderten El-
tern hat Eschbach » schon zehn Anmeldungen aus der Schweiz«, für
etwa 15 weitere gibt es noch Platz. Eschbach: »In der Woche vom
18.–24. Juni geht es nicht nur um UFO-Fakten; UFO-Kontaktler
erzählen von den Erfahrungen mit Außerirdischen.« Vielleicht
gehören auch ein paar der Gäste zu UFO-Kontaktlern ... »Mit dem
deutschen UFO-Experten Michael Hesemann versuchen wir eine
Kontaktaufnahme mit Außerirdischen.« Falls sich keine UFOs

blicken lassen, gibt's allerdings kein Geld zurück: Die UFO-Woche kostet mit Flug und Halbpension rund 1800 Franken.

Wenn der Himmel sich färbt

Am Morgen des 20. November 1985, 5:30 Uhr: Entlang der US-Ostküste klingeln bei Polizei, Flugsicherung, Sternwarten, Zeitungsredaktionen und UFO-Meldestellen die Telefone. Was war geschehen? Frühaufsteher in vielen Teilen Amerikas hatten zunächst ein weißes Licht von Stecknadelkopfgröße gesehen, das am östlichen Himmel gleichmäßig aufdrehte und schließlich den fünffachen Vollmonddurchmesser erreichte. Es bildete sich ein heller Lichtkreis, der von den Beobachtern als geräuschlose »Lichtexplosion« dargestellt wurde, die sich in eine fächerförmige, grün gefärbte Wolke wandelte. Doch nicht genug: Gleich darauf ereignete sich eine zweite Lichtexplosion im selben Himmelsausschnitt, und alles wiederholte sich. Beide brillant-grünen Wolkenkreise hielten sich für über eine halbe Stunde. Ein mittleres Chaos brach aus. Mancher Betrachter befürchtete einen Nuklearangriff. Zivilverteidigung, Feuerwehr, Katastrophenschutz und Notfalleinrichtungen wurden mit besorgten Anfragen aus der Bevölkerung bombardiert, noch Stunden später ging es im Polizeifunk nur noch um diese UFO-Erscheinung. Genau diese Situation ist es, die Behörden und Regierende fürchten – den Zusammenbruch der öffentlichen Ordnung wegen eines UFO-Zwischenfalls. Wie war das damals? 1938 hatte ein Hörspiel von Orson Welles in New Jersey und New York zum Kollaps der öffentlichen Ordnung geführt, im Sommer 1952 brachen militärische Kommunikationskanäle im Washingtoner Regierungsapparat zusammen, weil Bevölkerung und Militär sich von einer Wetterinversion und Lichtspiegelungen narren ließen und an eine UFO-Invasion glaubten. Jetzt war es wieder einmal soweit.

Zeitungsleute, Behördenvertreter und in Panik geratene Bürger riefen die Bundesluftfahrtbehörde FAA an, doch die hatte keine Erklärung. Das nordamerikanische Luftverteidigungskommando

NORAD in den Cheyenne Mountains, Colorado, bat um Geduld. Schließlich stieß man auf die NASA-Einrichtung auf Wallops Island, Virginia, die gelegentlich Quelle für UFO-Erscheinungen ist. Hier fand sich der Übeltäter. Um 5:19 Uhr hatte die NASA von dieser Testanlage aus eine dreistufige, unterorbitale Taurus-Nike-Tomahawk-Rakete gestartet. In einer Höhe von 230 Meilen entließ sie ihre Nutzlast-Kapsel aus Titan, Bor und Barium. Eine weitere Kapsel wurde in 325 Meilen Höhe abgestoßen, dieses Mal mit den Bestandteilen Titan, Bor und Lithium. Diese unterschiedlichen Chemikalien riefen die befremdlichen Farbwolken hervor. Um die Affäre zu komplizieren: In derselben Zeit ging ein kleiner Meteorschauer der Leoniden über dem Ostküstengebiet nieder, dessen Hauptattraktion ein auffälliger Bolide war. Dieses astronomische Schauspiel mischte im wahrsten Sinne des Wortes mit: Es vermengte beide Lichtspiele und produzierte ein komplexes UFO-Rätsel, wieder einmal.

Die sorgsame Untersuchung von derartigen Fällen führt oftmals zu Pattsituationen zwischen Ufologie und öffentlichem Verständnis: Der überwiegende Teil kann die natürlichen und wissenschaftlichen Erklärungen solcher Ereignisse nicht nachvollziehen, ein kleiner Rest wird abgekanzelt, weil er angeblich unakzeptable Lösungen anbietet. Zudem kommt in einer solchen Atmosphäre hinzu, daß die Mitglieder von UFO-Organisationen sich lieber mit »echten UFOs« beschäftigen wollen, als sich ihr »Lieblingsspielzeug« wegnehmen zu lassen. Herausgeber führender UFO-Journale können da bitterböse werden ...

Bereits bei den Gran-Canaria-Vorfällen kam mir der Verdacht auf, daß diese UFO-Schauspiele nur mit Hilfe von chemischen Beimischungen während der Raketen-Experimente zustande kommen können. Barium bietet sich hierfür geradezu an. Der Einsatz dieser künstlichen »Leuchtmittel« dient dazu, die jeweiligen Raketentests in der Dunkelheit besser verfolgen zu können. Die Erforschung der irdischen Atmosphäre erfolgt seit geraumer Zeit mit Hilfe von elektrisch geladenem Barium, das sich durch die UV-Strahlung der Sonne weiter elektrisch auflädt und zum Plasma wird. Die dadurch entstehenden Blasen bzw. Wolken »strecken sich nach der Decke« der elektromagnetischen Kräfte in der Atmosphäre. Eine Nutz-lastrakete trägt Bariumpulver und Sprengstoff in einem Kanister innerhalb von 120 Sekunden in über 200 Kilometer Höhe. Dann wird der Kanister aus der Rakete herausgeschleudert und gezündet. Das Bariumpulver tritt in die Atmosphäre ein und wird elektrisch geladen. Ergebnis: eine Barium-Ionisation. Die elektrische Barium-Wolke ist ein unmittelbarer Anzeiger für die Ausbreitungsgeschwin-digkeit und -richtung des Erdmagnetfeldes. Aufgrund der Sonnen-einstrahlung in der oberen Atmosphäre ist sie kurz vor Sonnen-aufgang oder nach Sonnenuntergang sichtbar. Wichtig sind die Wetterbedingungen: Der Himmel muß wolkenfrei sein. Die vor-herrschenden magnetischen und elektrischen Auswirkungen beein-flussen die Ausbreitung der Bariumwolken.

Eine Startanlage für solche Tests von künstlich erzeugten Nord-lichtern befindet sich im nordschwedischen Kiruna beim »Exrange Raketencenter« zur Erforschung des Magnetfeldes im Polarkreis. In einem 1982 bereits in der *ZDF*-Wissenschaftsreihe »Aus Forschung und Technik« gezeigten Beispiel der Folge »Leuchtender Himmel« startete eine Rakete in Nordschweden. Ihre Bahn und schließlich die Freisetzung ihrer Nutzlast wurden vom finnischen Sordankilie, von drei Forschungsstationen in der UdSSR sowie in Israel und im grie-chischen Athen verfolgt. Von Griechenland wurde ein NASA-Jet eingesetzt, um die entlang den Erdmagnetfeldlinien nach Süden zie-hende Bariumwolke auszumessen und zu verfolgen – bis über die Ägäis. Auch am Äquator wird von Brasilien aus diesbezüglich ge-forscht; an der Atlantikküste bei Natal befindet sich ein brasiliani-sches Raketen-Forschungszentrum im Süden des Landes. Die Bra-silianer haben mit ihren Feststoffraketen große Testroutine, sie erreichen Höhen bis zu 300 Kilometern. Das *ZDF* zeigte ein Wis-senschaftsexperiment unter deutscher Beteiligung, bei dem gleich fünf Kapseln mit Bariumpulver hochgeschickt, gesprengt und frei-gesetzt wurden, was zu einem wundersamen Himmelsschauspiel führte. Große Blasen mit dunklem Kern irrlichterten am Himmel und wurden weit über Südamerika beobachtet. Kein Wunder also, wenn auch aus diesem Teil der Welt sonderbare UFO-Giganten am Abendhimmel aufkreuzen, die die Bevölkerung und die Militärs verwirren und die UFO-Freaks begeistern.

Künstliche Kometen

Experimente mit Barium sind nicht neu. Bereits am 27. November 1964 hatten Wissenschaftler vom deutschen Max-Planck-Institut (MPI) für Physik und Astrophysik am Institut für extraterrestrische Physik in Garching unter der Führung von Reimar Lüst kurz nach Sonnenuntergang eine Barium-Plasma-Wolke in den klaren Himmel der Wüste Sahara gezaubert. Seither gab es viele wissenschaftliche Experimente dieser Art, indem man Raketen und Satelliten mit Barium-Ladungen (gelegentlich auch Europium) in den erdnahen Raum schoß, um das ansonsten nicht sichtbare Plasma zu studieren oder weiterführende Plasma-Raum-Experimente zu entwickeln. Von besonderem Interesse ist dabei die aktive Ionosphäre und ihre Verbindung zur Magnetosphäre, wo sich ansonsten die faszinierenden natürlichen Nordlichter zeigen. Ebenso bietet sich die äquatoriale Ionosphäre mit ihrem horizontalen Magnetfeld für Plasma-Experimente an. Schließlich gelang es deutschen Forschern zwischen 1984 und 1985 sogar, Barium-Plasma-Blasen auszubilden, die den Sonnenwind besäten und Phänomene schufen, die in ihrer Erscheinung den Namen »künstliche Kometen« verdienten. Die Barium-Blasen sind in der oberen Atmosphäre so hell, daß man sie leicht beobachten kann, wenn der Himmel klar und dunkel ist (die Sonne sollte unter -8 Grad stehen).

Die Barium-Wolken-Technik ist recht simpel. Kanister werden mit einer Mischung aus Barium-Metall-Körnern und Kupferoxyd-Pulver gefüllt. Ein Zünder im Kanister wird über Funk aktiviert oder durch einen an Bord befindlichen Zeitzünder kontaktet. Die Hitze der Sprengstoffexplosion führt zu einer teilweisen Verdampfung des Bariums. Das Gas verursacht Hochdruck, der das Auslaßfenster (dünne Aluminiumfolie) zerbricht. Die Mischung aus

Dampf, heißen Teilen und Körnern unverbrannten Materials weht hinaus. Die Ausbreitung findet ionisiert im Magnetfeld statt. Die Photo-Ionisierung kann bei Verwendung von Lithium bis zu einer Stunde dauern. Mit verschiedenen Beimischungen lassen sich unterschiedliche Farbeffekte erzielen. Ein weiteres brauchbares Element ist Europium, das hauptsächlich in Blau erscheint. Im allgemeinen ist jedoch dieses Material für solche Versuche zu teuer. Vor allem an einer Raketenstartstelle in Argentinien setzte man es ein. Die Aussetzungshöhe der Leuchtwolken (in aller Regel zwischen 140 und 400 Kilometern) sagt nichts darüber aus, wie hoch und wie weit diese reicht. Bei einem Experiment über Grönland produzierte man die Wolke in 400 Kilometern Höhe; sie umfaßte einen atmosphärischen Barium-Streifen von 280 Kilometern vom Boden und bis in 5000 Kilometer Höhe. Fast exakt 20 Jahre nach dem ersten deutschen Barium-Wolken-Experiment in der Ionosphäre über der Sahara gelang einer Mission namens AMPTE (Active Magnetospheric Particle Tracer Explorers) via Satelliten-Einsatz im Dezember 1984 und Juli 1985 die Freigabe von jeweils zwei Kilo Barium-Dampf außerhalb des Erdmagnetfeldes. Es war ein Gemeinschaftsunternehmen von Deutschland, England und den USA, das zu spektakulären Lichtschauen führte. Weitere Experimente sind inzwischen Bestandteil der wissenschaftlichen Exploration des Weltraums. Dr. Gerhard Haerendel vom MPI in Garching übermittelte mir bereits 1986 eine Auflistung erfolgreicher Experimente. Ufologen können mit dieser Liste ihre Fallkataloge durchforsten und entsprechende UFO-Fälle abhaken: Fälle, die auf Barium-Dampf zurückgehen, bis heute aber als UFO gelten (genannt wird das Datum, Zahl der freigesetzten Wolken und der Startplatz): 2. 11. 1972, 2, Chamical/Argentinien; 4. 11. 1972, 3, Chamical/Argentinien; 14. 11. 1972, 3, Chamical/Argentinien; 18. 11. 1973, 2, Natal/Brasilien; 19. 11. 1973, 3, Chamical/Argentinien; 22. 11. 1973, 2, Natal/Brasilien; 22. 11. 1973, 3, Chamical/Argentinien; 3. 10. 1975, 1, Marambio/Grenze Antarktis-Argentinien; 22. 3. 1979, 2, Puntas Lobos/Peru; 17. 9. 1982, 7, Natal/Brasilien; 18. 9. 1982, 8, Natal/Brasilien; 21. 3. 1983, 1, Puntas Lobos/Peru; 22. 3. 1983, 1, Puntas

Lobos/Peru. Dr. Haerendel wußte im übrigen zu diesem Zeitpunkt nichts von derartigen Experimenten, die die Marine verschiedener Staaten von U-Booten aus durchführte.

Weitere »authentische« UFO-Sensationen: Argentinien und die südamerikanischen Nachbarländer stehen auf der »UFO-Hitliste« ganz oben. Die Phantasien rund um Fliegende Untertassen in den Zeitungen und in der Öffentlichkeit sind trotz der Versuche von ernsthaften UFO-Forschern zur Aufhellung der wahren Umstände für diese Geschehnisse nicht auszumerzen. Jeweils am Abend des 16. März und 3. Juli 1984 wurde UFO-Alarm ausgerufen. Die Medien sprachen von Plativolo-Besuchen über einem Dutzend Provinzen Argentiniens, aber ebenso wurden Chile, Uruguay, Paraguay und das südliche Brasilien vom UFO-Wahn infiziert. Doch die sich hier zeigenden UFOs waren trotz des hitzigen Gemüts der Südamerikaner kalt wie eine Gaswolke im Weltraum.

Viele sowjetische Satelliten werden vom ehemals geheimen Plesetsk-Raumfahrtzentrum nördlich von Moskau gestartet und ziehen einen langen 12-Stunden-Orbit über die nördliche Halbkugel. Um dorthin zu gelangen, müssen die Raumschiffe zunächst in einen niedrigen Park-Orbit gebracht werden und dann, eine Stunde nach dem Start, feuern sie die vierte Raketenstufe ab, um die Ladung in den abschließenden Orbit zu befördern. Aufgrund geographischer Bedingungen finden diese Zündungen über dem südöstlichen Pazifik statt, gerade vor der südlichen Küste Chiles, von wo aus der Satellit in nordöstlicher Richtung in den Orbit gelangt. Nach der Zündung fließt Resttreibstoff aus dem Raketentank, wodurch sofort eine Art Gaswolke entsteht, die einige Kilometer breit sein kann. Solche Orbits werden in 600–40 000 Kilometern Höhe gewählt und haben eine Bahnneigung von über 63 Grad zum Äquator. Zwei Haupttypen von Satelliten sind es, die auf diesen Orbit spezialisiert sind: MOLNIYA-Kommunikations-Satelliten und die MEW-Raketenfrühwarnsysteme als Teil des KOSMOS-Satellitenprogramms. Durchschnittlich gibt es einen Start pro Monat, um ausgefallene Beobachtungs- und Aufklärungssatelliten zu ersetzen. Findet eine solche Mission kurz nach Sonnenuntergang oder kurz vor Sonnenaufgang über dem südlichen Südamerika statt, werden die dahintreibende Gaswolke, das Raumfahrzeug, die Raketenstufen sowie Teile der Schutzhülle durch die Sonne (relativ zum Bodenniveau) angeleuchtet, während der Himmel sonst für den am Boden befindlichen Zeugen dunkel bleibt.

Die sich daraufhin zeigende Erscheinung ist eine wolkenartige Masse, ein langgezogener Leuchtbogen oder ein breiter Lichtstreifen mit dunklem Zentrum oder dunklem Kopf. Diese Phantome haben in aller Regel das Mehrfache des scheinbaren Vollmonddurchmesser, und durchqueren den Himmel in einigen Minuten am westlichen Horizont. In ihrer äußeren Erscheinung gleichen sie wohl den Barium-Wolken, haben sie doch fast den gleichen Hintergrund und Ursprung. Gelegentlich begleiten kleine Lichtpunkte jene »Wolken«, und manchmal wird eine aktuelle Raketenzündung in diesem Gebilde als ein gelbes »V« gesichtet, das nordwärts zieht und gemeinhin als sich davonmachende UFO-Sonde dargestellt wird. Alle denkbaren Arten von traditionellen UFO-Aspekten werden mit diesen Erscheinungen verknüpft. Augenzeugen beschrieben bizarre Bewegungen (Drehungen, Stops und Starts, Verfolgungen, Aufstieg vom Meer, Landungen, rapide Beschleunigungen), elektrische Effekte (Radar-Blips, Fernseh- und Rundfunkstörungen, Stromausfälle), psychische Wirkungen (Schläfrigkeit, Furcht, Zeitverlust, telepathische Botschaften) und natürlich auch die nahen Begegnungen der Dritten Art. Ein Zeuge, der so etwas von sich gab, erklärte in Angesicht des tatsächlichen KOSMOS-1317, eine fremde Kreatur darin gesehen zu haben, die mit ihm gesprochen habe. Es gibt jedoch einen Unterschied zu den eher traditionellen UFOs: die Palette von Fotografien unabhängiger Zeugen. Die Natur dieser breit angelegten sichtbaren UFOs macht es natürlich möglich, sie zu fotografieren und zu beweisen, daß irgend etwas am Himmel war. Solche fotografischen Beweise sind von den »realen UFO-Erscheinungen« (geht man davon aus, daß es solche doch irgendwie gibt) in aller Regel nicht zu erlangen. Der NASA-Mitarbeiter James Oberg entdeckte eine Verbindung zwischen den hier dargestellten Pseudo-Untertassen und russischen Raummissionen, als er eine Ermittlung in bezug auf das UFO vom 14. Juli 1980 durchführte, das in den Ufo-logen-Akten dank des hochangesehenen Center for UFO Studies des Dr. Hynek als authentisches UFO abgelegt war. Nachfolgend eine Auflistung der sowjetischen Satelliten-Starts, die in Südamerika zur OVNImania oder UFORIA führten: 22. 8. 1987, Molniya 1-42; 11. 2. 1989, Kosmos-1161 MEW; 14. 6. 1980, Kosmos-1188 MEW; 31. 10. 1981, Kosmos-1317 MEW; 23. 3. 1982, Molniya 3-18; 28. 5. 1982, Molniya 1-54; 30. 8. 1983, Molniya 3-21; 16. 3. 1984, Molniya 160 und am 3. 7. 1984 der Kosmos-1581 MEW. Auch diese UFO-Fälle sind in den Unterlagen zu streichen – selbst wenn sie mit Schlagzeilen wie »UFO-Flotten über Argentinien«, »UFOs im Süden«, »Hunderte bezeugten UFO-Flotte am Himmel über Buenos Aires« in der deutschen Literatur Einzug fanden. Aber auch amerikanische Raumfahrtmissionen können zur Meldung »UFO-Flotte« führen. Am Morgen des 4. Februar 1984 hatten Hunderte von Nachtschwärmern über Buenos Aires und im nördlichen Teil des Gebiets von Ost nach West kurz vor 3 Uhr eine »brillante Flotte von UFOs« quer über den Himmel schweben sehen, die »intensive Lichtstrahlen« in »allen Farben des Regenbogens von sich gaben«. Radargeräte des Internationalen Flughafens Ezeiza konnten diese Anomalie nicht registrieren. Was war es also für eine besonders merkwürdige, leuchtende, längliche Wolke? Die damals gerade laufende Space-Shuttle-Mission CHALLENGER hatte den Auftrag, den WESTSTAR-6-Satelliten einzufangen. Beim Start des Shuttle lief Resttreibstoff aus dem Tank aus und sorgte für das gemeldete Phänomen.

Die Heidelberger *Rhein-Neckar-Zeitung* brachte am Mittwoch, dem 21. August 1985, eine AP-Meldung ins Blatt: »Zwei UFOs gesichtet – Fluggäste und Besatzung einer Boeing 737 haben nach Zeitungsberichten vom Montag vergangenen Sonntag zwei unbekannte Flugobjekte über einer Provinz im Inneren Argentiniens gesichtet. Die in Buenos Aires erscheinende Tageszeitung *Clarin* veröffentlichte Aufnahmen der UFOs, die von einem ihrer Fotografen gemacht wurden, der sich an Bord der Maschine befunden hatte. Sie zeigen verschwommene, helle Erscheinungen vor einem dunklen

Himmel. *Clarin* berichtete, ein UFO sei kugelförmig und das andere
sehe aus wie eine Banane, und beschrieb mit den Worten ihres Fotografen den Flugweg der UFOs als Zickzack-Kurs mit sehr hoher
Geschwindigkeit. Sie hätten hell aufgeleuchtet und ihre Farben von
Violett über Gelb zu Weiß gewechselt. Das Flugzeug habe sich in
9000 Metern Höhe und die unbekannten Flugobjekte in schätzungsweise 20 000 Metern Höhe befunden.«
     Einer Reuters-Meldung zufolge habe sich das Flugzeug gar zwei-
mal in Richtung der UFOs bewegt, »das dann deutlich den Kurs
geändert hatte«. Das vorliegende Fotomaterial übermittelte uns der
Werbeleiter der Firma Siemens, Michael Ritter. Nichts weiter als das
zu erwartende Beweismaterial für ein bisher auf diesen Seiten dar-
gestelltes irdisch erzeugtes Phantom.
     23. Oktober 1985, Skandinavien liegt um 2:20 Uhr im Schlaf.
Ganz Skandinavien? Nein, einige Leute sind noch unterwegs, wobei
sie eine neue Sonne aufgehen sehen, die sich am nordöstlichen Himmel in einen leuchtenden Ring verwandelt, und dann kurz vor 3 Uhr
verlöscht. Dänemark und Norwegen erfaßte tagelang die UFO-Mania. Ein sonderliches Nordlicht, das hier schließlich seine Heimat
hat? Autofahrer in Göteborg hatten aufgrund des niedrigen Höhen-
winkels den Eindruck, als würde das ringförmige UFO in nur 100
Metern Höhe schweben, was den Fall zu einer typischen UFO-Nah-
begegnung gemacht hätte, ein Anwohner Satenas sah es »über dem
Wald«. Doch alle Berechnungen lassen nur den Schluß zu, daß sich
dieses Gebilde in sehr großer Höhe befand und sich über dem dänischen Barentshavet ausgebildet hatte, um bis in 2400 Kilometern
Entfernung gesehen zu werden, was eine Mindesthöhe von 700 Kilometern voraussetzt und alle Nahbegegnungsspekulationen da-
vonwischt. Tatsächlich startete kurz zuvor eine Rakete von einem
sowjetischen U-Boot im Barentshavet, die jedoch über Dänemark
zerbrach und dort ihren Resttreibstoff verlor.
     Ein weiteres UFO dieser Herkunft, mit allerdings weiterent-
wickelter Technik, wurde am Abend des 12. August 1986 in den
USA gesehen. Zwischen 21:50 Uhr und 22:10 Uhr hinterließ es
eine in korkenzieherartige Bewegung geratene Lichtwolke, »wie ein

Atompilz«. Es handelte sich um ein Laserexperiment eines japanischen Satelliten, der an diesem Tag gestartet worden war, einen 932-Meilen-Orbit einnahm und hierbei auch den Osten der USA überflog. Der zwei Meter große, kugelförmige Satellit bestand aus 318 Einzelspiegeln auf seiner Oberfläche und drehte sich mit 40 Runden pro Minute; das reflektierende Sonnenlicht führte zu einer wundersamen Schau. Planmäßig erschien der Satellit gegen 22 Uhr über den USA. Als er bald darauf in den Erdschatten eintrat, verschwand er aus der Sicht der UFO-Zeugen. Die korkenzieherartige Wolke entstand durch das Ablassen des nicht verwendeten Treibstoffs. Beim NASA Goddard Space Flight Center hatte die Abteilung Laser Network Operations den Satelliten verfolgt, u. a. mit Laserstrahlen.

Dieses UFO wurde entlang seiner Bahn von Louisiana, Oklahoma, Illinois, Kentucky, Michigan, Ontario und Quebec aus gesehen und variabel dargestellt: mal als ein großer Feuerball, dann als eine glühende Wolke, ein Lichtpunkt oder als sich bewegende Spirale. Wieder einmal gab es Verwirrung, und der Vizepräsident der astronomischen Gesellschaft von Syracuse erklärte es als »die Reflexion des Mondes an einer Wolke«. Inzwischen kamen aus Zentralamerika, der Karibik und der Nordküste Südamerikas weitere Meldungen, die immer abenteuerlicher wurden. Ein Luftfahrtkontrolleur sah auf einmal überall fremde Erscheinungen, darunter auch B-52-Flugzeuge, die wie gewohnt auf einer Air Force Base landeten und zu »schwebenden Lichtern« wurden. In Kentucky sahen Besucher eines Autokinos den Satelliten und hörten »Explosionen«, was sie als äußerst bedrohlich empfanden, auch weil »dabei die Erde gebebt haben« soll. Doch der Sheriff beruhigte später die Zeugen dieser Show: In den Zeitungen war zu lesen, daß die Explosionen zum Feuerwerk einer Betriebsfeier gehörten. Hier wirkt jene Kraft, die unterschiedliche und kausal nicht zusammenhängende Ereignisse auf einen spektakulären Stimulus zurückführt, wenn es die äußeren Umstände (und inneren Ängste) nur zulassen. Daraus können schier unglaubliche Geschehnisse konstruiert werden und unglaubliche Stories entstehen.

UFOs verwirren Piloten

UFO-Wahrnehmungen von hochqualifiziertem Flugpersonal sind ein Steckenpferd der weltweiten Ufologie, neben Sichtungsberichten von Astronomen und Astronauten sind sie oftmals ausschlaggebend für mancherlei ufologische Glaubensbekundung – erfahrene Piloten gehören immerhin zu jenem Menschenschlag, der genau informiert ist, was am Himmel vor sich geht. Schlagen wir einen neuen Fall auf, der die internationale Presse und Ufologie durcheinanderwirbelte.

Am 21. März 1989, gegen 19:15 Uhr, fliegt eine McDonnel Douglas 83 TRISTAR der British Island Airways, von Malta kommend, zum Gatwick Airport. Über Sardinien, in einer Flughöhe von 10 000 Metern, erscheint plötzlich etwas und folgt der Maschine. Captain Bob Taylor hält es zunächst für ein anderes Flugzeug. Vorsichtshalber unterrichtet Taylor seine 140 Passagiere von einer möglichen »mid-air-collision«. Mit einer gehörigen Portion Schrecken nehmen die Fluggäste diese Meldung zur Kenntnis. Susan Walton von der *London Broadcasting Company* sieht von ihrem Sitz aus durchs Fenster »ein leuchtendes Glühen mit vielen farbigen Lichtern darin« auftauchen. Dieses UFO scheint das Flugzeug eine gewisse Wegstrecke zu begleiten und schließlich davonzuziehen, einen Rauchschweif zurücklassend. Passagier Brian Challis: »Plötzlich wurde der dunkle Himmel ein Stückchen weit ganz hell, und so etwas wie ein ›Wolkenwirbel‹ mit hellen Lichtern innen tauchte auf. Dies wirkte ganz spektakulär.« Pilot Taylor beruhigt seine Passagiere, da er inzwischen den Eindruck hat, daß diese Erscheinung doch nicht seinen Kurs kreuze und einiges höher sei, aber: »Meine Damen und Herren, so etwas habe ich niemals zuvor gesehen. Es kann nur eine Rakete oder ein UFO gewesen sein. Aber wenn es eine Rakete gewesen ist, wären wir davor gewarnt worden.«

Einige Minuten nach der etwa 20minütigen Sichtung sackt die TRISTAR plötzlich um einige hundert Meter nach unten und reißt die Passagiere aus ihren Sitzen; Lebensmittel und Getränke, Fla-

schen und Besteck, Zeitungen und Kleidungsstücke fliegen durch
die Kabine. Luftturbulenzen oder UFO-Einwirkung? Reporterin
Susan Walton dringt daraufhin zum Cockpit vor und interviewt den
Piloten. Captain Taylor erklärt noch unter dem Eindruck des Geschehens, daß er zunächst nur unidentifizierte Lichter gesehen habe,
die zum Himmel aufgestiegen seien, sich zu einem Schweif ausgebreitet hätten und dabei hell-weiß erschienen seien. »Es kam auf uns
zu, schneller als das normalerweise ein Flugzeug tun würde, dann
warnte ich Sie ja. Doch als es uns erreichte und begleitete, stieg es
nochmals um einiges höher hinauf. Dort oben löste es sich dann in
den Winden auf. Meinen Kindern werde ich sagen, daß ich wahrscheinlich ein UFO gesehen habe, da ich nicht wirklich weiß,
worum es sich hier gehandelt hat.« Die *LBC*-Reporterin konnte mit
Fluggast Peter Villa, Chef der Fluggesellschaft British Island Airways, sprechen, der ebenfalls auf der linken Seite gesessen und eine
gute Sicht auf das UFO gehabt hatte. Villa jedoch trennte die fremd-
artige Erscheinung vom Durchsacken der TRISTAR: »Dieses Gebilde stellte niemals eine Gefahr für uns dar. Meiner Schätzung nach
war es 500–3000 Meilen entfernt – deswegen war es auch nicht auf
unserem Bordradar zu sehen. Ich bin mir sicher, daß es kein UFO
war. Irgendwie wird sich das schon einfach erklären lassen.«
    Der Mittelmeerraum ist eine der am meisten frequentierten Luft-
verkehrszonen der Welt, daher müßte jedes Flugzeug normalerweise
über einen Raketenstart unterrichtet werden – allein schon wegen
der Unfallgefahr. Gefahrensituationen gab es leider schon genug,
gerade auch in dieser Gegend, und zahlreiche unschuldige Opfer
sind zu beklagen. Man denke an den Vorfall mit einer italienischen
DC-9 im Jahre 1981, die über Sizilien abgeschossen wurde. Niemand hatte damals zugegeben, eine Rakete abgefeuert zu haben.
Doch im März 1989 bestätigte ein Untersuchungsbericht der italienischen Justiz, daß das Flugzeug mit 81 Passagieren von einer Luft-
zu-Luft-Rakete eines unidentifizierten Kampfflugzeugs herunterge-
holt wurde. Glaubwürdigen Überlegungen nach soll es ein USAF-
Jäger gewesen sein, der libanesische Kampfflieger verfolgte und aus
Versehen die DC-9 vor die Flinte bekam.

Zurück zu unserem UFO-Fall: So nahe, wie es zunächst auf Captain Taylor wirkte, war das bunte Lichtphänomen gar nicht. Nicht nur die Passagiere sahen es, Tausende im nördlichen und zentralen Italien, in der Schweiz und dem südöstlichen Frankreich wurden gleichermaßen zu Zeugen. Die nachfolgenden Informationen stammen von der italienischen UFO-Forschungsgruppe CISU: Zunächst tauchte am westlichen Himmel ein rot-weißer, abwärts gerichteter Schweif auf, der in eine große helle Wolke überging, die sich später als Rauchring ausbildete und bald auflöste. Ein Autofahrer nahe Montecala (Savona) sah eine beschweifte, weiße, punktartige Lichtquelle hinter den Bergen auftauchen – »plötzlich zog dieses Phänomen nach rechts und verschwand. Dann sah ich eine Art Rechteck am Himmel, woraus sich schließlich eine weiße Wolke bildete. Dies alles dauerte etwa vier Minuten.« Ein Journalist in Chiavari (Genua) sah um 19:20 Uhr einen Rauchhalo über den Dachgiebeln: »In dessen Zentrum erschien so etwas wie der Blendenverschluß einer Kamera und darin wiederum ein kleiner, heller Stern. Er wurde immer größer. Nach 20 Sekunden hielt er inne und verschwand langsam.« Ein anderer Autofahrer in San Remo (Imperia) sah zur selben Zeit ein helles, weißes Licht aus Richtung des Meeres herbeikommen: »Plötzlich wackelte es ein bißchen und schoß mit gewaltiger Geschwindigkeit davon, ließ dabei eine schwarze, verdrehte Rauchspur hinter sich. Ein bißchen höher erschien ein weiteres Licht, das nach zehn Minuten langsam verschwand.«

Unter den Beobachtern war auch ein deutsches Ehepaar, das seinen Urlaub am Lago Maggiore in der Schweiz verbrachte. Durch Zufall erhielten die Lüdenscheider Kollegen unserer Schwesterorganisation »Gesellschaft zur Erforschung des UFO-Phänomens« (GEP) eine Videoaufnahme dieser faszinierenden Begebenheit. Der Videoclip zeigt schließlich für wenige Sekunden eine über den westlichen Bergen stehende Rauchsäule, an deren oberen Ende sich eine rauchförmige Wolke sternförmig ausbreitet. Im Zentrum der Wolke bildet sich ein kleines helles Licht, das immer größer wird und sich kaum bewegt. Die Wolke löst sich schließlich auf, und das Objekt wird blasser. Der Videofilmer zog anschließend seine Kamera in eine andere Richtung. Unseres Wissens ist dies die bisher einzige Videoaufzeichnung eines solchen Geschehens.

Den italienischen Kollegen vom CISU gelang es, mit etwa 60 Zeugen im nördlichen Italien zu sprechen. Hierbei kristallisierten sich zwei Phasen des Phänomens heraus: a) eine helle, punktförmige Lichtquelle, die fast vertikal aufstieg und dann in einer weißen Wolke explodierte, worin viele Zeugen eine Traube von sternartigen Lichtern ausmachten. Als sich der Rauch auflöste, wurde eine zweite und hellere Wolke sichtbar, die sich ebenso auflöste; b) eine helle Masse über dem Horizont, ähnlich einem gelb-roten Schweif, die fast für eine halbe Stunde sichtbar blieb. Diese Erscheinung wurde mehrfach fotografiert. Hier zeigte sich zumeist eine konusförmige Spirale, ähnlich einem Rauchschweif von gelblich-oranger Färbung (solche Aufnahmen wurden in zahlreichen französischen Zeitungen abgebildet). Die Zeitungsinterpretationen schwankten zwischen Nordlicht, UFO und Rakete. Einer verrückten Meldung zufolge war das französische Nuklearzentrum Superphenix explodiert … Viele Menschen waren in Angst und Panik geraten und überschütteten Polizei, Feuerwehr und Zivilschutz mit Beobachtungsmeldungen. In Italien stellte die kommunistische Partei sogar eine Anfrage an die Regionalregierung von Turin.

Um es kurz zu machen: Das hier geschilderte Phantom ging auf eine ballistische Rakete zurück. Die S-3-Rakete war von der französischen Militärbasis in Biscarosse (Centre d'Essais des Landes), nahe Bordeaux, gestartet worden. Es war ein Start in Richtung Atlantik, wobei man eine neue nuklear-strategische Rakete ohne aufmontierten Atomsprengkopf testete. Die S-3 ist 14 Meter lang, fliegt 3000 Kilometer weit und hat ein Gewicht von 25,8 Tonnen. Neun solcher Raketen sind seit 1980 stationiert worden und dienen als Ersatz für die S-2; seither wurde jedes Jahr zu Testzwecken eine gestartet. Gewöhnlich verfolgt ein Schiff der Marine den Flug und analysiert Flug- und Anstiegsverhalten, um schließlich irgendwo den Raketenkopf zu bergen. Die gemeldete Doppelexplosion ist durch die Trennung der zwei Raketenstufen nach und nach aufzuklären. Gemäß einer Presseerklärung des französischen Verteidigungsministeriums stieg die Rakete vom 21. März 1989 bis auf 1000 Kilometer Höhe, um dann in einer Parabel in die See zu stürzen – 2000 Kilometer westlich von Biscarosse. Die ausgezeichneten Sichtbedingungen an jenem Abend machten es möglich, daß Zeugen selbst aus 900 Kilometer Entfernung den Start bemerkten. Tatsächlich gab es nur östlich des Startplatzes Zeugen, weil nur sie den sonnenbeschienenen Dampfstrahl der Rakete im Erdschatten sahen. Derartige Starts werden aus Gründen der Sichtbarkeit nur zur Dämmerung vorgenommen.

Obwohl die Ursache dieses Phänomens klar ist, darf man doch nicht vergessen, daß es hierzu auch abenteuerliche Beschreibungen gab: Nahe Finale Ligure fand eine Wildschweinjagd auf dem Melogno Hill statt. Die Jagdgemeinde hörte plötzlich einen Donnerschlag und sah eine zehn Meter lange Rakete vorbeifliegen, die einen Hitzeschleier hinter sich herzog. Erschrocken flüchteten die Jäger zu ihren Fahrzeugen und beobachteten von dort aus, wie die Rakete hochstieg und eine fünfsternige Lichterscheinung bildete, die nach einigen Minuten verschwand. In Borgo San Giacomo (Brescia) sah ein junges Paar nachts einen gelben Lichtball herbeikommen, der einen Bauernhof taghell ausleuchtete. Das UFO kam mit flugzeugähnlichem Lärm auf sie zu, verschwand dann aber plötzlich, wie wenn man ein Licht ausknipst. Ein Luftwaffenpilot über Florenz meldete einen hellen Schweif aus »einem metallisch anzuschauenden Objekt«, das seine Flugbahn kreuzte und mehr als fünf Kilometer von seinem Flugzeug entfernt in einer kräftigen Explosion verging.

Der pseudoreligiöse Fanatiker und UFO-Kontaktler Eugenio Siragusa nannte dieses Phänomen ein »Himmelszeichen«, das ihm von der Heiligen Mutter Maria (im Nebenjob muß sie Raumschiffkommandantin sein!) selbst vorhergesagt worden war. Mission dieses Raumschiffs: Abschuß eines erdbedrohenden Asteroiden.

Absturz in den Alpen?

Am 23. Februar 1971 gegen 19:30 Uhr riefen ein TWA-Airliner und
eine Privatmaschine gleichzeitig die Luftverkehrskontrolle von Mai-
land an und meldeten einen hellen Feuerball, der auf sie zugekom-
men war, schließlich in die Alpen stürzte und dort ein Feuer ent-
fachte. Weltweit machte folgende Schlagzeile die Runde: »Ein UFO
schoß wie ein riesiger Feuerkegel mit Kollisionskurs auf Düsenriesen
zu«. Mit Helikoptern suchten bewaffnete Carabinieri die mutmaßliche Absturzstelle an dem Ort ab, wo es im Wald gebrannt haben
sollte. Tausende von erstaunten Menschen hatten zuvor in der französischen Provence das UFO im »Zickzackflug über den Abendhimmel« gesehen. Nach mehr als 20 Jahren hier die tatsächlichen
Hintergründe: Der Pilot der Privatmaschine konnte von den CISU-
Kollegen ausfindig gemacht werden, es war der ehemalige Luftwaf-
fen-Colonel Alfonso Isaia, jetzt Pilot für die Geschäftsführung der
Firma FIAT. Er betonte, daß er damals nichts in den Bergen habe auf-
schlagen sehen, noch habe es ein Feuer in den Wäldern gegeben. Die
Presse habe seine Darstellung weitestgehend ausgeschmückt. Hitzige
ufologische Köpfe warfen Isaia daraufhin vor, er nehme an der Re-
gierungsverschwörung zur Verheimlichung von UFOs teil. Schließlich stellte sich heraus, daß das beobachtete Phänomen nichts weiter
als der Wiedereintritt einer französischen TIBERE-Rakete gewesen
war, die von Biscarosse startete und deren abbrennende dritte Raketenstufe die Himmelsschau erzeugte. Es handelte sich um eine wissenschaftliche Mission, die elektrische Phänomene während Rake-
ten-Re-Entries studieren wollte. Die letzte Stufe brannte während
des Rückfalls in einer Höhe von 60–130 Kilometern außerhalb des
Erdschattens ab, so daß zwar die Erde am Boden in Dunkelheit lag,
aber der freigesetzte Rauchschweif weiterhin von der Sonne erhellt
wurde. Gleiches gilt für den ionisierten Gasschweif und den zurück-
kehrenden Raketenkörper, der von Tausenden beobachtet wurde.
Reste wurden vor der Küste bei San Sebastian (Spanien) von Fischern
gefunden und von der Marine geborgen.

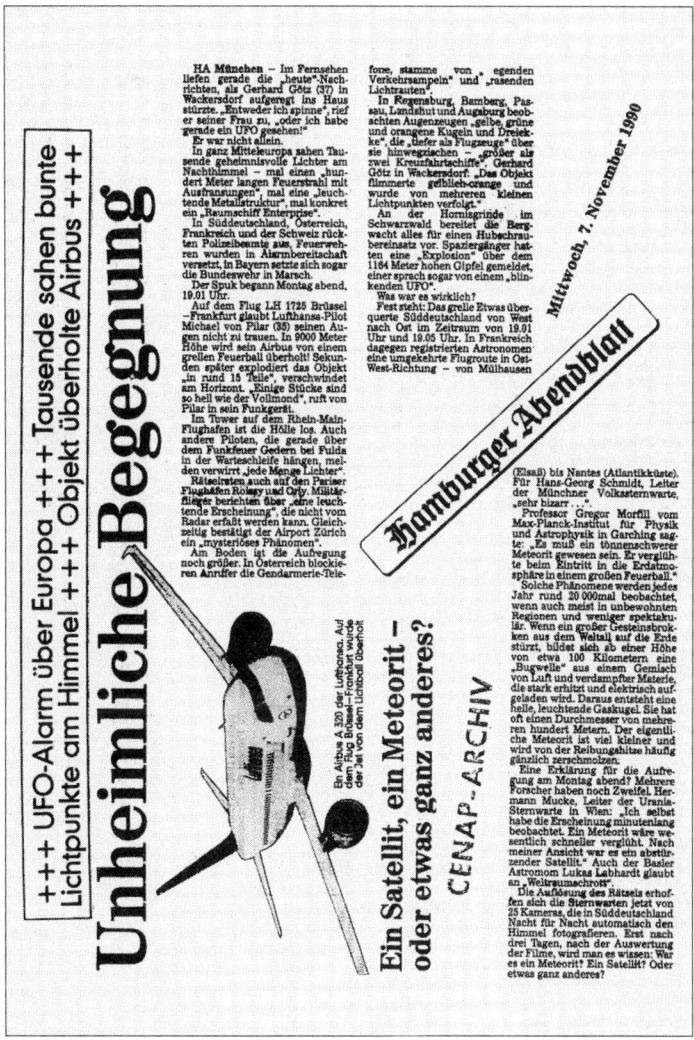

Auch bei diesem UFO-Alarm über Europa waren Flugzeugbesatzungen perplex und meldeten das Unerklärliche weiter Quelle: CENAP

SKY PHENOMENA FORM   a.k. 3/77

Please return filled-in form to your administrative office or mail to
Dr.G.Polnitzky, Meteorzentrale, Universitaets-Sternwarte, 1180 WIEN,
Tuerkenschanzstrasse 17, Oesterreich/Austria. Phone: 0222-345360-94 or
every observer filling in form is sent an answer!   0222-8368125 (night)

Airline: Flight Number, from/to:

Date: GMT   Time: GMT

Plane location (long./latit. or next town/geographical detail below)
at first sight of phenomenon:

Plane heading magnetic: Altitude:

Observing crew members, ranks (capital letters please):

Estimated degrees right/left of plane heading
            of object when first sighted:
Estimated elevation above horizon in degrees

Estimated degrees right/left of plane heading
            of object when last sighted:
Estimated elevation above horizon in degrees

Plane location at last sight of phenomenon (for durations > 1 minute):

Total time object was in sight:

Apparent brightness (dazzling, full moon, venus, star):

Color(s) (differently colored parts?):

IF OBJECT SHOWED DETAILS, PLEASE SKETCH IT IN ITS FLIGHT POSITION BELOW
(WITH RIGHT PROPORTIONS TO TAIL, IF THERE WAS ANY) and give your comments
concerning: Tail, flickering, break-up, afterglow (how long?), variations
of color, brightness, shape, size, speed etc. Any of these data important!
For break-up or marked variations try series of sketches.

Shape, size of head compared to full moon:

Was this a predicted satellite re-entry?
If yes, please give suspected name/nr. of booster:
For additional details, questions to Meteorzentrale Wien or description of
old observation you have not reported to us so far, please use reverse side.
All data you are able to give are of scientific value. Thank you!

Place, date: Signature:

Die wissenschaftliche Welt wird gelegentlich mit außergewöhnlichen Himmelsphänomenen konfrontiert. So entwarf die Universitätssternwarte Wien ein »SKY PHENOMENA FORM«, einen UFO-Fragebogen, der speziell an Fluggesellschaften ausgegeben wird.   Quelle: CENAP

Wie man sieht, gibt es zwischen dem eben dargestellten UFO-Phantom und dem Phänomen vom 21. März 1989 nicht zu übersehende Parallelen. Tatsächlich gibt es die wissenschaftliche Operation ELECTRE, die von Militärflugplätzen ihren Ausgang nahm. Zwischen 1965 und 1989 starteten acht Flüge von Biscarosse, die jeweils UFO-Flaps in weiten Gebieten Südfrankreichs mit sich brachten - und jedesmal entstanden sich stets wiederholende Fotobeweise. In diesem Zusammenhang sei ein Start vom 18. März 1972 erwähnt, der für eine Sichtung bis nach Österreich sorgte. Aus Frankreich gingen zahlreiche merkwürdige Berichte ein, wobei sogar Meldungen über elektromagnetische Einflüsse kursierten. Gegen 19:20 Uhr waren in Pont-de-Cheruy (Isère) zwei Autofahrer unterwegs, als sie ein intensives Licht von oben aus einem schwebenden Objekt herabkommen sahen, kaum mehr »als 35 Meter über uns«. Die Zeugen machten ein zylinderförmiges Gebilde mit drei Luken aus – es bewegte sich nach rechts und stieg dann rapide nach oben. Zurück blieb nur ein beständiger gelb-roter, S-förmiger Schweif am Himmel, der sich erst nach zehn Minuten auflöste. Das ist ein typisches Beispiel für eine totale Fehlwahrnehmung, die auf eine Rakete in 500 Kilometer Entfernung und 100 Kilometer Höhe zurückging.

EBOLs – expandierende Lichtbälle

In der internationalen UFO-Szene geistern auch Meldungen über Vorfälle herum, die in Anbetracht der bisherigen Informationen neu zu bewerten sind. So auch das Phänomen der expandierenden Lichtbälle, EBOLs genannt. Eine typische Meldung dazu: In seiner Ausgabe vom April 1977 berichtete das offizielle englische Nachrichtenorgan für die britische Schiffahrt, *Marine Observer*, über ein »unidentifiziertes Phänomen« im Nordatlantik, dem wir bereits als UFO begegnet sind. Es war der 22. Juni 1976, an Bord der »SS Osaka Bay« sichteten Kapitän R. Moore, der Zweite Offizier Illingworth und ein Passagier auf dem Weg vom afrikanischen Kapstadt zum englischen Southampton um 21:13 Uhr ein dumpf-orangefarbenes Glühen hinter einer am Horizont stehenden Kumuluswolkenbank. 21:15 Uhr erschien ein geisterhaft-weißer Diskus in einer Höhe von 10 Grad und in Richtung 290 Grad. Das Glühen hinter der Wolke blieb. 21:25 Uhr wuchs der Diskus derart an, daß seine untere Kante den Horizont erreichte und in der Höhe bis auf 30 Grad angeschwollen war. Irgendwie schien der äußere Bereich intensiver als der Mittelpunkt. In den nächsten Minuten verwandelte sich die Erscheinung mehr in eine gewaltige Kugel, die hinter dem Horizont herabsank, gleichsam sich weiter ausbreitend. Durch diese Kugel waren die ganze Zeit über Sterne sichtbar gewesen. Gegen 21:30 Uhr war die halbe Kugel bereits am Horizont untergetaucht, aber sie wurde immer größer. In ihrer Höhenausdehnung ließ sie ebenfalls nicht nach. Das orangefarbene Glühen hinter der vorgeschobenen Wolkenbank wandelte sich nun in eine längliche Gestalt, während die Wolkenbank langsam absank. Dies wirkte nun wie ein Suchlichtstrahl, der entlang der Peripherie der gewaltigen Halbkugel anwuchs. Ab 21:35 Uhr wurde der Rand der Halbkugel immer durchschimmernder, während der »Scheinwerfer« seine Intensität beibehielt. Um 21:40 Uhr war dann die Halbkugel ebenso hinter dem Horizont abgetaucht, nur der Lichtstrahl blieb für weitere fünf Minuten erhalten. Dann verlor auch er seine Helligkeit und löste sich auf. Am westlichen Himmel gab es für weitere zehn Minuten eine ungewohnte Helligkeit, ähnlich wie beim Monduntergang.

UFOs sind Raumflugkörper. Allan Hendry, der für das berühmte Center for UFO Studies im amerikanischen Illinois forschte, arbeitete zwei Jahre hauptberuflich für das von Dr. Hynek gegründete CUFOS, um UFO-Sichtungen Anfang der 80er Jahre in den USA zu recherchieren. Sein *The UFO Handbook* ist ein unverzichtbares Hilfsmittel für jeden seriösen UFO-Phänomen-Ermittler, leider ist es noch nicht in deutscher Sprache erschienen. Der vielleicht wichtigste Satz darin: »Wenn man sich mit unidentifizierten Flug-Objekten abgibt, dann sind die Dinge selten so, wie sie einem erscheinen.«

Während seiner Erhebung über 3000 UFO-Meldungen stolperte Hendry gelegentlich auch über fehlgedeutete Raketenstarts. Neun

Berichte kamen ihm allein aufgrund eines morgendlichen 5-Uhr-Starts einer dreistufigen Minuteman-Rakete von der berühmten Vandenburg Air Force Base in Kalifornien zu Ohren. Die Zeugen hatten sich aus Kalifornien und Nevada gemeldet. Sie hatten eine Lichtquelle emporsteigen und auseinanderbersten sehen, wodurch sich eine gewaltige fallschirmartige Gestalt, größer als der Vollmond, entwickelt hatte. Dieser Effekt, so haben wir inzwischen gelernt, ist typisch bei der Zündung nachfolgender Stufen. Bei einem weiteren Start einer MSV-Athena-Rakete, 120 Meilen draußen auf dem Atlantik, gab es entlang der Küstenlinien Maryland-Virginia allein fünf sofortige UFO-Meldungen an die Hotline. In diesem Fall wurde nicht nur ein fernes UFO gemeldet, sondern ein Ehepaar aus Ohio beschrieb den »Wolken-Pilz« als ein Phantom, das 20 Meter hoch und 15 Meter vor ihrem Wagen schwebte. Ein typischer Nahbegegnungsvorfall, basierend auf einem Hunderte Kilometer entfernten Raketenstart. Natürlich gibt es weitere Raketenstartplätze in den USA, deren Aktivitäten zu UFO-Meldungen führten: Vandenburg AFB und Point Mugu in Kalifornien, Cape Canaveral und Eglin AFB in Florida, Wallops Island/NASA in Virginia und Truro/SAMSO in Cape Cod, Massachusetts.

Spanien: Ende der Geheimhaltung

Ich möchte an dieser Stelle zur spanischen UFO-Problematik zurückkehren. Zum einen gibt es in diesem Land die aufregendsten UFO-Sichtungen, zum anderen ist seit langer Zeit bekannt, daß die spanische Luftwaffe UFO-Dossiers systematisch anlegt und selbst Fallermittlungen durchführt; Deutschland ist damit verglichen ein »Notstandsland«.

Lob gebührt vor allem dem spanischen UFO-Untersucher Vincente-Juan Ballester Olmos. Nach jahrelangem Kleinkrieg mit den Behörden ist es ihm gelungen, an die UFO-Akten der spanischen Luftwaffe heranzukommen. Es ist den Anstrengungen unseres spanischen Kollegen zu verdanken, daß der Chef der Luftwaffenführung (JEMA), Lt. General Ramon Fernandez Sequeiros, die Empfehlung aussprach, die UFO-Dokumente der spanischen Regierung freizugeben. So geschah es auf europäischem Boden erstmals, daß ein ernsthafter UFO-Untersucher es schaffte, die Geheimhaltung zu durchbrechen. Das spanische Beispiel zeigt, was die seriöse UFO-Ermittlung erreichen kann.

• Am 3. Juni 1967 wurde eine unerwartete Radarwiedergabe von der Einrichtung Bolero um 16:26 Uhr über der Provinz Caceres im westlichen Spanien aufgezeichnet: Das geortete Objekt umkreiste das Gebiet, wobei es sich bevorzugt im Westen aufhielt. Elf Minuten später nahm die Militäreinrichtung mit dem Spitznamen Matador die Meldung entgegen, daß ein T-33-Schulungsflieger in dieser Zone ein befremdliches, leuchtendes Objekt gesichtet hatte. Um 16:55 Uhr wies Matador zwei F-86F-Jäger an, dieses UFO abzufangen. An Bord der T-33 gab es Funkstörungen, während das UFO über ihr erschien. Um 17:22 Uhr erreichten die Abfangjäger ihr Ziel und beschrieben eine Pyramidengestalt. Ein Bild wurde aufgenommen.

• Am 17. September 1968 war der Iberia-Flug Nr. 220 von Teneriffa nach Las Palmas (Kanarische Inseln) unterwegs. Um 21:45 Uhr beobachtete die Crew in 2200 Metern Höhe und bei klarem Himmel einen weit entfernten leuchtenden Lichtpunkt, der sich ihnen plötzlich näherte. Seine Größe wuchs deutlich an, bis er links neben dem Airliner flog. Von hier sah er aus wie ein runder Körper von 20 Zentimetern Durchmesser, der das Cockpit der Maschine mit einem bläulichen Licht überflutete. Nach 45 Sekunden zog sich dieses Licht dahin zurück, woher es gekommen war.

• 13. Oktober 1968, La Linea (Cadiz), spanischer Süden. Um 22:45 Uhr befanden sich ein Sergeant und zwei Soldaten im Dienst, als sie ein Flugobjekt aus Nordwesten herankommen sahen, das in etwa 1300 Metern Höhe mit großer Geschwindigkeit nach Südosten zog. In nur zehn Sekunden verschwand es über dem Horizont als eine Lichtgestalt in Form eines langgezogenen Dreiecks, dessen dunkler Körper von drei Lichtern begrenzt wurde.

• Am 4. November 1968, gegen 19:30 Uhr, befand sich der Iberia-Flug Nr. 249 auf dem Weg von Barcelona nach Alicante über der

Provinz Valencia, im östlichen Teil des Landes nahe dem Mittel-
meer, als der Pilot den Kontrollturm anrief, um zu fragen, ob das
Radargerät arbeite: »Direkt vor uns haben wir ein großes Licht.«
Doch plötzlich zog es auf Meeresspiegel-Niveau hinab, dann kam es
wieder hoch, direkt vor das Flugzeug. Das Phänomen bestand aus
einem großen zentralen und zwei daneben angeordneten Lichtern.
Es war jedoch nicht zu orten.

Beschreibungen wie diese finden sich zuhauf in den jetzt freigege-
benen Akten aus dem offiziellen UFO-Archiv der spanischen Luftwaffe, sie entsprechen jenen Unterlagen, die die zivilen UFO-Er-
mittler anlegten. Die behördlich registrierten Fälle unterscheiden
sich um keinen Deut von denen der privaten Ufologie. Eine Enttäuschung mehr für die Verschwörungs-Ideologen und -paranoiker, die
immer »besonderes« UFO-Fallmaterial aus öffentlichen Archiven
erwarten und dann frustriert einsehen müssen, daß das internationale UFO-Fallmaterial überall identisch ist und kaum von sagenhaften Fliegenden Untertassen handelt. Seit Herbst 1992 liegen die
UFO-Dokumente der spanischen Luftwaffe in der Bibliothek des
Madrider Luftwaffenhauptquartiers für jeden Interessierten aus –
ehemals geheime Dokumente. Eigentlich lächerlich, wenn man liest,
was darin festgehalten ist; und dabei ist Spanien noch immer das europäische UFO-Wunderland.

Mit dieser Freigabe war eine ufologisch-sachgerechte Analyse
möglich geworden, jetzt fand sich auch für die eben angeführten
Fälle eine Erklärung. Alle Informationen weisen auf eine astronomische Erklärung für die Lichtquellen hin. Der aufsteigende Stern
Arkturus war für das Phänomen verantwortlich. Wir müssen aber
davon ausgehen, daß die militärischen UFO-Erhebungen nicht
die zuverlässigsten sind und manchen Fall als authentisches UFO
durchgehen lassen, nur weil die Ermittler keine Ahnung von der
Komplexität des Gesamtphänomens hatten. Ähnliches gestand
übrigens auch Captain Ruppelt als Chef von Project Blue Book ein.

Auch die Sichtungen von Piloten, Radarleuten und Bodenperso-
nal wurden nicht allzu glänzend aufgelöst. Außerdem waren die
Zeitungen nicht zur Ruhe gekommen. Beides führte damals zu einer

neuerlichen Mitteilung des Luftfahrtministeriums mit Datum des 5. Dezember 1968. Hier wurden die Bürger aufgefordert, ihre UFO-Sichtungen an die nächste Militärdienststelle weiterzugeben, über die dann die Informationen zum Luftwaffenstab gelangen sollten. Die Mitteilung endete mit der Feststellung, »daß bisher alle von Radar festgestellten Objekte auf Ballone oder Flugzeuge zurückgingen«. Damit begann eine Serie von kaum mehr überschaubaren Entwicklungen. General Mariano Cuadra, Zweiter Chef des Luftwaffenstabs, unterschrieb einen Befehl an den Diensthabenden Chef des Luftwaffenservice, wonach die einzelnen Luftregionen zuständig für die Handhabung von UFO-Berichten wurden. Es gab Instruktionen, welche Daten erhoben werden sollten (Tag, Ort, Zeit, Höhe, Richtung, Dynamik, Verhalten, Geschwindigkeit, etc.).

Nächster logischer Schritt war die Direktive unter der Nummer 9266-CT (C steht für »vertraulich«), die intern am 26. Dezember 1968 durch den Chef des Luftwaffenstabs, General Luis Navarro, erlassen wurde. Hiermit wurden die operativen Prozeduren für die offizielle Handhabung der UFO-Affäre für die spanische Luftwaffe für die nächsten 25 Jahre festgeschrieben. Zeugen sollten sogar unterrichtet werden, sobald sich irgendeine Erklärung für ihre Sichtung finden ließ, um »sie zu beruhigen«. Gleichsam bereitete man einen Fragebogen vor, der nach heutigem ufologischen Standard recht simpel ausfiel und die Unerfahrenheit der Verantwortlichen zeigt. Wie zu erwarten, sorgte diese Aufforderung für eine Meldeflut an die Luftwaffe, dies sowohl aus militärischen als auch aus zivilen Quellen.

1974 wurde Spanien von einer weiteren UFO-Welle heimgesucht. Am 1. Januar 1975 kehrten vier Soldaten nach ihrem Weihnachtsurlaub aus Santander im Pkw zur Army Engineer Academy in Burgos zurück. Um 6:30 Uhr bemerkte der Fahrer einen auffälligen »Stern« am Himmel und machte seine Begleiter darauf aufmerksam. Später sahen sie zudem noch ein helles Objekt auf parabolischem Kurs quer über den Himmel mit großer Geschwindigkeit herabkommen, dann ein zusammengequetschtes konusförmiges Objekt, zwei Meter hoch und drei Meter breit, über einem Feld stehen, das ein helles weiß-

orangefarbenes Licht von sich gab und dann erlosch. Doch mitten in
der Dunkelheit erschienen vier weitere derartige Objekte in einer
Reihe und schickten Ströme von weißem Licht zum Boden. Nach
zehn Minuten Beobachtung beschlossen die Soldaten weiterzufah-
ren. General Captaincy von der Sechsten Armee gab einen zusam-
menfassenden Bericht hierzu an die Presse weiter, betonte aber, daß
die Aussagen der Soldaten privater Natur seien und keine offiziellen
Erklärungen. Ein Assistent des Akademiedirektors besuchte den Ort
des gemeldeten Vorfalls und gab Zeitungsinterviews. Im Gebiet
selbst fand man eine Reihe verbrannter Flecken und einige kleine
angesengte Löcher im Boden. Ein Militäroffizier im Rang eines
Lt. Colonel begleitete die Untersuchung, »aber er ließ diese gute -
Gelegenheit für eine Forschungsarbeit mit einem außergewöhnlich
ungewöhnlichen Phänomen ungenutzt«, wie Ballester Olmos bei
der MUFON-Konferenz in Richmond 1993 anmerkte. Man fand
schließlich nur heraus, daß die Zeugen voreingenommen, schläfrig
und träge reagierten – die ganze Affäre war schlicht eine Teilsugge-
stion. (CENAP-Ergänzung: Der helle »Stern« mag genau das gewesen sein und das auf einem parabolischen Kurs herabkommende
Leuchtobjekt ein Meteor. Die später auftauchenden gequetschen Ko-
nusse können Heißluftballone Marke Eigenbau gewesen sein, und
ein wenig Restalkohol wird auch eine Rolle gespielt haben.)
    Am 2. Januar 1975 um 23 Uhr waren es wieder vier Soldaten,
diesmal Militärpolizisten im Streifendienst auf dem Übungsgelände
der Luftwaffe in Las Bardenas Reales in Navarra, die in drei bis vier
Kilometer Entfernung einige Lichter etwa 25 Meter über dem Boden in 180 Grad sahen. Die Soldaten riefen nach dem Diensthabenden in den Unterkünften, der die Lichter im Nordosten ebenfalls bemerkte, die scheinbar gelb-rötliche Blitze nach links abgaben und
weiße nach rechts. In der Mitte war ein heller Teil, der langsam über
dem Horizont aufstieg. Die ganze Erscheinung beschleunigte dann
und zog gen Süden davon. Vom Kontrollturm aus sahen weitere
Zeugen ein Objekt von hellweißer Farbe, das den Boden in einem
Umkreis von 100 Metern erhellte und langsam auf den Turm zu-
kam, dann den Kurs änderte und schnell nach Norden abzog. Um

23:30 Uhr griff der alarmierte Offizier vom Dienst zu seinem Feldstecher, konnte aber nichts Fremdartiges erkennen, ausgenommen
einen rötlichen Schein durch den Nebel, der sich bald als Mond entpuppte. Die Wachleute machten sich mit einem Landrover auf und
suchten nach Spuren in der Gegend der zuvor gesehenen fremden
Lichter, zu finden war jedoch nichts. Wie man sieht, handelt es sich
hier um eine überaus komplexe Sichtung scheinbar verschiedener
Lichtobjekte. Die Dritte Luftregion erklärte, eine sofortige Untersuchung habe keinerlei Beweis erbracht, daß irgend etwas auf dem
Übungsgelände gelandet sei. Der Fall selbst wurde offiziell mit optischen Effekten und Reflexionen des Mondes und der Sterne im Zu-
sammenspiel mit Bodennebel erklärt. Dies führte zu einer Kontro-
verse, aber schließlich wurde die Auflösung doch von einigen Sach-
kundigen wie Ingenieur Juan Antonio Fernandez unterstützt. Der
Fall rief große Verwirrung in Spanien hervor, gerade auch wegen des
Ereignisses am Tage zuvor.

General Mariano Cuadra schrieb am 10. Januar 1975 einen vier-
seitigen Text, betitelt mit: »Informelle Instruktionen betreffs vermeintlicher UFO-Sichtungen«. Dieses Papier ging an den Chef des
Luftwaffenstabs, damit wurden die alten Befehle neu definiert und
organisiert.

Ein großer Fehler

Im Oktober 1976 lud man den UFO-Journalisten Benitez (in ufologischen Kreisen eine »Kapazität«) ins Madrider Verteidigungsministerium, um ihm ein Dutzend Akten aus dem offiziellen Archiv aus-
zuhändigen. Knapp fünf Monate nach der Übergabe wurde ein darauf basierendes Buch publiziert. Es war keine Studie, es gab keine
zusätzliche Recherche, sondern nur das Material – »angereichert«
war alles natürlich mit unhaltbaren Spekulationen. Dieser Fall von
kommerziellem Opportunismus, die Vermarktung der Informationen, »hatte tragische Konsequenzen für die spanische Ufologie«.
Der sensationshungrige Journalist hatte die Öffentlichkeit glauben

gemacht, daß die Regierung ihn dazu benutzt habe, die Menschen
darüber zu informieren, daß UFOs existierten. Das hatte den Effekt,
daß die militärischen Quellen sich für die nächsten 15 Jahre sperr-
ten. Hinzu kam, daß General Carlos de Castro Cavero im August
1975 als Kopf des kanarischen Luftkommandos diente und sein
eigenes Süppchen kochte. Aber er war auch ein gläubiger UFO-
Enthusiast, wie es sie überall in der Bevölkerung und beim Militär
gibt. Nachdem der General als Chef der Dritten Luftregion nach
Zaragoza versetzt wurde, hatte er im September 1977 nichts Besseres zu tun, als dort die Presse und die 16 Gouverneure der ihm un-
terstehenden Provinzen mit dem 1968er Befehl zu traktieren.

Bedacht werden muß bei alledem, daß man seit Francos Tod im
Jahre 1975 in Spanien am Übergang von der Diktatur zur Demo-
kratie stand, was für Konflikte und Konfrontationen innerhalb der
Streitkräfte sorgte und nicht ohne Einfluß auf die Regierung blieb.
In diesem politischen Spannungsfeld ist es kaum überraschend, daß
es das Militär schwer hatte, neue Wege in der Informationspolitik
zu gehen. Seit diesen Tagen gab die Luftwaffe nurmehr eine Stan-
dardantwort über UFOs: »UFOs sind eine mit Vorbehalt zu behan-
delnde Sache, und keine Informationen sind verfügbar.«

Ab Juni 1984 versuchten Ballester Olmos und sein Kollege Juan
Plana erneut, die Militärs weichzuklopfen. Es gab unzählige Anstrengungen, das Vertrauen der Luftwaffenstabsführung zurückzu-
gewinnen. Man kontaktierte nicht nur die Luftwaffe, sondern auch
die Armee, Marine, Guardia Civil, Zivilluftfahrt und die Polizei. Als
Nebenprodukt ihrer Anstrengung bekamen Olmos und Plana bisher 300 UFO-Berichte bereitgestellt, knapp die Hälfte hat inzwischen eine konventionelle Erklärungen gefunden. »Der Rest sind
unerklärte (was nicht unbedingt auch gleich ›unerklärlich‹ heißt)
Fälle«, wie die beiden nun feststellten.

Ab Mai 1990 besuchte Ballester Olmos das Hauptquartier der
Luftwaffe in Madrid, um über das Büro für Öffentlichkeitsarbeit,
die Luftsicherheitsabteilung etc. direkt zu wirken. Die Luftsicherheitsabteilung (heute Luftraumabteilung) als Teil der Operationsab-
teilung beim Luftwaffenstab verwaltete die UFO-Akten. Hier war

Colonel Fernandez Rodas der Diensthabende. Am 22. Mai 1991 war es dann soweit, und der Stabschef verfaßte eine Denkschrift, um auf Ballester Olmos' Ansinnen zu reagieren und die Deklassifizierung der 55 UFO-Akten der Luftwaffe aus dem Zeitraum 1962 bis 1988 »mit jeweils einem unterschiedlichen Niveau an Untersuchungen« anzuregen. Die letzte aktuelle UFO-Untersuchung der Luftwaffe stammte aus dem Jahr 1980, auch wenn bis 1988 Fälle gesammelt wurden.

»Das Archiv enthält keine Geheimnisse, auch wenn es einige Zweifel gibt, wahrscheinlich liegt es aber nur daran, weil die Untersuchungen nicht von Profis oder Experten durchgeführt wurden«, wird erstaunlicherweise zugestanden und läßt Vermutungen über andere UFO-Erhebungen aus Regierungshand zu: die belgische Luftwaffe und Project Blue Book, bei denen es immer wieder Revisionen gibt. Am 15. Januar 1992 übergab man die UFO-Angelegenheiten dem Aerial Operative Command (AOC), um sie der Nachrichtendienstabteilung zuzuschanzen. Chefkommandeur Lt. General Alfredo Chamorro Chapinal hatte zuvor schon Ballester Olmos seine Zustimmung betreffs der Freigabe signalisiert.

Am 14. April 1994 trat eine Sitzung der Vereinten Stabschefs (JUJEM) zusammen, auf der Lt. General Ramon Fernandez Sequeiros dem AOC einen weiteren Schritt ermöglichte: Nun waren die Akten nicht mehr geheim, sondern »vertraulich«. Der Unterschied: Die Akten unterlagen nicht mehr alleine dem Luftwaffenstabschef, sondern waren auf Geheimdienstniveau. Was sich zunächst nicht nach Fortschritt anhört, es war dennoch einer: Nun konnten bei aktuellen Untersuchungen die Geheimdienstleute selbst bestimmen, ob die untersuchten Vorfälle eine Bedrohung der nationalen Sicherheit darstellten oder nicht.

Im Juni 1992 erschien eine überarbeitete UFO-Order. Gemäß dieser neuen Regelung sollen alle UFO-Fälle nun ans regionale Luftwaffenzentrum und ans AOC-Hauptquartier auf der Orrejon de Ardoz AFB, Madrid, gehen. In gegenseitiger Absprache kann ein Untersuchungsoffizier benannt werden, um Nachforschungen zu betreiben. Alle hier eingehenden Informationen werden als »ver-

traulich« klassifiziert. Ein weiterer Fortschritt zeichnete sich durch
einen Artikel von Lt. Col. Angel Bastida (Nachrichtendienstoffizier
im AOC-Stab) in der August/September-1992-Ausgabe des offiziellen Luftwaffenorgans *Revista de Aeronautics and Astronautics* ab.
Er war überschrieben mit »UFOs und die Luftwaffe« und stellte 66
aktenkundige Fälle in Form einer statistischen Auswertung vor; für
uns war nichts Neues dabei. Seither liegen auf Anfrage die UFO-Dokumente der spanischen Luftwaffe offen.

Neue Offenheit in Großbritannien?

Am Rande fällt auf, daß jetzt auch die englische Regierung in der
Informationspolitik durch das Ministry of Defense (MoD) ihre
Zurückhaltung in Sachen UFOs aufgibt. Unter der Schlagzeile »Ein
neuer Besen im Ministerium« meldete sich im amerikanischen
Fachjournal *IUR* vom Januar/Februar 1994 Jenny Randles, Unter-
suchungsdirektorin des britischen UFO-Forschungszentrums BU-
FORA, zu Wort. Bisher kamen UFO-Forscher nur schwerlich an
Unterlagen aus dem Archiv des Verteidigungsministeriums Ihrer
Majestät heran. Nicht einmal das in den USA erschienene Randles-
Buch *From Out of the Blue* (Berkeley, 1993) durfte in England wegen einer »D«(Defense)-Notierung erscheinen. Das ist vielleicht verständlich, wenn man weiß, daß sich dieses Werk auf Ereignisse rund
um die beiden Luftwaffenbasen Bentwaters und Woodbridge im
Rendlesham Forest vom Dezember 1980 konzentriert und Informationen enthält, die die Autorin quasi »hintenherum« aus dem MoD
schleuste. »Meine persönliche Erfahrung zeigte, daß die britische
Regierung weiß, daß die UFOs real sind, aber Angst davor hat, dies
bekanntzumachen, da sie unsicher ist, ob es fremde Raumschiffe
sind oder nicht. Und das ist schließlich die Frage. Wer will schon als
Regierungsoberer das Image haben, uneffektiv und inkompetent zu
arbeiten?«

Jenny Randles ist sich sicher, daß das MoD Untersuchungen
durchgeführt und Daten gesammelt hat, die bisher nicht bekanntge-

worden sind (darunter auch sogenannte »gun-camera«-Filme von
RAF-Jets, die UFOs jagten), »obwohl es wirklich aufwühlende Geheimnisse gar nicht zu verbergen gibt«. Das Vertuschungsmanöver
hat eher mit Ignoranz als mit »Geheimwissen« zu tun. Diese Sicht
auf die Dinge mag richtig oder falsch sein, gesteht Randles zu, aber
sie basiert auf 20 Jahren Forschungserfahrung. Seit 1982 hat sich
das MoD leicht geöffnet, wohl aufgrund des Drucks durch die
FOIA-Gesetze in den USA und Australien. Verschiedene englische
Forscher bekamen gelegentlich UFO-Berichte zugespielt, die aus der
MoD-Abteilung Air Staff 2A kamen. In einigen Stellungnahmen
nennt das MoD auch die Anzahl jährlicher Sichtungsberichte, die es
von Militäreinrichtungen, zivilen Flughäfen, Küstenwachteinheiten
und Polizeidienststellen bekommt. Seit 1967 wurden zwischen 300
und 350 Fälle pro Jahr registriert. Die Unterlagen sind in aller Regel
mit einer 30jährigen Sperrfrist versehen, so daß die ersten Dokumente 1997 herausgekommen sind. Was bisher freigegeben wurde,
ist eher enttäuschend. Die Fallunterlagen bestehen aus einseitig
beschriebenen Blättern mit nur wenigen Daten und zensierten persönlichen Zeugenangaben, es gibt keine Bewertungsversuche. Fragt
man nach Details zu einem bestimmten und wichtigen Fall, schweigt
sich das MoD bisher aus.

1992 wurde Nick Pope dazu bestimmt, UFO-Anfragen an den
Air Staff 2A zu verwalten. »Sein persönliches Interesse am Thema
scheint bei allem durch, was er diesbezüglich macht. Er brachte
wirklich frischen Wind in die Sache«, kommentiert Jenny Randles.
Quasi von heute auf morgen riefen Zeugen bei ihr an und erklärten,
sie seien vom MoD direkt an sie weiterverwiesen worden. Zunächst
hielt sie dies für einen Scherz, aber Pope hatte Kenntnis über die BU-
FORA-Arbeit bekommen. Sobald ein Fall interessant erschien und
über das MoD-Interesse der nationalen Sicherheit hinausging,
schickte man die Zeugen zu Jenny Randles.

Sie kann inzwischen einige Beispiele für die Anfänge einer neuen
Zusammenarbeit anführen: »Im Oktober 1993 erhielt ich den Anruf eines Mannes aus dem schottischen Lockerbie. Er hatte einige
befremdliche Lichter auf Video aufgezeichnet. Zunächst hatte er

den Prestwick Airport angerufen, um seinen Fall zu melden. Bald darauf erhielt er einen Anruf vom MoD in London. Der Anrufer war niemand anders als Nick Pope, der um eine Kopie des Bandes bat, aber erklärte, für den Zeugen nichts weiter tun zu können, als den Fall zu registrieren. Wünschte der Zeuge weitere Ermittlungen und eine Weiterverfolgung des Falles, solle er sich an mich wenden. Nun läuft eine Untersuchung an, und ich versprach Pope, ihn von den Ergebnissen zu unterrichten«, schildert Randles im *IUR*.

Ein weiteres Beispiel betrifft ein Licht am Himmel, das Crew-Mitglieder eines Flugzeugs beim Landeanflug auf den Manchester Airport meldeten. Hierzu gab es zunächst nur Zeitungsberichte. Aber ohne weitere Daten war es unmöglich, den Fall weiterzuverfolgen. Zunächst rief Randles das MoD an. Und wurde überrascht: Sie erhielt sofort alle Berichte aus dieser Nacht. Auch Luftverkehrskontrolleure des Airports berichteten über jenes Licht und sofort konnte Randles mit dem Senior Controller sprechen.

Ein exzellentes Beispiel der neuen Kooperation ist der Fall von der Nacht des 30./31. März 1993. Zwei helle Lichter mit Leuchtspuren hinter sich schossen über Südwest-England. Doug Cooper von BUFORA hängte sich gleich an den Fall. Nicht weniger als 19 Polizisten an fünf verschiedenen Orten hatten das Phänomen gesehen und waren bereit, mit dem UFO-Forscher zu sprechen. Der Fall löste sich bald auf, als BUFORA feststellte, daß aus Irland, Frankreich und Portugal dasselbe Phänomen gemeldet worden war. Um 1:10 Uhr waren die Objekte mit niedrigerer Geschwindigkeit als Meteore erschienen und zeigten alle Anzeichen für einen Re-Entry-Niedergang (tatsächlich handelte es sich um den russischen Satelliten COSMOS 2238).

Auch dieser Fall brachte einige Kuriosa mit sich. Wie üblich bei solch prominenten IFOs kommen auch Wahrnehmungen von anderen Objekten hinzu, die man aber auf das Hauptobjekt projiziert, was die Angelegenheit unnötig kompliziert. Typisch sind schlichtweg falsche Daten wie nicht korrekte Uhrzeiten und merkwürdige Richtungsangaben oder Angaben über die Zeitdauer der Sichtung. BUFORA erhielt aus Irland Meldungen, wonach der Re-Entry um

0:45 Uhr bereits aufgetaucht sein soll, also 20 Minuten zu früh. Cooper hatte eine Fischerboot-Crew ausfindig gemacht, die kurz vor Mitternacht ein gewaltiges katamaranähnliches Objekt über den River Parrot hatte flitzen sehen. Tatsächlich war es aber um 1:10 Uhr gewesen, und die Sichtung ging auf den Re-Entry zurück. Für Verwirrung sorgten auch Berichte über Flugzeugaktivitäten in dieser Nacht. Helikopter hatten Signallichter ausgesetzt, und Zeugen in Bridgewater meldeten, daß diese Lichter nach einem gelandeten Objekt gesucht hätten. Ein ehemaliger Airlinepilot erzählte Cooper, daß er 20 Minuten nach dem Verschwinden der UFOs gesehen habe, wie Militärjets mit eingeschaltetem Nachbrenner im Gebiet herumgestreunt seien. Für ihn sah es nach einer Verfolgungsjagd aus. Cooper nahm Verbindung mit Pope auf, der alle diesbezüglichen Fragen offen entgegennahm und die Angaben der Zeugen überprüfte: Es gab in dieser Nacht am angegebenen Ort keine Luftfahrtaktivitäten. Das MoD war über diese Zeugenbehauptungen ebenso überrascht wie die UFO-Forscher. Deshalb ging man beim MoD nicht gleich zur Tagesordnung über, sondern hielt Kontakt mit den Verteidigungsministerien der anderen betroffenen Länder. Vermutet wurde, daß ein COSMOS-Satellit heruntergekommen war.

Pat Delaney und Anne Griffin von BUFORA-Irland stellten fest, daß ihr eigenes Verkehrsministerium die Sache ernst nahm. Es gab einige Meldungen zu diesem Geschehen von Flugzeugcrews: Einer Militärmaschine tanzte das Spektakel direkt vor der Nase herum, ebenso einem zivilen Airliner über Anglesey zur gleichen Zeit auf dem Weg nach Irland. Die meisten dieser Berichte paßten zur COSMOS-Deutung, einige aber nicht. Bis Ende April war man deswegen total perplex.

Pope stellte Cooper dann 14 Berichte zur Verfügung, die das MoD erreichten. Sicher war nur, daß der COSMOS 2238 um 1:10 Uhr über der betroffenen Zone niedergegangen war und daß Helikopter und Jets der RAF über England zu jener Zeit nicht im Einsatz waren. Cooper hatte in verschiedenen Gesprächen mit Pope den Eindruck, daß das MoD beunruhigt war, weil Militärpersonal derartige Aussagen gemacht hatte. Die Details dieser Sichtungen wurden jedoch nicht herausgegeben.

Und nun wird die Geschichte geradezu amüsant. Während BUFORA die Ereignisse dieser Nacht auf den Niedergang des genannten COSMOS-Satelliten zurückführte, wehrte sich das MoD dagegen und nannte den Fall »unerklärt«! Dabei sind die Parallelen zu den Ereignissen aus der Nacht vom 25. zum 26. Dezember 1980 von Bentwaters evident. Damals waren ein Bolide und ein Satelliten-Re-Entry von zahlreichen Zeugen wahrgenommen worden. Verschiedene andere Stimuli gestalteten die Affäre zu einer perfekten Merkwürdigkeit. Ein simples IFO kann so also selbst in höchsten Kreisen für unendliche Verwirrung sorgen.

In den letzten Jahren gab es eine umfangreiche Korrespondenz von Pope mit verschiedenen BUFORA-Untersuchern und auch einige ausführliche Telefongespräche. BUFORA-Leute vereinbarten mit ihm, daß sie ihre Fallunterlagen zuschicken würden. Abzuwarten bleibt, wie sich das neue Miteinander entwickeln wird.

Belgien: Ein Himmel voller UFOs

Kein Mensch kann die schlagzeilenträchtigste UFO-Welle Europas übersehen haben: Belgien war im Herbst 1989 Schauplatz eines einzigartigen UFO-Wunders. Zeitungen, Magazine und Fernsehsender aller Herren Länder waren über diese seltsamen Erscheinungen des neuen UFO-Typs Marke Fliegendes Dreieck außer Rand und Band. Tage-, wochen-, ja monatelang erschienen die absonderlichsten Meldungen aus dem ostbelgischen und deutschsprachigen Raum. Dieser Fall soll nun in aller Ausführlichkeit behandelt werden, da sich hier besonders gut veranschaulichen läßt, wie sich das Szenario eines UFO-Flaps unaufhaltsam aus sich selbst heraus entwickelt und ungeahnt weite Kreise ziehen kann.

Ein Anlaß, dieses Buch zu schreiben, ist nicht zuletzt die Stumpfsinnigkeit gewesen, die mir im Dezember 1993 entgegenschlug, als ich eine Untersuchung der belgischen Ereignisse eben den Presse-

Organen vorlegte, die sich noch kurz zuvor in ihrer Ekstase fast
überschlagen hatten. Im In- und Ausland wollte nicht einer der vom
UFO-Fieber befallenen Journalisten kritische oder aufklärende Fakten über diesen gewaltigen Spuk hören. Dieses Kapitel enthält also
eine exklusive Analyse zum ostbelgischen UFO-Dreiecks-Wahn;
darüber hinaus ist es ein exemplarisches Beispiel dafür, wie man die
jenseits der Realitäten schwebenden UFO-Enthusiasten mit ihren
ureigenen Dokumenten schlagen kann.

Der Verlag *Zweitausendeins* brachte im April 1993 den schwer-
gewichtigen, 700seitigen Band »UFO-Welle über Belgien« heraus,
verfaßt von einer Reihe belgischer Ufologen von der Organisation
SOBEPS, die die ganze Affäre quasi für sich vereinnahmte. Am 17.
Oktober 1991 war das mehr als 500seitige Original der Presse vorgelegt worden: Sein Titel »Vague d'OVNI sur la Belgique – Un dossier exceptionnel« (UFO-Flap über Belgien – eine außergewöhnliche
Akte). Das Buch war sofort vergriffen und erschien im September
1992 bereits in 4. Auflage.

Die Einführung stammt von Dr. Jean-Pierre Petit, Direktor einer
Forschungsabteilung beim French Centre National de Recherches
Scientifiques (CNRS). Zusätzlicher wissenschaftlicher Beistand kam
durch Physik-Prof. August Meessen an der Katholischen Universität
Louvain-La-Neuve und durch den Physiker Leon Brenig von der
Universität Libre de Bruxelles. Die SOBEPS-Mitglieder Bougard,
Clerebaut, Vertongen und Ferryn sind für die meisten der anderen
Buchkapitel verantwortlich. Major-General Wilfried De Brouwer
schrieb als Flieger-Chef das Nachwort.

Worum geht es in diesem außerordentlich erfolgreichen *Zweitausendeins*-Wälzer? Als das Buch 1991 geschrieben wurde, wußte
man bei SOBEPS immer noch nicht, was die Phantom-Dreiecke waren: »Wir haben es einstweilen mit einem Phänomen zu tun, das unser Fassungsvermögen übersteigt.« Dies vor allem in Anbetracht
von objektivem Beweismaterial wie zahlreichen Videoaufnahmen,
die jedoch sehr wenig bedeuten, wie Jean-Pierre Petit zugesteht. August Meessen: »Ich möchte betonen, daß wir nicht das Ziel verfolgen, einen extraterrestrischen Ursprung des UFO-Phänomens zu be-

weisen.« Das Buch »UFO-Welle über Belgien« ermöglicht es vor allem, einen Überblick zu erhalten, in welcher Atmosphäre sich das Geschehen entwickelte, aber es ist kein wissenschaftliches Dossier. Das Buch wurde aus folgenden Dokumenten zusammengestellt: fast 300 Audiokassetten von 60 bzw. 90 Minuten Länge, etwa 650 Interviewprotokollen und 700 von Zeugen ausgefüllten Fragebögen. Mit dem Buch will SOBEPS »einige falsche Geheimnisse aufhellen und törichten Gerüchten entgegentreten«. So gesehen ist es natürlich eine Herausforderung. Wie ihr aber gerecht werden, wenn man eingestandenermaßen selbst nicht so recht durchsieht?

Ausgehend zunächst von den Fliegenden Untertassen der 50er Jahre – so die Autoren – erfolgte in den 60er Jahren ein Übergang zu eiförmigen bzw. zylindrischen Gebilden, und in den 80er Jahren setzten die Begegnungen mit Dreiecken ein. Die Entwicklung der UFO-Sichtungen ließ bereits ganz klar eine morphologische Evolution der beschriebenen Objekte erkennen. Um diese zu erklären, hatte Michel Bougard, zusammen mit Lucien Clerebaut eigentlicher Führer von SOBEPS, bereits 1977 in seinem Buch *La Chronique des OVNI* zwei Hypothesen vorgeschlagen: Entweder sind die UFOs tatsächlich das Produkt der menschlichen Vorstellungskraft – dann wäre es normal, wenn die beschriebenen Formen und Flugleistungen direkt mit den Kenntnissen und Erwartungen der Epoche korrespondieren würden. Oder aber die UFOs sind unbekannter Herkunft, werden von irgendeiner Intelligenz gesteuert, die anscheinend Gefallen daran findet, die Menschheit zu foppen – wobei die Motive für ein derartiges Versteckspiel nicht recht einsichtig sind.

Rätselhafte Dreiecke – das Dreieck als neuer UFO-Archetypus – sind nicht gänzlich neu, und nicht umsonst vergleicht Michel Bougard sie mit der bekannten Sichtungswelle aus dem amerikanischen Hudson River Valley im nördlichen Teil des Staates New York, wo es nach 1983 18 Monate lang »wichtige Sichtungen« gab, die Hynek, Imbrogno und Pratt 1987 in dem Buch *Night Siege. The Hudson Valley UFO Sightings* vorstellten. Bougard: »Diese Fakten sind für uns von besonderem Interesse, da sie in ihrem Erscheinungsbild deutliche Ähnlichkeiten mit den Ereignissen aufweisen, wie sie sich

seit Oktober/November 1989 in Belgien abgespielt haben.« Leider
scheint Bougard nicht die *CENAP-Reports* Nr. 96, 106 und 143
gelesen zu haben (obwohl wir in jenen Tagen unseren Report mit
SOBEPS' *Inforespace* austauschten), die sich eben auch mit dieser
inzwischen klassischen UFO-Welle beschäftigten und Lösungen anboten.

Wie bei der belgischen Sichtungswelle wurde auch in Amerika
eine Fülle verschiedenster Hypothesen aufgestellt. Die Bundesluftfahrtbehörde FAA hielt alles für Verwechslungen: Angeblich war
eine Kunstflugstaffel kleinerer Flugzeuge vom Flughafen Stormville
zu Übungsflügen gestartet. Die Zeitschrift *DISCOVER* widmete
dieser These breiten Raum: Weder habe es eine Fülle von Hypothesen gegeben, noch waren es UFOs, sondern Kunstflieger. SOBEPS
mogelt sich da raus. Bei den Erklärungsversuchen verschweigt man
ein paar besonders störende Einzelheiten: die Trägheit der Bewegung, die extrem niedrige Flughöhe, das Auf-der-Stelle-Schweben,
die abrupte Beschleunigung, die Geräuschlosigkeit etc., kurzum alle
Charakteristika, mit denen wir es auch in Belgien zu tun hatten, und
die sich nicht durch die Hypothese einer Verwechslung mit Maschinen der Typen F-117, AWACS, mit Luftschiffen oder ULMs (Ultra-
leichtflugzeugen, vielleicht ein bevorzugtes Beförderungsgerät von
Schmugglern) erklären lassen.

SOBEPS ließ sich vom UFO-Enthusiasmus einfangen, gerade
auch in Anbetracht solcher spektakulärer Observationen, wie sie
vom 28. Dezember 1988 aus Puerto Rico berichtet wurden, wo ein
gewaltiges Dreiecks-»Mutterschiff« abendlich zwei USAF-Flieger
»verschlang«, als sie sich in einer luftbetankungsartigen Formation
näherten, während die US-Streitkräfte gerade auf See ein Manöver
abhielten. Das Dreiecks-UFO wurde hier mit metallisch-grauer
Struktur beschrieben und besaß helle gelbe und rote Lichter. Damit
begann die Legende, wonach in den Gewässern vor Puerto Rico
merkwürdige Dinge geschehen, »die es verdienen würden, bekanntgemacht zu werden«. Für uns ist die Darstellung dieses SOBEPS-
Vergleichsfalls weniger aufregend und erinnert an ein nächtliches
Manöver zwischen Kampfjets und einem Lufttankschiff.

Die Falldarstellungen des Buches an sich bringen wenig Neues, dies gleich vorab. Was mich beeindruckt hat, war, wie unsere belgische Kollegen damit umzugehen hatten, da sie plötzlich einen gewaltigen Ausbruch an UFO-Aktivitäten bearbeiten mußten und unter öffentlichem Druck standen. Man muß weiterhin bedenken, daß auch SOBEPS damals eine verhältnismäßig kleine Freizeit-Stammmannschaft hatte (weniger als zehn Personen, die als Interviewer auszogen, außerdem fehlte es bis zuletzt an Meßgerätschaften). Erst im Frühherbst 1989 hatte sich dieses Häuflein zusammengesetzt, um über die künftige Bestimmung der Organisation nachzudenken: Ein chronischer Mangel von Fällen hatte zu einem Motivationsverlust bei nahezu allen Interviewern geführt, und selbst die treusten Mitglieder fragten sich nach dem Sinn der notgedrungen reduzierten Arbeit.

Und dann brach es ab 29. November 1989 nur so über Belgien herein ... So begann es: Am Donnerstag, dem 30. November 1989, erhielt Bougard, kurz bevor er zur Arbeit fahren wollte (gegen 7:30 Uhr), einen »aufgeregten« Anruf von Paul C., einem der Zeugen der vergangenen Nacht. Er hatte am Vorabend einige Gespräche zwischen Gendarmen aus Verviers und Eupen aufgeschnappt und wollte wissen, was denn die SOBEPS von diesen Sichtungen halte? »Wie bitte? Welche Neuigkeiten denn? C. wußte sicher zehnmal mehr als wir!« Weiter: »In unserem Brüsseler Büro hatten wir einen ruhigen Tag gehabt.«

Am Abend brachten die Fernsehnachrichten der *RTBF* in ihrer Ausgabe von 19:30 Uhr eine erste Reportage über die Ereignisse vom Vorabend, zusammen mit einem Interview der Gendarmen v. M. und N. Damit begann für SOBEPS der Dauerstreß: SOBEPS wurde mit Anfragen von Journalisten überschüttet, dabei besaß die Organisation noch nicht einmal einen Anrufbeantworter, der wurde erst am 12. Dezember angeschafft! Und alles, bevor man sich überhaupt mit dem eigentlichen Geschehen beschäftigen konnte! Am 1. Dezember eilte Michel Bougard nach Eupen und traf dort den ersten Zeugen, einen der beiden Gendarmen. Aber noch bevor er mit ihm sprechen konnte, gingen mehrere Anrufe über weitere, aktuell laufende Sichtungen ein, wieder überschlug sich alles – was von nun an zu einem Dauerzustand werden sollte. Bougard flitzte sofort mit seinem Wagen los, um auf seine allererste UFO-Jagd überhaupt zu gehen, doch ohne Erfolg.

Am Abend des 1. Dezember wurde gegen 23:15 Uhr sogar die Hauptstadt Brüssel von den Fliegenden Dreiecken heimgesucht. Zwei Frauen gingen gerade am Kanal spazieren, als eine die Scheinwerfer eines Flugzeugs von rechts kommend langsam über den Hausdächern sah. Das Flugzeug blieb dann regungslos in der Luft unter dem wolkenverhangenen Himmel stehen. Zu sehen war ein gerundetes Dreiecksobjekt, dessen mattschwarze Unterseite völlig flach wirkte. In der Mitte befand sich ein konisches Rohr, das ein weißes Licht abstrahlte – vergleichbar mit dem Scheinwerferlicht eines Autos. Die beiden Damen müssen es wissen, da die Erscheinung so nah war – weniger als 20 Meter. Irgendwie soll es »flugzeugartig« gewesen sein (übrigens eine Schilderung, die uns mehrmals begegnet).

An diesem Freitag schlugen auch die Medien zu, fast alle belgischen Zeitungen veröffentlichten einschlägige Meldungen, häufig verknüpft mit den Ereignissen im russischen Woronesch vom Vormonat, daher also der außerirdische Touch auch für die belgischen Dreiecke. Wie aber waren die UFOs überhaupt in die Presse gelangt? Am Morgen des 30. November hatte ein Journalist bei der Polizei nach Neuigkeiten angefragt und dabei von den UFOs erfahren, so machten die Beobachtungen der Nacht des 29. November rasch die Runde, und August Meessen erklärte dazu später, daß die SOBEPS »sofort effiziente Untersuchungsmechanismen aufbaute«, »wesentliche Informationen wurden von einigen Journalisten nachgeprüft und der Sache angemessen verbreitet«.

Die Zeitung *La Libre Belgique* sprach sogar von einem »Spazierflug per ULM«, eine bevorzugte Erklärung zu diesen ersten Sichtungen im Grenzgebiet Ostbelgien/Holland/Deutschland von Eupen. Leider verlor man diesen Lösungsansatz aus den Augen (und der SOBEPS-Präsident dachte gar nicht an einen findigen Ultraleicht-Bastler), obwohl das UFO oft genug als »relativ flach« und

»segelnd«, nicht allzu groß, mit dem Geräusch eines »Elektromotors« und mit »nicht besonders intensiven Lichtern« beschrieben wurde.

Keine Frage, auch ein UL-Fluggerät wäre ein »künstliches, materielles Objekt, das ein intelligentes Verhalten zeigt«, so wie man es den Fliegenden Dreiecken zuschreibt. Und nicht jeder vermutet gleich UFOs, so z. B. eine Zeugin, die zwar in den Medien von den Dreiecks-UFOs gehört hatte, aber bei ihrer Sichtung am 11. November »gar nicht auf den Gedanken kam, daß dies eines sein könnte«.

Die Menge und Präzision der Zeugenaussagen überforderte SOBEPS, »unsere Glaubwürdigkeit stand auf dem Spiel, wir konnten uns nicht den geringsten Fehler leisten«, obwohl man überhastet genug zu Werke ging: Bougard hatte nämlich bereits gegenüber der Presse erklärt, daß die ersten Ergebnisse jegliche Verwechslung mit meteorologischen Phänomenen, einem ULM oder einem Heißluftballon ausschlössen, abgedruckt in *La Libre Belgique* am 2. Dezember, also mindestens einen Tag vorher bekanntgegeben. Aber wie die Autoren auf Seite 102 ihres Buches eingestehen, fanden erste Befragungen erst am 3. Dezember in Eupen statt! Von Heinz Godesar, Journalist beim Eupener *Grenz-Echo,* konnte SOBEPS »interessante Informationen erhalten«, da sich viele Zeugen an ihn gewandt hatten. Zu diesem Zeitpunkt dachte man noch, daß die Geschichte mit dem 29. November und 1. Dezember beendet sei.

Der Abend des 29. November 1989 brachte aber in einem begrenzten Raum wie Eupen mindestens 125 Sichtungen! Eine derartige Dichte hatte es vorher noch nie gegeben. Zeugen waren die zwei Gendarmen Heinrich N. und Hubert von M., letzterer betonte im CENAP-Gespräch, ein Brummen wie von einem Elektromotor vernommen und alles mit der Frische des noch nie Dagewesenen gesehen zu haben (von SOBEPS jedoch wird die Lautlosigkeit betont). An jenem Abend soll ein niedrig fliegendes Objekt mit drei übermäßig hellen Scheinwerfern aus Deutschland gekommen sein. Einige Autofahrer überholen gar das langsame (50 km/h) und teilweise stillstehende plattformartige Gebilde. Deutlich wurde fast im-

mer ein Deltaobjekt, ein Dreieck mit nach vorn weisender Spitze.
Ein Schulleiter hatte am 29. November das Objekt ebenso gesehen,
nur 100–150 Meter über dem Boden, aber etwa 800 Meter entfernt.
Er sagte sich, daß es sich dennoch um ein Flugzeug handeln müsse.
Andere Zeugen erblickten aus größerer Entfernung nur ein »außer-
ordentlich helles Licht«.

Je näher man dem Objekt kam bzw. es sich annäherte, desto eher
hörte man Maschinen- oder Motorengeräusche ähnlich einer »Näh-
maschine«, das »Summen« einer Biene oder ein »leises Zischen«, so
weitere Wahrnehmungen. Unsere beiden Hauptzeugen hatten das
außergewöhnliche Glück, dieses Geschehen mehr als zwei Stunden
lang zu verfolgen, wobei sie gleich mehrmals ihren Standort wech-
selten.

Im Kern ist das belgische UFO-Phantom als »dunkle Masse mit
drei weißen Scheinwerfern« in seinen Ecken (deren Lichtstrahlen
nach unten oder leicht nach vorn gerichtet sind) und einem umlau-
fenden roten Blinklicht im Zentrum, etwas tiefer gesetzt, zu begreifen, das sich langsam schwebend dahinbewegt. Zwei Beamte der
Brigade Kelmis waren an diesem Abend auf der Straße von Kelmis
nach Moresnet im Einsatz, dabei bemerkten sie ein Objekt mit drei
nach unten gerichteten Scheinwerfern. Es kam von Montzen auf sie
zu, drehte in Richtung auf den Viadukt von Moresnet ab und flog
zur E40 davon. Flughöhe und Geschwindigkeit glichen denen der
gelegentlich die Region überfliegenden AWACS, doch dieses Objekt
fiel wegen seiner Geräuschlosigkeit auf und wurde somit zum UFO.
Aber die Geräuschlosigkeit ist kein Anhaltspunkt. Ein UFO wurde
es für diese Zeugen nur, weil sie gerade Funkgespräche über UFO-
Aktivitäten im Gebiet mithörten.

Kurz nach dieser Episode beschlossen die Beamten, nach dem
Objekt weiter Ausschau zu halten, und tatsächlich gelang es ihnen,
es wieder »einzufangen«. Doch dieses Mal kam einem von ihnen
der Gedanke, es könnte sich um ein Luftschiff, »vielleicht einen
neuen Einfall von Schmugglern«, handeln. Hinten am Objekt ver-
meinte der Zeuge eine rechteckige Struktur zu erkennen, wo sich
normalerweise die Propellerschraube des Luftschiffs befindet, kurz

darauf kam ein schwaches, sich wiederholendes Geräusch auf, das auf eine Unwucht schließen ließ, wobei gleichzeitig die Scheinwerfer schwächer wurden.

Doch nicht nur um Eupen, auch bei Lüttich wurden UFO-Ge-bilde ausgemacht, wieder hauptsächlich entlang der hell ausge-leuchteten Autobahnen. Hier tauchte ein dunkles Objekt mit Scheinwerfern auf, beschrieben in der Art eines schwanzlosen Ro-chens, der Größe nach »könnte es ein AWACS gewesen sein«. Wie-der wurde ein Geräusch wie von einem Elektromotor vernommen, vom Zeugen (einem Schlachter) wie von einer »Wurststopfma-schine« beschrieben. Befremdlich: Es erschien über dem Stadtzen-trum von Lüttich gegen 19:15 Uhr, aber es gibt nur eine Handvoll Zeugen, die es als UFO meldeten.

Die Fliegenden Dreiecke (gelegentlich mit einigen Oberflächen-details wie »Vernietungen« beschrieben oder mit »Gestängen am Flugzeugblech«), wirkten mehr als einmal wie Flugzeuge, oder wie im Fall vom 22. November in Ghislenghien wie ein Ultraleichtflug-zeug auf dem Weg nach Brüssel, was gegen die Luftfahrtbestim-mungen verstößt: Eine Masse mit ebener Unterseite und zwei sehr hellen, nach unten gerichteten Scheinwerfern flog in geringer Höhe mit ungefähr 60 km/h. Der Zeuge war Polizeikommissar. Nebenbei erfuhren wir: Viele der Fälle wurden erst nach dem »Auftritt« der UFOs in den Medien gemeldet. Augenscheinlich mußte erst ein Klima geschaffen werden, das der Mitteilung von UFO-Sichtungen förderlich war, viele kamen erst im Nachhinein, als sie keine Furcht mehr zu haben brauchten, sich lächerlich zu machen.

In Lüttich gab es am Abend des 4. oder 5. Dezember einen Fall, bei dem gegen 23 Uhr ein mattschwarzes Objekt entdeckt wurde, das einem Eindecker glich: kurze, aber sehr breite Flügel und zwei Seitenleitwerke. Unter den Flügeln wurden zwei große, weiße Scheinwerfer und vorn ein weißes Dauerlicht ausgemacht. Das Flie-gende Dreieck war dagewesen! SOBEPS nennt das einen »merk-würdigen Fall, der von anderen Sichtungen abweicht«. Abweichun-gen wohl deswegen, weil hier deutlich das ansonsten unbemerkt ge-bliebene Hintergrundobjekt seine Maske fallen ließ und als mehr oder minder gemeines Flugzeug daherkam? Am 9. und 10. Dezember sprachen Zeitungen von wiederholten diffusen Echos auf den Radarschirmen von Glons (bei Lüttich). Zwischen den Vor-Ort-Beobachtungen und den Radarechos bestand keinerlei direkte zeitliche und räumliche Korrelation, wie niemand anderes als Oberst Wilfried De Brouwer, Leiter der operativen Abteilung der belgischen Luftwaffe, gegenüber *Nord-Eclair* betonte, außerdem entsprach ihre Lokalisierung nicht den Stellen, an denen die UFOs seit dem 29. November gesichtet wurden. De Brouwer erklärte, die Witterungsverhältnisse der letzten Tage (Inversionswetterlage) seien für das Auftreten von Geisterechos auf den Radarschirmen besonders günstig.

Wie lief es bei SOBEPS weiter? In der Woche vom 4.–10. Dezember gab es »einige unerläßliche Umstrukturierungen unter der Federführung von Jean-Luc Vertongen«, will heißen: Ein neues Netz von Interviewern wurde aufgebaut, und in Brüssel fanden mehrere Sitzungen statt. Auch bestand die Notwendigkeit, »nach Mitarbeitern zu suchen, die der Sache wohlgesonnen und begeistert genug waren, eine solche Arbeit ehrenamtlich zu übernehmen«. Hört sich gut an, ist es aber nicht, es ist sogar höchst abwegig. Schließlich kann man nicht wildfremde Leute nur wegen ihrer kurzfristigen UFO-Begeisterung als Felduntersucher und Forscher losschicken! Am 5. Dezember kamen Meessen und Jean-Luc Vertongen mit Herrn Clerck zusammen, der beim Innenministerium für die Wissenschaftspolitik verantwortlich zeichnete. Man wollte SOBEPS dort bekanntmachen und die Chancen für eine eventuelle Beihilfe im Rahmen des einen oder anderen Forschungsprogramms sondieren.

Als Ergebnis erhielt Clerebaut am Sitz der SOBEPS tags darauf den Anruf von Oberstleutnant Rousseau, der für den Gendarmerie-Einsatz im französischsprachigen Teil Belgiens verantwortlich war. Dem Führungsoffizier ging es darum, sich über die Seriosität von SOBEPS zu informieren. Am 11. Dezember gab es ein Gespräch beim Stab der Gendarmerie. Rousseau erklärte sich sofort bereit, SOBEPS zu unterstützen, indem er seine Dienststellen anwies, UFO-

Meldungen an die SOBEPS weiterzuleiten. Panne: Dieser neue In-
formationsweg wurde sofort beschritten, aber das SOBEPS-Hauptquartier hatte zum Ärger der Polizisten nicht einmal einen Anrufbeantworter.

Die Stunde der Filmer

In der Nacht des 11. Dezember ging der Zauber weiter. Erste, allerdings enttäuschende Fotos entstanden. Verwirrung gab es zudem,
da verschiedene Flugzeuge am Himmel kreisten und man sie kaum
vom UFO unterscheiden konnte. Selbst Holländer reisten zum
UFO-Spektakel an, um im Gebiet von Eupen Ausschau zu halten,
Deutsche natürlich auch. Fotokameras und Videocamcorder dien-
ten als Aufzeichnungsgeräte. Bester Beobachtungspunkt: die Gileppe-Talsperre, wo sich seit Beginn der Welle zahllose Menschen
einfanden, dabei auch ein niederländisches Ehepaar. Da tauchte
eine rotleuchtende Kugel in 30 Grad Höhe auf und bewegte sich
langsam auf die Gruppe zu, dabei pulsierend. Ganz nahe kam sie
heran, sie hatte $1^1/_2$ fache Vollmondgröße. Auf Video wird man
später fünf Minuten lang eine Leuchtkugel sehen, die als pulsie-
rende und hellweiße Masse auftritt, wenn auch viel kleiner wirkend.
Haben Sie noch Zweifel, daß dies ein Party-Gag-Heißluftballon ist?
Auch die spielten also eine Rolle; sie in einem solchen Klima aufzu-
lassen, beweist eine eigenartige Vorstellung von Humor.

Für Scherze darf man auch UFO-Meldungen halten, die in der
Masse untergingen. Dazu mag das Objekt in Jupille-sur-Meuse
zählen, das als altertümliches Luftschiff mit Außenruder dargestellt
wird und vom »Beobachter« selbst als »Nautilus« aus dem Jules-
Verne-Roman beschrieben wurde. Dennoch, für SOBEPS zählt der
Fall, obwohl gerade er die berühmte Ausnahme darstellt.

Die AWACS-Affäre. Vorab: Die NATO-Streitkräfte verwenden
Maschinen vom Typ AWACS in Belgien, wo sie gelegentlich sogenannte »touch-and-go«-Einsätze durchführen (kurzes Aufsetzen
mit anschließendem Durchstarten, speziell in Lüttich-Bierset und

Beauvechain). Während der Anflug- und der Abflugphase sind in bestimmten Fällen Verwechslungen denkbar, da die imposante Maschine von Leuchtpunkten geradezu übersät ist. Doch alle UFO-Sichtungen auf Verwechslungen mit AWACS zurückführen zu wollen, wäre übertrieben, meint SOBEPS-Luftfahrtspezialist Jean Debal.

Am 13. Dezember brachte die Zeitung *La Meuse* die Meldung »UFO von Esneux war AWACS von Bierset auf dem Rückflug von einer Mission«. *La Dernière Heure* meldete: »UFO von Amay ist ein AWACS«. Der Gendarm Kinet aus Amay hatte am Abend des 11. Dezember das UFO gesehen, es war in einer merkwürdigen Form erschienen, flog geräuschlos und hatte große Scheinwerfer. 24 Stunden nach seiner ersten Beobachtung machte er sich wieder auf und wartete auf das Objekt; es tat ihm den Gefallen. Zunächst dachte Kinet auch an ein UFO, dann aber stellte es sich als AWACS-Maschine heraus – man sieht sie gewöhnlich tagsüber, nachts aber nie. Kinet rief über Funk den Flughafen an und konnte erreichen, daß die Maschine nochmals durchstartete und einen Kreis an derselben Position beschrieb, um dann endgültig zu landen. Kinet: »Das AWACS ist ein Flugzeug, das sehr langsam fliegen kann, und es ist besonders leise. Der aufgepflanzte Riesendiskus verleiht ihm eine besondere Form. Glauben Sie mir, nachts sieht das wirklich ergreifend aus.« SOBEPS wies dies nicht zurück und erklärte, daß AWACS »der Grund für manche Verwechslung gewesen sein können«. Mehr dazu später.

Der 14. Dezember war ein Markstein in der exzessiven Berichterstattung über die belgischen Ereignisse, die AWACS-Affäre wurde schnell vergessen. SOBEPS stand im Mittelpunkt mit dem Aufruf, ihr alle Beobachtungen zu melden. Der Brüsseler Journalist Gilbert Dupont, mit seinen Kontakten zu belgischen Militärkreisen, hatte erfahren, daß man sich auch dort um die Untersuchung der Erscheinungen bemühte und extra einen Offizier abstellte. Es war ein Major und Radarspezialist, ein profunder Kenner des Luftverkehrs und der meteorologischen Phänomene. Ein militärischer UFO-Zeuge konnte im Januar 1990 gegenüber SOBEPS-Interviewer Franck

Boitte erklären, wie die militärische Untersuchung aussah: Der Zeuge wurde auf der Airbase Bierset empfangen und von einer Art Militärkommission – bestehend aus einem Oberst, einem Major und einem Hauptmann – befragt. Man zeigte ihm verschiedene Fotos neuerer Prototypen (darunter auch die F-117A) und entließ ihn dann ohne jede Antwort.

Anschaulich beschreibt SOBEPS die Schlacht an der Medienfront. Hier ging es insbesondere um Exklusivbilder, die manchmal Aufregung, Begeisterung und fast immer bittere Enttäuschung brachten. Und Bilder, die man leicht mit einem Flugzeuglicht verwechseln konnte. Dazu zählen leider auch die von *RTL* ausgestrahlten Aufnahmen des Filmemachers Marcel Thonon. *RTL*-Belgien drehte bei der Gileppe-Talsperre, als die Neugierigen glaubten, das Dreiecks-UFO wiederkehren zu sehen, das sich aber als Flugzeug entpuppte. SOBEPS hielt sich zurück, auch wenn noch so viele Dreiecks-UFO-Videos eingingen, fast immer waren es Verwechslungen vor allem mit der Venus und dem Jupiter oder gar mit durch den Autofokus der Kameras hervorgerufenen künstlichen Erscheinungen! Journalist Dupont brachte General Terrasson, den Befehlshaber der taktischen Luftwaffe, zu einem Gespräch. Terrasson hatte intern befohlen, ihm alle Himmelsphänomene zu melden. Noch am 13. Dezember gab es in Glons Diskussionen über einen hochentwickelten Ultraleicht-Flieger, aber der General wunderte sich darüber, warum die Schmuggler, die »Schwarzen Barone«, ausgerechnet im unwirtlichen Winter aktiv werden sollten und wie man ihre Geräte als lautlos und gelegentlich bewegungslos beschreiben könne.

Die Inflation der UFOs wurde Mitte Dezember 1989 zum großen Thema der belgischen Wochenpresse, dies trotz oder wegen der Tatsache, daß in dieser Zeit das NATO-Manöver REFORGER auch in Belgien stattfand.

Bekannt wurden auch Lichterspiele eines Lasers im Umkreis einer Discothek in Limbourg. Im Laufe des Abends hatten mehrere Zeugen bei den Polizeiwachen Diest, Hasselt, Houthalen und Halen angerufen und farbige »Kreise« am nächtlichen Himmel gemeldet. Bevor die Polizei die durchaus irdische Ursache des Phänomens identifizierte, hatte man bei der ebenfalls alarmierten belgischen Luftwaffe beschlossen, gegen 23 Uhr zwei F-16-Jäger auf Erkundungsflug zu schicken. Die Staatsanwaltschaft Hasselt forderte den Betreiber der Disco auf, die Laser-Projektionen einzustellen. Die in ihrem Elan etwas abgekühlte Luftwaffe wird sich seit diesem Tag nach allen Seiten absichern, ehe sie wieder auf UFO-Suche geht. Das Verteidigungsministerium war bis auf die Knochen blamiert.

Und die Politiker (die zu Recht Spott fürchteten) schoben dem zunehmenden UFO-Interesse der Militärs zusätzlich einen Riegel vor. Zuvor (18. Dezember) jedoch hatte SOBEPS eine internationale Pressekonferenz im International Press Center von Brüssel abgehalten. Man wollte Zeugen dabei haben, Verantwortliche von Gendarmerie und Luftwaffe. Die Eupener Gendarmen durften nur in Zivil erscheinen, sich als Privatpersonen äußern, die Fahrtkosten aus eigener Tasche bestreiten und Überstunden für diesen Tag abfeiern – das mutete sich nur einer zu. Unsicherheiten bestanden bis zur letzten Minute, ob die Luftwaffe dabei sein würde. Schließlich erschienen dann doch Major Stas, Oberst De Brouwer und ein weiterer Offizier, dessen Namen man vergessen hat. Stas war der SOBEPS inzwischen bekannt. De Brouwer noch nicht. Wie sich später herausstellte, war diese Pressekonferenz eine Eignungsprüfung, die die SOBEPS vor den staatlichen Stellen zu absolvieren hatte: ob sie sich ernsthaft um das UFO-Phänomen mühte oder aber aus der Ecke der »Freizeit-Ufologen« kam.

Kern der Konferenz war das Geschehen vom 29. November. Nebenbei erfahren wir einmal mehr, daß die »Bewegung sich lautlos vollzogen habe, mit Ausnahme eines von mehreren Zeugen deutlich wahrgenommenen Turbinengeräuschs (Pfeifen, Zischen, ventilatorartiges Surren)«. Für wenigstens eines der Objekte steht fest, daß es von Deutschland kam und dorthin zurückkehrte. Daß es üblich sei, »UFOs« von vornherein mit »außerirdisch« zu identifizieren, merkte Michel Bougard an, sei fatal und müsse konsequent vermieden werden. Ein UFO sei ein Phänomen, das auch nach einer Untersuchung nicht identifiziert werden kann. Hiervon ausgehend wurden einzelne Hypothesen untersucht – dies bis hin zur Verwechslung mit schwer identifizierbaren Flugobjekten. In dieser Sache ist nichts unmöglich. Anschließend wurden verschiedene Videos gezeigt. Patrick Ferryn kommentierte diese Dokumente, auf denen minutenlang eine oder mehrere Leuchtkugeln zu sehen waren – wirklich nichts Spektakuläres. Oberst De Brouwer ergriff zum Ende der Konferenz das Wort und stellte die Sicht der Luftwaffe dar: Tatsächlich sei die Luftwaffe vom Verteidigungsministerium aufgefordert worden, Untersuchungen über die in den letzten Wochen aufgetretenen Phänomene anzustellen. Er scheute sich auch nicht, die Geschehnisse rund um die Disco darzustellen. Übrigens: Die Kosten für den Luftwaffeneinsatz stellte man dem Betreiber in Rechnung, eine deutliche Warnung an die Adresse von Scherzbolden.

Bei dieser Pressekonferenz waren alle belgischen Medien vertreten, aber auch einige ausländische Zeitungen und TV-Sender, die objektiv berichteten. Am 21. Dezember veröffentlichte zudem die Kanzlei des Verteidigungsministers Guy Coeme ein Kommunique, in dem aufgrund einer Anfrage des Abgeordneten Charles Janssen festgestellt wurde, daß die Sichtungen nicht den Radarechos von Glons entsprachen. Hierbei wurde darauf hingewiesen, daß die Radarechos von Glons am Abend des 5. Dezember zum Einsatz der F-16-Maschinen führten. Deren Piloten hatten aber im angegebenen Luftraum nichts beobachten können, weshalb man die Sache als Geisterecho abtat. Nebenher wird eine erstaunliche Tatsache deutlich. Obwohl Geisterechos die Radartechnologie seit ihren Anfängen begleiten, schienen die belgischen Radarfachleute ihnen ohnmächtig und ahnungslos ausgeliefert. Das darf man mit Blick auf die folgenden Ereignisse nicht vergessen. Am 20. Dezember gab die US-Botschaft ein Kommunique heraus und erklärte, daß die immer wieder vermuteten Tarnkappenflugzeuge vom Typ F-117A für die Sichtungen nicht in Frage kämen, man hatte sich im Hauptquartier der USAF in Washington, D.C., rückversichert und einen abschlägigen Bescheid vom Hauptquartier der amerikanischen Luftstreitkräfte in Europa (USAFE) aus Ramstein erhalten. Bis dato hatte die USAFE keine Maschinen dieses Typs bekommen. Somit war es unsinnig, weiter über diese F-117A zu spekulieren, deren Mindestan-

Eine Fliegende Untertasse über Wiesbaden? Quelle: Klaus Webner, Wiesbaden

fluggeschwindigkeit bei 285 km/h liegt, während die hier dargestellten UFOs gemächlich mit 50 km/h dahinsegelten.

Die internationale SOBEPS-Pressekonferenz sorgte dafür, daß die
UFOs sofort reagierten und zurückkehrten! Die Gegend von Hainaut wurde heimgesucht. Und am 21. Dezember stellten sich auch
die Party-Heißluftballone wieder ein. Am 22. Dezember soll sogar
eine gute alte Fliegende Untertasse aufgetaucht sein. Und am 24.
Dezember war der Weihnachtsmann in Belgien zu Besuch. Doch
dieses Phantom erinnert stark an einen Stratosphären-Ballon. Parallel hierzu tauchte der Manta-Rochen wieder auf, der als Nurflügler
bezeichnet wurde.

»... alle Auskünfte, die Sie brauchen«

Am 10. Januar 1990 erhielt Lucien Clerebaut einen Anruf von Major Stats: Der Führungsstab der Luftwaffe hatte beschlossen, SO-
BEPS-Vertreter auf die NATO-Radareinrichtung in Glons einzula-

den. Bald darauf meldete sich Oberst De Brouwer und gab bekannt, daß die Einladung für fünf SOBEPS-Leute gelte. Am frühen Vormittag des 22. Januar war es soweit: Lucien Clerebaut, M. Bougard, J.-Luc Vertongen, A. Meessen und D. J. Laurent kamen mit Major Lambrechts, Major Franssen und den Majoren Devisser, Leclercq und Gillen vom militärischen Hauptquartier CRQ zusammen. Die SOBEPS-Vertreter hatten an diesem »Tag der offenen Tür« die Möglichkeit, den Tätigkeitsablauf der Radarleute kennenzulernen und bekamen Hinweise auf technische Beschränkungen (vom Boden reflektierte Echos, Parameterwahl, zu geringe Höhe, meteorologische Phänomene) des Ortungsgeräts.

Dieses Briefing war der erste Schritt des belgischen Luftwaffenstabs, um über eine offizielle Zusammenarbeit mit SOBEPS nachzudenken. Prof. Meessen bat um Zugang zu den Radardaten, speziell zu den Computer-Ausdrucken mit den Rohdaten. Major Lambrechts schränkte das ein, da er von sich aus unmöglich Personal abstellen könne und riet zu einem offiziellen Schritt in Form eines Antrags direkt an den Verteidigungsminister. Einige Tage später erhielt SOBEPS durch den persönlichen Referenten des Verteidigungsministers Guy Coeme, André Bastien, eine Antwort, da die Anfrage beim Herrn Minister »auf große Aufmerksamkeit« gestoßen war und er der SOBEPS »die Zusammenarbeit mit der Luftwaffe« im Rahmen ihrer Forschungsarbeiten genehmigte. Darüber hinaus stellte er fest: »Die Luftwaffe ist im einzelnen angehalten, Ihnen die gewünschten Auskünfte hinsichtlich der Positionen und Flugbahnen von sich in unserem Luftraum bewegenden militärischen und zivilen Flugzeugen zu erteilen.« Ein überaus erstaunliches Zugeständnis gegenüber Privatleuten, die sich zu einer UFO-Organisation zusammengeschlossen hatten! Dennoch wies Bastien auch darauf hin, daß sich die besonderen Radarechos nach einer eingehenden Untersuchung als Ergebnisse der vorherrschenden Witterungsverhältnisse herausstellten. Damit war ein Wendepunkt für die private UFO-Forschung markiert, nach Zeitungsmeldungen vom 23. Januar kam es selbst für SOBEPS »ziemlich unerwartet«. Der Pressewirbel ging von vorn los: In der Avenue Paul Janson 74 in Brüssel klingelten ständig die

Telefone, dem Generalsekretär der SOBEPS, Lucien Clerebaut, wuchsen die Ereignisse über den Kopf.

Am 18. Januar ging die Welle weiter, selbst das SHAPE, das Oberkommando der alliierten Streitkräfte der NATO, und der angrenzende Luftwaffenstützpunkt Chievres sollen zwischen 18:30 Uhr und 19 Uhr von der Fliegenden Plattform besucht worden sein; auch dieses Dreieck war von einer ganzen Reihe »Rippen« oder »Fugen« an seiner hellgrau-metallischen Oberfläche durchzogen und nach Zeugenangaben von gewaltiger Dimension: 100 Meter in der Breite! SOBEPS hakte nach, doch der Pressesprecher der NATO konnte nur mitteilen, daß man nichts Außergewöhnliches festgestellt habe, die betreffende Basis verfügte nicht einmal über Radar und war sowieso ab 17:30 Uhr geschlossen. Der Einzelfall macht uns weniger staunen als die Tatsache, daß das NATO-Hauptquartier unbemerkt von einem UFO angesteuert worden sein soll und dies nur von zwei Zeugen aus einem fahrenden Pkw heraus zur besten Geschäftsschlußzeit, inmitten eines belebten Gebiets, festgestellt wurde!

In einem weiteren Fall der neuausbrechenden Welle wurde ein Fliegender Hundeknochen gesehen, der von »Turbinengeräuschen, einem Brummen wie von einem ULM oder einem ferngelenkten Modellflugzeug« begleitet wurde. Das ist in Anbetracht der bisherigen Schilderungen weit weg von der üblichen, mythologisierten UFO-Erfahrung. Da gibt es keine rippenbesetzten Objekte (sie sind glatt und fugenlos), und zudem sind sie geräuschlos und werden nicht von UL-Geräuschen und Turbinenlärm begleitet. Diesen entscheidenden Einwand darf man in der Gesamtdiskussion nicht vergessen. Während zudem dramatische UFO-Ereignisse durchweg mit scheinbar echten Nahbegegnungen gewürzt werden, kann SOBEPS diese nicht beschreiben, weil sie nicht vorliegen. Und obwohl es einen Fall vom 2. Februar 1990 mit einem Zeitverlustphänomen gab (weist dies »automatisch« auf Entführungsopfer hin?), hatte SOBEPS nicht die Zeit, nachzuprüfen (wie übrigens auch einen Fall von einem 100 Meter großen Objekt, das einen ganzen Betriebshof beim Überflug bedeckte), weil er erst sechs Wochen nach dem eigentlichen Geschehen gemeldet wurde.

Es gab dennoch viele Zeugen, unbestritten, da auch astronomische Großereignisse in den Zeitraum der Welle fielen. Beispielsweise war für den 9. Februar 1990 eine schöne Mondfinsternis angekündigt, auch wenn stellenweise sehr starke Bewölkung, Wind und Regengüsse angesagt waren. An diesem speziellen Abend gab es jedoch nur eine eher unscheinbare »UFO«-Observation – die UFO-Piloten haben wohl die Medienhinweise zur Mondfinsternis respektiert und sich in vornehmer Zurückhaltung geübt.

Und noch immer hatte SOBEPS-Präsident Bougard keinen Beweis, z. B. Fotos und Videos, der ihn »überzeugt« hätte. Dafür aber rief er auf, den Mut zu haben, »mit rätselhaften Erscheinungen zu leben«.

Ende Februar 1990 litt die Medienwelt mit der armen SOBEPS, die zum »Krisenzentrum« erklärt wurde und »mit extrem eingeschränkten Finanzmitteln« arbeitete; die emsige Arbeit der überlasteten SOBEPS fand Erwähnung wie auch der Appell an Freiwillige und pensionierte Wissenschaftler mitzuhelfen, der Sache Herr zu werden. SOBEPS gesteht ein: Es gab viel zu wenige Mitstreiter und – vor allem – hoffnungslos leere Kassen; dies waren Probleme, die durch zu viele Befragungen und zu wenige qualifizierte Interviewer entstanden. Selbst eine systematische Werbekampagne in den belgischen Medien konnte nur einige wenige neue Beitragszahler akquirieren.

SOBEPS schwebte vor, mit Hilfe der Öffentlichkeit und des kleinen Mitarbeiterstamms ein Wochenende der allgemeinen Himmelsbeobachtung zu organisieren. Hierfür konnten sie Leon Brenig begeistern, Physiker und Gruppenleiter an der Université Libre de Bruxelles. Brenig sammelte Informationen, vor allem, weil er einige Monate zuvor in Südfrankreich ein UFO gesehen hatte und sich über die Ignoranz der Wissenschaft wunderte. SOBEPS setzte nun seinen Ehrgeiz daran, das Dreiecks-UFO einzufangen.

Fangt das UFO!

Die Bevölkerung der Regionen Lüttich und Vervies sollte vom
Abend des 16. März bis zum Abend des 18. März (ein Wochenende)
den Himmel systematisch beobachten. Vier mobile SOBEPS-Befra-
gungsteams wurden dazu aufgestellt: In jedem Wagen saß ein erfahrener Interviewer, der ein Mobiltelefon hatte. Parallel dazu stellte
Stany Box ein kleines Team auf den Höhenzügen von Flemalle-
Grande auf; diese Position sollte ein fester Sammelpunkt werden,
mit freiem Blick über das Maastal bis weit nach Osten, Richtung
Eupen und Deutschland. Die Lokalpresse berichtete gern über diese
erste »UFO-Treibjagd«, auch wenn man angesichts des höchst zufälligen Charakters der bislang registrierten Ereignisse am Erfolg
der Kampagne zweifeln durfte.

Am Abend des 16. März rief ein Zeuge bei SOBEPS an und berichtete aufgeregt von einem Geschehen vor seinem Haus in Glons;
SOBEPS rückte aus und konnte noch am Ort das UFO-Geschehen
als ein paar Flugzeuge an einem besonders klaren Himmel identifizieren. Wie aber wird es dargestellt? Als eine wilde, sinnlose und
enttäuschende Verfolgungsjagd. Nur am Sonntagabend sah eines
der SOBEPS-Teams unter Leon Brenig gegen 20:30 Uhr eines der
berühmten Dreiecke. Es war zunächst so groß wie ein Tischtennis-
ball, vielleicht noch etwas kleiner. Es fiel schwer, die Flughöhe des
Objekts zu schätzen. Aber es konnte im weiter erntfernten Stokai-
St.-George von Jean-Luc Momont fotografiert werden. Der Himmel war sternenklar, absolut wolkenlos und frei von Dunst. Ein
Flugzeug konventioneller Bauart war vollkommen auszuschließen,
wohl aber konnte es sich um ein Erprobungsfluggerät der Luftwaffe
handeln. Das Fotomaterial lag am folgenden Abend beim SOBEPS-
Hauptquartier vor und war eine große Enttäuschung: Lediglich eine
kurze, einer eingehenderen Analyse nicht zugängliche Leuchtspur
ist vage zu erkennen. Das erste Wochenende der »UFO-Jagd« hinterließ einen bitteren Nachgeschmack. »Wir hatten wirklich den
Eindruck, daß nur wenig gefehlt hätte, um die Begegnung des Jahr-

Authentische Fliegende Untertassen ...   *... oder Fälschungen?*
Quelle: Peter Brookesmith, UFO, Königswinter 1995

hunderts zustande zu bringen«, schrieben die Autoren. Nicht nur
dies, SOBEPS mußte während dieser Zeit feststellen, daß eigentlich
alle Zeugen Opfer von Mißdeutungen waren. Organisatorisch ging
die Sache auch daneben. Straßenkarten fehlten und die Aktionsbe-
reiche waren nicht genau festgelegt worden – SOBEPS mußte im-
provisieren, wie man selbst zugesteht. Für diese Aktion hatte sich
zudem die Luftwaffe taub gestellt.

Am Rande sei vermerkt: Es gab zu jener Zeit eine Meinungsum-
frage in der belgischen Bevölkerung zu den Dreiecks-UFOs. 33,8
Prozent hatten tatsächlich den Eindruck, daß zur damaligen Zeit
Unerkläriches am Himmel geschehe, 29,3 Prozent dachten, es
handle sich um optische Täuschungen, und 34,5 Prozent verwarfen
immerhin noch die Hypothese von außerirdischen Flugobjekten.
Gleichzeitig ließen die Sichtungen nach. Dafür aber gab es eine für
uns wenig erstaunliche Darstellung vom Abend des 22. März aus

Xhoris-Ferrieres, wo eine erwachsene Zeugin »unterhalb der Lichter einige Aufbauten, die an ein Baugerüst erinnerten«, beschrieb. Was uns wieder zur Frage nach einem UL-artigen Luftgefährt führt.

Inzwischen begann sich die öffentliche Diskussion auf das Verteidigungsministerium zu konzentrieren und lenkte so von den überlasteten SOBEPS-Kollegen ab, die die Situation nicht unter Kontrolle brachten. Am 23. März gab es bei *RTBF* in Lüttich in der Magazinsendung »Ce Soir« eine Talkrunde mit Bougard und Oberstleutnant Billen. Am selben Tag war Bougard im Verteidigungsministerium gewesen, und dort war ihm eher zufällig Minister Coeme begegnet, der eine kleine »Bombe« im Gepäck hatte, entstanden nach seinem Gespräch mit *RTBF*-Journalisten Jean-Marie Nicolik: »Ich habe die Luftwaffe soeben autorisiert, der SOBEPS *alle* verfügbaren Informationen zur Verfügung zu stellen.« Weiter betonte er, daß das Problem gleichermaßen in den Zuständigkeitsbereich des Kommunikations- und des Innenministeriums falle wie in den des Verteidigungsministeriums. 48 Stunden später gab es bei *RTL-TVi* im Magazin »Contrepoint« ein weiteres Studiogespräch, an dem die SOBEPSler Bougard und Brenig, Oberst De Brouwer sowie der Astronom André Lausberg teilnahmen. Lausberg betonte zu Recht, daß eine bestimmte Anzahl von Beobachtungen auf Verwechslungen mit dem Stern Sirius oder auf falsch eingestellte Ferngläser (bzw. Videokameras) zurückgingen. Brenig mußte das eingestehen, erinnerte sich kurz an den Reinfall vom vorangegangenen Wochenende und forderte gleichzeitig eine neue Beobachtungskampagne unter Hilfestellung staatlicher Stellen, insbesondere der Luftwaffe. Man konnte bei SOBEPS offenbar nicht genug davon haben. Bougard sprach von einer »phantastischen Gelegenheit. Wenn wir sie verpassen, werden viele dies später noch sehr bereuen. Wir haben die einzigartige Chance, endlich in Erfahrung zu bringen, worum es sich bei dem UFO-Phänomen wirklich handelt.« Er forderte staatliche Mittel, die SOBEPS sofort benötige; im Nachspann der Sendung konnte Oberst De Brouwer gerade noch seine Einwilligung bekanntgeben.

Treibjagd – zum zweiten!

Die Nacht vom 30. März 1990 war der Beginn von Ereignissen, die einmal mehr für Unruhe bei SOBEPS sorgen sollten. Es begann am Samstag, dem 31. März. Wie immer ging es im SOBEPS-Büro wie in einem Taubenschlag zu, als gegen Mittag innerhalb von wenigen Minuten zwei ziemlich unglaubliche Meldungen eingingen. Der Dienststellenleiter der Gendarmerie von Wavre, Hauptmann Pinson, berichtete von nur wenige Stunden zurückliegenden Ereignissen: Sichtungen durch mehrere seiner Männer, Einsatz von F-16, nicht identifizierte Echoimpulse auf den Radarschirmen von Glons! SOBEPS suchte den Kontakt zum Militär, aber es war Wochenende – keine Möglichkeit, mit Oberst De Brouwer zu sprechen, der in offizieller Mission in einer C-130 der Luftwaffe über dem Atlantik unterwegs war. Doch weitere Aufregung breitete sich aus, als sich ein gewisser Marcel Alfarano aus Brüssel meldete, der angeblich gegen 2 Uhr morgens eine Videoaufnahme von einem dreieckigen UFO mit drei weißen Lichtern und einem roten Blinklicht in der Mitte gemacht hatte und eine Videoaufnahme von »außergewöhnlicher Qualität« vorlegen wollte. Der SOBEPS-Generalsekretär bat den Zeugen, diesen Film persönlich zu bringen. Am Abend besuchten Lucien Clerebaut, Patrick Ferryn und José Fernandez den Gendarmen Renkin in Ramillies. Gegen 1:05 Uhr, in den ersten Stunden des April 1990, wurden auch sie Zeugen eines merkwürdigen Himmelsphänomens, das sich in wenigen hundert Metern Höhe über sie hinwegbewegte. Was war am Himmel von Wallonisch-Brabant geschehen?

Es handelte sich um eine atypische Erscheinung mit sehr weit entfernten Leuchtpunkten, im Gegensatz zu den sonst gesehenen Festkörpern in geringer Höhe. Die Gefahr einer Verwechslung mit Sternen oder dem Jupiter wollten Bougard und Clerebaut nicht unberücksichtigt lassen, einige SOBEPS-Mitarbeiter waren jedenfalls von einer solchen Verwechslung überzeugt. (Was wurde eigentlich berichtet? Draußen am Himmel stand eine unbewegliche Lichtquelle etwa 70 Grad hoch, dreimal so groß wie ein Stern und wechselte die Farbe zwischen Weiß, Gelb, Grün oder Blau sowie Rot.) Das Objekt bewegte sich laut Zeugenaussagen zeitweise ruckartig zur Seite und schien dabei von Zeit zu Zeit Kreise zu beschreiben – ein autokinetischer Effekt, bestens aus solchen Fehldeutungsfällen bekannt –, als es mit geringer Geschwindigkeit von Ost nach West flog; das war zwischen 23 und 1:30 Uhr. Ufologischen Erkenntnisgewinn erbrachte diese Sichtung der Gendarmen nicht. Dennoch war dieser Vorfall höchstwahrscheinlich ausschlaggebend für das Verhalten des Militärs, das nun in die aktive Zusammenarbeit von Luftwaffe und SOBEPS einwilligte. Schließlich waren es drei helle Lichtpunkte am Himmel gewesen, die zusammen ein perfektes gleichschenkliges Dreieck mit zum Betrachter weisender Basis bildeten und ungeheuer groß am Himmel standen; solche Gebilde sind willkürlich auszuformen und für jedermann nachvollziehbar (darauf gehen übrigens die Sternkonstellationen in Astronomie und Astrologie zurück).

Doch SOBEPS mochte nicht glauben, daß sich sämtliche Zeugen durch die Sterne hatten narren lassen, »zumal zur gleichen Zeit in diesem Sektor ein merkwürdiges, nicht identifiziertes Radarecho geortet wurde«. Dabei kennt sich SOBEPS ansonsten mit Verwechslungen gut aus, wie diverse Artikel in der hauseigenen Zeitschrift *Inforespace* beweisen. Die Lichtpunkte wurden als »funkelnd« dargestellt, ein Gendarm habe sein Fernrohr darauf ausgerichtet, es aber nicht korrekt einstellen können; eine andere Polizeistreife meldete gar ein sternartiges Licht, das geblinkt und geflackert oder gefunkelt habe. Eine andere Polizeistreife habe sogar gesehen, wie zwei Flugzeuge unter und knapp über dem »Objekt« vorbeigezogen seien. Bei diesen Flugzeugen handelte es sich offensichtlich um die beiden F-16-Jäger, die der Kommandant von Glons zur Aufklärungsmission eines merkwürdigen Radarechos von Beauvechain losgeschickt hatte. Hauptmann Pinson erklärte in seinem Bericht, zwischen 23:45 und 0:15 Uhr drei Punkte gesehen zu haben, die die Form eines kleinen, auffallend stumpfwinkligen gleichschenkligen Dreiecks am Himmel bildeten.

Diese Formation blieb unverändert, »obwohl wir den Eindruck hatten, daß sie sich in Relation zu den Sternen geringfügig am Himmel bewegte«. In einer halben Stunde bewegt sich natürlich auch die Erde weiter, und dadurch verändern die Sterne, Planeten und Sternkonstellationen ihre Position. Das fällt bei einem fix beobachteten Objekt besonders auf, während andere Körper dabei »untergehen«. Und wie bekannt ist, bewegte sich diese Konstellation auch korrekt von Ost nach West, wie es eben astronomische Körper dieser Art gezwungenermaßen tun. Die Polizisten sahen angeblich nicht nur ein Dreieck am Himmel, sondern mehrere davon, jede Zeugengruppe hatte ein eigenes Ziel, darunter sogar ein perfektes Quadrat. Ein Einzelobjekt wurde durchs Fernglas betrachtet, eine zu erwartende Skizzierung von einem Stern, den man nahe dem Horizont beobachtet hatte und der durch atmosphärische Einflüsse – die Temperatur lag um den Gefrierpunkt – verzeichnet wahrgenommen worden war, um vom Zeugen dann wieder aus der Erinnerung heraus, so gut wie nur eben möglich, rekonstruiert zu werden. Das kann natürlich niemals einer Fotografie entsprechen. SOBEPS: »Eine Verwechslung schien unmöglich, die Sterne sahen aus wie Sterne. Es fällt schwer, sich vorzustellen, daß sich die Gendarmen in diesem Punkt getäuscht haben sollten.« Wirklich? Hier hat SOBEPS wohl eine taktische Verbeugung vor den hohen Rängen gemacht.

Am Sonntag fanden sich die SOBEPS-Mitarbeiter wieder in Brüssel ein, um den Film von Alfarano zu begutachten (am selben Abend erlaubte sich *RTL-TVi* einen Aprilscherz hinsichtlich einer UFO-Landung). Endlich hielt SOBEPS »den« Film und »den« entscheidenden Fall in den Händen. Man stürzte sich am frühen Montag morgen, dem 2. April, auf alle verfügbaren Tageszeitungen an den Kiosken. *La Dernière Heure* berichtete, daß in der Nacht von Freitag auf Samstag gegen 0:15 Uhr zwei F-16-Maschinen vom Luftwaffenstützpunkt Beauvechain gestartet waren, aber nach Auskunft des Pressesprechers vom Verteidigungsministerium hatten die beiden Piloten nichts entdeckt und waren unverrichteter Dinge zum Stützpunkt zurückgekehrt. *Le Soir* berichtete: »UFO durch Jäger nicht aufgespürt!«, als die beiden Maschinen vom 1. Jagdgeschwader auf

Geheiß des Radarzentrums Glons aufstiegen, weil man ein »nicht identifiziertes Echo entdeckt hatte«. Man bedenke: Vom Radarzentrum Glons wurden in den vorausgegangenen Monaten wiederholt nicht identifizierte Echoimpulse geortet, was verdächtig ist. Doch der Bericht von den Gendarmen Renkin und Pinson ließ SOBEPS das genaue Gegenteil vermuten. Clerebaut beschloß, sich mit der Leitung der Gendarmerie in Verbindung zu setzen und bat um den vollständigen Bericht der verschiedenen Streifendienste. Dem wurde entsprochen, und SOBEPS erhielt die wichtigen Unterlagen mit Sonderkurier sofort zugestellt. Sobald Clerebaut den mehrseitigen Bericht in den Händen hielt, benachrichtigte er den soeben zurückgekehrten Oberst De Brouwer. Jetzt mußte gehandelt werden!

UFO-Osterspaziergang

Am Mittwoch, dem 4. April, kam De Brouwer mit der SOBEPS-Spitze zusammen. Es war der erste Besuch des Leiters der operativen Abteilung der belgischen Luftwaffe in den Privaträumen der SOBEPS. Es ging um nichts weiter als um die Planung des gemeinsamen Vorgehens von Gendarmerie, Militär und Wissenschaftlern. Hierbei erfuhren die SOBEPS-Kollegen von einer interminis͏͏ ͏riellen Gruppe, die sich auf Anregung von De Brouwer am selben Tag getroffen hatte, um SOBEPS »unter die Arme zu greifen« bei der für ein Wochenende geplanten »wissenschaftlichen UFO-Jagd«. »Projekt UFO-Identifizierung« wurde die Operation getauft, die man Mitte April, über Ostern, ablaufen lassen wollte. SOBEPS hatte bereits zahlreiche Teams aufgestellt, inzwischen stand genug Personal bereit. Bereits am Vormittag des 9. April hatte es eine Pressekonferenz gegeben, bei der man den Film von Alfarano zeigte, die Vorfälle der Nacht zum 31. März darlegte und die Beobachtungsaktion über Ostern vorstellte. Neben Hauptmann Pinson und Gendarm Renkin hatte man auch Alfarano eingeladen, der jedoch aus seiner Anwesenheit und der Verbreitung des Films nur Kapital schlagen wollte: An jenem Abend zeigten alle belgischen TV-Stationen Ausschnitte.

Am Mittwoch, dem 11. April, fanden sich beim taktischen Stab der Luftwaffe die Hauptverantwortlichen der Aktion ein, diesmal aus einem offiziellen Anlaß. Vertreten waren Clerebaut und Brenig für SOBEPS, die Obersten De Brouwer, Nuyts und Huybens, der Kommandant des Flughafens Bierset, Philippe Dumonceaux, Leutnant Delpierre (als Vertreter der Gendarmerieführung), die Oberstleutnants Kerkhofs und Billen sowie die Besatzungen der beiden für SOBEPS bereitgestellten Flugzeuge – alles unter Aufsicht des Kommandeurs der taktischen Luftwaffe, General Terrasson. Diese Zusammenkunft stand unter großem öffentlichem Druck, selbst die sowjetische *PRAWDA* hatte über die belgischen Ereignisse berichtet. An diesem Tage auch verbreiteten belgische Blätter ein Interview mit Oberst De Brouwer, worin er wieder einmal feststellte, »daß in den letzten Wochen bestimmte Dinge registriert wurden, speziell beim Radarkontrollzentrum Glons, Dinge, die in einem Bericht zusammengefaßt sind, der an verschiedene militärische Stellen weiterzuleiten und dem Verteidigungsminister vorzulegen ist«. Eine Reportage kam beim Sender *La Cinq* im Rahmen des Magazins »Reporters« am Vorabend ins gerngesehene Programm. – Clerebaut bedankte sich bei Oberst De Brouwer für seine Aufgeschlossenheit und Bereitschaft zur Zusammenarbeit. Nun packte der SOBEPS-General einen besonderen Schatz aus, eine Kopie des Films von Alfarano. Der wurde als Einführung mehrmals gezeigt, und das Urteil der Militärs war einstimmig: Was da über Brüssel gefilmt worden war, war kein Flugzeug! (Die Nachricht über den Film von Alfarano verbreiteten Journalisten bereits am 3. April, obwohl die SOBEPS-Spitze zu dem Schluß gekommen war, dieses »Dokument« nicht zum Gegenstand einer Sensationsmeldung werden zu lassen. SOBEPS wollte die Pressekonferenz einberufen, um gezielt seriösen Journalisten Kopien des Films zukommen zu lassen; bis dahin blieb der Originalfilm in den Händen von Patrick Ferryn, der digitale Einzelbildbetrachtungen und Ausschnittvergrößerungen machte. Der Urheber hatte der SOBEPS die Exklusivrechte zugesichert. Doch bereits vorab machten Bilder aus dem Video und das Material selbst im Pressedschungel die Runde. Woher kam es? Marcel Alfarano hatte der SOBEPS das Original anvertraut: Niemand sonst habe den Film seither gesehen, nicht einmal er selbst besitze eine Kopie, hatte er versichert. Quelle der journalistischen Vorabverbreitung war Gilbert Dupont von der Zeitung *La Dernière Heure* gewesen, der zunächst seinen Mittelsmann nicht preisgeben wollte, aber es schließlich doch indirekt tat: Es war Alfarano selbst gewesen, der dem Brüsseler Journalisten den Film gezeigt hatte! Wegen seiner widersprüchlichen Behauptungen und seiner finanziellen Forderungen »sehen wir sein Filmdokument heute in einem weit schlechteren Licht als damals«, schreibt SOBEPS.

Zur Erinnerung: Die Nacht des 30. März hatte außer einem bereits vorher mehrmals wahrgenommenen Echo als Beweis nichts erbracht; nun lag ein Filmdokument vor, das nach Ansicht der obersten Militärführung kein Flugzeug zeigte, aber im nachhinein selbst von SOBEPS angezweifelt wurde. Und nun das Beste: NUFOC-Chef Filip Rekoms hatte sich mit zunehmender Skepsis der Dreiecks-UFO-Welle angenommen und bemerkte hinsichtlich des vorliegenden Film-Beweises, daß der Zaventem-Airport nicht weit vom Aufnahmestandort entfernt ist und Recherchen zudem ergeben hatten, daß zum Zeitpunkt der Aufnahmen eine Boeing sich dem Sichtungsbereich näherte. Kein Zweifel, auch der Film von Alfarano zeigt nichts anderes als ein Flugzeug. Befremdlich war nicht das gefilmte Objekt, sondern der Grund, aus dem es gefilmt wurde. Alfarano behauptete, kein Geräusch vernommen zu haben. Er filmte aus großer Entfernung. Wußte er, daß »es« im Landeanflug-Korridor des nahen Flughafens erschien? Der Filmer gab an, daß er um 2 Uhr morgens »nur so zum Spaß« mit seiner Kamera draußen in der Kälte stand. Hatte er eine Ahnung, daß sich da gelegentlich Fliegende Dreiecke zum Stelldichein einfinden? Alfarano lebt in der Nähe des Flughafens Zaventem und mußte mit solchen nächtlichen Bildern vertraut sein.

Schriftlich wurde fixiert, daß das verlängerte Beobachtungswochenende vom 13.–17 April dauern sollte und die belgischen Streitkräfte beauftragt waren, für einen reibungslosen Ablauf der vom Flugplatz Lüttich-Bierset ausgehenden Aktivitäten zu sorgen sowie die Unterstützung der Untersuchung durch zwei Flugzeuge zu garantieren. Aus dem Protokoll: »Im Fall einer Sichtung vom Boden aus muß eine Bestätigung durch die örtliche Gendarmerie oder durch ein mobiles Team der SOBEPS vorliegen, bevor die Maschinen über das CRC Glons zu aktivieren sind. Nur das CRC ist befugt, Startbefehle für die HS 748 und die Islander zu erteilen. Das CRC wird umgehend das ADNC (Air Defense Notification Center) und das TCC/RP Semmerzake (Traffic Center Control/Reporting Post) benachrichtigen. Der Start der F-16 darf erst bei Vorliegen eines Radarkontakts (scramble) und ausschließlich dann erfolgen, wenn Glons eine weitergehende Identifizierung für notwendig erachtet. SOBEPS ist befugt, eine begrenzte Zahl von Mitarbeitern zu bestimmen, die für die Beobachtung an Bord genommen werden.« Herz, was willst du mehr! Am Freitag, dem 13. April, verkündeten alle Medien die sensationelle SOBEPS-Aktion, deren wissenschaftlicher Projektkoordinator Leon Brenig wurde, der von der »Präzision und Seriosität der Aussagen vieler Zeugen« beeindruckt war, insbesondere von den Eupener Gendarmen. Dennoch gesteht er in *Le Peuple,* »beileibe kein Spezialist auf diesem (UFO-) Gebiet zu sein«, er stelle sich der Herausforderung und mache den Versuch, als Wissenschaftler, in »meinem Fall als Physiker«, ein rätselhaftes Phänomen zu begreifen. Wieder ging SOBEPS naiv an die Sache heran, wenn auch mediengerecht.

Um 19 Uhr herrschte in der Halle des zivilen Flughafens Bierset ein ungewohnt reges Treiben. Dutzende Menschen mit Fernsehkameras, Fotoapparaten und Mikrofonen drängten sich vor einer improvisierten Tribüne. Mehrere im letzten Augenblick aufgestellte Stuhlreihen waren mit Journalisten besetzt, die mit gezücktem Bleistift darauf warteten, den »historischen« Augenblick zu dokumentieren. Der SOBEPS-Präsident richtete seine einleitenden Worte an die Presse. Von überall her waren Journalisten angereist; nicht nur die belgischen Tageszeitungen, Wochen- und Monatsmagazine waren vertreten, anwesend waren auch Journalisten aus den Niederlanden, aus Deutschland, Frankreich, Italien und Schweden, nicht zu vergessen das sowjetische Fernsehen.

Nachdem Michel Bougard der Luftwaffe und namentlich Oberst De Brouwer herzlich für die materielle Unterstützung gedankt hatte, erläuterte er den Ablauf der geplanten Aktion, die er als Weltpremiere empfand. Als Vertreter der Luftwaffe ergriff Oberst De Brouwer das Wort und stellte klar, daß die Verantwortung für das Unternehmen ausschließlich bei der SOBEPS liege und das Militär ihr nur »logistisch« unter die Arme greife. Damit hielt er die Luftwaffe möglichst schadenfrei; lächerlich gemacht hatte sie sich ja mehr als genug. Ob es ihr aber auch aufgegangen war?

In der Wartehalle waren zwei Personen, die möglicherweise noch aufmerksamer als die Journalisten zuhörten und der ganzen Affäre eine politische Brisanz gaben: Pierre Couchard, Pressereferent im Ministerium von Guy Coeme, und der Europaabgeordnete Elio di Rupo, der später eine Eingabe hinsichtlich der Bildung eines »Europäischen UFO-Forschungszentrums« im Europa-Parlament machte – basierend auf den bisher geschilderten Ereignissen und den noch folgenden.

Die erste durchwachte Nacht verlief sehr ruhig. Auch der nächste Abend (Samstag, der 14. April) begann ziemlich unscheinbar. Viele Journalisten hatten beschlossen, über Ostern nach Hause zu fahren. Doch gegen 21:30 Uhr gingen plötzlich mehrere Anrufe ein. SOBEPS bekam zwei weitere Anschlüsse bereitgestellt – die kaum ausreichten: Nahezu gleichzeitig erhielten die Forscher fünf Anrufe von verschiedenen Gendarmeriestellen, aber es sollte noch schlimmer kommen. Auch die zivile Leitung nach Bierset war ständig besetzt. Diese Telefonnummer hatte SOBEPS nicht über die Presse bekanntgegeben, da man sie für die Radarstation in Glons bzw. den Kontrollturm freihalten wollte. Von Major Lambrechts, der an jenem Abend dabei war, bekam SOBEPS sofort die Erlaubnis, den Militäranschluß zu benutzen; dank dieser Leitung konnte man nun mit einem in der Luft befindlichen Flugzeug in Verbindung treten.

Gegen 23 Uhr fiel einem beim Fort de Flemalle postierten SOBEPS-Team etwas Merkwürdiges auf. Patrick Vidal, der dieses Team leitete, benachrichtigte umgehend das CRC Glons und die Zentrale Bierset. Zu den Dutzenden von Beobachtern in Flemalle zählten neben Vidal auch Stany Box und Joel Mesnard, Herausgeber der französischen UFO-Zeitschrift *Lumières dans la Nuit*. Über seine Eindrücke schrieb er im Heft 301, Januar/Februar 1991: »Ich gebe zu, daß ich vielmehr aus Prinzip und um ein wenig mit den Leuten von der SOBEPS zu plaudern, hingefahren bin als in der Hoffnung, das berühmte Dreieck beobachten zu können.« Oben auf dem Hügel, auf dem ständig irgendwelche Wagen ankamen und wieder abfuhren, tauchte eines der Dreiecke auf und hinter ihm ein rotes Blinklicht, eine Kreiselleuchte.

Leider verschwand dieses geräuschlose Objekt alsbald hinter Bäumen. Vidal meinte, durchs Fernglas einen »Deltaflügler mit zwei gekrümmten Seitenleitwerken am Heck« ausgemacht zu haben, was jedoch der Videofilm von Mesnard nicht zeigte. Glons hatte dennoch nichts auf dem Radar gehabt, »was dieser Beobachtung entsprochen hätte«. Anscheinend flog das Gebilde zu niedrig. Dennoch war für SOBEPS der »Ernstfall« eingetreten, und der erfüllte bestens die Voraussetzungen für den Einsatz einer HS 748. Clerebaut, Bougard und Brenig scheuchten die Besatzung in die Luft. Neben den Militärs gingen mit Brenig fünf oder sechs Physiker an Bord, Clerebaut nahm in der Pilotenkanzel Platz – doch sie mußten mehr als 30 Minuten in dieser Warteposition ausharren. Glons gab kein grünes Licht, solange keine Radarbestätigung vorlag, und das war laut Vorbesprechung Voraussetzung. Diese Instruktionen waren von den diensthabenden Offizieren in Glons schlichtweg nicht richtig verstanden worden, und erst im Laufe der Nacht wurde auf Oberst De Brouwers Intervention (der inzwischen in Ramstein war) für SOBEPS die Bahn freigemacht; um 23:55 Uhr hob die Maschine ab. De Brouwer kündigte seine sofortige Rückkehr nach Belgien an.

Die Maschine nahm zunächst Kurs auf den Raum Lüttich und drehte dann in Richtung Eupen ab. Die Piloten gingen gelegentlich bis auf 900 Fuß herunter, obwohl die zulässige Mindestflughöhe bei 1500 Fuß liegt. Die Maschine befand sich eine Viertelstunde in der Luft, als Bougard den Anruf des von Jean Debal geleiteten mobilen SOBEPS-Einsatzkommandos erhielt, das in der Nähe von Ramillies

Stellung bezogen hatte. Es meldete ein beständiges, merkwürdiges
orangegelbes Leuchten, das plötzlich aufgetaucht war und einen
festen Punkt am Horizont anstrahlte. Gegen 0:40 Uhr traf die HS
über Ramillies ein; nachdem sie den Punkt mehrfach erfolglos überflogen hatte, beschloß man, nach Bierset zurückzukehren; dort warteten die Journalisten.

Kaum hatten Brenig und Clerebaut die Landebahnabsperrung
hinter sich gelassen, wurden sie buchstäblich überrannt. Sie erläu-
terten der Presse die jüngsten Ereignisse und betonten, daß man
nichts habe beobachten können. Piloten und Wissenschaftler hatten
lediglich einige unerklärliche Lichtblitze bemerkt. Später erfuhr
man, daß das in Ramillies postierte Team der SOBEPS einem Irrtum
unterlegen war: Das orangefarbene Licht war durch die Beleuchtung einer gefährlichen Kreuzung entstanden, die wegen plötzlich
aufgezogenen Bodennebels verstärkt worden war; bei den Lichtblit-
zen handelte es sich um nichts anderes als um starke Taschenlam-
pen, mit denen man versucht hatte, dem Flugzeug die Richtung des
verdächtigen Lichts zu zeigen.

Am Nachmittag des 15. April, Ostersonntag, hatten die Medien
viele Menschen zum Besuch des Flughafens Bierset angelockt, quasi
als UFO-Osterspaziergang. Das Durcheinander in der Abferti-
gungshalle war nahezu perfekt; einen Ordnungsdienst gab es nicht,
und in der von Schaulustigen aller Altersstufen belagerten Cafeteria
kletterten die Leute auf die Tische, um eine bessere Sicht zu haben.
Für die SOBEPS-Mitarbeiter war in einer Ecke der Abfertigungs-
halle eine Glaskabine reserviert worden. Es herrschte eine Mischung zwischen Jahrmarkt und wissenschaftlicher Forschung.

Seit Freitag ertönte im Glaskäfig mehrere hundert Mal zu nächtlicher Stunde das Telefon. »In der Tat viele Verwechslungen«,
räumte Bougard ein. Flugzeuge, von den Wolken reflektierte Laserstrahlen, der Widerschein eines Kirmeskarussells oder eine stark be-
leuchtete Straßenkreuzung waren die Ursachen, die manchen Beobachter Alarm schlagen ließen. Um 21:30 Uhr stieg die kleine
zweimotorige Islander auf, an Bord befand sich Physikprofessor
Meessen; die Maschine flog fünf Stunden lang das Maastal ab und

folgte jeder Sichtungsmeldung eines Postens. Auf dem Flugplatz
selbst ging jedesmal ein Raunen durch die Reihen, sobald sich nur
der kleinste Zipfel einer Linienmaschine erkennen ließ. Allein dies
ist schon eine bemerkenswerte psychologische Situation, die darauf
hinweist, daß das eigentliche Phänomen der Fliegenden Dreiecke
sehr viel mit der Verwechslung mit einem nächtens durch die Luft
ziehenden Flugzeug zu tun hat. Am Telefon und im Radio über-
schlugen sich die Meldungen von »großen Leuchtpunkten«. Da war
sogar ein Armeeangehöriger, der der Gendarmerie berichtete, er
habe einem Dreieck mit seiner Taschenlampe Zeichen gegeben, und
das UFO habe ihm mit seinen großen Scheinwerfern geantwortet.
Um 1:40 Uhr nachts kehrte die Islander zurück, ohne auch nur die
Spur eines UFOs geortet zu haben. Um 2 Uhr brach in Bierset für
eine Stunde wieder hektische Betriebsamkeit aus. »Sichtung in
Oneux, Meldung aus Wavre!« Doch die Menge schenkte dem eiligst
wieder aufgestellten Gerät kein Gehör mehr. Man drängte zu den
Ausgangstüren und zerrte die SOBEPS-Verantwortlichen mit nach
draußen auf den Parkplatz: Dort unten zwischen zwei Bäumen
schwebte ein geheimnisvolles Licht, auf das zahllose Ferngläser gerichtet waren. Die etwa 50 noch anwesenden Personen konnten das
mutmaßliche UFO zehn Minuten lang beobachten, aber der Blick
durch das inzwischen aufgebaute Fernrohr zeigte, daß es sich lediglich um einen trügerischen Lichtreflex an einer Hochspannungslei-
tung handelte. Punkt 3:12 Uhr ging eine schier unglaubliche Nachricht des bei Wavre postierten Teams »Zulu« ein: »Es bewegt sich
nicht!« Der Schrei, der aus dem Lautsprecher dröhnte, ließ jeden
hochfahren. Die letzten noch verbliebenen Journalisten kritzelten
die folgenden Worte mit: »Eine riesige, rote Scheibe kommt auf
mich zu!« Jemand schnappte sich das Mikro und gab dem Team die
Anweisung, sofort Aufnahmen zu machen.

Am Beobachtungsposten war man hörbar beeindruckt: »Einfach
toll!«

»Sie stehen unter Schock«, kommentierte ein Verantwortlicher.

»Zulu« aber zögerte plötzlich: »... Ich glaube, das ist der Mond.«

»Bestätigen, ob Mond.«

Eine Hand bemächtigte sich des Mikrofons: »Der Mond geht im Osten auf.«

Vom anderen Ende Belgiens kam die kleinlaute Antwort: »Es ist der Mond!«

Und es war 4 Uhr morgens. Bierset leerte sich, die Telefone dämmerten dahin, und das Geheimnis um die Dreiecke wurde immer undurchdringlicher. Da sah man auch bei SOBEPS ein, daß der willkürliche Einsatz von interessierten Laien mehr schaden als nutzen kann. Es war schon mehr als peinlich: Eine ehrwürdige UFO-Organisation ließ sich vom Mond narren!

Wie ging es weiter? Auf Anregung des Islander-Piloten, Hauptfeldwebel Legros, beschloß man, am Sonntag ohne vorherige Meldung aufzusteigen und die Maschine über den überwachten Regionen »auf Abruf« bereitzuhalten. Gegen 21 Uhr startete die Maschine mit reduzierter Crew: mit Prof. Meessen, Leon Brenig, Lucien Clerebaut, Patrick Ferryn und dem für SOBEPS tätigen Kameramann Claude Cubat. Am Montag, dem 16. April, nochmals das gleiche Spiel, jedoch nur zwei Flugstunden lang, da sich die Kerosintanks der Islander zu leeren begannen. Der wichtigste Anruf kam gegen 23:15 Uhr von der Gendarmerie Marche. Mehrere Einwohner der Gemeinde hatten eine halbe Stunde zuvor das berühmte Dreieck gesehen. Der 17. April verlief deutlich ruhiger, die Flugzeuge blieben am Boden und bei SOBEPS machte sich Verdrossenheit breit. »Einmal mehr wurden uns die Grenzen der Aktion deutlich, und die Enttäuschung über die vielen unvermeidlichen Mißverständnisse und Verzögerungen stand uns in den übermüdeten Gesichtern geschrieben.« So reagierte auch die Pressewelt erwartungsgemäß: Die Beobachtungen vom vergangenen Wochenende waren nicht mit den Sichtungen vergleichbar, von denen einige Augenzeugen seit Ende November berichteten. Doch da fast alles Erdenkliche für ein UFO gehalten wurde, bestand die Gefahr, daß die bisherigen Aussagen an Glaubwürdigkeit einbüßten. Die Menschenmengen, die am Sonntagabend den Straßenrand säumten, waren einer Massenpsychose nahe. Selbst *Télé-Moustique* war des Rummels überdrüssig und titelte: »UFOmanie und Medien … impressionistische Jagdszenen unserer Fernsehsender«. *RTL-TVi* ließ sich als Hauptthema vom Sonntagabend den kollektiven Wahn nicht entgehen und zeigte Menschen, die mit Fingern auf irgendwelche Sterne deuteten und zu Hunderten zum Flughafen strömten. Eine Reporterin interviewte sogar eine Hellseherin, die den Kurs der UFOs weissagte.

Die Sender *La Cinq* und die *BBC* harrten 48 Stunden standhaft aus und brachten kilometerlange Filmreportagen nach Hause. Mehrere deutsche und niederländische Sender hatten sich Hotelzimmer reservieren lassen; Dutzende Fahrzeuge von Journalisten belagerten den Parkplatz vom Flughafen Bierset. Das *Figaro-magazine* vom 21. April 1990 brachte eine ausgezeichnete Bildreportage und kommentierte: »Dieser kleine, mittellose Verein, der das Phänomen nun seit fünf Monaten untersucht, erteilt den Medienprofis ständig Lektionen. Ausdauernd bis zur Erschöpfung und extrem geduldig mit einer Presse, die sie unablässig mit törichten Fragen löchert, haben uns diese hochengagierten Freiwilligen zumindest eines gezeigt: Wenn denn der Schlüssel zum Geheimnis eines Tages gefunden werden sollte, haben wir das nicht zuletzt ihrem Wissensdurst zu verdanken.«

Bereits zur SOBEPS-Pressekonferenz vom 18. Dezember 1989 hatte Bougard auf die Probleme einer massiven Sichtungswelle hingewiesen: Die Berichterstattung führt zu verstärkter Beobachtungsbereitschaft in der Öffentlichkeit, was gelegentliche Massenhysterien auslöst. Man hatte die Erfahrung in der ersten vergleichbaren Aktion Mitte März gemacht: Einige wenige wichtige Sichtungen gingen in einem Meer überflüssiger Anrufe, absurder Mißverständnisse und offensichtlicher Verwechslungen unter. Zeugen von Nahsichtungen riefen nie gleich nach ihrer Beobachtung an; sie nahmen sich erst »Bedenkzeit« – mehrere Minuten bis Stunden, in einigen Fällen sogar Tage oder Monate.

Politische Abkühlung

Am 27. April 1990 konnte man der Presse folgendes entnehmen:
»UFOs – Intervention der Luftwaffe ausgesetzt. Auf eine Anfrage
des Abgeordneten Daems (PVV) erklärte Minister Coeme am Donnerstag im Parlament, daß die Luftwaffe grundsätzlich nicht mehr,
wie am vergangenen Osterwochenende, an Beobachtungsaktionen
unerklärter Weltraumphänomene teilnehmen werde und das Problem eher eines des Kommunikations- und des Innenministeriums
sei, deren Ressorts stärker betroffen seien.« Die im *Moniteur Belge*
(Nr. 45) veröffentlichten »Annales Parlementaires de la Chambre
des Représentants de Belgique« liefern eine genaue Zusammenfas-
sung dieser neuen Entwicklung, die zu einer schlagartigen Abküh-
lung der SOBEPS-Kontakte zum Verteidigungsministerium führte.
Hier wurde auf die Parlamentsdebatte verwiesen, in der es eine Anfrage des Abgeordneten Daems an den Herrn Verteidigungsminister
zu den in Belgien gesichteten UFOs gab, worin die Welle als Massenhysterie bezeichnet wurde, die die ganze Bevölkerung derzeit beschäftige. »Jeder ist erpicht darauf, mit eigenen Augen etwas Ungewöhnliches zu sehen zu bekommen, und es gehen zahlreiche Zeugenaussagen ein. Die ganze Angelegenheit ist nicht gut für die
Armee. Herr Minister, es ist meiner Ansicht nach an der Zeit, daß
die Armee aufhört, Flugzeuge und Material für die Suche nach diesen UFOs einzusetzen, die überhaupt nicht existieren.« Verteidigungsminister Coeme gestand ein, daß man, nachdem man im Dezember letzten Jahres eingewilligt hatte, zwei F-16 zur Aufklärung
einzusetzen, im Raum Limbourg Laserstrahlen entdeckt hatte: »Ich
bin wie Sie überzeugt, daß wir es hier mit einem sich wiederholen-
den Masseneffekt zu tun haben und daß es in Wirklichkeit nichts
Besonderes zu sehen gibt. Hinsichtlich des Osterwochenendes kann
ich Ihnen auf der Grundlage unseres derzeitigen Kenntnisstands
versichern, daß nichts Außergewöhnliches festgestellt wurde, außer
daß in mindestens einem Fall vom Boden- und vom Luftradar
gleichzeitig bestimmte Signale registriert wurden. Es waren keine

Sicherheitserwägungen, die die Landesverteidigung zur Teilnahme an der Beobachtungsmission bewog. Mein Ressort hat sich hieran lediglich beteiligt, um Klarheit in einen Bereich zu bringen, in dem einige mit dem gleichen Lächeln, das ich jetzt auf Ihren Lippen bemerke, meine Herren, den Eindruck erwecken, der Landesverteidigung würden Forschungsgelder gewährt, die der zivilen Forschung vorenthalten blieben.« Doch Daems ließ nicht locker: »Außerdem, Herr Minister, haben Sie drei Ministerien zu einer Gemeinschaftskonferenz zum Thema UFOs zusammengerufen! Ich frage mich langsam, wie weit man in Belgien noch gehen will. Bei allem Respekt, Herr Minister, erlaube ich mir die Bemerkung, daß Sie, zumindest finanziell, eine Portion zuviel ›abheben‹.« Der Parlamentspräsident schloß eilig diesen Fragenkomplex ab. Es waren also politisch-finanzielle Erwägungen, die der Offenheit der Militärs einen Dämpfer verpaßt hatten, und SOBEPS war in Sorge um den »geheimnisumwitterten« Bericht über den Einsatz der F-16 zum Osterwochenende.

Für bestimmte ufologische Belange ist die Presse jedoch auch nützlich, da sie öffentlichen Druck auf schlafmützige Behörden ausüben kann. So auch in diesem Falle. Gilbert Dupont von *La Dernière Heure* brachte am 19. Mai die Militärs gehörig in die Bredouille. Er erinnerte noch einmal an den Einsatz der F-16 in der Nacht zum 31. März und einen dem Verteidigungsminister vorgelegten Bericht. In den letzten Maitagen stand Lucien Clerebaut wiederholt in Kontakt mit Oberst De Brouwer und Major Lambrechts. Es kristallisierte sich heraus, daß der Bericht in allernächster Zeit erscheinen werde; man warte nur noch auf eine letzte zusammenfassende Überarbeitung des weiterhin als »geheim« gestempelten Papiers. Am 4. Juni kam von Major Lambrechts die erwartete Nachricht: »Der Bericht ist fertig, er wird Ihnen noch heute zugeschickt!« Der Brief war auf den 31. Mai 1990 datiert und an Leon Brenig adressiert, in der Anlage befand sich ein sechsseitiges Schriftstück in niederländischer Sprache sowie eine Landkarte. Das Dokument ging am Mittwochvormittag, dem 6. Juni, also knapp eine Woche nach seiner Fertigstellung, bei SOBEPS ein. Es wurde ins Französische übersetzt und lag am Abend vor. SOBEPS machte daraus ein Pressekommunique, das am 8. Juni verbreitet wurde, da Major Lambrechts die uneingeschränkte Verwendung des Dokuments ausdrücklich genehmigt hatte. Im Verteidigungsministerium jedoch schien man über die Presse verschnupft zu sein. Dort war man wohl der Auffassung gewesen, daß dieser Bericht nur zur internen Verwendung von SOBEPS gedacht war.

Einmütig war in der Presse die Klage, daß die SOBEPS an einem toten Punkt angelangt sei, vor allem wegen Mangels an Geld und technischen Mitteln. Seltsam ist auf jeden Fall, daß der Bericht vom Verteidigungsministerium genau an jenem Tag bei SOBEPS einging, als ein Report der Wissenschaftszeitschrift *Science & Vie* (Heft 873, Juni 1990) mit dem knalligen Aufmacher »UFO enttarnt« erschien. Als Titel war ein furchterregendes Monstrum abgebildet: die Silhouette einer F-117 mit ihren drei Landescheinwerfern. Die Schlagzeile kommt mit dem Anspruch einer definitiven Erklärung daher, der Text berührt aber das Thema gar nicht, und am Ende bleibt alles wieder offen.

Zwei F-16 hatten insgesamt neun Versuche unter Aufsicht des CRC Glons unternommen, um die Radar-UFOs abzufangen, die nicht mit den optischen UFO-Formationen korrespondierten. Hierbei gab es mehrfach kurze Radarkontakte, aber nur in drei Fällen gelang es den Piloten, die automatische Zielverfolgungseinrichtung (Modus: »lockon«) für einige Sekunden zu aktivieren. Die Piloten hatten in keinem Fall einen Sichtkontakt zu ihrem »UFO«-Ziel. Die Radarziele verhielten sich absolut verrückt, während gleichzeitig die Bodenbeobachter weiterhin nur ihre Lichtlein am Himmel sahen, die ihre Stellung zueinander unverändert beibehielten und still standen – was in keinem Fall zu den Radarechos paßt, die sehr hohe Geschwindigkeiten und Beschleunigungen aufweisen. Außerdem ist wichtig zu erwähnen, daß das eine vom Boden aus gesehene Dreiecks-Gebilde (Konstellation von Sternen am Himmel) kein fester Gegenstand sein konnte, da um 0:30 Uhr eine F-16 das Gebilde direkt durchflog und sich darin bewegte. Gleichzeitig wurde jedoch auch ein Signal für einen (elektronisch erzeugten) Störeinfluß (Jamming) auf dem Radarschirm von AL 17 angezeigt, und das war die einzige Besonderheit, die das Militär wirklich interessieren mußte. Unter der Hand hatte Oberst De Brouwer bereits Bougard und Clerebaut über die »Existenz unerklärter Radarechos« eingeweiht.

Das Militär stand kopf: Zum einen hatten die Amerikaner betont, keine F-117 in Belgien im Einsatz zu haben, zum anderen trat das Jamming auf, das nur durch künstlich erzeugten elektronischen Störeinfluß zustande kommen konnte. Es ist zu fragen, was sich alles hinter den Kulissen abspielte, da man so bestürzt reagierte: Was machte Oberst De Brouwer an jenem Osterwochenende in Deutschland auf dem USAF-Stützpunkt Ramstein, da doch unter seiner Regie die große belgische UFO-Verfolgung ablaufen sollte? Traute er vielleicht dem F-117-Frieden nicht ganz über den Weg?

F-117-Maschinen waren es auf keinen Fall gewesen, aber man erinnere sich der AWACS, elektronische Lagezentren in der Luft, die sicherlich auch Jamming-Equipment an Bord haben. So ist durchaus denkbar, daß elektronische Störstrahlen herumgeisterten und den faulen Radarzauber hervorriefen. Ganz nebenbei: Was ist mit den zugeschalteten Radar-Computern, die elektronische Signale verarbeiten und zur optischen Bildschirmanzeige machen können? Was ist, wenn es technische Probleme gab, die sich hier erstmals als »Zielangaben« auswiesen? Ganz und gar ungeheuerlich? Ich denke nicht. Zudem das Wetter: leichte Inversionswetterlage am Boden und in 1000 Meter Höhe. Anomale Radarwellen-Ausbreitung, willkommen!

Eine weitere Passage des Luftwaffenberichts, der nicht ganz den Gegebenheiten entspricht, finden wir im Artikel 5 (Befund). Paragraph D liest sich so: »Die Piloten der Jagdmaschinen hatten zu keiner Zeit Sichtkontakt zu den UFOs. Dies läßt sich durch die unbeständige Leuchtkraft und mehr noch dadurch erklären, daß die UFOs verschwanden, als die F-16 dort erschienen, wo die UFOs vom Boden aus beobachtet wurden.« »Unbeständige Leuchtkraft«? Das Gegenteil ist für den Sichtungszeitraum bekannt. »UFOs verschwanden, als die F-16 erschienen«? Unfug! Die F-16 durchflogen ein vom Boden aus gesehenes UFO-Dreiecksgebilde direkt und kreisten in ihm! Paragraph F dagegen macht uns vielleicht auf anomale Radarwellenausbreitungen aufmerksam, die in Verbindung mit Inversionswetterlagen stehen könnten: »Die erste Langsambewegung von UFOs, die beobachtet wurde, entsprach der ungefähren Richtung und Geschwindigkeit des Windes.« Ob nun astronomische Himmelskörper von langsamen irdischen Winden abhängig sind, stellt sich uns nicht als Frage.

Paragraph F enthält zudem noch eine widersprüchliche Aussage am Ende: »In Belgien herrschte zum Zeitpunkt der Radarbeobachtungen keine meteorologisch relevante Inversionswetterlage.« Im zuvor abgedruckten Artikel 4 über »allgemeine Angaben« steht unter Paragraph A (Wetterlage) jedoch: »Leichte Inversionswetterlage am Boden und in 3000 Fuß Höhe.« Besondere Beachtung fand in aller Welt ein bedenkenswerter Umstand in Verbindung mit den Radaraufzeichnungen, dargestellt in Paragraph G des Befunds: Obwohl mehrfach Geschwindigkeiten im Überschallbereich gemessen wurden, konnten keine Stoßwellen festgestellt werden. Auch dieser Punkt ist nicht erklärbar. Erklärbar wird er jedoch durch die Situation des Geschehens: Wenn kein solides und sichtbares UFO-Objekt dagewesen ist und es sich bei den Radarwiedergaben um falsche Computer-Ziele handelte, dann kann es natürlich auch keinen Überschallknall gegeben haben!

Die Videoaufnahmen der Maschine AL 17 lagen diesem Bericht nicht bei. Darauf war SOBEPS natürlich besonders neugierig und bat Oberst De Brouwer, die Aufzeichnung des F-16-Bordradars einsehen und analysieren zu dürfen. Jean-Pierre Petit vom Centre National de Recherches Scientifiques aus Frankreich beschäftigte sich ebenfalls damit, er hatte mit Marie-Thérèse de Brosses vom einflußreichen *Paris Match* wegen seines Buchs »Enquete sur les OVNI« zusammengearbeitet und hierbei auch die belgischen UFOs besprochen, wofür sich die Journalistin natürlich brennend interessierte. Am 27. Juni fanden sich Petit, Clerebaut und de Brosses im Dienstzimmer von Oberst De Brouwer in Evere (Brüssel) zusammen. Zu Ende des Gesprächs sagte der Oberst wie beiläufig: »Ich habe hier die Videokassette der F-16. Wenn Sie wollen, kann ich sie

Ihnen vorführen.« Die Journalistin fragte um Erlaubnis, Bild-
schirmfotos für ihr Blatt machen zu dürfen, der Oberst stimmte zu
und lieferte damit neuen Zündstoff für die Debatte. Tags darauf
nahm der SOBEPS-Stab die Aufnahmen nochmals unter die Lupe,
wofür sich Oberst De Brouwer mehrere Stunden bereitstellte. Sogar
ein Videomitschnitt wurde erlaubt. Prof. Meessen sollte über Monate damit beschäftigt sein, die Aufzeichnung zu analysieren.

Erstmals stand der Welt-UFO-Forschung ein einmaliges Dokument bereit, frei nach dem Motto: Da habt ihr es, wir wissen eh
nichts damit anzufangen. Dies ist ein Kontralehrstück in Sachen
Vertuschung. Am 5. Juli erschien die Nr. 2145 der *Paris Match* mit
der Schlagzeile »UFO-Dokument der Luftwaffe – ›es‹ erschien auf
dem Radar einer F-16 und kann nicht von Menschen geschaffen
sein.« Der nachfolgende vierseitige Exklusivartikel hatte es in sich.

Die belgischen Organe waren entrüstet. Eine französische Wo-
chenschrift hatte exklusive Informationen aus Belgien und war
damit in die Domäne der Belgier eingebrochen, alte Rivalitäten zwischen Franzosen und Belgiern wurden wieder wach. Die Medien
schmollten, weil sie vom Kuchen nichts abbekommen hatten, und
machten der Luftwaffe schwere Vorwürfe. Die Militärführung
mußte bestimmte Informationen preisgeben, wenn die Situation
nicht außer Kontrolle geraten sollte, aber das war bereits seit langem der Fall.

Am 10. Juli erfuhr Clerebaut durch Oberst De Brouwer Neues
von der Luftwaffe: Die aufgezeichneten Echos rührten nicht von
elektromagnetischen Interferenzen her. Es sei nicht das erste Mal in
dieser Affäre, daß man sich irre oder narren lasse. Am 12. Juli gab
es für die Medien eine beispiellose Pressekonferenz (noch eine), über
die weltweit (einmal mehr) berichtet wurde. Oberst De Brouwer
(man beachte: Chef des Führungsstabs der belgischen Luftwaffe,
höher geht's fast nicht mehr) erklärte: »Würde das Echo tatsächlich
von einem materiellen Objekt stammen, hätte es bei einem Flug
über Tubize in dieser Höhe am Boden Schäden verursachen müssen.
Gemeldet wurde jedoch nichts, absolut nichts.« Zur Möglichkeit
befragt, ob vielleicht elektromagnetische Störungen die Ursache

seien, traf De Brouwer die Feststellung, daß solche Phänomene in diesem Ausmaß und von solcher Dauer noch nie beobachtet worden seien, seit es eine Luftraumüberwachung gebe.

SOBEPS schrieb erneut an den Verteidigungsminister, der daraufhin eine offizielle Zusammenarbeit zwischen einem wissenschaftlichen Berater der SOBEPS (Meessen von der Universität Louvain-La-Neuve) und Luftwaffenexperten zugestand. Inzwischen ging es mit Sichtungen im Sommer 1990 weiter, wobei wieder die typischen Objekte mit dem »Summen eines Elektrorasierers« ausgemacht wurden, zu denen jedoch Dominique Caudron, Redakteur der Wissenschaftszeitschrift *Science & Vie,* als ehemaliger und engagierter UFO-Forscher eine nüchterne Einstellung hatte, da er nun alles Unbekannte und Unerklärliche zu »entmystifizieren« begann (getreu dem Sprichwort, wonach der ehemalige Wilderer den besten Jagdhüter abgibt). Caudron hatte eine beachtenswerte Feststellung einzubringen, was den Kern des UFO-Phantoms trifft: Die Aura des Geheimnisvollen und des Fremdartigen hülle die UFOs ein und habe somit ein Gerücht in Umlauf gesetzt, das offenbar nicht mehr aus der Welt zu schaffen war.

SOBEPS-Verantwortliche waren auch Gast in verschiedenen TV-Talkshows, z. B. am 13. November 1990 bei der *RTBF*-Livesendung »Babel«, wo es allgemein um »außerirdisches Leben« ging. Hier waren neben Bougard die französischen Astronomen Jean-Claude Ribes und François Biraud vom Observatorium Meudron sowie der Chemiker Jacques Reisse und der Biologe Raymond Rasmont, beide Professoren der Universität Libre de Bruxelles, eingeladen. Alle Gesprächsteilnehmer waren von der Seriosität und Sachkunde der SOBEPS-Aktivitäten angetan, und während der Diskussion zeichnete sich deutlich ab, daß das UFO-Phänomen ein ernstzunehmender Gegenstand wissenschaftlicher Forschung sei. Am selben Abend ging es in der *TF1*-Reihe »Ciel, mon mardi!« ebenfalls um UFOs.

Es wird mysteriös

Am 18. Oktober 1990, einem Donnerstag, ereignete sich ein kleinerer Flap. Gesprächsmitschnitte von zehn Stunden Länge und mehr als 100 registrierte Sichtungen waren die Bilanz. Verwunderung kam auf, da die Sichtungen sich auf ein Gebiet von wenigen Quadratkilometern beschränkten und die Orte Gembloux, Eghezee, Jemeppe-sur-Sambre und Bouge markierten. Es gab Übereinstimmungen in den Details aller Berichte und in dem Sichtungszeitpunkt zwischen 18:30 und 20:30/21 Uhr. Ein Objekt mit sehr hellen Lichtern zog in geringer Höhe seine Schleifen. Anfangs waren die SOBEPSler noch überzeugt, es handle sich um das berühmte Dreieck, stimmten doch alle Parameter mit diesem überein.

Frédéric L. gehörte zu den zahlreichen Zeugen, doch er räumte ein, daß der Eindruck, das Phänomen verharre bei frontaler Betrachtung auf der Stelle, auf einer optischen Täuschung beruhe. Für SOBEPS steht heute fest, daß tatsächlich ein AWACS-Flugzeug diese Beobachtungsreihe vom Abend des 18. Oktober 1990 auslöste. (Was u. a. auf die Feststellung eines beherzten Zeugen zurückgeht, der dem Phantom im Auto nachfuhr und es schließlich auf dem Flughafen Gosselies landen sah, aber steif und fest behauptete, daß es nicht dasselbe Ding sei, das er als UFO gesehen hatte!) Aus bisher ungeklärten Gründen war der Pilot an jenem Abend viele weitere Runden geflogen als gewöhnlich, weshalb die Maschine einige Gebiete berührte, über denen sie sonst nicht auftauchte. Zudem war der Himmel teilweise mit tiefen Wolken verhangen, und durch den sporadischen Eintritt und Wiederaustritt aus der Wolkendecke entstanden Lichteffekte, durch die sich viele Beobachter in die Irre führen ließen. SOBEPS gelang es sogar, in den Besitz eines Films zu kommen, der diese Erscheinung dokumentiert.

SOBEPS bekam schwere Vorwürfe zu hören, man sprach gar von einem »Vertuschungskomplott«, weil sich die Organisation nicht gleich zu den Ereignissen äußerte. Am 29. Oktober erschienen in einigen Zeitungen Schlagzeilen wie »SOBEPS auf Abwegen – ›Euru-

fon‹ fordert ernsthaftere Beschäftigung mit UFOs«. Unter der Federführung von Patrick Vidal und Michel Rozencwajg (ehemalige
SOBEPS-Mitarbeiter) war nämlich soeben eine neue Gruppierung
entstanden, EURUFON, ebenfalls nicht ungeschickt darin, Wunsch-
vorstellungen für Wirklichkeit zu halten. Worum es EURUFON im
einzelnen ging, wird nicht ganz deutlich: »Die Haltung der SOBEPS
erscheint manchem ambivalent, der die Zielsetzungen der Ufologie
im allgemeinen und die der SOBEPS im besonderen falsch ein-
schätzt. Wir sind nicht angetreten, um UFOs, koste es, was es wolle,
mit irgendwelchen außerirdischen Heilsbringern in Verbindung zu
bringen.

Und zur Paranoia mancher Ufologen wäre so manches anzumer-
ken: zum Mythos der unter Verschluß gehaltenen Geheimakten, zur
Zensur und zu Strategien der Verdunkelung oder Desinformation.«
Der quasi offizielle Status, den SOBEPS sich mit der Kooperation
zur belgischen Luftwaffe erworben hatte, schien EURUFON verdächtig, man witterte »Verräter an der eigenen UFO-Sache«. Erst
im Heft 80 von *Inforespace* (April 1991) legte Jacques Antoine eine
Analyse der Sichtungen vor, bei denen Verwechslungen und echte
UFO-Sichtungen ineinander verwoben waren. Dazu entwickelte er
die Theorie der Intervention extrahumaner Intelligenzen, die ihre
Fluggeräte angeblich als irdische Flugzeuge tarnen. SOBEPS sah ein
Problem darin, daß der nachweislich reale Überflug eines AWACS
gegen die Aufrichtigkeit von Zeugen stand, die etwas vollkommen
anderes gesehen zu haben behaupteten. Grundsätzlich haben wir es
hier mit einem »ufologischen« Kernphänomen zu tun, mit dem sich
viele Kollegen sehr schwertun. Es geht um die Zeugenglaubwürdig-
keit aufgrund seiner »Integrität«, basierend auf dem äußeren Eindruck, der sozialen Stellung und des Berufs, der Beständigkeit und
der logischen Folge der Darstellung und vielleicht noch der Vitalität
der Erzählung, wodurch wir »sicher« werden, daß unser Gegenüber
uns nicht beschwindelt. Aber wer sagt, daß die Darstellung einer
UFO-Erfahrung gleich geschwindelt sein muß?

Eine französische Welle von Sichtungen dauerte am Abend des 5.
November 1990 genau drei Minuten, und doch beharren bestimmte

französische Ufologen darauf, daß an jenem Abend gegen 19 Uhr
Dutzende, »wenn nicht Hunderte nahezu identischer, dreieckiger
UFOs in Frankreich buchstäblich eingefallen sind«. Dabei handelte
es sich um den Re-Entry der dritten Stufe einer sowjetischen PRO-
TON SL12-Rakete, die den Nachrichtensatelliten GORIZONT 21
ins All gebracht hatte. Dieser Wiedereintritt war von den Radars des
US-SPACECOM-Systems verfolgt und registriert worden. Das Objekt war um 19 Uhr über Spanien in die Erdatmosphäre eingedrun-
gen und einer horizontalen, quer über Frankreich und einer vom
Golf von Biscaya bis in den Raum Nürnberg reichenden Bahn gefolgt. Kurs: WSW-ONO.

An jenem Abend klingelte das SOBEPS-Telefon Sturm, aus den
Beobachtungsdarstellungen wurde bald deutlich: viele weit auseinander liegende Beobachtungspunkte, aber zeitliche Übereinstimmung. SOBEPS hatte dies vor einigen Jahren bereits schon einmal
erlebt. So war klar: Ein Meteorit oder Satellit war in die Erdatmosphäre eingetreten. Da sich solche Ereignisse in großen Höhen ab-
spielen (etwa 100 Kilometer), sind sie über einem mehrere tausend
Quadratkilometer umfassenden Gebiet sichtbar, sofern die Witterungsbedingungen es zulassen.

Nun behaupten manche Leute weiterhin beharrlich, am Abend
des 5. November 1990 habe es gleichzeitig mit dem Wiedereintritt
der sowjetischen Raketenstufe echte UFOs gegeben, die die »Gelegenheit beim Schopf packten«. Nein, Sie träumen nicht! Blinder
Glaube führt immer wieder zu derartigen Absurditäten. Leichtgläu-
bige Ufologen, die jede Sichtungsmeldung für bare Münze nehmen,
sofern sie in das Raster ihrer Erwartungen paßt, sind es, die solche
verrückten Situationen verursachen, was SOBEPS aber für die eigentlichen Dreiecks-UFOs von Belgien nicht wahrhaben will.

Eine flüchtige Prüfung der für den 5. November verfügbaren Daten reicht aus, um zu zeigen, daß sich die Parameterwerte unabhängig von der Datenquelle genauso verhalten, wie man es von einer statistischen Verteilung hinsichtlich eines realen Ereignisses erwartet.
Sogenannte »Ausreißer« wird man nie verhindern können; in diesem
Fall sind das Zeugen, die entweder keine oder eine falsch gehende

Am Tageslichthimmel fotografierte »lichtabsorbierende« Fliegende Untertassen erscheinen als schwarze Objekte ... und sind nichts weiter als aus schwarzem Papier zurechtgeschnittene Vorlagen, die man an ein Glasfenster klebt und mit passendem Hintergrund fotografiert. In diesem Fall wurde ein besonderes Phänomen, das sogenannte Solid Light, mit eingearbeitet. In Wahrheit ist es der Kondensstreifen eines vorbeifliegenden Flugzeuges.

Quelle: CENAP

Uhr bei sich hatten, die Ost und West verwechselten etc. »Ausreißer« nennt SOBEPS diese Zeugen recht locker und vergißt sie schnell wieder. Dabei gibt es die bemerkenswerte Feststellung: ein Drittel aller Zeugen gibt falsche Zeiten an; drei Viertel aller Zeugen irrt sich in der adäquaten Abschätzung der Dauer; 25 Prozent geben falsche Richtungsangaben durch, und fast die Hälfte ist außerstande, die Höhe zu bestimmen. Diese Mängel sind es schließlich, die bei vielen Gelegenheiten IFOs in UFOs verwandeln – solche Erkenntnisse hätte SOBEPS besser auf die Dreiecks-UFOs angewendet.

Die Welle riß auch 1991 nicht ab. Im Kern änderte sich nichts, wieder waren es hell erleuchtete Objekte, Dreiecke, Plattformen und dergleichen mehr. Auch hier hielt man das Gesehene zunächst (hin und wieder jedenfalls) für »ein Flugzeug«, doch das Objekt bewegte sich offenbar nicht von der Stelle, kam dann aber näher und erwies sich als bekannter Archetypus (das neue Konzept über die UFO-Gestalt).

Den Abend des 12. März 1991 kann man mit den Ereignissen vom 29. November 1989 oder 11.12.1989 vergleichen, wieder war es ein »spektakulärer Höhepunkt«, wie SOBEPS es nennt. An diesem Dienstag und den folgenden Tagen waren Sichtungsberichte aus dem Condroz eingelaufen, der Region zwischen Maas und Ourthe. Das Wetter war mild, ein wolkenloser und sternenklarer Himmel, es war fast windstill, niederschlagsfrei, und mit Temperaturen um etwa 10 Grad Celsius lud der Abend zum UFO-Spektakel ein. Es war ein »bizarres Leuchtphänomen«, das so mancher Zeuge zunächst als ein Flugzeug im Landeanflug auf den nahegelegenen Flughafen Bierset identifizierte. Gelegentliche Bewegungslosigkeiten des Objekts hielt ein Zeuge für eine optische Täuschung, die auf die Fortbewegung seines eigenen Fahrzeugs zurückzuführen sei. Andere sahen »weiße Lichtdreiecke« am Objekt, »wie die beleuchteten Fenster eines Flugzeugs«.

Ein anderer Betrachter nahm ein »leises, monotones und turbinenartiges Geräusch« wahr, was ihn auf ein Flugzeug kommen ließ. Ein anderer Dreiecks-Observer hörte einen anhaltenden Höllenlärm, stärker als von einer Boeing (interessante Spannbreite, andere haben bei Verwechslungen mit einer Boeing gar nichts gehört). Ein Zeuge beschrieb eine Art Krone, so, als sei eine Reihe starker Spots zu einer kreisförmigen Leuchtrampe angeordnet worden. Wieder andere Zeugen kamen nicht umhin, die Erscheinung zunächst für ein Flugzeug zu halten, ja sogar für einen Moment die Vorderfront eines Flugzeugs auszumachen, aber da nur ein leises Sirren wie von einem Segelflugzeug zu vernehmen war, kam man davon ab. Ein dumpfes Brausen, verglichen mit dem Krach eines Flugzeugs kurz vor dem Abheben, begleitete die Dreiecks-Sichtung eines weiteren Zeugen.

SOBEPS diskutiert und kommt nicht weiter

Obwohl anfangs einige Zeugen sicher waren, das Objekt als AWACS identifiziert zu haben, hat niemand das Gebilde als AWACS beschrieben. Lediglich aufgrund der Geräusche ordneten sie ihre Beobachtung so ein. »Muß da noch betont werden, daß die Mehrzahl der übrigen Zeugen, die das gleiche hörten, diese Interpretation kategorisch ablehnten?« fragten Bougard und Clerebaut. Zudem erteilte der Luftwaffenstab auf mehrmalige Anfrage nach dem Einsatz einer AWACS die Auskunft, daß sämtliche in Belgien stationierten Maschinen in der Türkei im Einsatz seien, obwohl die Sichtungen, wie SOBEPS auch vermerkt, stark an die AWACS-Fehldeutungen vom Abend des 18. Oktober erinnerten. Leider kam SOBEPS trotz zahlreicher Ortstermine und vielfacher Zeugenbefragung mit dem Flap nicht voran. Es liege daran, daß in zu wenigen Fällen der genaue Zeitpunkt der Sichtung zu ermitteln war. Mit dieser Begründung läßt uns SOBEPS allein, obwohl alles auf ein AWACS hindeutete. Unsere Überlegung: Gut, es mögen wohl alle in Belgien stationierten AWACS wegen des Golfkriegs in der Türkei gewesen sein, aber ob deshalb gleich die ganze europäische NATO-Flanke gänzlich ohne Schutz blieb? Denkbar ist, daß benachbarte Alliierte (z. B. England oder Skandinavien) ihre Maschinen einsetzten oder eine AWACS einen kurzen Zwischenstopp in Belgien einlegte, um nachzutanken, Material auszutauschen etc. Da es sich hierbei um eine Sicherheitsfrage ersten Grades handelte, darf man annehmen, daß diese Information nicht weitergegeben wurde.

Im Frühjahr 1991 erreichten die Sichtungen einen neuen Höhepunkt. In der Nacht zum 24. März sahen die Eheleute B. bei den SHAPE-Militäranlagen ein extrem tieffliegendes Objekt, an dessen unterer Seite sie Rippen ausmachten. Dieses Objekt wurde als sehr dunkel und nicht etwa metallisch wie ein Flugzeug dargestellt. Und selbst das SOBEPS-Hauptquartier wurde beinahe von einem der unheimlichen Flieger mitten in Brüssel überflogen, wie zwei Zeugen meldeten. Direkt in der Stadt sah man dieses Objekt 20 Meter hoch über den Straßen und vor einem Hochhaus in mittlerer Höhe dahingleiten, alles in stockdunkler Nacht. Unten sei eine Art Kuppel mit einem »Maschengitter« gewesen. Geräusch: wie ein Dieselfahrzeug mit laufendem Motor. Dieses monotone, anhaltende Motorengeräusch verfolgt uns noch weiter.

Ungewöhnliche Details waren es schon, Außenaufbauten mit Rippen, verschachtelte Bleche und vernietete Platten, Gestänge ...

Im Frühjahr 1991 tauchten insbesondere Leuchtkugeln auf, die »glimmende Substanzen« ausstießen, wenn sie gemächlich rosarot dahinschwebten und die Größe eines Fußballs in der Ferne hatten. Ein solches Objekt wurde über Brüssel gesehen, schließlich zerstob es in rosafarbenen Funken. Ein anderes Objekt wurde mit seinen »glimmenden Substanzen« als rosaroter Strahlenausstoß dargestellt. Wer zweifelt am Party-Gag-Miniaturheißluftballon! SOBEPS jedenfalls kannte ihn nicht. Hinzu kamen angeblich noch Lichtkreise, die sehr schnell an Höhe verloren und dabei immer näher kamen; »Lichtscheiben, die sich am Himmel drehten, weiß leuchteten, aber nicht blendeten«. SOBEPS war diesen Objekten gegenüber skeptisch, da immer mehr Discos Laserprojektoren einsetzten. Dazu zählte der SPACE TRACER mit 4000 Watt Leistung, dessen Brüsseler Betreiber J. P. Sebrecht der Presse gegenüber eingestand: »Die Strahlen sind im Umkreis von sechs bis sieben Kilometern sichtbar. Ein weit entfernter Betrachter registriert nur noch einen Lichtschein am Himmel. Bei klarer Sicht kann man das Schauspiel bis zu 30 oder 35 Kilometer weit sehen. Erst ab einer Leistung von 7000 Watt braucht man eine Genehmigung der Luftfahrtbehörden.«

Am Samstag, dem 23. Februar, setzten sich auf Antrag von Leon Brenig die SOBEPS-Verantwortlichen mit etwa 40 Forschern und Ingenieuren aller Fachrichtungen zu einer Fachtagung (genannt ein internationales Kolloquium, getragen übrigens von der EG!) zusammen. Man wollte darüber diskutieren, wie man der wissenschaftlichen Gemeinschaft die von der SOBEPS ermittelten Fakten weitergeben könne, um (warum erst jetzt?) auch Auswertungsprobleme und Methodenfragen zu erörtern. Einher ging die Diskussion von angewandten Erhebungsmethoden und der Gewinnung von wissenschaftlich auswertbaren Daten. Im weiteren ging es um die Einrichtung eines Koordinierungsausschusses, um den Meinungs- und Informationsaustausch zu organisieren, »da man nicht an einer Massenhysterie vom Typ UFO-Jagd interessiert sei«, auch hier war man bekanntlich zu spät gekommen. Man beschloß weiter, eine neue Beobachtungskampagne ins Leben zu rufen (ohne die Medien und Öffentlichkeit darüber zu informieren!), wozu man wieder

Kontakt zu General De Brouwer aufnahm (aber auch zu Premier-
minister Wilfried Maertens); die Luftwaffe stellte dafür ihre Richt-
funktürme in ganz Belgien bereit – insgesamt acht Stück. Einer dieser Türme steht in Solieres, in unmittelbarer Nähe zu dem Gebiet,
aus dem viele Sichtungen am 12. März 1991 gemeldet worden waren. Dieser Turm wurde zentraler Standort für die SOBEPS. Über
diese Aktion ist bisher nichts bekannt geworden. Knapp einen Monat lang lösten sich einige Dutzend Mitstreiter in sechs Türmen
regelmäßig ab. Leider ergab sich nichts Besonderes.

Parallel dazu gab es jedoch einen Stimmungsumschwung in den
Medien. So hatte z. B. die Zeitung *La Dernière Heure* den Astronomen André Koeckelenbergh im April interviewt: »Man kann sagen,
daß die Phänomene gewissermaßen eine uralte Erwartung des Menschen ansprechen. Von daher kann alles Mögliche zum UFO werden: der Mond, ein Flugzeug, ein Hubschrauber oder Katzenaugen
im Dunkeln. Wir haben das Bedürfnis, an etwas zu glauben. UFOs
sind so etwas wie die Feen und Drachen der Neuzeit.« Ob ufologische Zauberlehrlinge mit Umsicht und wissenschaftlichem Anspruch umgehen können, ist zu bezweifeln. Das erkennt auch Leon
Brenig allgemein an, leider aber nicht am konkreten Beispiel. Liegt
es vielleicht daran, daß Brenig zu keiner Zeit mit seinen bescheide-
nen professionellen Arbeiten zur nicht-linearen Dynamik eine derartige Bekanntheit erreichte, wie zu der Zeit, als er sich als »der Wissenschaftler« neben Sportstars und den Größen dieser Welt plötzlich in den Zeitungen wiederfand?

Brenig hat eine erstaunlich abenteuerliche Sicht auf jene Ereignisse, die sich in der Nacht zum 31. März 1990 abspielten. Unter
anderem schreibt er, daß die Gendarmen am Boden Flugmanöver
von acht nicht identifizierten Flugobjekten observierten; als die
belgischen F-16-Flieger herbeikamen, hätten diese acht UFOs die
Flucht ergriffen, und zwar in schwindelerregenden vertikalen und
horizontalen Beschleunigungsphasen. Die Bewegungen der UFOs
waren für ein Flugzeug unvorstellbar, eine militärische Analyse
überzeugte dann die Militärs von der Realität des Phänomens,
schreibt er, im Gegensatz zum bisher bekanntgewordenen Gesche-

hen. Enthusiastisch streichelt er nochmals das Wohlgefühl des Ufologen, wenn er betont, daß die Luftwaffe sowie das Kommunikati-
ons- und Innenministerium der SOBEPS Unterstützung gewährten
und man einen Flughafen (Bierset) als Hauptquartier zur Verfügung
stellte (was man sicherlich später bereute), zwei Flugzeuge und mi-
litärisches Fachpersonal inklusive. Zweifelsfrei: Noch nie hat eine
Armee sich so offen gezeigt, aber es war keine pure Selbstlosigkeit.

Zur Datenanalyse hatte Brenig eine wunderbare Idee: Er wollte
die Methoden der Satelliten-Fernaufklärung einsetzen und konsul-
tierte hierzu Professor Schweicher von der Ecole Royale Militaire,
Luftwaffenoffizier und international bekannter Spezialist für Ra-
dartechnik, den er bei den Bildanalysen von Patrick Ferryn kennen-
gelernt hatte, als der im Labor von Professor Acheroy (renommier-
ter Spezialist auf dem Gebiet der Bildanalyse) an der Ecole Royale
Militaire de Belgique seine Untersuchungen durchführte. Die Idee
ist simpel: Die Umlaufbahnen ziviler und militärischer Satelliten
führen mehrmals täglich auch über Belgien; dabei werden Bilder in
verschiedenen Wellenbereichen aufgenommen: sichtbares Licht, Infrarot und Radarwellen. Radarwellen ermöglichen unter Zuhilfe-
nahme des sogenannten SAR-Verfahrens (Synthetic Aperture Radar) eine Bildauflösung von unter einem Meter – am Tage wie in der
Nacht und unabhängig vom Bewölkungsgrad. Angesichts der UFO-
Sichtungen über Belgien seit mehr als anderthalb Jahren war es eine
vertretbare Wahrscheinlichkeit, daß wenigstens eines der Dreiecke
von einem Satelliten aufgezeichnet worden war. Bei der Bearbeitung
der Daten war zudem ein gezielter Zugriff auf die zu untersuchende
Region möglich. Doch dieses Projekt wurde nicht realisiert, es scheiterte an finanziellen und administrativen Blockaden. Satellitenbilder sind so teuer, daß sie für eine nicht subventionierte Organisation
wie die SOBEPS unerschwinglich werden. Ein weiterer heikler
Aspekt: Über die von den militärischen Fernaufklärungssatelliten
gewonnenen Bilder hielten NATO bzw. der inzwischen aufgelöste
Warschauer Pakt die Hände. Belgien beherbergt das neuralgische
NATO-Zentrum. Das Eindringen nicht identifizierter Flugobjekte
in dieses Land konnte die Organisation nicht gleichgültig lassen. Es

besteht demnach Anlaß zu der Vermutung, daß die NATO eine eingehende Untersuchung durchgeführt hat. Da sie über die präzisesten Satellitenbilder, Radardaten und genügend Fachleute verfügt, mußte der NATO über die UFOs einfach mehr bekannt sein.

Hätte die Stabsführung der Luftwaffe tatsächlich nähere Informationen durch solche Radarbilder erhalten, hätte sie im nachhinein nicht mit SOBEPS auf derart niedrigem Niveau arbeiten müssen, sondern hätte es erst gar nicht soweit kommen lassen. Zudem dient die Radarüberwachung durch Satelliten aus dem erdnahen Raum nur der Früherkennung von fremden Objekten und soll sofortige Reaktionen ermöglichen – davon aber wurde nichts bekannt. Also tauchten die Dreiecks-UFOs auf den Satellitenortungen gar nicht auf (obwohl sie teilweise als gigantisch und monströs dargestellt wurden). Folglich gab es keinen Grund für einen NATO-Alarm. Der flüchtige Wiedereintritt der sowjetischen Raketenstufe vom 5.11. ist uns noch in Erinnerung, er wurde sofort von der NATO-Aufklärung registriert, die Dreiecks-UFOs (wenn sie wirklich fremdartig waren) dagegen nicht, doch waren sie zweifellos existent. Hatten sie einen Anti-Ortungsschirm um sich aufgebaut, oder wurden sie vom Aufklärungsschirm der NATO-Satelliten-Verfolgung als das erkannt, was sie wirklich waren?

Die Radaraufzeichnungen

August Meessen hat sich um die Radaraufzeichnungen gekümmert. Radarortungen von UFOs üben eine Faszination ohnegleichen aus, weisen sie doch deren Existenz nach – scheinbar jedenfalls. Auch das SOBEPS-Mitglied war davon angetan, ohne Frage. So kannte Meessen den Bericht eines Leutnants der Royal Navy aus dem Jahre 1963, der anwesend war, als man UFOs durch Radar und Sonar beobachtete. Wieder einmal war es »eines Nachts«, da erschien auf einem für große Höhen reservierten Radarschirm ein Echo. Anscheinend handelte es sich um ein materielles Objekt, das die Radarwellen stark reflektierte; es war unvermittelt aufgetaucht und bewegte sich dann praktisch nicht von der Stelle – in 10500 Metern Höhe. Der Zeuge suchte daraufhin mit dem Feldstecher den Sternenhimmel ab, konnte aber kein besonderes Licht entdecken. Und hier werden Parallelen deutlich – zwei Jagdflugzeuge der RAF kamen herbei, und das Radarecho wich ihnen blitzartig nach unten aus, in zwei bis drei Sekunden war es unter Wasser verschwunden – mit etwa 12 000 km/h. Daraufhin nahmen die Sonar-Operateure einige deutliche »pings« (Sonarimpulse) aus der Richtung wahr, in der das UFO verschwunden war. Es setzte seinen Kurs mit einigen hundert Knoten unter Wasser fort. Der Sonarkontakt brach ab, als sich das »Objekt« hinter einem Bodenhindernis in knapp 650 Metern Tiefe versteckte. Von einem Aufschlag des Objekts wurde nichts bekannt, als hätte es ihn nicht gegeben.

Außergewöhnliche Radarwellenausbreitungen haben mancherlei Hintergrund, vielerlei Ursachen. Das Radar ist nicht immer narrensicher, und ob der uns unbekannte »Zeuge« wirklich das gesehen und erfahren hat, von dem Meessen berichtet, sei auch in Frage gestellt. Allein schon wegen der beiden unterschiedlichen physikalischen Medien, mit denen Radar und Sonar arbeiten, Radar auf Funkwellenbasis (elektromagnetisch), Sonar auf Schallbasis (akustisch). Unverdrossen erklärt aber Meessen: »Es gibt keine Mittel und Wege, solche Ereignisse totzuschweigen und für immer unter Verschluß zu halten.« Da hat er wohl recht, mischt er doch tüchtig im Verwirrspiel mit, solange sich Blätter finden, die unseriöse Behauptungen drucken.

Meessen leistete sich einen weiteren Kardinalfehler, als er sich auf eine MUFON-Quelle bezog und den geheimen Fall der 1964 aus der Bahn gebrachten ATLAS-Rakete zitierte, der inzwischen als Schwindel entlarvt wurde – eine der abenteuerlichsten UFO-Begegnungen überhaupt.

Die Radaranlage in Semmerzake bei Gent hatte am 2. Dezember 1989 eine Störung aufgenommen, die allgemeine Verwunderung hervorrief. Aber nur aufgrund der UFO-Anrufe von Augenzeugen hatte man auf »nicht identifizierte Echos« geachtet. Will heißen, daß ansonsten diese Störung nicht aufgefallen bzw. beachtet wor-

den wäre! Gegen Mitternacht erschienen häufig »Störbündel« auf
dem Schirm, worüber man sich in letzter Zeit zu wundern begann.
In dieser Nacht gab es innerhalb von zehn Minuten gleich 17 solcher Störungen. Die naheliegendste Hypothese besagt, daß die
Strahlen mehrerer anderer Radars aufgrund einer besonderen Wetterlage zu diesem Zeitpunkt in Richtung auf die Radarstation
Semmerzake abgelenkt und dort empfangen wurden. Die Bündel
stammten aus drei verschiedenen Richtungen und verfügten jeweils
über eine bestimmte Drift. Darüber sprach Meessen mit Major Sal-
mon vom Luftwaffenzentrum für elektronische Kriegsführung, der
das Phänomen mit Adj. COR Gilmard eingehend diskutiert hatte.
Die Hypothese der Interferenzen verschiedener Radars schien kaum
haltbar; sie wird jedoch zunehmend wahrscheinlicher, da einige
Länder eine Modifikation ihres Radars vorgenommen haben. Auch
Oberstleutnant Billen von der Radaranlage Glons stellte sich auf
diesen Standpunkt und gestand zu, die Interferenzen zunächst für
meteorologische Störungen gehalten zu haben, denen man normalerweise keine Aufmerksamkeit schenkt. Aber im Zauberreich der
belgischen UFO-Dreiecke, wo auch Tarnkappen-Flugzeug-Diskus-
sionen aufkamen, machte man sich plötzlich hinsichtlich neuer
Ideen und Konzepte eigene Gedanken. Herr De Greef vom nationalen Flughafen Zaventem führte anschaulich die Arbeitsweise
des Radars vor und erklärte, wie Radarsignale interpretiert werden. Dank des Generaladministrators des Luftfahrtamtes, Van den
Broucke, erhielt SOBEPS schließlich 180 Stunden Videomaterial
von Radarbildaufzeichnungen der Zeit zwischen Februar und Juni
1990, die man »analysierte« – vor dem Familienfernseher. Das Material entstammt dem groben Radar des nationalen Flughafens, das
jedoch nichts aufzeichnete, was von den Orts- und Zeitangaben her
in einem Zusammenhang mit Bodensichtungen zu bringen gewesen
wäre. Meessen suchte seine Entschuldigung darin, daß die UFOs
sich unterhalb des Erfassungsbereichs befunden haben müssen
oder/und durch Zuschaltung des Moving-Target-Indicator-Filters
sich gar nicht abbildeten. Schade, dabei gab es keine verläßlichen
Hinweise auf die Anwesenheit von UFOs. Schade auch, da die Drei-

ecks-UFOs eigentlich nicht immer unter 300 Metern Höhe operierten und dann oft genug oben am Himmel auszumachen waren, sämtliches Videomaterial jedenfalls läßt genau darauf schließen.

Einige merkwürdige Spuren fand der Ufologe dennoch, wenn auch nicht auf dem Material des Zivilflughafens, so doch bei den militärischen Radars von Glons und Semmerzake, die aber wieder eine eigenwillige un-ufologische Erklärung haben. Meessen hatte keine fremden, intelligent gesteuerten radarechoauslösenden UFOs gefunden, sondern nur ein meteorologisches Phänomen entdeckt, das ihm einiges Kopfzerbrechen bereitete. Das Phänomen der »Engel« ist durch die Literatur bekannt geworden; heute werden in nahezu allen Fällen diese »Engel« durch den MTI-Filter eliminiert. Solche Echos werden technisch als »Rauschen« betrachtet, die Fluglotsen lassen sich nicht durch sie ablenken. Diese »Rauschengel« lassen auf kein systematisches Verhalten schließen, man sieht lediglich, daß sie sich an bestimmten Stellen häufiger zeigen als an anderen. Ihre Spuren sind durchweg begrenzt, sie sind weder zu nah noch zu weit vom Radar entfernt. Für Meessen war klar: Es muß sich um ein meteorologisches Phänomen handeln, das den von ihm konsultierten Radaroperateuren jedoch anscheinend nicht bekannt war, sie achteten gar nicht darauf. Für uns wichtig ist: 1. Trotz der Häufigkeit der UFO-Sichtungen und der Vielzahl der untersuchten Korrelationen wurden von den Radars in Bertem und Semmerzake fast nie UFOs geortet. Es mochte kurzzeitig Spuren geben, die eventuell einem UFO zuzuschreiben waren, aber Meessen konnte sie als solche nicht identifizieren. 2. Die »fliegenden Engel« tauchten auch auf, wenn man die vom Radar Bertem georteten Primärechos zugrunde legte, die in Semmerzake weniger stark gefiltert wurden. Gleichzeitig wies das Radar Semmerzake seine »Engel« ebenso auf, aber in anderer Reihung. Sie sind also nicht miteinander zu verbinden. Solche Rauschengel-Bewegungen dauerten mitunter sogar bis zu einer Stunde.

In der Nacht zum 31. März 1990 empfing das Radar von Glons zunächst ein dauerhaftes Echo, das sich langsam von Ost nach West bewegte. Der Rechner legte eine »automatische Spur« an, die er mit

der Bezeichnung JG 446 versah. Diese Spur war um 23:09 Uhr aufgetaucht und blieb beständig bis 0:20 Uhr. CRC Glons fragte nun in
Semmerzake an, ob man dieses Echo auch empfange, und so war es:
Bewegungsrichtung, Geschwindigkeit und Höhe stimmten überein
mit 40 km/h in 3000 Metern Höhe zwischen Wavre und Brüssel,
von Ost nach West. Kommandant Jacxens ist Experte, er nannte das
Signal »von sehr guter Qualität«. War unser Ultraleicht-Flieger unterwegs gewesen, oder war es ein Ballon? Zusätzlich zu diesem Echo
gab es die uns interessierenden Jagdflieger-Einsatz-Echos, die wir
bereits diskutierten und die nur kurzfristig festzustellen waren. Die
Möglichkeit der Funktionsstörung des Bordradars wurde sogar erwähnt, und da eine Funktionsstörung des Bordradars keine triviale
Angelegenheit sein konnte, war auch das militärisch-technische Interesse an unserem Phänomen verständlich. Interne Störungen von
Radar und Rechner? Da wird mancher UFO-Fan auflachen, aber
wenn er weiterliest, vergeht ihm der Spaß. Die UFO-Nacht zum 31.
März 1990 nämlich wurde vom Radar Bertem nicht verfolgt, obwohl das UFO eigentlich den Erfassungsbereich dieser Radaranlage
durchquert haben mußte. Und nicht nur das: Da das Objekt näher
an Bertem als an den anderen Radarstationen vorbeiflog, hätten die
reflektierten Radarwellen besonders intensiv sein müssen.

Meessen befragte den Piloten der zweiten Jagdmaschine, ob er
schon ähnliche Phänomene ausgemacht habe. Und siehe da! Ähnliche schon, aber nur in Bodennähe und in weit größeren Höhen.
Narrte sich der Rechner selbst und gaukelte der Radarschirm-An-
zeige ein windiges Objekt vor? »Die Hypothese irgendeines meteorologischen Effekts, der sich trotz aller Vorkehrungen – bei normal funktionierendem Bordcomputer – eingeschlichen hat, kann
und soll nicht ausgeschlossen werden«, erklärt das SOBEPS-Mitglied. Meessen gesteht somit zu, wie schwierig es ist, selbst mit
Meßergebnissen umzugehen, da auch Maschinen hin und wieder
ihr Eigenleben entfalten. Das zivile Radar in Zaventem hatte für den
30./31. März 1990 tatsächlich »Engel« aufgezeichnet, und die Profis am Schirm hatten sie wieder einmal nicht beachtet. Festzustellen
gilt außerdem, daß die beiden Militärradars Glons und Semmerzake

nicht die verrückten UFO-Echo-Manöver registrierten, wie man es von Bord der F-16 aus tat. Glons und Semmerzake hatten ihr lahmes Echo unter Kontrolle, das kaum etwas mit dem Bordradar-UFO-Echo zu tun haben konnte. Meessen konzentrierte sich auf das Phänomen der Temperaturumkehr und vor allem auf die starke Abnahme der Luftfeuchtigkeit am oberen Rand der Grenzschicht, woraufhin es zur anomalen Radarwellen-Ausbreitung gekommen sei. Für uns ist wichtig: Zwischen den Beobachtungen durch die Gendarmen und den Radaraufzeichnungen der F-16 bestand keine Korrelation, auch nicht zwischen den Beobachtungen der Gendarmen und dem lahmen UFO-Echo in Glons und Semmerzake; ebensowenig zwischen den Radaraufzeichnungen am Boden und denen in der Luft, nichts paßt zusammen – kein gutes Klima für ein bestätigtes UFO-Phänomen. Meessen ändert auch nichts daran, wenn er erklärt, daß die von den F-16 ausgemachten UFOs zudem untereinander nicht identisch waren.

UFO-Videos: Beweise, die nichts taugen

Eine ruhmreiche UFO-Welle, beachtliche und atemberaubende Videonachweise – was will das ufologisch geartete Herz mehr! Aber, bei Lichte besehen: ständig Reinfälle, wie es eben die Regel bei der UFO-Beweisaufnahme ist. Etwa 30 Videodokumente wurden der SOBEPS im Zuge der Erhebungen zur Verfügung gestellt. »Mit Ausnahme eines am Stadtrand von Brüssel aufgenommenen Films, der sich rasch als grober Täuschungsversuch herausstellte, wurden sämtliche Dokumente von redlichen Zeugen aufgezeichnet, die einem Phänomen begegnet waren, das ihnen merkwürdig vorgekommen war«, erklärt Patrick Ferryn seine Feststellungen und wirft den an anderer Stelle hochgelobten Alfarano-Film aus dem Rennen, der auch den Führungsstab der Luftverteidigung genarrt hatte.

Wie es sich für die meisten UFO-Sichtungen gehört, verbargen sich auch die belgischen Dreiecks-Phantome in der Dunkelheit, wodurch die fotografische Beweisführung erschwert wurde; im speziel-

len Fall waren die Resultate deswegen »oft enttäuschend«, da nur
einer oder mehrere Lichtpunkte zu sehen waren, die sich nicht oder
nur in ziemlich großer Entfernung vom Beobachtungspunkt bewegten. Und: Die Motive waren häufig in größerer Entfernung als angenommen! Das gilt bekanntlich bei allen anderen nächtlichen Augenzeugen-Darstellungen über UFO-Wahrnehmungen ebenso. Im
Zuge der Analyse des Bild- und Videomaterials fand man bei SO-
BEPS schnell heraus, daß die aufgenommenen Bilder sich manchmal
ziemlich stark von dem unterschieden, was die Zeugen gesehen hatten, und die Bilder zeigten zudem nicht alles. Das ist auf die beschränkte Aufzeichnungsdichte der Videotechnik bei Nachtaufnahmen zurückzuführen, aber es soll auch nicht verschwiegen werden,
daß Videokameras manchmal etwas zeigen, was gar nicht existiert.
Autofokuseinrichtungen sind gar ein Handicap für die UFO-Video-
grafie. Sie spielen oftmals dem Kameramann einen bösen Streich,
was schließlich zu kaum aussteuerbaren Unschärfen und Verzeich-
nungen führt. Und wir haben bereits die Feststellung von SOBEPS
notiert, daß die Videografen oft dachten, das abgelichtete Objekt sei
näher, als es sich später herausstellte.

Das erste technisch perfekte Videomaterial verdankte SOBEPS
dem renommierten Filmemacher Marcel Thonon, der mit einer
Betacam am Abend des 4. Dezember 1989 vom Turm des Signal de
Botrange in den Ardennen filmte. SOBEPS: »Leider stellte sich das
mutmaßliche UFO als Flugzeug heraus. Und das bei bestem Videomaterial mit lichtempfindlicher Optik und hochwertiger Elektronik.« Die Thonon-Aufnahmen zeigen keinen Unterschied zu den
übrigen Filmen. Zu sehen waren hier neben den beiden grellen Landescheinwerfern noch das rot aufblinkende Antikollisionslicht auf
der Oberseite und das weiße Licht auf der Spitze des Seitenleit-
werks. Dazu merkt übrigens SOBEPS ehrlicherweise an, es sei
durchaus möglich, daß ein Flugzeug nachts unterwegs war, ohne
seine charakteristischen »Navigationslichter« an den Flügelspitzen
eingeschaltet zu haben. Es stimmt zwar, daß ihr Betrieb zwingend
vorgeschrieben ist, aber nicht immer wird diese Vorschrift befolgt.
Man kann außerdem beobachten, daß die über Belgien fliegenden

Der älteste UFO-Fototrick überhaupt: ein Werfer z. B. mit einer VW-Rad-
kappe   Quelle: CENAP

Maschinen der einzelnen Gesellschaften bei weitem nicht alle die gleichen Lichter einschalten. So können verschiedene und bisweilen verwirrende Konfigurationen entstehen, selbst für ein geschultes Auge (siehe die Reaktion der obersten Militärs nach der Vorführung des Alfarano-Films). Ferryn noch deutlicher: »Wir sind davon überzeugt, daß dieser Umstand bei Zeugen, die berichten, was sie gesehen haben, aber über die wichtigen Details nicht Bescheid wissen, nicht selten zu Verwechslungen geführt hat.« Und selbst SOBEPS-Neumitglied Stany Box hat sich bei einer Dreiecks-UFO-Sichtung in der Entfernung verschätzt. Bei seinen Aufnahmen dürfte das gefilmte Objekt viel weiter weg gewesen sein, als von ihm vermutet. Diese Erkenntnis ist besonders wichtig, da er das Dreiecks-»UFO« nur deshalb zum UFO machte, weil er zuvor ähnliche gesehen, bei diesen aber Flugzeuglärm wahrgenommen hatte, beim eigentlichen UFO jedoch nicht. Ist das gefilmte Objekt aber weit weg, kann man sich den fehlenden Lärmpegel erklären. Am 1. Dezember 1990 nahm Patrick Vidal von EUROFON in der Nähe von Aarschot auf der A2 ein Dreiecks-UFO 16 Sekunden lang auf. Hier verläuft eine wichtige Flugschneise zum Flughafen Zaventem. Das Objekt zeigte zeitweise bis zu sechs Lichter, die ein großes Dreieck absteckten, das sich lautlos entfernte. Man führte diesen Film Offizieren und F-16-Piloten im Hauptquartier der belgischen Luftwaffe vor. Die Militärs hielten ein Flugzeug für ausgeschlossen. Kann es sein, daß sich ranghohe Militärs nicht einmal mit ihrem eigenen Fluggerät auskennen?

Zudem gab es bei den Videobeweisen auch Verwechslungen mit dem Jupiter, was in den ertragreichen ersten Monaten dieser Sichtungswelle überraschend häufig vorkam.

Ende 1989 und Anfang 1990 wiesen mehrere Videofilme merkwürdige Ähnlichkeiten auf; in diesen Fällen begann die auf dem Fernsehbildschirm auftauchende gefilmte Lichtquelle – häufig ein kleiner heller Fleck mit einem Durchmesser von kaum mehr als fünf bis zehn Millimetern – mit einzelnen Unterbrechungen allmählich anzuschwellen, um dann wieder ihre anfängliche Größe anzunehmen, so als sei diese Umwandlung ein langsames und zufälliges Pulsieren. Die eigenartigsten Bilder ergaben sich fast immer in der Phase der maximalen Vergrößerung: Was anfangs nur ein winziger weißer Punkt ohne scharfe Konturen war, wurde zu einem regelmäßig geformten, hellen Ring, den eine blassere Zone umgab, oder zu einer Scheibe, in deren Mitte gelegentlich ein dunkler Fleck sichtbar wurde. Mal war der Ring außerdem (anscheinend an der untersten Stelle) nicht ganz geschlossen, mal war die oberste Stelle abgeflacht. In wieder anderen, noch verwirrenderen Fällen, waren verschiedene Aussparungen am oberen und unteren Rand zu erkennen. Derartige Filmbeweise sind bekannt.

RTBF zeigte eine Filmsequenz vom Februar 1990, die ein Einwohner der Gemeinde Amay (nordöstlich von Huy, Provinz Lüttich) aufgenommen hatte. Zu sehen ist die typische »Kerbscheibe« (jeweils eine Kerbe oben und unten), die übrigens auch in verschiedenen amerikanischen TV-Nachrichtenspecials als authentisches und typisches UFO-Beispiel aus Belgien paradierte. *La Libre Belgique* vom 19. April 1991 stellte das Videoabenteuer von Herrn und

Filmemacher Klaus Webner mit der Radkappe, die im Flug zu einem UFO werden kann ...   *Quelle: Werner Walter*

Frau S. aus Flemalle (Großraum Lüttich) vor, die eine »merkwürdige runde Scheibe« gefilmt hatten: »Etwa zwanzig Sekunden lang kann man ein rundes Fluggerät deutlich (vielleicht ein wenig zu deutlich) erkennen, das nicht nur einen dunklen Mittelpunkt aufweist, sondern zwei dreieckige Einkerbungen am oberen sowie eine (ebenfalls dreieckige) am unteren Rand. Wenn das Objekt zunächst auch als eine ebene Fläche erscheint, so lassen einige seiner Bewegungen das Vorhandensein einer realen dritten Dimension vermuten.«

Diese Fluggeräte mit ihrer realen »dritten Dimension« entpuppten sich durchweg als Jupiter. Die Aufnahmen sind optische Artefakte, vergleichbar etwa den phantomhaften Einspiegelungen der vieleckigen Öffnungen der Blendenlamellen, die gelegentlich auf Fotos sichtbar werden und UFO-Nachweise sein sollen. Im speziellen Fall der Kerbscheiben-UFOs geriet das optische System der Camcorder unter Verdacht. Typisch ist natürlich, daß die »Aufblähung« der kleinen Lichtquelle hin zur Kerbscheibe nur von den Videografen festgestellt wurde, andere Leute sahen nur ein unverändertes Licht. Der Kerbscheiben-Effekt tritt bei der höchsten Zoombrennweite (f:54 mm bzw. 72 mm) oder während des Zoomvorgangs selbst auf. Da die VHS-, Video-8- und VHS-C-Camcorder des Typs CCD mit automatischer Scharfeinstellung (Autofokus) ausgestattet sind, um dem Amateur-Kameramann die Arbeit zu erleichtern, geht jegliche Veränderung des gewählten Ausschnitts mit einer erneuten Scharfeinstellung einher. Das führt zu einer vorübergehenden Unschärfe des Motivs, bis sich der Autofokus stabilisiert hat. Dieser Abbildungsfehler wird beim Vorwärtszoomen verstärkt. Körperbewegungen des Bedieners werden natürlich auf den Aufnahmevorgang übertragen. Die Scharfeinstellung wird zudem beeinträchtigt, da die Automatik das Motiv nicht zu »fassen« bekommt – erst recht nicht, wenn es sich auch noch bewegt.

Die Kerben werden von der Silhouette eines inneren Halterings verursacht, der sich am äußeren Ende des Objektivtubus' befindet. So entsteht aus einem Stern, einem Flugzeug oder einer Straßenlampe ein befremdliches UFO-Gebilde. Zu bedenken ist auch, daß Camcorder für den Videoamateur gedacht sind und deshalb nur eine mäßige Bildauflösung haben. Das hat zur Folge, daß in aller Regel jedes mehr oder weniger helle Licht nur als großer Fleck von relativ geringer Durchzeichnung wiedergegeben wird, hinter dem man eine tragende Struktur vergeblich sucht. Ein Beobachter, der sich auf der Bahn eines ihm vom Horizont aus entgegenkommenden Flugzeugs auf einer Achse befindet, wird zunächst einen Leuchtpunkt erblicken, der mit zunehmender Annäherung ganz langsam senkrecht aufzusteigen scheint. Würde die Maschine während der Annäherung in den Sinkflug übergehen (etwa um zu landen), so könnte es sein, daß der Leuchtpunkt (es können auch zwei oder drei Punkte sein, die dann ein Dreieck bilden!) die Illusion vermittelt, als würde er sich quasi an derselben Stelle aufhalten und allmählich größer werden. Das kann mehrere Minuten dauern, und der Beobachter meint, ein unbewegliches, nicht identifiziertes Flugobjekt zu sehen.

Am 12. März 1991 gelang es in Marchin sogar, eines der Dreiecke zu filmen, bei dem man in der Wiedergabe sogar mit etwas Mühe den Umriß eines Flugzeugs erkennen konnte. Und selbst einige Straßenlaternen in Braine-le-Comte (Provinz Hainaut) wurden am 12. März 1991 zum UFO-Schlager für alle wichtigen Zeitungen Belgiens und einige europäische und außereuropäische Fernsehsender.

Es gibt ein beachtenswertes Dia (mit der Bildnummer 35 auf dem zu Ende gehenden Film mit 36 Aufnahmen; wo Aufnahme 36 geblieben ist, weiß angeblich niemand; sehr verdächtig!), das entweder am 4. oder 7. April (vielleicht auch am 1. April?) 1990 in Petit-Rechain, Verviers (Provinz Lüttich), aufgenommen wurde. Der Fotograf, ein 20jähriger Mann, will in Anbetracht des »sensationellen« Fotos lieber anonym bleiben (auch verdächtig); er hatte es im Beisein seiner Freundin aufgenommen (die zum Verlauf der Aufnahmen eine etwas andere Story als der Fotograf lieferte). Zunächst hatte er dem Dokument wenig Bedeutung beigemessen und sich damit begnügt, es einigen Freunden und Bekannten zu zeigen. Seine Freundin (die erklärt hatte, bei der Sichtung des Fluggeräts nicht sonderlich darauf geachtet zu haben) zeigte es dann einigen Kommilitonen und Professoren, denen es die Sprache verschlug. Später erfuhr ein Pressefotograf davon, der witterte eine Sensation und sicherte sich die Rechte an dem in der Schublade vor sich hin staubenden Beweis. Der Pressemann fertigte Abzüge an und verschickte sie erfolglos an einige Agenturen. Eine Journalistin von *RTL-TVi* sah sie bei der Agentur *Belga* und brachte sie in Umlauf.

SOBEPS testete und analysierte diesen Beleg ausgiebig, konnte aber den Trick des Fotografen nicht erkennen. SOBEPS spricht zwar von raffiniertem Schwindel, aber was heißt schon raffiniert! Man kam der Sache einfach nicht auf die Schliche. Verdächtig war allein schon, daß der Fotograf seinen Film per Post zu einem Großlabor schickte, um ihn dort entwickeln zu lassen, weil das Labor mit einem attraktiven Sonderangebot gelockt hatte – noch bei der nichtigsten Begebenheit sind Fotografen weitaus ängstlicher und zittern um den Verlust wertvollen Materials auf dem Postweg oder im Labor selbst.

Ferryn stellte sich dann in Kooperation mit August Meessen einem besonderen Phantom, da er am 1. April 1990 in Ramillies (Provinz

Brabant) ein Dreiecks-UFO fotografiert haben wollte, das auf dem späteren Filmmaterial nicht zu sehen war. Dieses UFO habe sich übrigens wie ein »Düsenflugzeug angehört«, kein Wunder, befand sich der Fotograf doch unter einer Flugschneise mit hohem Verkehrsaufkommen. Doch das UFO war ganz, ganz anders, es zeigte sich einfach nicht auf dem 1600-ASA-Film. Für Meessen war klar, daß dieses Bild mit Infraroteinstrahlung »irgendwie gelöscht« wurde: also der Herschel-Effekt, der ein latentes Bild durch Infrarotlicht entfernt. Für ihn galt: Die Wirklichkeit kann nur durch eine Kombination von Beobachtungen und theoretischen Überlegungen geistig transparent gemacht werden. In gleicher Weise sollte man auch bei der UFO-Problematik vorgehen ... Echte UFOs stoßen also Infrarotlichtwellen aus, so daß irdische Fotografen leider keine Bilder von ihnen machen können – warum aber gibt es dann ungezählte, wunderbare, angeblich authentische UFO-Aufnahmen? Warum gelang dann die »sensationelle« Farbaufnahme des anonymen Fotografen von Petit-Rechain? Meessen lief in die Irre, er machte es sich zu kompliziert und bemühte die ganze ufologische Hypothesenwelt. »In diesem Zusammenhang sind außerdem einige bei Tage gemachte UFO-Aufnahmen zu nennen, die bestimmte schwarze oder helle Partien aufweisen. Die 1974 von Herrn Hauxler in Oberwesel gemachte Aufnahme zeigt vor hellem Hintergrund eine schwarze Scheibe, unter der ein schwarzer Konus mit nach unten weisender Spitze zu sehen ist. Der Schwede B. Anderssen konnte im Jahre 1965 in Alaska eine UFO-Aufnahme machen, die vor einer jenseits eines Flusses liegenden Waldlandschaft eine Reihe übereinanderliegender heller Streifen zeigt«, führt Prof. Meessen aus.

SOBEPS und der Mut zum Abenteuer

»Geistig transparent« wird uns nun die UFO-Phänomen-Welle zu Belgien gemacht. Prof. August Meessen ist ihr Fahnenträger. Ein vielleicht nicht ganz gelungenes Foto von Patrick Ferryn wird zur hypothetischen Erklärung exotischer UFOs, von UFOs, die sich eigentlich als gar nicht so exotisch in der Analyse erwiesen haben. Sollte es also UFOs geben und sollten sie Fluggeräte außerirdischer Herkunft sein, so seine Arbeitshypothese, dann haben sie ein Antriebssystem, das sich deutlich von den uns bekannten Systemen unterscheidet. »Man kann sich einen MHD-Antrieb vorstellen, der auf einer impulsförmigen Ionisierung der Luft und der Einwirkung gepulster elektrischer und magnetischer Felder auf die daraus resultierenden geladenen Teilchen basiert«, theoretisiert Meessen und wird damit den deutschen MUFON-CES-Chef Illobrand von Ludwiger zum Freund gewonnen haben. Die im Dreieck angeordneten Scheinwerfer der in Belgien beobachteten UFOs seien demnach nicht unbedingt schlichte Lichtquellen wie Landescheinwerfer gewesen, sondern es könne sich auch um Quellen einer ionisierenden Strahlung gehandelt haben, deren Strahlenbündel bei trockener Luft sichtbar seien und ein Beziehungsgeflecht hin zum unsichtbaren Infrarotlicht hätten, das die UFO-Aufnahme von Ferryn ausgelöscht hat. Und da es sich so schön theoretisieren läßt, bezieht sich Meessen sofort auf Wirkungen der UFOs wie Lähmungserscheinungen, kreisende Kompaßnadeln, Störungen der Kfz.-Elektronik, am Boden zurückbleibende ausgetrocknete Kreisflächen oder eben Fotos, die nicht das zeigen, was man gesehen hat. Die Analyse dieser verschiedenen Effekte werde jenen Hebel liefern, mit dessen Hilfe wir die Dinge ins Rollen bringen können, d. h. das UFO-Phänomen erklären, meint Meessen.

Von CENAP-Seite sei nebenbei angemerkt, daß die sogenannten UFO-Wirkungen, wie sie eben gerade beschrieben wurden, in Belgien überhaupt nicht auftraten. Ausgerechnet die Amerikanerin Ellen Crystall, die behauptet, viele UFO-Aufnahmen in der Nähe von Pine Bush, New York, gemacht zu haben, soll Meessens Theorien unterstützen. Und dies, obwohl auf den Fotos der Amerikanerin nichts Aufschlußreiches zu sehen ist, aber gerade das unterstütze die These von den Kraftfeldern der UFOs. Aha! Da die Aussagen und nichtssagenden Fotos gerade für Meessen plausibel erscheinen, sind auch die belgischen UFOs von einem exotischen Kraftfeld umgeben ... Alles klar? Wie auch immer, die Geschichte der Ufologie lehrt, daß ein Foto noch nie ein Beweismittel gewesen ist. Die gewieftesten Experten vertreten gar die Auffassung, daß bislang keine anerkannten Verfahren existieren, um einer – wirklich raffinierten – Fälschung auf die Schliche zu kommen, seien die Analysetechniken noch so ausgefeilt. So gesteht es Patrick Ferryn in seiner nachgereichten Schlußfolgerung schließlich doch zu.

Marc Valckenaers bringt einige Statistiken vor. SOBEPS habe als Grundlage der belgischen Welle nur Zeugenberichte aufgenommen, bei denen Dreiecks-UFOs in weniger als 300 Metern vom Standpunkt des Zeugen wahrgenommen wurden, wird hier erklärt. Die Realität sieht bei den in diesem Buch geschilderten Fallbeispielen oftmals ganz anders aus. Für den Statistiker ist die Realität jedoch nicht so begrenzt, für ihn sind theoretische Angaben und Zahlen wichtig, um die »enorme Zahl aussagekräftiger Nahsichtungen« zu verarbeiten. Einbringen kann diese Arbeit jedoch nichts. Vielleicht helfen uns die Überlegungen eines Interviewers weiter, nämlich jene von Jean-Luc Vertongen. Merkwürdig erscheint uns seine Feststellung, daß die belgische Welle sich kaum von ihren weltweit erfaßten Vorläufern unterscheide. In Wirklichkeit ist sie ein krasser Ausreißer gewesen. Für Vertongen habe diese Welle keine singulären Kenntnisse erbracht, die etwas Besonderes und Neues gewesen wären; doch hat er möglicherweise übersehen, daß die belgische Dreiecks-UFO-Welle vielleicht die Lösung des UFO-Problems in sich trug.

Masken der UFOs

Auch Vertongen zwängt sich an der Klärung vorbei und ruft, wie der deutsche Autor Fiebag, das mimetische Verhalten des Phänomens herbei: »Unter Mimesis verstehen wir hier das Bestreben, (offenbar zu Tarnzwecken) irdische Fluggeräte nachzuahmen – wobei die Tarnung freilich meist so grobschlächtig und rudimentär ist, daß sie nur den in die Irre führen kann, der leicht zu täuschen ist oder sich täuschen lassen will.« Hierzu zieht er als Vergleich eine fast 100

Jahre zurückliegende Geschichte herbei, die in den Jahren 1896 und 1897 die USA in Aufruhr versetzt hatte: die Luftschiff-Welle. Nach Vertongen haben wir es mit einer gezielten Verschleierungstaktik zu tun, zum anderen tragen diese Phänomene derart unwahrscheinliche Aufbauten, daß der Tarnungsversuch etwas Paradoxes habe. »Wir müssen daher aufpassen, daß wir uns durch das Maskenspiel eines Phänomens nicht täuschen lassen, das mit seinen vielgestaltigen Facetten eine Faszination auf uns ausübt, die unsere Aufmerksamkeit nur allzu leicht fesselt und auf eine offene Materialität von Manifestationen hinlenkt, in denen überlegene technische Perfektion ausgebreitet wird. Aus diesem Grund bleibt unser Verständnis des UFO-Phänomens allzu häufig nur an der äußeren Oberfläche: eine reichlich schwerfällige Ufologie, die nur Bolzen, Bleche und Geräte sieht, die auf der Erde landen, um dort ihre Visitenkarte zu hinterlassen, und Besucher aus dem Weltall, die eine unvorstellbare Entwicklungshilfe erreicht haben; eine vergeßliche (an Amnesie leidende?) Ufologie, die solch beunruhigenden Nachweisen aus dem Weg geht (oder sie abweist?), wie sie in meisterlicher Art bereits vor 13 Jahren von Bertrand Meheust in einem Buch dargestellt wurden, das einen herausragenden Meilenstein der ufologischen Forschung darstellt. Der Autor zeigte, daß zwischen den verschiedenen aufgetretenen UFO-Phänomenen und den von Science-fiction-Autoren erdachten Geschichten eine frappante Verbindung besteht – wobei die ufologischen Beobachtungen in diesen Geschichten um mehrere Jahre vorweggenommen werden. Man könnte fast glauben, daß sich das UFO-Phänomen von der Trivialliteratur unserer Bahnhofskioske inspirieren läßt!«

Jean-Luc Vertongen hat wohl gute Ansätze eingebracht, er lenkt sie aber zur Ehrenrettung der sogenannten Ufologie auf merkwürdige Gleise. Tatsächlich, die Faszination der außerirdischen UFOs treibt die Menschen in die Ufologie, tatsächlich aber auch hat die beliebte Science-fiction eigentlich alle UFO-Konzepte und UFO-Archetypen vorweggenommen – sie ist schließlich die Urmutter der Ufologie. Aus dieser Grundstruktur entwickelten sich die gängigen »Maskenkonzepte« der UFOs, die in Wirklichkeit falsch verstan-

dene IFOs sind, vom einen erkannt, von vielen nicht erkannt und
weiter als authentische UFOs angesehen werden. Die Verschleierungstaktik bauen die Ufologen selbst auf, indem sie Ignoranz an
den Tag legen, um Identifizierungen nicht anzuerkennen. Dies zeigt
sich auch im vorliegenden SOBEPS-Werk bei *Zweitausendeins,* wie
wir gesehen haben. Und die Mimesis-Theorie ist nur eine weitere
Fluchtburg, um nicht zugestehen zu müssen, daß die behandelten
Phänomene eigentlich erklärbar sind. Denn dann könnte die Ufologie einpacken und müßte sich ein neues Spielfeld suchen.

Und die Mimesis erlebt eine neue Deutung, als sich Vertongen auf
den 19. März 1991 beruft. An diesem Tag fuhr eine SOBEPS-Unter-
sucherin zwischen Basel und Straßburg im Auto. Die Wetterbedingungen waren ungünstig, es regnete. Plötzlich tauchte über der ba-
den-württembergischen Autobahn im Rheintal ein großes Dreieck
in Gestalt von mehreren kleinen grünen und weißen Lichtern auf.
Im Regen war auf der Autobahn natürlich kein Geräusch zu hören.
Da passierte etwas äußerst Merkwürdiges: Für den Bruchteil einer
Sekunde sah die SOBEPS-Dame, wie im Dreieck die Form eines
schwarzen Flugzeugs auftauchte. Tja, was kann das nur gewesen
sein? Für SOBEPS konnte dieser Fall den »ostentativ enigmatischen
Aspekt des Phänomens nur verstärken«. Vertongen sieht in diesem
Fall »jenes typische Beispiel für grobschlächtige Tarnung« durch
authentische UFOs. Wir sehen darin nur eine Ignorierung der Tatsachen. Kein Wunder also, wenn man von einem »Filter zwischen
dem UFO-Phänomen und unserem Begriffsvermögen« spricht, der
eine nicht wahrnehmbare und unbegreifliche Grenze bildet.

Das SOBEPS-eigene Durcheinander, der plötzliche Zustrom von
einfach nur neugierigen Menschen und ihre Bereitschaft, ohne
Hintergrundkenntnisse der Gruppe helfen zu wollen, führten zu
einem Buch mit unterschiedlichen Gewichtungen, diversen Qua-
litätsmerkmalen und schwankender Professionalität. Nur weil sich
SOBEPS durch die Herren Clerebaut und Bougard die Skepsis als
Maxime der Stunde auf die Fahnen geschrieben hatte, begannen
sich Politiker und Militärs sowie Wissenschaftler zu interessieren,
wobei sich SOBEPS ihnen gegenüber freimütig und loyal verhielt.

Die SOBEPS-Chefs brachten ihre praktische Erfahrung mit und konnten damit ihre Seriosität unter Beweis stellen. Im Zuge der weiteren Entwicklung aber überflügelte das UFO-Phänomen die zunächst ernsthafte Herangehensweise. Auch wenn man sich bei SOBEPS auf das Problem der Identifizierung konzentrierte, scheiterte man daran, obwohl man nur haarscharf den Punkt verfehlte. Clerebaut: »Im Grunde genommen ist die Ansicht, daß die Identifizierung erst möglich sei, wenn mit wissenschaftlichen Instrumenten gewonnene Daten vorliegen, durch nichts gerechtfertigt, da die Zahl und Qualität der Zeugenaussagen in vielen Ländern für sich allein schon ein überzeugender und gültiger Beweis ist.« Man muß diese Erkenntnisse nur umzusetzen wissen.

SOBEPS gesteht ein, daß die gesammelten Daten noch zu unzureichend, unvollständig und ungenau sind und man weitere Informationen und Fakten benötige. Das ist der uralte Ruf der Ufologie nach immer neuen und neueren Fällen, um selbst weiterleben zu können. Ein Ruf übrigens, so alt wie die Ufologie selbst. Dabei ist doch vieles recht klar und deutlich hervorgetreten.

Für uns Vertreter des soziopsychologischen Modells erweisen sich die UFOs immer wieder als »schlecht identifizierte Flugobjekte«, genährt durch die Medien-Gerüchteküche, die dem Irrtum neue Bahnen hin zum Mythos bricht.

Die Solidität und Stimmigkeit der sich in mehreren 10 000 Seiten Papier niederschlagenden Sichtungen von Belgien lassen nur einen Schluß zu: Fast alle Sichtungen gehen auf mehr oder minder konventionelle Flugzeuge zurück. Der Leser wird bemerkt haben, daß in der Nacht gesichtete Flugzeuge, je nach den herrschenden Bedingungen, bei unerfahrenen Personen zu Fehldeutungen oder Verwechslungen führen können. Aber auch jene Personen, die es gewohnt sind, Flugzeuge zu identifizieren, sind auf Fehldeutungen oder Verwechslungen hereingefallen. Wir setzen so das sogenannte »Ockhamsche Rasiermesser« als wissenschaftliches Prinzip zur Wertung der belgischen Ereignisse an, wonach die einfachste Theorie, die einem Problem gerecht wird, wahrscheinlich die korrekteste ist. Die Sammler von Fragezeichen mögen weiterhin exotische Ob-

jekte herbeiliebäugeln, aber wir haben erkannt, was sich hinter den
UFOs verbarg. Kein Wunder also, wenn sich die Ufologen auf den
ermutigenden Satz von Martin Rees beziehen: »Die Abwesenheit
von Beweisen ist nicht der Beweis von Abwesenheit.«

Bleibt also das Prinzip Hoffnung für die UFO-Enthusiasten, da
alle klassischen Aufklärungsmittel wie Fotos, Filme oder Ortung
durch Radar in dieser bemerkenswertesten aller UFO-Wellen versagten und kein UFO herbeizaubern konnten. Und selbst die belgische Luftwaffe kann im nachhinein nur zugestehen, daß es im Luftraum »eine gewisse Anzahl nicht genehmigter Flugaktivitäten« gab,
die jedoch den militärischen und zivilen Luftverkehr nicht störten
oder gefährdeten. Elektromagnetische Interferenzen, die zu irrigen
Schlüssen verleiten, sind hiernach auch nichts Ungewöhnliches; dies
gilt gleichermaßen für die Bord- und für die Bodenradars.

Am 26. Oktober 1991 berichtete die Zeitung *La Wallonie* über
die Aktion des Astrophysikers André Lausberg, dem sich zehn belgische Wissenschaftler anschlossen, um eine Deklaration herauszu-
geben, in der sie sich vom SOBEPS-Report distanzierten. Meessen
und Petit wurden besonders harsch angegriffen, weil sie sich in
vorschnellen Erklärungen und pseudowissenschaftlicher Weise geäußert hatten. So gesehen hatte die wissenschaftliche Welt ein Tri-
bunal abgehalten und die verurteilt, die ihrer Meinung nach die
Öffentlichkeit mit pseudowissenschaftlichen Informationen ver-
wirrten. Vielleicht sind an dieser Stelle ein paar biographische Anmerkungen über die »Delinquenten« am Platze:

Bevor sich Meessen an den belgischen UFO-Flap hängte, hatte er
Beiträge über UFOs für das SOBEPS-Heft *Inforespace* verfaßt. Obgleich diese Artikel sehr akademisch daherkamen, sind sie auf völlig
unbestätigte Zeugendarstellungen gebaut, die in zweifelhaften UFO-
Magazinen erschienen waren.

Weiterhin ist Meessen Anhänger der außerirdischen Erklärungs-
Hypothese, was bereits in der Vergangenheit seine Wertungen
trübte. Beispielsweise hatte er 1980 eine Analyse von UFO-
Geräuschaufnahmen eines zehnjährigen UFO-Zeugen aus Frankreich angefertigt, die ihn zu Spekulationen über das von UFO-Pilo-

ten verwendete Antriebssystem verführten. Leider, wie sich später herausstellte, handelte es sich um das krachende und piepsende Störgeräusch, das ein »over-the-horizon-radar-transmitter« im Radio verursachte (eine ganz ordinäre Funkstörung).

Petit ist bekanntes Mitglied der UFO-Gemeinde. In den 70er Jahren beschäftigte er sich mit »Magnetohydrodynamik«, um zu klären, wie sich UFOs mit unglaublichen Geschwindigkeiten durch den Weltraum bewegen können. Basierend auf nichts weiter als Spekulationen, blieb seine Arbeit über UFO-Antriebe zwar von der Wissenschaft unbeachtet, wurde dafür aber von Meessen und ein oder zwei nahen Freunden außerordentlich gelobt. Doch mit der Veröffentlichung seines letzten Buches *Enquête sur des extraterrestres qui sont parmi nous – Le mystère des Ummites* (Auf der Suche nach den Außerirdischen unter uns – Das Geheimnis der Ummiten) hat er seinen letzten Rest an Glaubwürdigkeit verspielt. In diesem Werk stellt er fest, daß ihm seine wissenschaftliche Arbeit beim CNRS in Wirklichkeit von den Einwohnern des Planeten Ummo (mehr als 14 Lichtjahre von der Erde entfernt und um WOLF 424 kreisend, was astrophysikalisch blanker Unsinn ist) diktiert worden sei. Belesene UFO-Untersucher werden sich erinnern, daß die Ummo-Angelegenheit 1965 hochkochte, als eine Serie mysteriöser Briefe und Dokumente an Ufologen und Wissenschaftler verschickt wurde, die zuvor Interesse an UFOs gezeigt hatten.

Inzwischen besteht kein Zweifel daran, daß die Ummo-Affäre ein wohldurchdachter Betrug durch Mitglieder der spanischen UFO-Gemeinde gewesen ist.

Ein dritter wissenschaftlicher »Verschwörer« von SOBEPS und Autor eines Buchkapitels ist der Physiker Leon Brenig, ein ufologischer Newcomer. Einige Jahre, bevor er zu SOBEPS kam, sichtete er ein befremdliches Leuchtphänomen. Doch diese Sichtung wurde später als ein Raketenstart von einem französischen U-Boot erklärt. Am 19. März 1990 machte sich Brenig abends auf zu seiner Himmelsbeobachtungsstätte, die dritte Nacht in Folge, als er das Glück hatte, eines jener berühmten Dreiecks-UFOs über seinem Kopf vorbeiziehen und plötzlich in einem 90-Grad-Winkel beizudrehen zu

sehen. Diese UFO-Erfahrung und der Umgang mit Ufologen gaben
den Ausschlag, nun Vorträge auf internationalen Kongressen zu
halten und um finanzielle Unterstützung für spezielle UFO-Him-
melsbeobachtungsprogramme zu bitten.

In einem in *Science et Nature* vom März 1992 veröffentlichten
Interview erklärte Brenig, warum er beschlossen hatte, mit SOBEPS
zusammenzuarbeiten: »Auch wenn ich ein Skeptiker hinsichtlich
der Möglichkeit der Begegnung mit Wesen aus einem anderen Stern-
system war, kann ich nicht umhin, diese Sache dennoch zu bestätigen. Ich gehöre nun zu jenen, die glauben, daß solch ein Kontakt
bevorsteht und dies ein wichtiger Einschnitt für die Menschheit
sein wird. Wir sollten uns dafür bereithalten ...« Soviel zu diesem
Thema.

Die »Last« der Beweise ...

Eine weitere Himmelsbeobachtung fand am 1. April 1990 mit den
Herren Ferryn, Clerebaut und Fernandez statt, wobei eine trapez-
förmige Plattform mit gerundeten Ecken auftauchte. Das Objekt
war ausgerüstet mit zwei Reihen von blendenden »Suchlichtern«,
flankiert mit kleineren Lichtern (oder Reflexionen von Lichtern)
und mit einem helleren Gebiet hinten. Vorn versetzt war ein rotes
Glühen auszumachen. Gegen Ende der Observation erinnerte ein
brummendes Geräusch das Trio an einen Jetmotor. Ferryn, von Beruf Fotograf, nahm vier Bilder mit seiner Kamera auf einem Stativ
auf, verwendete hierbei ein 300-mm-Teleobjektiv und einen hoch-
empfindlichen 1600-ASA-Film. Doch nur vier mikroskopisch schwache Punkte waren noch das beste Ergebnis dieser Fotoserie. Für
Ferryn war dies eine »völlige Unmöglichkeit«, da er unter den gege-
benen Umständen eine weitaus bessere Ausbeute erwartet hatte.
Meessen machte sich daran, eine Lösung für das Paradoxon zu finden, und erklärte, daß das Objekt wohl Infrarotstrahlung ausge-
schickt habe, um sich so dem Foto zu verweigern. Vielleicht sollten
wir aber auch die Euphorie des Trios verstehen, das für den Mo-

ment daran glaubte, einem unidentifizierten Objekt gegenüberzu-
stehen, und die Lichter eines Flugzeugs oder Hubschraubers fehlin-
terpretierte. Die sind nämlich genauso schwer zu fotografieren.

Eines kann man den belgischen UFOs nicht absprechen: Sie halten sich erfreulich genau an die europäischen Sicherheitsbestim-
mungen für den Luftverkehr.

Der physikalische Beweis, den SOBEPS zusammengetragen hat,
ist von beeindruckender Quantität und nicht sonderlich überzeugend, wenn man ihn als Manifestation unirdischer Natur nehmen
will. Tatsächlich hängt schließlich der ganze fotografische Beweis
an einem guten Farbdia, das auch das Titelbild des SOBEPS-Buchs
abgibt. Das fragliche Dokument zeigt ein schwarzes Dreieck, gegen
einen bläulichen Hintergrund als Silhouette abgesetzt. In jeder Ecke
befinden sich weiße Lichter, und ein viertes Licht prangt im Zentrum des Körpers. Dieses zentrale Licht ist umgeben von einer rötlichen Aura (die anderen Lichter zeigen ebenso diese Einfärbung,
wenn auch nicht so ausgeprägt). Das Dia wurde in Petit-Rechain, einem kleinen Dorf knapp östlich vor Liege, aufgenommen. Der Fotograf (der sich dann auf das Sonderangebot des Großlabors einließ
– wir erinnern uns) behauptet, diese Aufnahme mit Hilfe einer Prak-
tica BX 20 und einem 200-mm-Teleobjektiv sowie einem Skylight-
Filter gemacht zu haben. Wie deutlich wird, hat sein Kodak-200-
ASA-Film alles festgehalten – da hatte das UFO die Infrarotaus-
strahlung wohl gerade mal abgeschaltet. Das Datum der Sichtung
ist nicht bekannt, aber es soll während der ersten Aprilwoche 1990
gewesen sein.

Betrachten wir uns die Zeugenaussagen und den fotografischen
Nachweis einmal genauer – wichtige Elemente fehlen, und einige,
die bekannt sind, erscheinen höchst verdächtig. Wir haben bereits
erwähnt, daß der Fotograf ein weiteres Bild aufgenommen hatte, es
aber wegwarf, »weil auf ihm nichts Besonderes zu sehen ist«. Das
»gute Bild« jedoch wurde aufgehoben, vier Monate lang, obwohl
die Medien im ganzen Land wieder und wieder über die F-16-Ver-
folgung und das Alfarano-Video berichteten. Es gibt Widersprüche
in den Aussagen des jungen Fotografen und seiner Freundin. Wei-

terhin ist die aufrechte Position der dreieckigen Gestalt auf dem
Foto recht ungewöhnlich für die Aufnahme eines fliegenden Objekts – wie die Zeugen behaupten, befand es sich nahe dem Horizont und nicht über ihnen: Genau diese Position aber zeigt die Aufnahme. Der Fotograf gibt zudem an, daß er imstande gewesen sei,
das Objekt für mehr als eine Minute im Kamerasucher zu halten,
ohne Stativ. Das ist bei einem 200-mm-Teleobjektiv und einem sich
bewegenden Objekt schlicht eine Unmöglichkeit. Ein weiteres Problem ist, daß das Petit-Rechain-Dia keine Hintergrunddetails zeigt,
die zur Verifizierung der Objektgröße und -entfernung dienen könnten. Die Tatsache, daß das exakte Datum dieser so »historischen«
Aufnahme nicht bekannt ist, macht die Untersuchung hinsichtlich
astronomischer und meteorologischer Daten unmöglich. Dennoch
wurde aus dem Dia das Paradebeispiel dafür, wie das echte belgische Dreieck auszuschauen habe. Mein Kollege Wim van Utrecht:
»Ich habe versucht, das Dia nachzuahmen. Dazu verwendete ich
zwei Stücke eingefärbter Pappe (eine blau und die andere schwarz),
eine Schere, eine Nadel, drei 60-Watt-Glühbirnen und ein kleineres
Lämpchen. Damit produzierte ich ein Bild, das dem Original täu-
schend ähnlich sieht. Wie entstand das Foto? Ich schnitt ein kleines
Dreieck aus der schwarzen Pappe und klebte es mit der blauen zusammen. Mit einer Nadel stocherte ich Trauben kleiner Löcher in
die Ecken und ins Zentrum des Dreiecks. Die blaue Pappe mit dem
schwarzen Dreieck in der Mitte wurde nun vor eine Anordnung von
vier Lampen (wie oben beschrieben) gehalten und fotografiert. Ein
leichtes Wackeln der Pappe sorgte für die Verwischung der Licht-
spur auf der Aufnahme. Die befremdliche Hintergrund-Illumina-
tion und die rote Aura um die Lichter entstehen ohne spezielle Technik und kamen auch bei meinem Duplikat heraus – es ist keine Anomalie zu sehen.«
    Typische Nebenphänomene von UFO-Erscheinungen sollen so-
genannte elektromagnetische oder magnetische Effekte sein, wodurch z. B. Autos zum Anhalten gebracht werden, Kompaßnadeln
wie irre zu tanzen beginnen und der Fernsehempfang gestört werden sollen. Doch während des Flaps wurde keiner dieser Effekte ge-

Ein Solid-Light-Phänomen, projiziert von einer Fliegenden Untertasse, wurde in Lüdenscheid aufgenommen. Doch hierbei handelt es sich um nichts weiter als um den beleuchteten Ausleger eines Baukrans. Quelle: GEP, Lüdenscheid

meldet. Dafür aber brachte der belgische Flap vier Fälle mit ungewöhnlichen Bodenmarkierungen. In einem Vorfall wurden zwölf runde Grasflecken erwähnt, die eine leicht abweichende Färbung aufwiesen. Dieser Bericht ließ sich leicht als Hexenkreise (Pilzbefall) erklären. Ein zweiter Fall betrifft eine Zeitungsstory hinsichtlich eines kreuzförmigen Eindrucks im Gras, aber hierzu wurden keine weiteren Details bekannt. In den zwei verbleibenden Fällen sprachen Zeugen vermeintlicher UFO-Zwischenfälle von befremdlichen Spuren, nachdem sie ungewöhnliche Phänomene observiert haben wollen. Leider blieb es dabei, daß sie die einzigen waren, die diesen »Nachweis« sehen durften. In einem Fall hatte der UFO-Zeuge Polizisten, Journalisten und UFO-Untersucher an die Landestelle geführt, um ihnen die »klaren Spuren« zu zeigen, aber niemand außer dem Zeugen war imstande, überhaupt irgend etwas Merkwürdiges zu sehen.

In den Monaten Juli, August und September 1989 hatte die belgische Presse regelmäßig, aber völlig unterschiedlich über ungewöhnliche Bodenzeichen berichtet: Gemeint sind die Kornkreise in englischen Weizenfeldern, die man gerne mit UFOs verband. Am 9. Oktober brachte *TASS* die sensationelle Story von Woronesch, wonach Giganten und Zwerge Kinder erstaunt hatten und gar einen Jungen mit einer mysteriösen Strahlenwaffe lähmten. In Belgien konnten die Blätter bis Ende November deswegen keine Ruhe finden und berichteten pausenlos über russische UFOs: Nachdem die belgische Presse UFOs jahrelang mit Nichtachtung gestraft hatte, avancierten sie nun auf einmal ganz oben auf der Hitliste. Am 29. November 1989 erschien ein ungewöhnliches Objekt am Himmel von Eupen, wodurch sich SOBEPS angespornt fühlte, sich in den Vordergrund zu spielen und die Sache sowie sich selbst neues Leben einzublasen. In zwei Jahren sammelte SOBEPS zwischen 2000 und 3000 Augenzeugen-Darstellungen (niemand bei SOBEPS kennt die genaue Zahl). Die meisten »Fälle« bestehen aus bandaufgezeichneten Anrufen oder aus Briefen an die SOBEPS-Leitung. Zu betonen ist jedoch, daß SOBEPS knapp vor dem Start der Beobachtungsserie enorme Existenzprobleme hatte. Nur ca. 450 Fälle aus der Gesamtzahl wurden von SOBEPS seither wirklich aufgegriffen, dies begründet sich mit dem Mangel an geschulten und erfahrenen Forschern. Und von den 450 Fällen sind nur einige wenige gut dokumentiert und enthalten ausreichende Details für eine glaubwürdige Beurteilung.

Einer der typischen Aspekte bei UFO-Berichten ist, daß die Zeugen dazu tendieren, Flugzeuge oder Helikopter auszuschließen, nur weil sie ein oder zwei Elemente vermissen, die man normalerweise automatisch mit einem Flugzeug verbindet: solche wie jeweils ein rotes und grünes Navigationslicht und Maschinengeräusch. Allen Hendry in Amerika hat bereits darauf hingewiesen, daß die Flugzeugbefeuerung quasi in jeder denkbaren Konfiguration erscheinen kann. Weiter ist bekannt, daß Geräusche mit dem Wind davongetragen werden. Einige Hubschrauber verwenden spezielle Dämpfer, um den Lärm zu reduzieren. Zudem darf man nicht vergessen, daß sich eigentlich alle Zeugen nächtlicher Lichter in der Entfernung zwischen sich selbst und den observierten Lichtern verschätzen. Im Fall des belgischen UFO-Flaps gab es nur einen verhältnismäßig geringen Prozentsatz von Tageslicht-Observationen.

In den Beobachtungen werden nicht allein Dreiecke, sondern auch Rechtecke, Trapeze, Diademe und Bumerangs als Formen der UFOs dargestellt. Alle Formen tauchten auf, die inzwischen in den Köpfen der Menschen herumspuken: so, wie man sich heute Fluggeräte der Zukunft am Reißbrett vorstellt. Der alte Fliegende-Untertassen-Mythos hat ein neuzeitliches Gewand angelegt, dies in Übereinstimmung zum Zeitgeist, geprägt von künftigen Designertrends. Vergleicht man die 1158 amerikanischen IFO-Fälle mit den 113 UFO-Fällen, wird man überrascht sein: Wir tragen eine Fehlkonzeption hinsichtlich der »Durchfallrate« mit uns herum, um dem Phänomen UFO mehr Gewicht zu geben.

Hendry stellte fest, daß ausgerechnet Polizisten (Nummer-eins-UFO-Zeugen in den meisten Fällen des belgischen Flaps) ganz oben auf der Liste stehen, wenn es um UFOs geht, die sich später mehr oder weniger leicht identifizieren ließen. Weitaus seltener sollen nach Hendry Studenten, Hausfrauen und Arbeitslose auf falsche IFOs hereinfallen.

Ufologen vergessen auch schnell, daß sich Berichte nicht notwendigerweise auf ein und dasselbe Phänomen beziehen. Viele Stimuli können eine Rolle spielen, um einen Flap zu produzieren.

Die Mehrheit der Sichtungen während des belgischen UFO-Flaps geschah in einem 200 Kilometer langen und 100 Kilometer breiten Gebiet. Fast alle diese Berichte kamen aus dem Süden der Sprachgrenze, die das Land teilt: den südlichen Teil mit französisch sprechenden Wallonen, den nördlichen mit den holländisch sprechenden Flamen. Entweder hält sich die UFO-Intelligenz strikt daran, an kulturell definierten Grenzen vorbeizudefilieren, oder man akzeptiert, daß kulturelle Faktoren einen kräftigen Einfluß auf die Berichterstattung haben.

Die Dreiecke fliegen weiter

Sozio-kulturelle Aspekte der belgischen UFO-Welle werden deutlicher, wenn man die Periodizität der Berichte mit der Medienbeachtung ins Verhältnis setzt. Ein Philosophiestudent der Universität Liege nahm sich dieser Sache an und kam zu dem Schluß, daß die Presse gut und gern Ursache für die Ereignisse gewesen sein könnte. Das ist nicht neu, Pressebeachtung des Themas füttert 1. den UFO-Glauben und führt 2. zu weiteren UFO-Sichtungen.

Mit einiger Skepsis gehe ich davon aus, daß sich zu zwei oder drei Gelegenheiten ungewöhnliche Flugmaschinen während der ersten Monate dieser Pseudo-UFO-Welle zeigten. Besonders die Vorfälle vom 29. November und 11. Dezember 1989, als viele unabhängige Zeugen in Wallonien ein großes, dreieckiges Objekt langsam über sich dahinziehen sahen und hierbei ein weiches Motorengeräusch hörten, zählen dazu.

Kandidaten der UFOs sind: Ultra-Leicht-Flugzeuge, die von Abenteuerfliegern gesteuert werden, private Experimental-Flugzeuge und großformatige RPV's (ferngesteuerte Fluggeräte), die z. B. von den Militärbasen im Sichtungsgebiet gestartet wurden. Es ist schwer, die exakte Herkunft und Natur des unbekannten Fluggeräts zu bestimmen, das im späten Herbst 1989 über Belgien für Aufruhr sorgte. Wahrscheinlich ist es die beste Lösung, wenn man eine Neubetrachtung der allerersten Zeugenaussagen vornimmt. Unsere Hoffnung ist, daß der verantwortliche Pilot sich selbst zu erkennen gibt.

Nach wie vor sind wir der Ansicht, daß die ostbelgische Sichtungswelle mit der Fehldeutung eines ULM begann und im Zuge der Zeit weitere Stimuli hinzukamen, die bereitwillig vom Publikum als das eine Dreiecks-UFO interpretiert wurden.

Mit den belgischen UFO-Meldungen bekam der UFO-Archetyp eine neue Gestalt. Das Bild vom UFO paßte sich nun diesen illustren Beispielen an. Ob es daran liegt, daß die belgischen UFOs einen Stempel der Authentizität verpaßt bekamen und sich jetzt viele Zeu-

gen daran orientieren? Hier ein Report von Rudolf Henke, Heidel-
berg: »Am Abend des 6. Dezember 1992 meldete sich bei CENAP
ein Zeuge aus Ludwigshafen, der zusammen mit seiner Frau und
seinem siebenjährigen Sohn um 18 Uhr von Oggersheim aus ein
Dreiecks-UFO gesehen haben will. Der Zeuge war vom Luftfahrt-
bundesamt Braunschweig auf CENAP verwiesen worden. Da er
noch von einer weiteren Beobachtung aus dem vergangenen Jahr, an
der mehrere Zeugen aus seinem Bekanntenkreis beteiligt waren,
sprach, gab CENAP den Fall an mich weiter. Denn mein Kollege
hatte – angeregt durch den Zeugen – die Idee, mit allen diesen Personen einen gemeinsamen Treff auszumachen.

Als ich Herrn B. telefonisch erreichte, befand er sich gerade mit
seinem Funktelefon auf der Straße, um nach ›seinem‹ UFO Ausschau zu halten. Nach einigen technischen Problemen mit dem Telefon konnte ich den Zeugen schließlich befragen: Wolfgang B.
hatte am Nikolaustag mit seiner Frau und seinem Sohn den Weih-
nachtsmarkt in Deidesheim besucht. Auf der Rückfahrt beobachteten sie dann für ca. fünf Minuten das UFO. Sie fuhren auf der
Schnellstraße von Deidesheim zunächst in Richtung Bad Dürkheim,
um von dort auf der Autobahn nach Ludwigshafen nach Hause zu
gelangen. Kurz vor dem Autobahnkreuz Ludwigshafen bemerkte
Herr B. um 18 Uhr durch die Windschutzscheibe linkerhand über
Ludwigshafen, also in östlicher Richtung, zunächst zwei, dann drei
weiße Lichter, die exakt in Dreiecksform angeordnet waren. Er war
sich über die Zeitangabe sicher, da er sofort nach Auftauchen des
Phänomens auf seine Quarzuhr im Auto gesehen hatte. Das Objekt,
das in geschätzten 20 bis 30 Grad relativ niedrig über dem Horizont
stand, schien sich zunächst überhaupt nicht zu bewegen. Dieses Verhalten konnte nach Meinung des Zeugen keineswegs auf ein Flugzeug zutreffen, da ein solches einfach herunterfallen würde ...
Nachdem die Familie vom Autobahnkreuz Ludwigshafen in nördlicher Richtung weiterfuhr, stand das UFO nun folgerichtig rechter-
hand der neuen Fahrtrichtung. In Oggersheim angelangt, machte
Herr B. auf einem Parkplatz halt und stieg als einziger aus, um das
UFO außerhalb des Pkws weiter zu beobachten. Nun konnte Herr

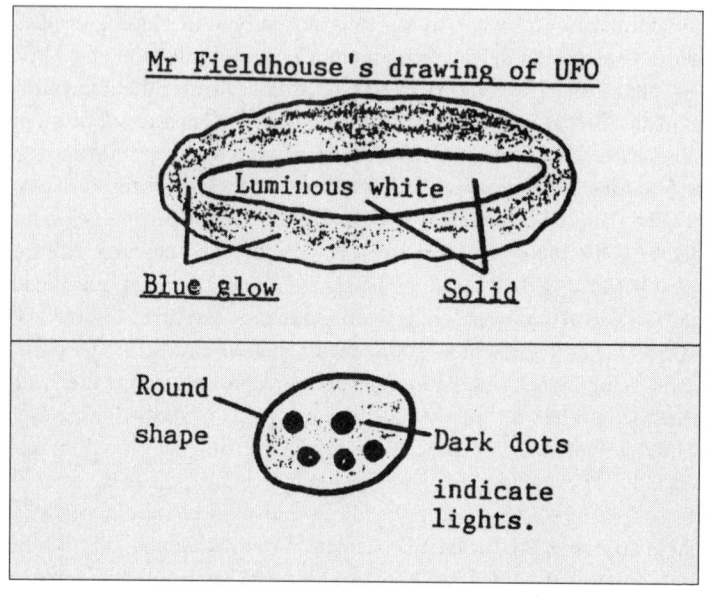

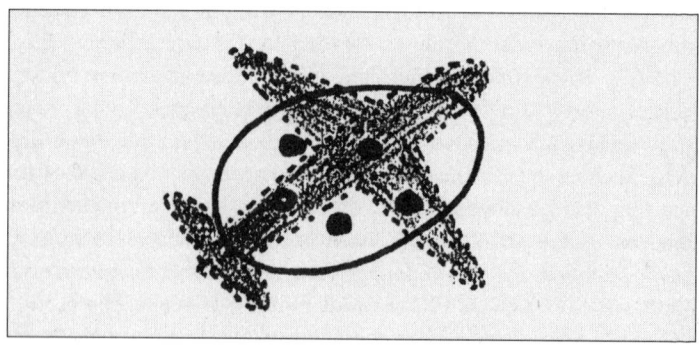

*Worüber sich die ganze Welt wundert, sind nichts weiter als Lichtsignal-
anlagen von Flugzeugen. Aus der Ferne ergeben sie die wunderbare Illusion
(wahrnehmungspsychologisch bedingt) für perfekte UFO-Begegnungen. So
ist es möglich, in der Dunkelheit Lichtkonfigurationen zu beobachten, hinter
denen man Fliegende Untertassen oder neuerdings Fliegende Dreiecke vermuten kann.   Quelle: CENAP*

B. erstmals eine – wenn auch recht langsame – Bewegung des Objekts feststellen. Neben der geringen Geschwindigkeit war es die absolute Geräuschlosigkeit des Phänomens, die dem Zeugen merkwürdig vorkam. Das UFO bewegte sich in Richtung Dürkheim (Nordwest) weiter, um schließlich hinter einem Hochhaus zu verschwinden. Die gesamte Sichtungszeit habe fünf Minuten (von 18–18:05 Uhr) betragen. Soweit der Bericht von Herrn B. Er hatte große Schwierigkeiten, die Größe des Objekts zu schätzen. Mir gegenüber gab er die absolute Größe eines Fußballplatzes an. Henke gegenüber machte er jedoch trotz intensiver Nachfrage keine entsprechende Angabe. Über die wahrscheinliche Größe im Vergleich zum Vollmond konnte Herr B. überhaupt nichts aussagen. Er verglich jedoch die Lichter mit der Beleuchtung eines Helikopters, der in schätzungsweise 300 Metern Höhe flog.«

Henkes Eindrücke über den Zeugen: Herr B. war äußerst mitteilsam. Obwohl die Informationen über das UFO nur spärlich ausfielen, ereiferte er sich während des Telefonats immer mehr; er wollte mit seinem Bericht gar nicht mehr aufhören. Im übrigen schien er – wie die meisten anderen UFO-Zeugen auch – gar kein Interesse an einer möglichen Erklärung des Phänomens zu haben. Am wichtigsten war es ihm nach eigener Aussage, mit jemandem ausführlich über die Beobachtung sprechen zu können. Es war ihm ein Bedürfnis, uns helfen zu können. Gefragt nach seinen Gefühlen während der Sichtung, gab er an, er habe sich über das Phänomen gefreut. Auf die Frage nach der möglichen Natur des Objekts antwortete Herr B., nachdem er die Erklärung »ungewöhnlicher militärischer Flugkörper« sogleich verworfen hatte, es müsse wohl von irgendwo anders herkommen. Henke fragte den Zeugen noch, ob er außer dem UFO z. B. noch ein Flugzeug oder einen besonders hellen Stern beobachtet hatte. Doch Herr B. verneinte.

Aussage der Zeugin Lena B.: Nur nach vielem guten Zureden durch ihren Mann erklärte sich die Gattin von Herrn B. schließlich bereit, am Telefon die Beobachtung zu schildern. Sie machte nicht nur eine andere Zeitangabe als ihr Mann (Sichtungszeitraum: zwischen 17:30 und 18:00 Uhr), sondern beschrieb auch das Objekt etwas anders: So habe sie zunächst nur ein Licht gesehen, das sich bald in zwei Lichter aufgelöst habe, von denen eines rot gewesen sei. Trotzdem habe auch sie bemerkt, daß das Objekt Dreiecksgestalt aufwies. Auf den Hinweis, daß ein Dreieck doch durch drei und nicht durch zwei Punkte definiert sei, sprach sie davon, daß noch etwas Dunkles zu sehen gewesen sei. Sie sagte, daß sie zunächst an ein Flugzeug gedacht habe, weil anfangs nur ein Licht zu sehen gewesen sei.

Im übrigen bestätigte Frau B. die Angaben ihres Mannes über Bewegungsverhalten und Verschwinden des Objektes. Allerdings gab sie an, daß sich nach der Weiterfahrt das UFO hinter ihnen befunden habe.

Hinweise auf weitere UFO-Sichtungen: Herr B. verwies auf eine weitere eigene UFO-Sichtung sowie auf zwei UFO-Beobachtungen aus seinem Bekanntenkreis:

1. Irgendwann im August, September oder Oktober des Vorjahres hätten mindestens sieben Personen während einer Geburtstagsfeier ein UFO beobachtet. Am nächsten Morgen sei im Radio eine entsprechende UFO-Meldung ausgestrahlt worden. (Der Zeuge erklärte sich von sich aus bereit, diese Zeugen zwecks Befragung durch CENAP zusammenzubringen.)

2. Nachdem Herr B. telefonisch von der obigen Sichtung erfahren hatte, hielt er – »bewaffnet« mit seiner Videokamera – selbst Ausschau nach UFOs – und wurde einige Tage darauf fündig. Obwohl er mit Begeisterung über das Gesehene – ein rundes, rötliches, hin und her tanzendes Objekt über der BASF um etwa 23:30 Uhr – berichtete, brachte er andrerseits seine Enttäuschung zum Ausdruck, daß nach stundenlangen (!) Aufnahmen auf dem Videoband nichts zu sehen gewesen war. Er führte den Mißerfolg auf die Lichtschwäche seiner Kamera (30 Lux) zurück.

3. Schließlich sprach der Zeuge noch von einer weiteren Beobachtung, die andere Bekannte am Willersinn-Weiher (zwischen Ludwigshafen-Oggersheim und Ludwigshafen-Friesenheim gelegen) gemacht hatten. Über diese Beobachtung sei damals ein Bericht in der *Rheinpfalz* erschienen.

Interessant waren zunächst die Gründe, die die Zeugen gegen die Flugzeug-Deutung anführten:

a) Zu langsame Geschwindigkeit für ein Flugzeug,

b) Geräuschlosigkeit (ein altbekannter Punkt ...!),

c) weil das Objekt mehr als ein Licht besaß ...

Erinnern wir uns in diesem Zusammenhang an die Sichtung einer C-141 über Hemsbach: Dort argumentierten die Zeugen auf ähnlich fragwürdige Weise gegen die Flugzeugdeutung: Man kann sich angesichts dieser Aussagen des Eindrucks nur schwer erwehren, daß die Zeugen ihre Argumente gleichsam an den Haaren herbeiziehen, um ihr UFO ja nicht zu gefährden.

Immer wieder fällt ein enormes Mitteilungsbedürfnis auf. Anscheinend genügt es vielen Zeugen, wenn sie Gelegenheit erhalten, ihre Beobachtungen weitererzählen zu können. (Oft melden Zeugen ihre Beobachtungen nicht nur einer Stelle, sondern wenden sich nach und nach an alle möglichen Ansprechpartner.)

Auffällig ist der hohe Anteil an Mehrfachsichtern. Statistisch betrachtet, müßte man bei einer Sichtungsrate von fünf Prozent schon 40 Bekannte haben, um auf zwei Sichtungen zu kommen. Oder aber man hat Bekannte, die selbst UFO-begeistert sind und immer wieder nach UFOs Ausschau halten ...

Erstaunlich ist auch, daß Beobachtungen angeblich typischer Fliegender Untertassen »out« sind und statt dessen zunehmend Fliegende Dreiecke gemeldet werden. Der Einfluß der Dreiecks-UFO-Meldungen aus Belgien, die zunehmend in UFO-Sendungen privater TV-Anstalten (*RTLplus, SAT1*) auch hierzulande bekanntgemacht werden, ist offenkundig.

Abermals decken sich die Angaben der einzelnen Zeugen nur zum Teil:

Der eine sah zunächst zwei, dann drei Lichter; der andere erst eines, dann zwei.

Der eine sah zuletzt drei weiße Lichter; der andere ein weißes und ein rotes.

Derartige Diskrepanzen machen die Notwendigkeit getrennter Zeugenbefragungen unumgänglich. Zudem kann man angesichts solcher Deckungsungleichheiten nicht oft genug betonen, daß Meldungen mit Einzelzeugen niemals als Belege für Ungewöhnliches gelten können!

Bemerkenswert ist wieder einmal, daß mitten über einem Ballungsgebiet zu einer Zeit, in der Tausende von Menschen unterwegs waren, nur eine einzige UFO-Meldung kommt. Wie im Fall Hemsbach offenbarte sich einer der Zeugen erst nach dem dritten Gespräch.

Immer wieder sind es die Zeugen selbst, die Hinweise auf die Natur des Objekts geben, wie wir gleich sehen werden.

In der Nacht nach der Sichtung, also am Montag, dem 7. Dezember, rief der Zeuge B. erneut bei mir an. Diesmal bekundete er erstmals eine deutliche Prädispositionshaltung in bezug auf die Extraterrestrische Hypothese: Die Außerirdischen wären schon längst hier, und das müsse endlich bekannt werden ...

Zunächst bestand wieder der Verdacht auf einen astronomischen Stimulus: die Venus als Abend-»Stern« am Westhimmel. Doch da das Objekt in entgegengesetzter Himmelsrichtung beobachtet worden war, kam die Venus nicht in Frage. Gleiches gilt für Jupiter, der zur Zeit der Beobachtung noch nicht aufgegangen war. Aufgrund der Dreiecksgestalt und im Hinblick auf den Fall Hemsbach sowie auf weitere Flugfälle lag auch diesmal wieder die Flugzeugdeutung nahe: Eine Nachfrage bei der Flugstatistik des Flughafens Frankfurt ergab dann auch, daß im von Herrn B. angegebenen Zeitraum (18:00 bis 18:05 Uhr) gleich drei Airliner im fraglichen Gebiet unterwegs waren: eine Boeing 737, eine DC-9 sowie eine Fokker 28. Da, wie weiter oben bereits angemerkt, Herr B. zusätzlich zum Objekt kein Flugzeug bemerkt haben wollte und trotz zahlreicher weiterer potentieller Augenzeugen keine weitere UFO-Meldung vorlag, liegt die Flugzeugdeutung nahe – auch wenn laut Auskunft der Flugstatistik alle drei Maschinen »normale Flughöhe« hatten. Zudem sei daran erinnert, daß Frau B. selbst an ein Flugzeug gedacht hatte.

Übrigens ist es, wie eine zusätzliche Anfrage beim US-Flugstützpunkt Ramstein ergab, durchaus möglich, daß zur fraglichen Zeit

Militärmaschinen unterwegs waren. Doch man führt auf der US-Basis Ramstein angeblich keine Flugstatistik, so daß bereits zwei Tage später niemand mehr weiß, ob sich z. B. ein Militärflugzeug zu einer bestimmten Zeit über einem bestimmten Ort im Luftraum befand oder nicht ... Man müsse schon am gleichen Tag oder höchstens am nächsten Morgen nachfragen; dann könne man Glück haben, daß sich jemand vom Personal noch an diverse Flugbewegungen erinnere ...

Man kann diese Angabe glauben oder nicht: Fest steht jedoch, daß Militärs aus zwei Gründen ungern über eigene Flugaktivitäten Auskunft geben: 1. aus Geheimhaltungsgründen und 2. aus Angst vor Bürgerprotesten wegen Störungen der Ruhe und Sicherheit. (So erhielt ich bei einer früheren Recherche von einem Militärflugplatz zwar keine Auskünfte über etwaige Flugaktivitäten, dafür jedoch schickte man mir »Propagandamaterial«, in dem ausführlich über die angebliche Notwendigkeit von militärischen Tiefflügen die Rede war ...) Jeder Flughafen kümmert sich zudem nur um »seine« Maschinen. Was sonst noch herumfliegt, interessiert nur dann, wenn eine Gefährdung des »eigenen« Luftverkehrs zu befürchten ist oder wenn sich ein Objekt nicht identifizieren läßt. Radaraufzeichnungen – so die Flugstatistik Frankfurt – würden bereits 14 Tage später gelöscht, und die übrigen Flugdaten blieben auch nicht viel länger im Computer ...

Wie fast zu erwarten, kam das von Herrn B. so enthusiastisch geplante Treffen der Zeugen der Vorjahressichtung nicht zustande. Herr B. hat statt dessen zehn Fragebogen angefordert – mal sehen, ob wenigstens einer davon ausgefüllt an CENAP zurückgeht ...

Narrenspiele der Kameras

Die belgischen UFO-Observationen machen zwei neue Problemzonen auf: 1. Der Videofilm als UFO-Nachweis und 2. Flugzeuge, die fehlerkannt zu äußerst erstaunlichen UFO-Darstellungen führen, die selbst Experten nicht allzu leicht durchschauen können.

Im *IUR* vom November/Dezember 1993 schrieb Jenny Randles
einen interessanten Beitrag unter dem Titel »UFOs in Focus«, der
uns hier näher interessieren soll. Sie beginnt damit, daß in den letzten Jahren der Wert fotografischer Beweisführung zusammenbrach.
Das hat natürlich seinen Grund. Das beste englische UFO in Form
eines Films vom Januar 1973 (Peter-Day-Film aus Buckingham-
shire) zerfiel zu einem IFO. Berücksichtigung muß hier natürlich
auch finden, daß der Fotobeweis vom Willamette-Pass in Oregon
1993 zusammenbrach, der bisher als einer der besten visuellen Belege für UFOs gehandelt wurde. Jenny Randles hatte gerade dieses
Foto hochgeschätzt und als sicheren UFO-Nachweis betrachtet,
nun ist sie einmal mehr frustriert. »Aber es gibt nicht nur schlechte
Nachrichten«, läßt sie uns hoffen. In den letzten Jahren wurden
UFOs verstärkt von englischen Video-Kameraleuten aufgenommen.
»Zwischen Juni und August 1993 wurden mir alleine sechs Video-
fälle bekannt, es ist wie eine Epidemie«, erfahren wir aus berufenem
Munde.

28. Juni 1993, Hartcliffe, Bristol, Avon. Dieser Fall wurde wahrscheinlich in jenem Jahr am besten publiziert und endete in einer
30minütigen Diskussion auf *Wire TV*, die via Satellit in ganz Europa zu sehen war. Bereits seit dem 26. Juni war ein befremdliches
Licht am Himmel ausgemacht worden. Es erschien immer gegen 4
Uhr, stieg sehr langsam am Himmel aufwärts und wurde als »gewaltige weiße Masse« beschrieben. Mit Beginn des neuen Tages und
seiner aufbrechenden Helligkeit verschwand es am Himmel. Die
Zeugen nannten dieses Objekt das »eine Große« und »ein sehr be-
eindruckendes UFO«. Über Wochen hinweg erschien dieses Licht in
immer derselben Position, aber nur wenn der Himmel klar war.
Alarmiert von den Ereignissen, machte sich Jenny Randles auf den
Weg und war zur rechten Zeit da, wo man das UFO sichtete. Es war
bereits im Juli 1993, und sie begegnete einer unüberschaubaren
Schar von Begeisterten und Ufologen, die die Stadt nahezu besetzt
hielt. Auch die BUFORA-Untersucher Sue Henderson und Ken Phillips, der belgische UFO-Experte Paul Van Brabant, der UFO-Sach-
verständige John Spencer und der Psychologe John Shaw waren da.

»Wir alle waren uns sicher über das Ereignis. All das, was die Menschen verrückt gemacht hatte und was als Videobeweis vorlag, war nichts weiter als die Venus. Ich versuchte die Zeugen davon zu überzeugen, aber sie lehnten eine diesbezügliche Erklärung durchweg ab. Ganz im Gegenteil, sie bezogen sich auf Gerüchte am Ort, die behaupteten, daß man in den USA dringlichst das Filmmaterial einsehen wolle und Computeranalysen durch die NASA in Vorbereitung seien.«

Die Venus war im Jahre 1993 ungewöhnlich dominant am Himmel, so ist es nicht verwunderlich, daß Jenny Randles drei weitere Videoaufnahmen als authentisches UFO-Phänomen angeboten bekam. Ein beeindruckender Fall kam aus Devon. Im August 1993 befand sich eine ganze Familie auf einem Ausflug, als sie um 6 Uhr das Objekt wahrnahm. Auf Video waren die hochinteressanten Kommentare der vier Zeugen aufgezeichnet. Hiernach handelte es sich nicht nur um einen ordinären UFO-Fall, sondern um eine »Nahbegegnung« (close encounter). Die Venus transformierte sich im Laufe der Sichtung in ein fremdes Raumschiff und paßte sich den sozialen und kulturellen Faktoren der Zeugen perfekt an. Auf Video sind Aussagen der Beobachter festgehalten. Jenny Randles geht nun davon aus, daß dieser IFO-Fall von ultimativem Wert für die UFO-Forschung ist. Sie informierte die Familie über den tatsächlichen Hergang, aber die akzeptierte diese Erklärung nicht und suchte lieber nach einem Ufologen, der eine »bessere« Erklärung anzubieten hatte. Zum Schluß reagierten die Zeugen außerordentlich verärgert auf Jenny Randles.

2. September 1993, West Manchester, Lancashire. Es gab einige Videoaufzeichnungen, bei denen befremdliche Objekte von Überwachungskameras an Gebäudekomplexen aufgefangen wurden. In diesem Fall kann auf Wunsch der Immobilienbesitzer nicht gesagt werden, wo genau sich dieser Komplex befindet. Auf jeden Fall meldete der Sicherheitsinspektor die Erscheinung dem Jodrell-Bank-Observatorium, so daß wir innerhalb von 24 Stunden unterrichtet waren und Vic Sleigh sofort eine Untersuchung einleitete. Es handelte sich um einen pulsierenden Ball aus weißem Licht; das Objekt

erschien gegen 6 Uhr im Nordwesten und bewegte sich langsam gen Norden. Ein Überwachungsmann sah diese Erscheinung durch das offene Fenster und ebenso auf dem Überwachungsmonitor, ein Geräusch war nicht gehört worden. Die Videoaufnahme ist in Schwarzweiß und dauert einige Minuten. Sofort dachten wir an ein Flugzeug. Aber wenn dem so war, dann mußte es sich mit recht geringer Geschwindigkeit, mit vielleicht 50 Meilen pro Stunde, bewegt haben. Das Licht war zu 90 Prozent gegen den schwarzen Himmel abgezeichnet und nur kurze Zeit in Relation zu Hügeln im Vordergrund zu sehen. Die Möglichkeit eines Luftschiffes war nicht auszuschließen, da sich das Licht mit der entsprechenden Geschwindigkeit bewegte und in dieser Gegend Blimps häufig operierten. Nach Auskunft des Manchester Airport hatte man zu dieser Zeit starken Luftverkehr, private Kleinflugzeuge, die das Radar nicht registrierte, erschwerten die Identifikation zusätzlich.

Februar und April 1991, Birchwood Mall, Warrington, Cheshire. Kommen wir schließlich zu einem Fall, der von britischen UFO-Untersuchern über zwei Jahre diskutiert wurde. Es gibt eine mögliche Erklärung, aber keine definitive Identifizierung. So gesehen, handelt es sich um ein UFO im eigentlichen Wortsinne. Ort der Zwischenfälle war das Birchwood-Einkaufszentrum, vier Meilen östlich von Warrington und direkt an der M6 gelegen, eine der meistbefahrenen Autobahnen des Landes. Da Jenny Randles in den 80er Jahren dort lebte und verschiedene Vorträge im Einkaufszentrum gehalten hatte, war sie dem Geschäftsführer bekannt, so daß er sie einige Tage nach der ersten Sichtung auf das Geschehen aufmerksam machte. Es war kurz nach 1 Uhr an einem Morgen im Februar 1991: Eine der vielen Überwachungskameras hatte ein weißes Licht von scheinbarer Tennisball-Größe aufgeschnappt, das sich offensichtlich über einem offenen Gehweg bewegte. Es schien zunächst eine Mülltonne zu inspizieren, stieg dann eine Wand hoch und kam der Kamera recht nahe. Ein Kontrolleur zoomte, woraufhin es sich zu einer weißen Doughnut-Gestalt auflöste. Dieses Gebilde zog davon, schwebte über einem Baum im Süden an der Eisenbahnstation und verging. Die Überwachungskamera wurde bei dieser Aufnahme

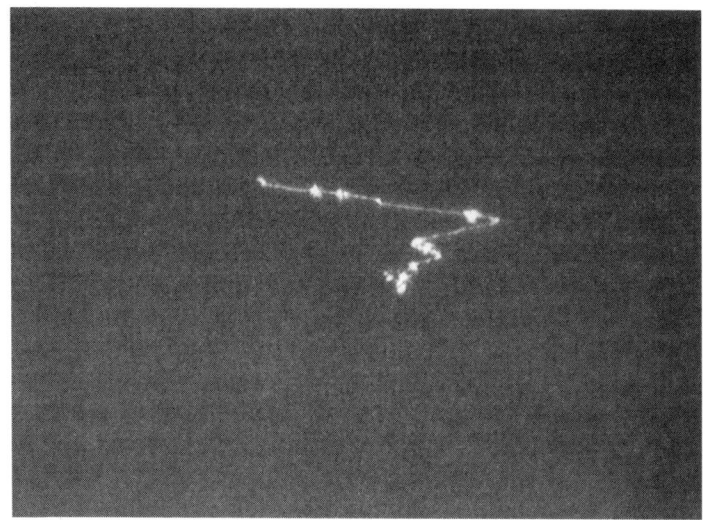

Geheimnisvolle UFO-Lichtspur am nächtlichen Himmel? Auch hier ist wieder ein Fliegendes Dreieck aufgetaucht. Die Illusion entsteht durch die verwackelte Langzeitbelichtung eines vorbeiziehenden Flugzeugs mit seinen rhythmisch aufblinkenden, roten Antikollisionslichtern und dem stetigen Landescheinwerfer. Quelle: CENAP

um 90 Grad nachgeschwenkt. Die ganze Aufzeichnung dauerte knapp acht Minuten, wobei das Objekt nicht immer sichtbar war.

Die Untersucher Peter Hough, Roy Sandbach und Jenny Randles beschlossen, diesen Fall als Brückenschlag zu den UFO-Skeptikern des Landes zu nutzen. Die sogenannten British and Irish Skeptics sind besonders aktiv im Nordwesten und geben ihr Journal *The Skeptic* in Manchester heraus. Ihnen sind viele Wissenschaftler angeschlossen, die sich besonders für UFOs interessieren. BUFORA hatte nun aber einen soliden Beweis von irgend etwas Undefinierbarem. »Wir gingen nicht davon aus, daß es ein fremdes Raumschiff war, darin hätten sich wirklich sehr kleine Männchen befinden müssen, aber der Definition nach war es ein UFO«, scherzte Randles. Steve Donnelly von der Salford-Universität lud die BUFORA-Leute zu einem privaten Seminar mit weiteren hochrangigen Skeptikern ein, um das Videomaterial zu analysieren. Die Untersuchung war kompliziert. Das verwendete Überwachungssystem lieferte nämlich Aufzeichnungen verschiedener Kameras in einer Sequenz auf Band, dann wurde die 24stündige Aufzeichnung auf ein Drei-Stunden-Band komprimiert. Jenny Randles: »Wir mußten die uns interessierenden Sequenzen erst ausfindig machen, sie entsprechend verlangsamen und von den anderen Einblendungen separater Kameras herausfiltern.« Bald dachte man an ein leuchtendes Insekt, das durch das kamerabegleitende Infrarotlicht-Scheinwerfersystem illuminiert wurde, um auch in der Dunkelheit noch Details der abgetasteten Gegend sichtbar zu machen. Die Erscheinung des Objekts auf Video selbst war ohne Frage jenseits des Brennpunktbereichs der Optik aufgenommen worden und zeigte keineswegs seine reale Gestalt. Das Risley-Mass-Naturschutzgebiet (hier gibt es einige ungewöhnliche Insektenarten) grenzt direkt an das Einkaufszentrum.

Auf der anderen Seite hatte man zuvor so etwas noch nie auf den Aufnahmen gehabt, zumindest nicht darauf geachtet. Man bedenke: Es war Mitte Februar, also im Winter. Auch war der Gedanke, daß es sich um ein unreales oder rein optisches UFO handelte, nicht von der Hand zu weisen – mit anderen Worten, die Erscheinung formte sich innerhalb des Kamerasystems und hatte keine externe Quelle. Die Untersucher führten verschiedene Tests durch, kamen aber zu keiner Lösung.

Am 26. April 1991 wurde am selben Ort von einer anderen Kamera auf der gegenüberliegenden Gebäudeseite dasselbe Objekt wieder erfaßt. Nun wurde die Theorie von einer Kamerastörung verworfen und das »leuchtende Insekt« favorisiert. Dieses Mal wurde das Objekt fast 20 Minuten lang aufgenommen, wie es ungelenkte Manöver durchführte: Zunächst schwebte es über dem Boden hin und her, passierte dann ein Straßenschild und stieg zum Himmel auf, schließlich verschwand es. Als die Kamera ganz nahe kam, nahm es fast ein Viertel des Bildschirms ein, aber zumeist war es nur ein kleiner weißer Lichtball. Der Wächter erinnerte sich an die vorherige Diskussion mit den UFO-Forschern und schaltete ein paarmal während des Geschehens das Infrarotlicht weg, woraufhin das Objekt sofort verschwand. Dieser Effekt wies klar nach, daß das Glühen des Objekts in Interaktion mit dem Infrarotlicht stand und die Erscheinung ein direktes Ergebnis davon war. Optische Effekte durch das Kamerasystem waren jetzt völlig auszuschließen – die Theorie, daß es sich um ein Insekt handelte, wurde am wahrscheinlichsten.

Im Juni 1993 sprach Jenny Randles nochmals mit dem Sicherheitsdienst, aber man hatte so etwas nicht wieder aufgezeichnet, obwohl das Überwachungssystem rund um die Uhr besetzt war. Inzwischen trat Jenny Randles mit dem Film und einem Sicherheitsbeauftragten in einer Fernsehsendung auf und diskutierte den Fall. Kurz darauf meldete sich ein ehemaliger Sicherheitsmann des Einkaufskomplexes Birchwood Mall und erklärte, den aufgetretenen Effekt mehrmals während seines Dienstes gesehen und ihn auf jeweils ein nahe der Kamera fliegendes und »out-of-focus« festgehaltenes Insekt zurückgeführt zu haben ...

In der Nummer 2 vom Juli 1989 berichtete *UFO TIMES* über einen Vorfall mit vielen Zeugen vom Freitagabend, dem 4. März 1988. UFO-Berichte kamen an diesem Abend aus dem Nordwesten von London, aus dem Südwesten von Herfordshire entlang der Verbindung 6 auf der M1 von Garston nach Rickmansworth. Hier ein zusammenfassender Bericht:

Am frühen Abend dieses 4. März 1988 erhielten Polizeidienststellen Telefonanrufe aus der Bevölkerung, wonach man fremde Objekte/Lichter am Abendhimmel ausgemacht hatte. Zwischen »beleuchteten Ballonen« und »Punktlichtquellen« war alles im Angebot. In einer Meldung wurde sogar behauptet, daß das Objekt Lichtstrahlen aussende. Zwei Polizeistreifen in Watford und Rickmansworth wurden in Marsch gesetzt. Beide Streifen bestätigten dann die Sichtung von hellen Lichtern. Doch in Watford stellten sich die UFOs bald als Venus und Jupiter heraus, die am westlichen Himmel standen. In Rickmansworth verhielt es sich anders, denn da sahen die Beamten zwei Lichtpunkte langsam zum Horizont herabsteigen und dort vergehen. Ein anderes Licht kam herbei und zog mit hoher Geschwindigkeit über die Köpfe der Zeugen hinweg in

Richtung London. In Welwyn Garden City beschloß die Polizeiführung, ihre Verkehrs-Überwachungs-Videokameras entlang der
Verbindung 6 zur M1 neu zu justieren, um sie in Richtung der gemeldeten Sichtungen zu halten. Und tatsächlich konnte mit einer
Kamera viermal jeweils eine langgezogene Lichtquelle aufgenommen werden. Bei den ersten drei Aufnahmen sah man, daß die Lichter diagonal durch den oberen Bildausschnitt zogen, bei der letzten
Aufnahme bewegte sich das Licht im Halbkreis aus dem Sichtfeld
der Kamera. Alle »Lichtbahnen« waren eher blitzend, nur bei Aufzeichnung zwei war das Licht zehn Sekunden lang beständig und
blitzte für eine Sekunde auf. Gestalt und Helligkeit aller Lichter waren auf den Polizeivideos identisch. Auf allen Aufnahmen sind im
fernen Hintergrund ein paar hellere Lichtquellen auszumachen, die
sich ganz langsam zum westlichen Horizont herabbewegen und als
Jupiter und Venus erkannt wurden. Das erste anomale Licht erschien um 21:14:08 und verschwand um 21:15:48 Uhr. Das zweite
Licht erschien um 21:17:00 und verschwand um 21:21:59 Uhr. Das
dritte Licht erschien um 21:23:05 und verschwand um 21:23:33
Uhr. Das vierte Licht erschien um 21:28:54 und verging um
21:29:43 Uhr. Polizeivideos werden ohne Ton aufgenommen.

Für BUFORA untersuchten Mike Wootten und Nigel Smith das
von der Polizei bereitgestellte Material. In *UFO TIMES* vom 3. September 1989 wurde der UFO-Alarm abgeblasen, nachdem die BU
FORA-Leute Harry Harris, Mike Sachs und Linda Taylor den Fall
neu aufgerollt hatten. Wieder wurden Jupiter und Venus als Hintergrundlichter erkannt. Die anderen sich durch das Sichtfeld bewegenden vier Einzellichter waren nichts anderes als Flugzeuge auf
dem Weg nach London bzw. von London kommend.

Am 23. Oktober 1993, ein typisch englischer trüber Tag mit bewölktem Himmel: Gegen 15 Uhr waren die Herren Mark Wilkins,
Bill Deuters und Stephen Farrow in der Rollesby Broad von Norfolk
beim Fischen. Wilkins hatte wie üblich seine Panasonic MC6-Videokamera dabei, als Farrow plötzlich rief: »He, was ist das für ein
helles Licht?« Durch den Sucher des Camcorders sah Deuters ein intensiv glühendes Objekt: »Es war zuerst nahe dem Horizont, dann

kam es herbei und zog über unsere Köpfe hinweg. Als ich es an-
zoomte, verwandelte es sich in einen Diamanten.« Nach fünf oder
sechs Sekunden des Videografierens beobachteten die Männer, wie
das helle Licht sich gegen Norden hin absetzte. Als die Männer den
Film betrachteten, waren sie über die Qualität der Aufnahme erstaunt. Sofort folgerten sie, daß dieser Film wichtig sein könnte und
schickten ihn an AS2 vom MoD, wo ihn der UFO-Spezialist Nick
Pope in die Hände bekam. So fand das Video seinen Weg zu den La-
bors des Network Security Management, wo der Videospezialist
Jon Walkin erstaunt feststellte: »Soweit ich sagen kann, ist die Erscheinung auf dem Film echt, wir sehen hier ein reales Objekt.«

Untersuchungen folgten, sie schlossen Wetterballone, Militär-
flugzeuge und Hubschrauber als Verursacher aus. Die erste noch
klare optische Erscheinung des bemerkenswerten Lichts könnte auf
ein Flugzeugscheinwerferlicht hindeuten; diese Spur wurde bisher
nicht weiterverfolgt. Auf dem Soundtrack ist jedenfalls kein Flugzeuglärm zu hören, aber was sagt das schon! Die *Mail on Sunday*
schaltete sich ein und suchte Hilfe bei Bernie Forward, Senior Ins-
pector für Flugzeugunfälle auf der RAF-Basis Farnborough, der
zunächst »ein Flugzeug« für die Aufnahme verantwortlich machte.
Seine Kollegen jedoch gingen davon aus, daß die helle Lichtraute
auf einen Prismen-Effekt der Kamera-Optik zurückzuführen sei. Dr.
Peter Andrews vom Royal Observatory, Cambridge, stimmte dem
ebenfalls zu. Schließlich legte man das Beweismaterial dem Video-
Optik-Experten der Herstellerfirma Panasonic, Martin Hanson,
vor. »Dies sieht für mich wie eine Abbildung der Kamera-Iris aus«,
war seine Antwort. Diesen Typ von Kamerablende findet man ausgerechnet in dem verwendeten Camcorder. Sie dient dazu, das ein-
fallende Licht zu regulieren, verwandelte aber das Erscheinungsbild
der Leuchterscheinung komplett, verzerrte und dehnte sie.

Obiger Zwischenfall erinnert uns an einen *ARD*-Beitrag der ehr-
würdigen »Tagesthemen« vom 18. September 1989, als man aus
der japanischen »Stadt der UFOs«, Hakui, berichtete. Kurz wurde
eine Videoaufnahme eingespielt, die gegen 19 Uhr des 7. Juli 1989
von Yasuhiko Hamazaki in Kanazawa (westlich von Tokio) gelun-

gen war; leider wurde der Typ der 8-mm-Kamera nicht genannt. Der Himmel war klar und blau. Zunächst dachte der Videograf an einen bemannten Heißluftballon, doch vermißte er das Brennergeräusch. Die Tonspur der Videoaufzeichnung ist interessant, da auch Frau Hamazaki herbeigekommen war und fragte, ob dies ein Ballon sei. Ihr Mann zoomte das Objekt heran, das sich nun größer, aber auch undeutlicher gegen den Himmel abzeichnete. Er zoomte zurück, dann wieder vor, woraufhin ein rauten- bzw. kastenförmiger Rand sichtbar wurde. Während in der *ARD* nur ein kurzer Ausschnitt von einem ruhig dastehenden Objekt zu sehen war, ist das Original (so *IUR* vom Mai/Juni 1990) 55 Sekunden lang und zeigt das Objekt, bis es zu schwach wurde. Diese Sichtung wurde schließlich von den Ortszeitungen aufgegriffen und untersucht; die nahe Luftwaffenbasis hatte nichts auf dem Radar bemerkt, und der regionale meteorologische Dienst wollte nichts von einem Wetterballon wissen.

Interessant ist das Aufblähen des ballonförmigen Objekts. Es kann durchaus ein verirrter Wetterballon gewesen sein, sie geraten immer wieder einmal außer Kontrolle, auch der äußere Schein jenseits des Zoom-Einsatzes spricht dafür. Erinnern wir uns an den Norfolk-Videoclip. Legen wir das Japan-»UFO« über diese Blenden-Spiegelung, erhalten wir schon die Grundstruktur dieser Rauteniris in den aufgeblähten Ballonkörper projiziert ...

Mit der wachsenden Beweisflut an UFO-Videos kommen also neue Probleme auf uns zu. Den »Kerbscheiben«-Effekt kennen wir bereits, bei dem durch das optische Linsenführungssystem innerhalb der Kamera verzerrte, »batmanartige« Lichtscheiben mit ausgefressenen Oberkanten entstehen.

Der rautenförmige Iris-Effekt ist neu hinzugekommen. Tatsächlich, die geringe Auflösung, das hohe Grundrauschen und die schlechte Farbwiedergabe machen Videobeweise zum Problem, die Analyse beschwerlich, und selten liegen die Originalaufnahmen vor – meistens handelt es sich um Kopien der xten Generation, wobei das Grundrauschen mehr und mehr zunimmt und die Detailschärfe sprunghaft verlorengeht.

Selbst die besten Videokameras haben nur 25 Prozent der Auflösung des heutzutage angebotenen normalen High-Speed-Filmmaterials. Man kann auch in Zukunft wenig daran verbessern, wenn auch S-VHS und Beta beachtliche Qualität erreichen. Kopierverluste bleiben allerdings Kopierverluste. Sicher, es gibt elektronische Bearbeitungsmöglichkeiten: Schärfeanhebung, Farbregulierung, Weichzeichner, Rauschfilter … Aber all diese Eingriffe sind Manipulationen und verändern in der einen wie anderen Weise unleugbar das Material.

Ein Videobild wird in horizontalen Linien gezeichnet, 480 Linien sind das Maximum; billige Geräte erreichen nicht einmal das. Das Resultat ist deutlich: Eine gerade Diagonallinie wird von »Treppchen« durchsetzt. Ein Fehler wäre es, diesen Qualitätsmangel der Auflösung als UFO-Struktur zu deuten – was jedoch von UFO-Videoproduzenten gern gemacht wird. In den TV-UFO-Shows greift man gern auf das altbackene Mittel der Vergrößerung solcher üblen Aufnahmen zurück, wodurch durch diesen verstärkten Treppchen-Effekt (und andere Einflüsse, auf die wir noch zu sprechen kommen) die »äußere UFO-Struktur« entlarvt werden soll. Diese aufgeblasenen Austastlinien und ihr Treppchen-Effekt haben nichts mit dem videografierten Objekt zu tun.

Die Elektronik der Amateur-Camcorder birgt einige Probleme. Bekannt sind elektronische Sprung- und Durchsetzungseffekte aufgrund von Überbelichtung. Diese Sprünge werden als heller Rand an der rechten Seite von dunklen Objekten sichtbar, bzw. als dunkle Ränder an der rechten Seite von hellen Objekten. Hintergrund: Der elektronische Zeichenstift (Strahl) der Kamera zeichnet das Bild von links nach rechts auf, so daß die Kunstschatten gewöhnlich rechts versetzt sind. Bei Nachtaufnahmen wird es besonders deutlich: Neben der kleinen hellen Lichtquelle (z. B. ein Planet wie die Venus) erscheint ein elektronischer Dunkelstreifen, der sich sogar vom dunklen Hintergrund des Himmels deutlich absetzt. Eine Herabsetzung der elektronischen Aufzeichnungsgeschwindigkeit ist dafür verantwortlich.

Ebenso erscheinen Farbschatten rechts (aber auch links) neben einem hellen UFO-Bild in Rot und Purpur, die aber nichts mit den UFO-Antrieben, -Schutzschirmen etc. zu tun haben.

Leider stammt das meiste UFO-Videomaterial aus NTSC-Camcordern amerikanischer bzw. japanischer Fertigung. In der Fachsprache steht NTSC für das US National Television Standards Committee, Lästermäuler nennen es Never Twice the Same Color. Hat man keine Farbreferenz, weiß man wirklich nie, ob die NTSC-Farben echt sind.

Vorsicht also: Gerade bei Nachtaufnahmen kann man den Farben von NTSC-Aufnahmen nicht trauen. Bekanntlich wird das Farbbild mit drei Grundfarben (RGB-Modell) aufgezogen, wobei Rot und Blau höhere Grundrauschwerte mitbringen und eine schlechtere Auflösung haben als Grün.

Nun noch zu den Blendeneffekten der Camcorder: Für gewöhnlich haben Kameras eine runde oder fast runde Iris. Ein fehlfokussiertes Lichtlein erscheint in der Gestalt dieser Blendenöffnung. Bei Camcordern sind oftmals befremdlich anzuschauende Konstruktionen im Einsatz; die Funktion der Iris wird hier meist elektronisch geregelt und nicht mechanisch. Alien-artige Schauspiele kommen deshalb zustande, weil der Lichtweg seltsame Bahnen nimmt. Ein fehlfokussierter Lichtpunkt kann batmanförmig, rautenförmig, diamantförmig, hexagonal oder zerfetzt zur Wirkung kommen. Auch wenn diese fremden Gestalten beständig bleiben und wunderbar ausschauen, entstammen sie keiner verborgenen und scheinbar vergrößerten UFO-Oberflächengestalt, sondern rein der Zoomarbeit an einem unfokussierten Licht.

Was früher die Skywatch-Party für naive UFO-Enthusiasten war, ist heute für manchen amerikanischen Ufologen die Video-»Jagd-Expedition« geworden – auf geht's zum Groom Lake! Selten wird man bei den inzwischen federleichten Camcordern ein Stativ mit sich herumtragen, verrückte UFO-Manöver werden aus der Hand gefilmt. Dem Kamera-»Mann« ist oft gar nicht bewußt, daß das kleinste Wackeln große Sprünge hervorruft. Beschwörungen wie »Ich war ganz ruhig« sind also mit Vorsicht zu genießen. Es ist immer gut, wenn man Referenzpunkte mit aufgenommen hat.

Aber auch Deutschland hat UFO-Dokumente auf Video anzubieten. Nachfolgender Beitrag entstammt dem UFO-Archiv meines schon mehrfach zitierten Kollegen Henke: Ein Schüler filmte am 8. März 1993 über Gelnhausen-Roth ein »Batman«-Objekt – Ende Mai 1993 erhielt ich von der GWUP einen Brief samt einer Video-kassette, die der 15jährige Schüler Sascha H. mit Bitte um Begut-achtung eingesandt hatte.

In dem Schreiben heißt es u. a.: »Am 8. März 1993 machte ich eine komische Beobachtung. Ich besitze seit einem Jahr eine Video-kamera. An diesem Tag hatte ich meine Kamera aufnahmebereit am Fenster stehen. Ich begann mit meinen Aufzeichnungen in der Däm-merung zwischen ca. 18:30 bis 19:15 Uhr. Am Anfang meines Fil-mes werden Sie nur einen kleinen Punkt über bzw. zwischen den Bäumen eines nahe gelegenen Wäldchens erkennen. Dann, im Laufe des Films, konnte ich mit einem 10fach-Zoom das Objekt bzw. den Flugkörper relativ gut näherholen. Eine Straßenlaterne oder ein Scheinwerferlicht sind ausgeschlossen, da sich das Objekt bewegt, eine außergewöhnliche Form hat, und der Mond auf der anderen Seite war. Nach den ersten paar Minuten wechselte ich meinen Auf-nahmepunkt.«

Einige Tage danach sahen wir uns das Video gemeinsam an. Es wurde mit einer CANON A2 Hi aufgenommen (10x-Zoom, Blen-de: 1,4, Brennweite: 80 mm, Lichtstärke: 1 Lux). Der Film dauerte etwa 30 Minuten. Zu sehen ist zunächst ein heller Lichtpunkt, der größer als ein Stern, aber kleiner als der Mond erscheint. Das Ob-jekt ist immer wieder von Zweigen davorstehender Bäume ver-deckt. Anhand der Zweige läßt sich in der Tat eine langsame, nach unten gerichtete Bewegung ausmachen. Zwischendurch zoomte Sascha den Lichtfleck heran, bis eine batmanartige Gestalt erschien.

Bis dahin stimmten die Angaben des Jungfilmers. Doch dann er-folgte ein Standortwechsel der Kamera, und nacheinander gerieten zwei weitere, größere Lichter ins Blickfeld, die völlig unbeweglich waren und wie Straßenlampen erschienen. Sascha gab zu, zuletzt Straßenlampen gefilmt zu haben. Darauf aufmerksam gemacht, daß es sich bei der Batman-Form um einen bekannten Zoom-Effekt han-delt, gab er (sinngemäß) sogleich zu verstehen, daß damit die Sache ja wohl geklärt sei. Konfrontiert mit unserem Eindruck, daß er einige Sequenzen nachträglich in Zeitlupe kopiert hatte, gab er an, daß dieser Effekt während der Aufnahme zustande gekommen sei: Dieser Zeitraffer wurde durch eine Digital-Funktion hervorgerufen. Inzwischen liegt uns der Fragebogen von Sascha vor: Sascha hatte die Kamera ursprünglich aufgestellt, um seine Mutter durch das Fenster beim Nachhausekommen zu filmen. Dann jedoch fiel sein Blick auf das Objekt hinter den Bäumen.

Die Schätzungen von Sascha schwankten, doch aufgrund des von ihm beigelegten Stadtplanes ließ sich herausfinden, daß das Objekt in WSW-Richtung stand. Alle Angaben (Zeitraum, Himmelsrichtung, Höhe, Bewegungsrichtung, Objektbeschreibung) stimmten mit der untergehenden Venus überein.

Mit der Venus-Erklärung gab sich Sascha zufrieden. Fazit: Astronomische Unkenntnis zusammen mit einem technischen Effekt ließen die Venus diesmal zum UFO werden.

Ob unser Jungfilmer uns mittels der eingeblendeten Straßenlampen-Szenen »prüfen« wollte, muß offen bleiben. Zu verdenken wäre ihm ein derartiges Verhalten jedoch nicht, gibt es doch in der UFO-Szene sogar Wissenschaftler, die Fotos von (selbst so bezeichneten) »Betrügern« bzw. »Spinnern« einem gläubigen Publikum als authentisch verkaufen wollen ...

Flugzeuge im UFO-Tarngewand

Es wird Zeit, UFOs vorzustellen, die zwar abenteuerlich anzusehen, aber dennoch gänzlich irdischer Natur sind ... Flugzeuge. Ein Beispiel soll verdeutlichen, wie der phantastische Gedanke und Traum vom Fliegen von Emotionen besetzt ist. Luftsprünge sind hier lediglich in ufologischen Wahnmustern festzumachen: Niemand wird leugnen, daß die Beschäftigung mit der UFO-Thematik fortgesetzt ein Lernprozeß zum Verständnis der Ereignisse um uns herum und unserer Position in der Welt ist, letztlich projiziert die UFO-Erscheinung als Phänomen unsere seelische Innenwelt und unsere Hoffnung nach außen.

Ein gutes Beispiel ist das Pennine UFO-Mystery in England, worüber die britische Forscherin Jenny Randles berichtete:

Februar 1979. Die englische UFO-Forschungsgruppe Manchester UFO Research Association/MUFORA hat eine lebhafte Zeit, rund um das Gebiet werden fast jede Nacht merkwürdige nächtliche Lichterscheinungen gesehen. Das Rätsel-Objekt wird von Zivilisten und Polizeibeamten mehrfach gesichtet und führt schließlich dazu, daß sich der Hauptzeuge MUFORA als Forscher zur Verfügung stellt: Mike Sacks. Er ist jedoch kein unvorbelasteter Zeuge, sondern mit ihm tut sich ein sehr kontroverses Gebiet der UFO-Phänomen-Untersuchung auf – er ist ein vorbelasteter Wiederholungs-»Täter« ungewöhnlicher Wahrnehmungen. Bereits als Kind hat er einige befremdliche Erfahrungen gemacht. (Mit acht Jahren hörte er ein Geräusch in seinem Kopf und rief aus, es solle verschwinden; eine Minute später setzte sich ein ein Meter hoher Lichtblitz vom Boden ab; mit elf oder zwölf Jahren erschien in seinem Kinderzimmer ein grünlicher Lichtball von ein paar Zentimetern Durchmesser, mit dem er gedanklich kommunizierte, als er im Halbdämmerschlaf auf dem Bett lag.) Jenny Randles nennt das den psychic overlap, die psychische Überschneidung, das psychische Überlappen, den psychischen Übergriff. Wir alle haben die Erfahrung gemacht, daß UFO-Zeugen auftreten, die andere Formen von gespenstischen Erfahrungen anzumelden wissen (besonders im Bereich der sogenannten Entführungs-»Opfer«). Jenny Randles: »Aber sobald wir uns den nahen Begegnungen zuwenden (insbesondere im Feld der Kontakte mit einer vermeintlich fremden Intelligenz), verändert sich die Lage völlig; je eher jemand eine der eher unregelmäßig geschehenden UFO-Begegnungen meldet, je eher erfährt jene Person auch viele andere gespenstische Ereignisse, und diese Zeugen laufen Gefahr, zum ›repeater‹ zu werden.« Ich würde sogar noch weiter gehen und die UFO-Begegnungserfahrung nicht als Auslöser betrachten, sondern nur als ein Bestandteil einer übergreifenden Erfahrung in der Begegnung des Individuums mit einer subjektiven »neuen Realität«. Wie wir gewisse Brennpunktzonen von UFO-Sichtungen haben, in Insiderkreisen nennt man sie »Fenster«, so gibt es auch

Brennpunkte bei Menschen, die zum Ausgangspunkt gespenstischer Erfahrungsberichte werden. In der Kombination beider Faktoren kommen wir leicht zum Ergebnis einer befremdlichen ufologischen Kernschmelze – löst man beide Elemente für sich isoliert auf, kann man jedoch leicht Entwarnung signalisieren.

Freitag- auf Samstagnacht des 23./24. Februar 1979. Es ist gegen 2 Uhr, viele Zeugen sehen für die Zeit kurz vor 2 bis kurz nach 2:45 Uhr im Großraum Manchester einen orangefarbenen Lichtball herumfliegen, es ist nicht das erste Mal, daß jenes fragliche Objekt hier sein Unwesen treibt. Für gewöhnlicht zieht es von Nordost nach Südwest. In dieser Nacht ist unser Hauptzeuge Mike aus Stacksteads noch wach – mitten in der Kernzone der sogenannten Pennines, wo sich das berühmte Jodrell-Bank-Radioteleskop befindet. Das fragliche Lichtobjekt scheint mit mehr als 100 Meilen pro Stunde zu fliegen, stoppt jedoch plötzlich ab, dies mit einem atemberaubenden Manöver, das man kaum beschreiben kann. Sein Glühen läßt nach, zurück bleibt ein Bogen von bläulichem Licht, worüber sich eine verdunkelte Struktur erhebt, die aus drei Ringen einer dumpfen Lichtmasse zu bestehen scheint. Ein Objekt, so gewaltig wie ein englischer Doppeldeckerbus, sinkt dann weit hinten im Tal herab. Mike alarmiert die Polizei, die prompt reagiert und zwei Beamte schickt; kurz nach 2 Uhr bemerken auch sie das UFO. Während Mike eine Landung vermutet, ist es den Beamten klar, daß das Objekt weitergeflogen sein muß. Es war also nur eine Frage der optischen Perspektive. Später gaben die Polizisten gegenüber MUFORA-Untersuchern an, daß Zeuge Mike ihnen sehr aufgeregt vorkam und zur Übertreibung neigte.

Im Zuge der Nachforschungen meldeten sich rund um Rossendale weitere Zeugen. So auch Bauer Alf Kyme und ein Helfer, die um 2 Uhr von ihrem Hof aus ein Objekt mit Kuppel und roten Ringen über das Tal fliegen sahen. Stephen Alexander, zwar Feuerwehrmann, aber nachts auch als Taxifahrer unterwegs, sah um 2:45 Uhr nahe Wigan (25 Meilen südwestlich von Bacup) zusammen mit einem Fahrgast einen orangefarbenen Lichtball nach Norden ziehen. Dieser bewegte sich westlich und verschwand plötzlich. Ein wahrer Ausbruch an Sichtungen (etwa ein Dutzend!) für die Zeit von

2:40–2:50 Uhr folgte: In St. Helens verfolgte eine Polizeistreife den
Lichtball; in Ormskirk zuckten zwei Autofahrer ängstlich zusammen, als ihr Wageninneres wie von Feuer erfaßt zu werden schien.
Als sie nach oben schauten, sahen sie etwas wie ein »in Feuer gerate-
nes Flugzeug«; in Wallasey beobachtete ein Paar ein Lichtfeuerwerk
am Himmel. Doch all diese Sichtungen scheinen ein völlig anderes
Phänomen zu beschreiben, lief es doch weitaus rascher ab und wurde
zudem von einem brüllenden, dröhnenden Geräusch begleitet. In
Scarisbrick nahe Southport sollen sogar die Fensterscheiben gezittert
haben. Befremdlich zum vorherigen Phänomen ist die Vielzahl der
Zeugen in einem engen Zeitraum. Ein Feuerball-Meteor, der bei seinem Durchgang durch unsere Atmosphäre verglühte? Damit kompliziert sich die Affäre, hat dieser Meteor doch ganz sicher nichts mit
den Ereignissen von 2 Uhr zu tun. Überenthusiastische Ufologen mögen hier Gefahr laufen, beide Ereignisse miteinander zu verknüpfen
und daraus ein einziges Phänomen zu produzieren.

Mike Sacks widersprach auch bald der Meteor-Lösung. Die Geschichte wurde für die Untersucher undurchsichtig, hinzu kam
noch, daß ein Parlamentsmitglied an das Verteidigungsministerium
eine Anfrage stellte. Die zivile Luftfahrtbehörde sprach von einem
niedrigfliegenden Militärjet, der seinen Nachbrenner zugeschaltet
und somit das Brüllen verursacht hätte. Später wurde jedoch diese
Erklärung von der Luftfahrtbehörde wieder zurückgezogen, während das MoD von einer USAF-Übung mit F-111-Maschinen von
Upper Heyford sprach. MUFORA fragte bei Colonel Shrihofer von
der USAFB Upper Heyford nach, der offiziell erklärte, daß in der betreffenden Nacht keine seiner F-111 im Einsatz war. Die betroffene
Zone ist aber extrem durch den internationalen Flughafen Manchester belastet, ebenfalls durch die Flughäfen Liverpool und Leeds/
Bradford.

Die Jagd nach dem UFO begann. Alsbald tauchte die glühende
orangefarbene Leuchtkugel wieder auf, immer zwischen 1 und 3
Uhr in der Nacht. MUFORA und Mike legten sich auf die Lauer, die
Medien hatten ihre Tagessensation, und ein Pressefotograf begleitete die UFO-Forscher. Am 19. Mai 1979 war es soweit, Mike und

sein Bruder Ray befanden sich oben auf den Hügeln der Berge um
Bacup. Um 2:27 Uhr kam das UFO mit einem summenden Ton herbei, schien dann plötzlich in der Luft anzuhalten: befremdlich und
bizarr zugleich. Der Fotograf schoß Dutzende Fotos und träumte
von einer Weltsensation. Leider hat bis heute niemand die Aufnahmen zu Gesicht bekommen, weil darauf nichts zu sehen ist. Das Objekt war wohl im Kamerasucher zu sehen, das Filmmaterial wurde
sorgsam entwickelt. Das Licht des Objekts mußte sich nach Ansicht
aller Beteiligten auf dem empfindlichen Film niedergeschlagen haben. Haben wir es hier mit einem weiteren UFO-Paradoxon zu tun?
Hat wieder irgendeine geheimnisvolle Strahlung eine »Fotosperre«
eingelegt? Oder hat die Imaginationskraft den Zeugen ein weitaus
spektakuläreres Erscheinen vorgegaukelt, als es in Wirklichkeit war?

Bemerkenswerterweise zeigte sich im Rahmen dieses Phänomens
eine Konzentration auf die Nacht vom Freitag zum Samstag. Zumeist, das muß zugestanden werden, war die Erscheinung dieses
UFOs kaum mehr als ein entferntes Licht gewesen. Allmählich begann sich MUFORA zu wundern und prüfte nochmals die Informationen beim Manchester Airport und der dortigen Verkehrskon-
trolle nach. Mit Hilfe von Radaroperateur Peter Warrington fand
man den Übeltäter: Es handelte sich um ein DC-9-Frachtflugzeug,
das jedesmal zur Sichtungszeit unterwegs war. Die Betreiberfirma
hatte ihre Maschine mit einem rotbemalten Heckruder versehen,
das seitlich beleuchtet wurde. Gegen den dunklen Himmel erschien
diese Illumination der Schwanzflosse wie der Vorbeizug einer orangefarbenen Lichtkugel. Gleichsam wurden dabei alle anderen Lichter der Maschine abgeschwächt, was die Illusion noch verstärkte.
Air Cargo 101 war Auslöser des UFO-Alarms gewesen, aber viele
Beteiligte pfiffen auf die einleuchtende Erklärung und legten sich
weiter auf die Lauer. Bis in den Januar 1980 gehörte auch Mike
Sacks zu denen, die nicht von ihrem UFO abließen. Aber niemandem gelang eine brauchbare Aufnahme, wie auch! Eine schwache
Lichtquelle gegen den dunklen Himmel läßt sich nur schwer auf-
nehmen. Dazu benötigt man schon eine Langzeitbelichtung, die
aber produziert nur Lichtbahnspuren.

Obwohl inzwischen die Nachricht über Air Cargo 101 auch in breitere Kreisen vorgedrungen war, ging das in England allgemein beliebt gewordene Skywatch-Spiel weiter – noch bis in den November 1980 hinein. Inzwischen war der Polizist Norman Collinson zu MUFORA gekommen, er zählte zu einem der ersten Zeugen des Phänomens in den Pennines. Auch Norman legte sich auf die Lauer, halbherzig unterstützt von seinen Vorgesetzten. Am Samstag, dem 15. November, hatte er seine dritte Sichtung. Er war allein auf einem Hügel nahe Bacup, als um 1:25 Uhr in einer Wolke eine rote, flammenartige Lichtmasse auftauchte. Noch bevor sich Norman richtig erschrecken konnte, glitt aus der Wolkenbank ein brillant erhelltes Objekt, das so niedrig flog, daß Norman geradezu von Licht überschüttet wurde. Seine Polizeiausbildung war für den Moment vergessen, auch seine Berufserfahrung nützte ihm nichts mehr: Vor Schreck und Angst schrie er laut auf.

Als das Objekt nach Süden weiterzog, stellte Norman fest, daß es ein Flugzeug gewesen war. Es waren keine Navigationslichter zu sehen, nur eine Serie von abgeschwächten weißen Kabinenlichtern. Die Maschine war für ein Passagierflugzeug recht niedrig, eigentlich zu niedrig. Bemerkenswert: Obgleich die Maschine nur ein paar hundert Meter hoch flog, war nur ein wisperndes Geräusch zu vernehmen, hervorgerufen durch die am Rumpf vorbeistreichende Luft. Dann stieg das Flugzeug wieder auf und zog davon, die Motoren heulten mächtig auf. Nun war auch Norman überzeugt, daß keine fremde Intelligenz in der Gegend herumspionierte. Als Polizist beschloß er, seine dienstlichen Vollmachten zu nutzen und machte sich am kommenden Wochenende bereit, der Sache endgültig auf den Grund zu gehen. Wieder legte er sich auf die Lauer, dieses Mal aber bereit, dem Flugzeug zu folgen. Am 22. November erschien das »UFO« pünktlich zur gewohnten Zeit, aber diesmal wurde es in rasender Fahrt mit dem Polizeiwagen verfolgt. Es landete auf dem Manchester Airport. Norman drang auf das Flughafengelände vor und gelangte zusammen mit einem Flughafen-Sicherheitsdienstbeamten an Bord der Air Cargo 101, um mit dem Piloten und seiner Crew zu sprechen.

Was dieses Gespräch ergab, ist für das Verständnis des UFO-Phänomens wichtig, gleichsam aber auch ein wenig alarmierend. Der
Pilot: »Wir sparen Treibstoff und gleiten in geringer Höhe dahin.
Unsere Firma weiß davon; ich denke, daß die anderen Airlines das
ähnlich machen.« Über offenem Gelände schaltete die Crew von Air
Cargo 101 dann alle Lichter aus, um bei Nacht den Sternhimmel zu
genießen. (Warum sollten Flieger auch keine Romantiker sein?) Das
Dahingleiten von Air Cargo 101 löste die Rossendale-Anomalie
auf, und wahrscheinlich hat diese britische »UFO«-Erfahrung auch
ihren Teil beizutragen, wenn es um ähnliche Meldungen aus anderen Erdteilen geht.

Wie auch immer, Rossendale hat uns gezeigt, daß die Identifizierung eines UFOs kein Versagen der Ufologie ist, sondern einen Erfolg bedeutet. Leider sehen die meisten Ufologen das genau umgekehrt.

Gleichsam haben wir einmal mehr erfahren, daß die Bereitschaft
der Zeugen, ihr Wille zum Glauben, recht hoch ist, wenn es darum
geht, Interpretationen nach bekannten ufologischen Strickmustern
zu folgen, sobald sie scheinbar Merkwürdiges gesehen haben. Auch
die mangelnde Nachvollziehbarkeit ihrer aufgeklärten Sichtungen
läßt sie weiterhin an authentische UFOs mit allen aufregenden
Merkmalen glauben. Und viele von ihnen sind nur zu bereit, daran
festzuhalten, daß die von ihnen gesehenen UFOs (dabei steht UFO
einfach nur für unidentifiziertes Flug-Objekt, noch nicht einmal für
unidentifizierbares oder unbekanntes Flug-Objekt) fremde Raumschiffe waren. Reden Sie das jemandem aus, der partout an seinem
Wunder festhalten will!

Zehn UFO-Forschungs-Richtlinien

Abschließend zehn Richtlinien, die man bedenken sollte, sobald
man es mit einem UFO-Problem zu tun hat. Sie wurden zuerst von
Philip Klass, einem der erfahrensten amerikanischen UFO-Sachver-
ständigen, aufgestellt.

Phil Klass   *Quelle: Peter Brookesmith, UFO, Königswinter 1995*

1. Selbst völlig ehrliche, integre und intelligente Menschen, die sich plötzlich mit einem ebenso kurzen wie unerwarteten Geschehnis konfrontiert sehen, in das darüber hinaus ein ihnen nicht vertrautes Objekt verwickelt ist, laufen bei dem Versuch, exakt zu beschreiben, Gefahr, den Vorfall extrem ungenau zu schildern.

2. Obwohl die menschliche Wahrnehmung Beschränkungen unterworfen ist, wenn sie sich mit kurzen, unerwarteten und ungewöhnlichen Geschehnissen auseinanderzusetzen hat, können die Beobachtungen von Augenzeugen zum Teil relativ genau sein. Das Problem, dem sich der UFO-Forscher gegenübersieht, liegt in erster Linie in der Aufgabe, zwischen den Details zu unterscheiden, die relativ genau bzw. völlig verzerrt wiedergegeben werden. Solange nicht die wahre Identität des UFOs bestimmt werden kann, mag es sich als unmöglich herausstellen, so daß sich die UFO-Forschung in manchen Fällen vor ein unlösbares Problem gestellt sieht.

3. Wenn eine Person, die ein ungewöhnliches und nicht vertrautes Objekt sieht, den Schluß zieht, daß es sich dabei um ein Raumschiff aus einer anderen Welt handelt, wird sie in Zusammenhang mit dieser Vermutung zugleich auch annehmen, daß dieses Objekt auf ihre Anwesenheit bzw. ihre Handlungen reagiert, während in Wirklichkeit ein solcher Zusammenhang zwischen Ursache und Wirkung nicht im geringsten gegeben sein muß.

4. Die Medien, die eine UFO-Sichtung stark hervorheben, sobald sie gemeldet wird, schenken dem betreffenden Fall in der Regel wenig oder gar keine Aufmerksamkeit, wenn die Sache eindeutig geklärt ist und auf völlig prosaische Tatsachen und Umstände zurückgeführt werden konnte.

5. Ein Beobachter, und das gilt selbst für erfahrene Piloten, kann unmöglich genau die Entfernung und Höhe bzw. die Größe eines unbekannten Objektes am Himmel schätzen, es sei denn, es befindet sich in unmittelbarer Nähe eines bekannten Objektes, dessen Höhe oder Größe bekannt ist.

6. Sobald die Öffentlichkeit aufgrund entsprechender Meldungen in den Medien einmal glaubt, daß UFOs in der Nähe sind, bieten sich zahllose natürliche und von Menschenhand geschaffene Objekte an, die in der Vorstellung hoffnungsvoller Beobachter – vor allem wenn sie nachts in Erscheinung treten – recht ungewöhnliche Eigenschaften annehmen können. Deren UFO-Meldungen tragen ihrerseits wieder zur allgemeinen UFO-Hysterie bei, die weitere Beobachter dazu verleitet, in allen möglichen Dingen UFOs zu sehen. Dieser Zustand schraubt sich so lange hoch, bis die Medien das Interesse am Thema verlieren, worauf die UFOs auch prompt wieder verschwinden.

7. Bei dem Versuch festzustellen, ob es sich bei einer UFO-Meldung um die Wahrheit oder um einen Schwindel handelt, sollte sich ein Forscher auf materielles Beweismaterial stützen bzw. auf das Fehlen von solchen materiellen Spuren, wo sie eigentlich hätten vorhanden sein müssen. Er sollte sich keineswegs auf die allgemeinen Einschätzungen des Charakters der in den Fall verwickelten Augenzeugen verlassen.

8. Die Unfähigkeit selbst erfahrener UFO-Forscher, aufgrund unzureichender Informationen eine UFO-Meldung umfassend und definitiv zu erklären, sollte selbst dann, wenn man sich intensiv um die Aufklärung des Falls bemüht hatte, niemals bereits als Beweis angesehen werden, der zur Erhärtung der Hypothese beiträgt, daß die Erde von Raumschiffen aus anderen Welten aufgesucht wird.

9. Sobald am nächtlichen Himmel ein Licht auftaucht, das für ein UFO gehalten und einer Radarstation gemeldet wird, die daraufhin den Radarschirm nach einem unbekannten Objekt absucht, darf man mit fast absoluter Sicherheit davon ausgehen, daß ein solches »unbekanntes« Objekt gefunden werden wird. Umgekehrt dürfte mit ebensolcher Sicherheit ein UFO »gesichtet« werden, wenn sich auf dem Radarschirm ein unbekanntes Objekt abzeichnet, das für ein UFO gehalten wird, und sich ein Beobachter daraufhin auf die Suche nach einem ungewöhnlichen Licht am Nachthimmel macht.

10. Zahlreiche UFO-Fälle erscheinen nur deshalb rätselhaft und unerklärlich, weil es die Personen, die sich mit ihrer Untersuchung und Aufklärung befaßten, unterlassen haben, sich der Sache mit genügender Ausdauer und Gründlichkeit anzunehmen.

Anhang

Anlaufstellen in Deutschland für UFO-Untersuchungen, Fallermittlungen, Forschungsarbeit, UFO-Sichtungsberichte, Informations-Zentren; Herausgeber seriöser UFO-Fach-Journale sowie Spezialpublikationen:

Centrales Erforschungs-Netz außergewöhnlicher Himmels-Phänomene, CENAP, Werner Walter (Herausgeber der UFO-Fachzeitschrift CENAP REPORT, deutsches UFO-Video-Clearing-House), Eisenacher Weg 16, 68309 Mannheim. UFO-Hotline – Telefon/Fax: 06 21-70 13 70, oder Hansjürgen Köhler, Limbacher Str. 6, Mannheim, 06 21-70 35 06

Gesellschaft zur Erforschung des UFO-Phänomens e. V., GEP (Herausgeber der Fachzeitschrift Journal für UFO-Forschung), Postfach 2361, 58473 Lüdenscheid, UFO-Hotline: 0 23 51-2 33 77 (oder Fax: 0 23 5-12 33 35)

Gesellschaft zur wissenschaftlichen Untersuchung von Parawissenschaften e. V., GWUP (Herausgeber der Zeitschrift SKEPTIKER), Postfach 1222, 64374 Roßdorf. Leiter des Fachbereichs »UFO«: Rudolf Henke, Große Ringstr. 11, 69207 Sandhausen, UFO-Hotline – Telefon/Fax: 0 62 24-5 43 03

Empfehlenswerte weiterführende und ernsthafte deutschsprachige UFO-Literatur sowie Videos:

Die UFOs. Time-Life, 1988, Amsterdam

Adler, Bill, *Das Rätsel der UFOs – Gesammelte Briefe über fliegende Untertassen aus den Akten der US-Luftwaffe.* Moewig, 1969, München

Baumann, Hans D., *Unsere fernen Nachbarn – Wie sich die Erdbewohner die Außerirdischen vorstellen.* Rasch und Röhring, 1990, Hamburg

Evans, Hilary, *Beweise: UFOs.* Knaur, 1988, München

Flammonde, Paris, *UFOs: Es gibt sie wirklich.* Heyne, 1978, München

Fowler, Raymond E., *Die Beobachter – Das große UFO-Buch*. Ba-
stei-Lübbe, 1994, Bergisch Gladbach

Good, Timothy, *Jenseits von Top Secret: Das geheime UFO-Wissen
der Regierungen*. Zweitausendeins, 1991, Frankfurt

Höfling, Helmut, *UFOs, Urwelt, Ungeheuer: Das große Buch der
Sensationen*. Naumann & Göbel, 1990, Köln

Hynek, J. Allen, *UFO-Begegnungen der ersten, zweiten und dritten
Art*. Goldmann, 1978, München

Hynek, J. Allen, *UFO-Report: Ein Forschungsbericht*. Goldmann,
1978, München

Jung, C. G., *Geheimnisvolles am Horizont: Von Ufos und ähnlichen
Phänomenen*. Walter, 1992, Olten

Krönig, Jürgen, *Und wieder Kornkreise: Die Suche nach Fakten*.
Zweitausendeins, 1993, Frankfurt

Kusche, Lawrence David, *Die Rätsel des Bermuda-Dreiecks sind
gelöst!* Pölking, 1978, Groven

Lorenz, Friedrich, *UFOs, Ungeheuer, dunkle Mächte*. Gondrom,
1994, Bindlach

Magin, Ulrich, *Von UFOs entführt: Unheimliche Begegnungen der
vierten Art*, Beck, 1991, München

SOBEPS, *UFO-Welle über Belgien*. Zweitausendeins, 1993, Frankfurt

Spencer, John, *Geheimnisvolle Welt der UFOs*. Bertelsmann Club,
1992, Gütersloh

Thompson, Keith, *Engel und andere Außerirdische – UFO-Phänomene in neuer Deutung*. Droemer Knaur, 1993, München

Vallée, Jacques, *Dimensionen: Begegnung mit Außerirdischen von
unserem eigenen Planeten*. Zweitausendeins, 1994, Frankfurt

Vallée, Jacques, *Enthüllungen: Begegnungen mit Außerirdischen
und menschlichen Manipulationen*. Zweitausendeins, 1994,
Frankfurt

Vallée, Jacques, *Konfrontationen: Begegnungen mit Außerirdischen
und wissenschaftlichen Beweisen*. Zweitausendeins, 1994, Frankfurt

von Ludwiger, Illobrand, *Der Stand der UFO-Forschung*. Zweitausendeins, 1992, Frankfurt

von **Randow, Gero,** *Mein paranormales Fahrrad und andere Anlässe zur Skepsis.* Rowohlt, 1993, Reinbek bei Hamburg

Webner, Klaus, *Wesen aus dem Weltraum: Erste Dokumentation der Welt über fotografierte Ufonauten.* Verlag Klaus Webner Produktionen, 1993, Wiesbaden

Videos

UFO: Das ungelöste Geheimnis, Dokumentation. MCEG Virgin Vision, BILD-am-Sonntag-Video, Bestellnummer 44122

UFOs: Die Beweise. Clip-Film/Magazin 2000, München/Düsseldorf

UFOs Are Real: Sie kommen von fremden Sternen. Creative Moments/E.A.T. Mediengruppe, Essen, Bestellnummer CM 105, ISBN 3-929989-05-0

Das UFO-Phänomen: Besucher aus dem Weltall? Dokumentation, Komplett-Video, München, ISBN 3-86148-843-2

Empfehlenswerte englische UFO-Organisationen, UFO-Literatur und -Zeitschriften, Bücher und Videomaterial. UFO-Archive bei Behörden und UFO-Computer-Netzwerk in den USA:

International UFO Reporter, Center for UFO Studies. 2457 West Peterson Avenue, Chicago, Illinois 60659, USA

MUFON UFO Journal, Mutual UFO Network. 103 Oldtowne Road, Seguin, Texas 78155-4099, USA

UFO (Magazine). P.O. Box 10 53, Sunland, California 91041, USA

Skeptics UFO Newsletter. Philip J. Klass, 404 »N« St.SW, Washington D.C. 20024, USA

Just CAUSE. CAUS, Box 1 76, Stoneham, Massachusetts 02180, USA

UFO Times. BUFORA, London WC1N 3XX, England

Fortean Times. Box 2409, London NW5 4NP, England

Arcturus Books (der amerikanische UFO-Buchversand). 1443 S.E. Port St. Lucie Blvd., Port St. Lucie, Florida 34952, USA

UFO Audio-Video Clearing House (Achtung: amerikanisches NTSC-TV System!). P.O. Box 3 42, Yucaipa, California 9 23 99-03 42, USA

United States Department of Justice, Federal Bureau of Investigation, Freedom of Information-Privacy Acts Branch, Records Management Division. Washington, D.C., 20535, USA. FBI-UFO-Dokumente sind auch im Leseraum der FBI-Zentrale einsehbar.

Central Intelligence Agency, Acting Information and Privacy Coordinator. Washington, D.C., 20505, USA.

National Archives and Records Service. Washington, D.C., 20408, USA. Hier befindet sich das Aktenmaterial des Project Blue Book: Record Group 341, Records of Headquarters USAF, Project Blue Book, T-1206

US Department of Commerce, National Technical Information Service.

Springfield, Virginia 22161, USA. Unter AD-680 975, AD-680 976 und AD-680 977 ist hier der Condon Report als »Scientific Study of unidentified flying objects« erhältlich.

America Online im Internet mit OMNI's Project Open Book. Information über America Online, 8619 Westwood Center Drive, Vienna, VA 22182-9806, USA. Das Open Book Bulletin Board ist über Keyword OMNI, Menue Antimatter – Message Board, List Topics and REAL PROJECT OPEN BOOK zu öffnen

Billig, Otto, *Flying Saucers: Magic In The Skies.* Schenkman Publishing, Cambridge, Ma., USA, 1982, ISBN 0-87073-833-X

Clark, David; Roberts, Andy, *Phantoms of The Sky.* Robert Hale, London, England, 1990, ISBN 0-7090-4086-5

Evans, Hilary; Spencer, John, *UFOs 1947–1987: The 40. Year Search For An Explanation.* Fortean Tomes, London E6 2AQ, England, 1987, ISBN 1-870021-02-9

Fuller, Curtis G., *Proceedings of The First International UFO Congress.* Warner Books, New York, N.Y., USA, 1980, ISBN 0-446-95159-5

Gurney, Gene und Clare, *Unidentified Flying Objects.* Abelard-Schuman, New York, USA, 1970, ISBN 0-200-71677-8

Jacobs, David Michael, *The UFO Controversy In America.* Indiana University Press, USA, 1975, ISBN 0-253-19006-1

Klass, Philip J., *UFOs Identified*. Random House, New York, USA, 1968, ISBN 0-394-45003-5

Klass, Philip J., *UFOs Explained*. Random House, New York, USA, 1974, ISBN 0-394-49215-3

Klass, Philip J., *UFOs The Public Deceived*. Prometheus Books, Buffalo, New York, USA, 1983, ISBN 0-87975-201-4

Klass, Philip J., *UFO Abductions A Dangerous Game*. Prometheus Books, Buffalo, New York, USA, 1989, ISBN 0-87975-509-1 (in Deutschland über Verlag Lee Traynor, Bruchwiesenstr. 15, 64380 Roßdorf)

Macnish, John, *Cropcircle Apocalypse*. Circlevision Publications, P.O. Box 36, Ludlow, Shropshire, SY8 3ZZ, England, 1993, ISBN 0-9522580-3X

Oberg, James E., *UFOs & Outer Space Mysteries*. Donning Company, Norfolk Beach, Va., USA, 1982, ISBN 0-89865-102-6

Randles, Jenny, *UFO Study A Handbook For Enthusiasts*. Robert Hale, London, England, 1981, ISBN 0-7091-8864-1

Randles, Jenny, *UFO Reality A Critical Look At The Physical Evidence*. Robert Hale, London, England, 1983, ISBN 0-7090-1080-X

Randles, Jenny; Warrington, Peter, *Science And The UFOs*. Basil Blackwell, Oxford, England, 1985, ISBN 0-631-13563-4

Sachs, Margaret, *The UFO Encyclopedia*. Perigee Books, New York, N.Y., USA, 1980, ISBN 0-399-50454-0

Sagan, Carl; Page, Thornton, *UFOs A Scientific Debate*. Cornell University Press, London, England, 1972, ISBN 0-8014-0740-0

Schnabel, Jim, *Dark White: Aliens, Abductions, And The UFO Obsession*. Hamish Hamilton, London, England, 1994, ISBN 0-241-13415-3

Schnabel, Jim, *Round In Circles*. Prometheus Books, Amherst, New York, USA, 1994, ISBN 0-87975-934-8 (in Deutschland über Verlag Lee Traynor, Bruchwiesenstr. 15, 64380 Roßdorf)

Sheaffer, Robert, *The UFO Verdict Examining The Evidence*. Prometheus Books, Buffalo, New York, USA, 1981, ISBN 0-87975-146-0

Soule, Gardner, *UFOs & IFOs A Factual Report On Flying Saucers.* Putnam's Sons, New York, N.Y., USA, 1967, ISBN 0-399-60647-5

Steiger, Brad, *Project Blue Book.* Ballantine, New York, USA, 1976, ISBN 0-345-34525-8

Story, Ronald D., *The Encyclopedia Of UFOs.* Doubleday Dolphin, Garden City, New York, USA, 1980, ISBN 0-385-11681-0

Story, Ronald D., *UFOs And The Limits of Science.* New English Library, London, England, 1981, ISBN 0-450-04817-9

Tacker, Lawrence J., Lt. Col. USAF, *Flying Saucers And The US Air Force.* D. Van Nostrand Company, Princeton, New Jersey, USA, 1960

Video in PAL

Revelations: The Answer To The Mystery Of The Cropcircles. John Macnish, Circlevision Production, P.O. Box 36, Ludlow, Shropshire SY8 3ZZ, England

Begriffserklärungen

ADC Air Defense Command, Luftverteidigungs-Kommando der USA

Aliens Moderner Sammelbegriff für alle ETs, seitdem Sigourney Weaver im gleichnamigen Hollywood-Science-fiction-Film mit Aliens kämpfte. Aliens steht für die Anderen, Fremden aus den Fliegenden Untertassen. Derartige exotische Wesen konnten jenseits der Phantasie-Dimension des Menschen bisher nicht nachgewiesen werden.

AMC Air Material Command, Unterabteilung der ATIC, hier war Project Blue Book direkt untergebracht.

ATIC Air Technical Intelligence Center auf der Wright-Patterson AFB in Dayton, Ohio. Vorgesetzte USAF-Behörde des Project Blue Book. Hauptaufgabe des ATIC: Auswertung von luftfahrttechnischer Ausrüstung, weshalb das UFO-Phänomen hier zugeordnet wurde.

AWACS Airborne Warning and Control System, luftgestütztes, flugzeuggebundenes Frühwarnsystem der NATO.

Blue Book Rahmenbezeichnung für die offizielle amerikanische UFO-»Forschung« durch die US-Regierung. Hierbei handelt es sich um ein zwischen 1949–1969 existierendes kleines UFO-Untersuchungsprojekt des amerikanischen Verteidigungsministeriums (Pentagon), das im IJFO-Phänomen keine Bedrohung der nationalen Sicherheit feststellte.

Bolide Besonders heller Meteor, Feuerball

CENAP Centrales Erforschungs-Netz außergewöhnlicher Himmelsphänomene. Eine vom Autor und Hansjürgen Köhler 1976 in Mannheim gegründete private IJFO-Forschungsgruppe, die sich selbst trägt und finanziert, aber unabhängig arbeitet. Heute bundesweit etwa 70 freiwillige Mitarbeiter, um UFO-Fälle zu untersuchen. Betreiber der nationalen UFO-Hotline unter 0621-701370 und Herausgeber des Fachjournals *CENAP REPORT*.

CENAP REPORT (CR) Eine seit 1976 alle sechs Wochen herausgegebene Zeitschrift mit mindestens 64 Seiten Umfang für UFO-Berichte aus Deutschland und aller Welt.

CIC Criminal Investigation Corps, milit. »Kriminalpolizei« der US-Teilstreitkräfte

Colorado-Projekt (Condon-Bericht) Von 1967–1968 bekam die Universität von Colorado in Boulder einen Vertrag (und damit knapp 500 000 Dollar) von der US Air Force, um wissenschaftlich zu erforschen, was es mit den UFOs auf sich habe. Ein Spezialisten-Ausschuß unter der Leitung des renommierten Physikers Dr. E. U. Condon legte das Phänomen als »wissenschaftlich wertlos« zu den Akten. Der entsetzte Ruf der gläubigen Ufologen geht bis heute um die Welt.

CRC Control Reporting Center, milit. Radarerfassungs- und Meldezentrum

CUFOS Center for UFO Studies in Evanston, Illinois/USA. Gegründet von Dr. J. A. Hynek, dem großen »Dean of Ufology«, der als astronomischer Berater des USAF-Projects Blue Book zwei Jahrzehnte diente. Das private CUFOS dagegen ist ein bunter Mischmasch verschiedener ufologischer Interessen, wenn auch mit ernsthaftem Anspruch. Herausgeber des *International UFO Reporter (IUR)*.

DOD Department of Defense, Verteidigungsministerium

DSP Defense Support Program, satellitengestützte Fernaufklärung des Pentagon unter strengster Geheimhaltung

ET Extraterrestrial, der Außerirdische. Bekannt geworden durch den gleichnamigen Steven-Spielberg-Kinderfilm. Extraterrestrische Wesen sollen in der ufologischen »Wirklichkeit« die Besatzungen nicht nur außerirdischer Flug-Objekte darstellen, sondern auch die kleinen grauen Männer aus den menschlichen Alpträumen bei sogenannten »Entführungen« von Menschen.

ETH Extraterrestrial Hypothesis, Hypothese über außerirdisches Leben

Fliegende Untertassen UFO steht als Synonym im öffentlichen Verständnis für die Flugobjekte außerirdischer Besucher oder Aliens, die uns in hollywoodartigen Fliegenden Untertassen heimsuchen. Im Alltag des UFO-Phänomen-Ermittlers tauchen jedoch diese phantastischen Objekte nicht auf, dafür um so mehr helle Lichtgebilde am nächtlichen Himmel. Bisher steht jeglicher Beweis für die Existenz dieser außerirdischen Raumschiffe aus, ganz im Gegenteil stellen sich Fotos mit diesen Objekten fortgesetzt als Schwindel heraus.

FOIA Freedom of Information Act, Gesetz zur Freiheit der Information in den USA. Eingeführt in der Carter-Ära Ende der 70er Jahre. Ermöglicht, Unterlagen von Strafverfolgungsbehören und staatlichen Sicherheitsdiensten sowie bisher vertrauliche oder geheime Akten zu bestimmten Ermittlungsbereichen einzusehen. FOIA ist Ergebnis der amerikanischen Bürgerrechtsbewegung und kein Verdienst der Ufologen, auch wenn sie es sich gern auf die Fahnen schreiben.

GEP Gesellschaft zur (privaten) Erforschung des UFO-Phänomens in Lüdenscheid. Schwesterorganisation zum CENAP, Herausgeber des *Journals für UFO-Forschung.*

GWUP Gesellschaft zur wissenschaftlichen Untersuchung von Para-wissenschaften in Roßdorf. Wissenschaftler und wissenschaftlich interessierte Laien erforschen den breiten Rahmen von Para-Phänomenen, Herausgeber des *SKEPTIKER*. Der UFO-Fachbereich wird sachlich und fachlich durch CENAP- und GEP-Mitglieder abgedeckt, die wechselseitig auch andere Fachgebiete des Paranormalen untersuchen.

IFO Identifiziertes Flug-Objekt, ein zunächst als anomale Erscheinung des Luftraums verstandenes Phänomen, das dann doch eine plausible »irdische« Erklärung fand. Daher auch oft als UFO-Stimulus benannt. Manche Ufologen verstehen IFOs aber auch als interplanetarische Flug-Objekte, also fremde Raumschiffe aus dem interplanetarischen Bereich unseres Sonnensystems (man denke an »Marsmenschen«).

Magazin 2000 Magazin, zweimonatlich herausgegeben vom deutschen UFO-Aktivisten Michael Hesemann, das in jeder Nummer spektakuläre UFO-»Beweise«, Berichte über Begegnungen mit Außerirdischen und vielerlei Mystik bringt und sich neuerdings *Internationales Forum für Grenzwissenschaften* nennt.

MIT Massachusetts Institute of Technology, amerikanische Elite-Universität wie Harvard

MJ-12 Majestic 12. Einer modernen ufologischen Verschwörungslegende nach sollen 12 höchstrangige Vertreter der US-Regierung seit 1947 eine geheime Operation mit dem vorgenannten Titel leiten, um der Menschheit die »UFO-Wahrheit« zu verheimlichen. Allen Anzeichen nach ist diese Legende ein ufologischer Flop.

MUFON Mutual UFO Network in Austin, Texas/USA. Die derzeit wohl größte private UFO-Organisation in den USA mit 6000 eingetragenen Mitgliedern. Wie beim CUFOS werden zahlreiche Würden- und Titelträger im Beraterstab geführt, von denen man ansonsten nicht viel hört. Herausgeber des *MUFON UFO Journal*.

NICAP National Investigation Committee on Aerial Phenomena, nicht mehr existierende private UFO-»Forschungsorganisation« in Washington, D. C. Gegründet u. a. von Ex-Major Donald E. Keyhoe, der nicht müde wurde, die USAF zu bezichtigen, sie halte UFO-Geheimnisse vor der Öffentlichkeit geheim. War in den 50er und 60er Jahren eine der größten und weltweit agierenden UFO-Gruppen.

NORAD North American Air Defense Command, nordamerikanisches Luft-Verteidigungs-Kommando mit gewaltigen Radar-Einrichtungen rund um den Globus.

NSA National Security Agency, die geheimste aller US-Geheimdienstbehörden mit der Hauptaufgabe der elektronischen Überwachung in potentiellem Feindesland.

Ovni Spanisch: UFO

Re-Entry Wiedereintrittskörper aus irdischen Weltraumerkundungen wie z. B. in die Atmosphäre zurückkehrende und dort verbrennende Raketenstufen oder Satelliten. Schauen aus wie Boliden, sind aber bis zu ein paar Minuten sichtbar, wobei sie ein gigantisches Himmels-Feuerwerk liefern. Auch »Weltraumschrott« genannt.

Robertson-Forum Der amerikanische Auslandsgeheimdienst CIA berief Anfang 1953 ein Wissenschaftler-Komitee mit Spitzenkräften des US-Luftwaffen-Beraterstabs und der US-Regierung zu einer fast einwöchigen Klausur ein, um anhand der besten vorliegenden UFO-Fälle zu bestimmen, ob das Phänomen eine Bedrohung der nationalen Sicherheit darstelle. Ergebnis: Nicht die UFOs selbst sind eine Bedrohung der nationalen Sicherheit, sondern die darum entstandene Hysterie.

Roswell Kleine Stadt in Amerikas Bundesstaat New Mexico. Ist seit der »Machtergreifung« durch Medien und Ufologen nicht mehr von der Weltkarte wegzudenken, weil hier im Sommer 1947 eine Fliegende Untertasse abgestürzt sein soll. Für die Ufologie war damit ein neuer Glaubensbeweis gefunden. Interessanterweise hat der Fall zur damaligen Zeit für Ufologen keine Rolle gespielt.

SAO Smithsonian Astrophysical Observatory, astrophysikalisches Observatorium des MIT; eine »Wissenschaftsschmiede« der USA

SHAPE Supreme Headquarters of Allied Powers in Europe, Oberkommando der alliierten NATO-Streitkräfte

SOBEPS Société Belge d' Étude des Phénoménes Spatiaux, belgische Gesellschaft zur Erforschung von Weltraumphänomenen. Private UFO-Forschungsgruppe in Brüssel. Hatte ihre Hoch-Zeit von 1989–1991 während der belgischen UFO-Dreiecke; inzwischen ist von ihr nichts mehr zu hören.

STP Satellite Tracking Program, Programm des SAO, wurde Ende der 50er Jahre eingeführt, um den sowjetischen SPUTNIK zu verfolgen.

UFO Unidentifiziertes Flugobjekt, eine scheinbar anomale Erscheinung im Luftraum, deren Natur und Herkunft der Beobachter sich nicht erklären kann und ggf. auch technische Experten vor Probleme stellt. In der populären bildlichen Vorstellung handelt es sich hierbei um fremde Raumschiffe in Gestalt der Fliegenden Untertassen. Obwohl das Kürzel UFO als Begriff zunächst einmal wertneutral gemeint ist, verbinden die meisten Menschen damit außerirdische Besucher in ihren fliegenden Kisten und machen ihn zum Inbegriff eines Vorurteils.

UFO-Beobachter (oder UFO-Zeuge) Jene Menschen, die irgend etwas am Himmel gesehen haben, vielleicht sogar foto- oder videografieren, aber nicht erklären konnten. Sie sind der wichtigste Teil der UFO-Erfahrung und Quelle aller forscherischen Erkenntnis.

Je nach Prädisposition fallen die Darstellungen einer UFO-Sichtung aus. Erstaunlich ist, daß selbst die angesehensten Persönlichkeiten schon unheimliche Erscheinungen am Himmel gesehen haben, die jedoch plausibel erklärt werden konnten. UFO-Phänomene aufzuklären wird bei jenen Beobachtern schwierig, die thematisch vorbelastet sind und dazu neigen, ihre Erlebnisse so auszuschmücken, daß der Verursacher des UFO-Phänomens nur schwer auszumachen ist.

UFO-Fall Der Sichtungsbericht eines vermeintlichen UFO-Geschehens wird als Fall gewertet, dem man (wenn überhaupt) quasi-kriminalistisch nachspürt, um festzustellen, ob ein UFO oder ein IFO dahintersteckt. Ansonsten sprechen Ufologen gerne von Fällen, um der Thematik und sich selbst in der Öffentlichkeit mehr Gewicht zu geben. UFO-Fälle werden gern in mannigfacher Form eingebracht (Motto: Je mehr, je besser!), entpuppen sich immer wieder als Reinfall für ufologische Wahnwelten.

UFO-Flap Nicht zu verwechseln mit einem UFO-Flop, also einem der häufigen ufologischen Reinfälle, wenn sich ein zuvor vom »Fachmann« bestätigtes »echtes« UFO schließlich doch als IFO herausstellt. Wie in jeder echten oder auch nur Pseudo-Wissenschaft hat die Ufologie sich eine spezialisierte Begriffswelt gegeben. UFO-Flap bedeutet die konzentrierte Meldung vieler unabhängiger UFO-Sichtungen in einem klar umrissenen geographischen Gebiet oder die Anhäufung von Meldungen zu UFO-Sichtungen in einem begrenzten Zeitraum.

UFO-Hotline Deutschlands telefonische UFO-Meldestelle ist unter 0621-70 13 70 in aller Regel zwischen 10 und 23 Uhr erreichbar. Hier können auch Anfragen zwecks Informationsmaterial oder konkrete Fragen zu UFOs gestellt werden. Dieser direkte Telefon-Service wird der Öffentlichkeit und den Behörden zur Verfügung gestellt.

UFO-Phänomen-Ermittler oder UFO-Forscher Jene seltene und eher unauffällige Spezies von Menschen im ufologischen Feld, die mit wissenschaftlicher Neugier und detektivischem Fingerspitzengefühl kritische Einzelfall-Untersuchungen vornimmt, um die Spreu vom Weizen zu trennen. Es sind jene Sachverständigen, die aufgrund ihrer breiten Kenntnis der UFO-Phänomenologie zu Skeptikern der UFOs wurden. Ufologen sehen sie als eine Art »Nestbeschmutzer« an und tun ihr Bestes, um sie auf allen öffentlichen Ebenen zu diskreditieren, um sich selbst den Status des absoluten UFO-Experten zu bewahren.

UFO-Stimulus (oder UFO-Stimuli) Darunter sind all jene Objekte, Erscheinungen und Phänomene zu verstehen, die dafür sorgen, daß unvoreingenommene Menschen ganz plötzlich und unerwartet eine unheimliche Begegnung haben, die sie sich nicht erklären können, weil sie die im Luftraum sichtbaren Objekte nicht kennen und ihre Beobachtung als UFO verstehen.

Ufologen Jene Personen, die sich intensiv mit der angeblichen Aufklärung des fraglichen Gegenstandes namens UFO beschäftigen. Ufologen treffen sich in Zirkeln; veranstalten UFO-Kongresse, -Seminare oder -Vorträge; treten als »UFO-Wissenschaftler« bei den vorgenannten Veranstaltungen gegen Entgelt auf; geben spezialisiertes Schrifttum für Eingeweihte und die es werden wollen heraus; haben zumeist eine feste Vorstellung über den Hintergrund der UFOs als Besucher anderer Welten und sind eher selten bis gar nicht bei aktuellen Sichtungsbericht-Untersuchungen anzutreffen. »Recherchen« verstehen sie bestenfalls als journalistische Recherchen, um eine Story zu haben.

Ufologie Eine selbsternannte Sparte der »Forschung« im grenzwissenschaftlichen Grauzonenbereich zwischen Para-Phänomenologie und Pseudo-Wissenschaft. Da »Ufologie« von keinem Lehrstuhl besetzt ist, muß sich jeder »Ufologe« autodidaktisch sein »Wissen« aneignen. Antrieb für viele Ufologen ist Abenteuerlust, Faszination,

der Traum der Verwirklichung von Wunschträumen, Realitäts-
flucht in esoterische Traumwelten des New Age, Hinwendung zu einer Ersatzreligion.

USAF United States Air Force, amerikanische Luftwaffe

WPAFB Wright-Patterson Air Force Base

GOLDMANN

Biographien der Gewalt

Guido Knopp,
Hitler – Eine Bilanz   12742

Guido Knopp,
Hitlers Helfer   12762

Alan Bullock,
Hitler und Stalin   12757

Goldmann • Der Taschenbuch-Verlag

GOLDMANN

Erich von Däniken

Neue kosmische Spuren   12355

Das Erbe der Götter   12758

Fremde aus dem All   12569

Auf den Spuren der
Allmächtigen   12599

Goldmann • Der Taschenbuch-Verlag